权威·前沿·原创

皮书系列为

“十二五”“十三五”“十四五”时期国家重点出版物出版专项规划项目

智库成果出版与传播平台

中国新基建发展报告（2022）

REPORT ON CHINA'S NEW INFRASTRUCTURE DEVELOPMENT (2022)

主　编／李富强　唐绍祥
副主编／顾伟忠　裴棕伟　娄　峰

社会科学文献出版社
SOCIAL SCIENCES ACADEMIC PRESS (CHINA)

图书在版编目(CIP)数据

中国新基建发展报告.2022 / 李富强，唐绍祥主编
.--北京：社会科学文献出版社，2022.11
（新基建蓝皮书）
ISBN 978-7-5228-0860-4

Ⅰ.①中… Ⅱ.①李…②唐… Ⅲ.①信息经济-基础设施建设-研究报告-中国-2022 Ⅳ.①F492.3

中国版本图书馆 CIP 数据核字(2022)第 186027 号

新基建蓝皮书
中国新基建发展报告（2022）

主　　编 / 李富强　唐绍祥
副 主 编 / 顾伟忠　裴棕伟　娄　峰

出 版 人 / 王利民
责任编辑 / 陈　颖
责任印制 / 王京美

出　　版 / 社会科学文献出版社 · 皮书出版分社（010）59367127
地址：北京市北三环中路甲 29 号院华龙大厦　邮编：100029
网址：www. ssap. com. cn
发　　行 / 社会科学文献出版社（010）59367028
印　　装 / 三河市东方印刷有限公司

规　　格 / 开　本：787mm × 1092mm　1/16
印　张：25.75　字　数：387 千字
版　　次 / 2022 年 11 月第 1 版　2022 年 11 月第 1 次印刷
书　　号 / ISBN 978-7-5228-0860-4
定　　价 / 188.00 元

读者服务电话：4008918866

新基建蓝皮书
编委会

撰稿人 顾伟忠 裴棕伟 张 沁 闫春红 崔国行
王逸初 陈垚彤 闫 飞 高剑波 杨 锋
巴君鸿 迟九虹 程日涛 蔡亚莉 汤利民
程 锋 黄 庆 赵 元 王永惠 蔡庆宇
孙远航 王常玲 肖子玉 张鹏飞 孙丽玫
张高山 贺 政 谢春生 王亚昕 聂 昌
薛 楠 徐 光 蔡晓雄 魏慎洪 黄相明
白雪亮 严 密 牛 猛 梁晓杰 刘 芳
任 远 周 正 王 玥 孙 倩 宋 鹏
贾大猛 张 恺 杨晓威 徐 佳 李智敏
罗 丹 刘宝昌 李玉昇 韩冠军 邬 超
梁露露 刘柏志 韩柯子 张 凯 王奕阳
王庆东 杨 扬 周新苗 叶胜超 孙 皓
叶宁献 李 轩 柯雨欣 宗婷婷 曹诚喜
杨元花 刘 洋 阎 星 郭雪飞 任跃文
张筱竹 赵 嫚 赵霄伟 沈 丽 尹泽明
夏兰娣 蒋宝琴 沈 莉 陈雪涛 康朝志
沈 爽

编辑组

组　长 顾伟忠

副组长 闫春红

成　员 王逸初 陈垚彤 牛 猛 冯 艺 李子峰
张晓旭 李 轩 尹相森 赵 娜 王之禹
张富渊 杨昊雯 张 铎

主编简介

李富强 中国社会科学院技术创新与战略管理研究中心主任，研究员，博士生导师，享受国务院政府特殊津贴；长期致力于数量经济、技术经济、区域经济、行政管理等方面的研究，编著专著10余部，主持完成省部级课题50余项，多次获得省部级奖。

唐绍祥 吉林大学经济学博士，宁波大学原副校长、党委副书记，教授，博士生导师，现任中国数量经济学会副会长、宁波大学建筑金融研究院院长、宁波财经学院新经济研究院名誉院长，组织开展40余项建筑金融方面项目研究。主持和主要参与国家社科基金重点项目和国家自然科学、国家社会科学面上项目10余项，发表学术论文40余篇。

副主编简介

顾伟忠　中国社会科学院技术创新与战略管理研究中心副主任、秘书长，宁波大学及北京信息科技大学校外硕士生导师，国际注册管理咨询师，主要研究方向为新基建、数字治理等。

裴棕伟　中国政法大学校董、MPA客座教授，政信投资集团总裁，主要研究方向有政信理论研究、国内国际政信金融服务、新基建投资、项目投资咨询服务、城市规划、产业园区规划设计等。

娄　峰　金融学博士，研究员，教授，博士生导师，中国社会科学院数量经济与技术经济研究所经济预测分析研究室主任，兼任中国系统工程学会社会经济系统专业委员会理事长，长期专注于宏观经济预测和政策模拟分析研究。出版《大数据经济学与中国经济社会复杂系统动态CGE模型构建及应用》等10余部专著；在《中国社会科学》《经济研究》《世界经济》《中国工业经济》《数量经济技术经济研究》等核心期刊发表论文数十篇；主持和参与数十项国家社科基金、国家自然基金、部委课题；获得部级一等奖3项、部级二等奖6项、部级三等奖10项、中国数量经济学年会一等奖2项。

摘　要

自2018年首次提出“新型基础设施”（以下简称“新基建”）概念以来，社会各界开展了大量研究，取得了丰硕的实践成果。新基建已成为新时期推动高质量发展的有力抓手，从国家层面到地方政府高度重视新基建，陆续制定了相关的顶层规划、技术指南、标准规范等以支持其发展。党的二十大提出，要“优化基础设施布局、结构、功能和系统集成，构建现代化基础设施体系”。尤其自“十四五”以来，新基建作为布局新业态、赋能新经济的有效手段，有必要系统梳理、全面总结各领域的发展情况和先进地区的发展现状，并对其发展趋势做出展望。本书作为“新基建蓝皮书”的第一本，综合了新基建各领域的头部央企、权威学者以及地方政府实践者集体智慧的成果，是一部继往开来的学术著作。

根据新基建前沿的技术领域、迫切的应用需求、重要的专项研究以及先进地区的典型经验，本书分为总报告、技术篇、应用篇、专题篇和案例篇五个部分。

第一部分是总报告，概括了我国新基建领域的发展现状，分析了当前面临的新形势、新问题、新挑战和新趋势，提出了未来新基建发展的路径和建议。

第二部分从新基建软硬件关键技术的角度，重点分析了数据中心、5G网络、算力网络、基础软硬件、信息通信基础设施共享和数字化升级等领域的发展状况，为行业数字化转型提供技术支撑。

第三部分从数字生态应用场景的角度，总结了智慧能源、交通运输、智能建造、智慧农业、智慧社区等重点领域的转型实践，为推动经济社会全面高质量发展提供了全新探索。

第四部分从新基建发展的支持要素角度，对新基建在绿色低碳、投资融资、法治安全、基层民生等方面进行了深入探讨。

第五部分从区域建设实施的角度，介绍了成都、海南、常州等地区在新型基础设施建设方面的特色实践和建设成效，全面推动区域新基建适度超前建设和数字化场景营造，为智慧城市建设提供学习典范，为城市可持续发展提供内生动力。

关键词： 新基建 数字经济 数字生态 应用场景 信息安全

Abstract

Since being coined in 2018, the term "new infrastructure" has been widely studied across numerous disciplines and has been accompanied by great practical achievements. It is now a powerful tool available for fostering high-quality growth in this new era and is thus highly valued from the national to the local level. In this way, top-level plans, technical guidelines, standards, and specifications have been successively introduced in favor of development of new infrastructure. The 20th CPC National Congress in 2022 put forward that "we will build a modern infrastructure system with a better layout and structure, more effective functions, and greater system integration." Since the implementation of the "14th Five-Year", new infrastructure has been effectively used for the development of new forms of business and fueling the new economy. This progress necessitates a systematic review and exhaustive summary of the development status of various fields and advanced regions and to anticipate their development trends. This book integrates the results achieved by leading central enterprises, authoritative scholars, and individuals involved in local government from various fields of new infrastructure. Based on these results, it further probes into the future prospects of new infrastructure.

According to cutting-edge technical fields, urgent application needs, important special research, and typical advanced regional experience in new infrastructure, the book is divided into five parts: general report, technologies, applications, features, and cases.

The first part generally introduces the development of new infrastructure in China, analyzes its status, as well as new problems, challenges, and trends. It also proposes forward paths and suggestions for its future development.

The second part mainly analyzes the development status of data centers, 5G networks, computational networks, information and communication infrastructure sharing, and other fields. It also provides technical support for the digital transformation of the industry, from the perspective of key software and hardware technologies regarding new infrastructure.

The third part summarizes the transformation practices in key fields such as smart energy, transportation, intelligent construction, smart communities, and smart agriculture. Furthermore, it explores new opportunities for fostering comprehensive and high-quality socio-economic development, from the perspective of digital ecological application scenarios.

The fourth part delves into matters related to green and low-carbon practices, investment and financing, legal institution and security, people's livelihoods at the local level, and other aspects of new infrastructure, from the perspective of drivers for the development of new infrastructure.

The fifth part introduces the characteristic practices and development achievements of new infrastructure in Chengdu, Hainan, Changzhou, and other regions from the perspective of regional development and implementation, to comprehensively promote the moderately advanced construction of regional new infrastructure and the creation of digital scenarios. Finally, it provides role models for smart city construction and endogenous power for sustainable urban development.

Keywords: New Infrastructure; Digital Economy; Digital Ecosystem; Application Scenarios; Information Security

目　录

Ⅰ　总报告

Ⅱ　技术篇

Ⅲ 应用篇

Ⅳ 专题篇

V 案例篇

CONTENTS

I General Report

II Technology

Ⅲ Application

Ⅳ Special Topic

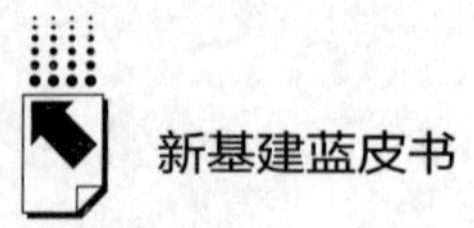

V Cases

总报告

General Report

B.1 中国新基建发展现状及展望

总报告课题组*

摘　要： 当前，世界百年未有之大变局加速演进，新一轮科技革命和产业变革深入发展，新基建成为带动新旧动能转换、助推经济高质量发展、构建和融入“双循环”发展格局的重要抓手。在政府积极引导和市场主体参与下，5G 等数字信息基础设施建设步伐加快，运算能力和数据服务发展势头迅猛，工业互联网与相关产业加速融合，物联网引领城市治理智慧化。但仍存在基础条件不够坚实、法治体系建设滞后、网络安全面临新挑战、投融资机制不健全等问题。下一步，我国将重点关注关键核心技术突破、要素

* 顾伟忠，中国社会科学院技术创新与战略管理研究中心副主任、秘书长，主要研究方向为新基建、数字治理；裴棕伟，中国政法大学校董、MPA 客座教授，政信投资集团总裁，主要研究方向为政信理论研究、国内国际政信金融服务、新基建投资、项目投资咨询服务；张沁，东北财经大学公共管理学院博士生，主要研究方向为公共管理、智慧城市、城市治理；闫春红，中国社会科学院技术创新与战略管理研究中心副秘书长，主要研究方向为数字经济、产业研究、区域规划；崔国行，博士，北京第二外国语学院附属中学副校长，主要研究方向为企业发展与竞争、战略管理、教育管理与国际化；王逸初，博士，中国社会科学院技术创新与战略管理研究中心理事，主要研究方向为公共管理、创新行为、数字经济；陈垚彤，东北财经大学在读博士，中国社会科学院技术创新与战略管理研究中心副秘书长，主要研究方向为公共管理、智慧城市。

资源优化配置等方面，为实体经济的转型升级提供重要支撑；搭建更丰富的应用场景，促进新基建向更多领域渗透融合；创新投融资模式，释放更多数字经济增长红利；强化顶层设计、完善网络安全保障，促进新基建健康有序发展。

关键词： 新基建　国家战略　数字经济　高质量发展　新发展格局

新型基础设施是以新发展理念为引领、以技术创新为驱动、以信息网络为基础，面向高质量发展需要，提供数字转型、智能升级、融合创新等服务的基础设施体系。新基建是数字时代经济社会发展的基础设施，其核心功能是支撑数据要素的感知、传输、存储、运算和应用。2018 年 12 月，中央经济工作会议首次提出加快 5G 商用步伐，加强人工智能、工业互联网、物联网等新型基础设施建设后，党中央和国务院多次召开会议明确表示加强新型基础设施建设，重视程度不断强化，相关政策路线图日趋清晰。党的二十大报告指出，高质量发展是全面建设社会主义现代化国家的首要任务。新基建作为数字经济的发展基石、转型升级的重要支撑，已成为我国谋求高质量发展的有效途径。

当前正面临以网络化、智能化、数字化为核心的新一轮工业革命，这不仅将催生一批新的先导产业，而且会从根本上颠覆传统产业的投入要素、组织模式和商业形态，推动人类社会迈向万物互联、人机智联的数字时代。每一次产业变革都是后发国家赶超的历史机遇，未来一段时期全球经济最重要的主题就是新型基础设施构建及其产业生态再造，新基建的发展既是驱动高质量增长的重要动能，也将成为影响国家和地区间发展竞争格局的关键所在。

一　发展现状

我国经济已由高速增长阶段转向高质量发展阶段，供给侧结构性改革深入推进，产业结构调整持续深化，以内需驱动、数字驱动、对外开放为动力的双循环数字经济时代正在构建，这为新型基础设施建设提供了广阔空间。当前，在全球疫情严峻、外部环境复杂多变的情况下，推动新型基础设施建设投资，兼具对冲经济下行压力、带动经济增长的现实作用①。面向未来，在更加不稳定、不确定的世界中谋求发展，推动新型基础设施建设具有带动数字转型、智能升级、融合创新、增强经济发展内生动力的长久之功，是我国保持战略定力，在危机中育新机、于变局中开新局的重要抓手。

（一）主要国家积极布局新基建

当今世界正经历百年未有之大变局，新冠肺炎疫情全球大流行使这个大变局加速演进，经济全球化遭遇逆流，保护主义、单边主义上升，世界经济低迷，国际贸易和投资大幅萎缩，国际经济、科技、文化、安全、政治等格局都在发生深刻调整，世界进入动荡变革期②。新一轮科技革命和产业变革深入发展，全球的不确定性增加，新基建成为主要发达国家拉动经济增长的新亮点。美国国家科技委员会于 2016 年 10 月发布了《国家人工智能研发战略计划》，提出了美国人工智能发展的战略方针和建议，2019 年 6 月美国发布新版《国家人工智能研发战略计划》，数据中心成为美国支持新一代信息技术发展的算力基础。除了对不同技术领域的关注，一些国家和地区也推出了类似的“新基础设施”概念和长期发展计划。欧盟委员会于 2020 年 3 月 10 日发布了《欧洲新工业战略》，该战略制定了欧洲在成为全球数字领导者的同时保持其技术和数字主权的目标。由此可见，全球主要国家寄望于推动新基建以对抗经济放缓，稳定经济增长，促进经济复苏，并通过积极布局新基建以寻求获得先发优势。

（二）政府出台专项规划系统部署建设重点

2022 年 1 月颁发的《“十四五”数字经济发展规划》提出，加快建设信息网络基础设施，建设高速泛在、天地一体、云网融合、智能敏捷、绿色低碳、安全可控的智能化综合性数字信息基础设施，协同推进 5G 网络基础设施建

---

① 姜卫民、范金、张晓兰：《中国“新基建”：投资乘数及其效应研究》，《南京社会科学》2020 年第 4 期。

② 《习近平：我国正处于实现中华民族伟大复兴的关键时期》，新华网（2020 年 10 月 14 日），http：//www. gov. cn/xinwen/2020-10/14/content_ 5551198. htm，最后检索时间：2022 年 10 月 21 日。

设，推动5G商用部署和规模应用。目前，多个省区市陆续出台地方“十四五”规划将新基建作为未来五年的重点工作，其中多个省份在5G基站和数据中心机组建设等方面明确提出了具体目标。各地结合当地发展和产业需求，对本地区的新基建发展进行规划。2020年5月7日，上海提出将5G、人工智能、工业互联网、物联网等新技术融入城市生产生活，让新型基础设施成为上海经济高质量发展和城市高效治理的重要支撑。2021年9月8日，四川提出计划到2025年，初步建成集约高效、经济适用、智能绿色、安全可靠的新型基础设施体系，新基建成为经济社会高质量发展和治理能力现代化的有力支撑。2021年9月30日，贵州提出算力枢纽节点创建、创新技术服务平台建设、新型网络基础设施部署、传统基础设施智能化升级、智慧应用基础设施普及、重大创新平台构建、可信安全基础设施构筑等新基建7项重大措施。2021年10月15日，江西提出将新基建作为全省高质量跨越式发展的重要战略支撑。

（三）通信网络基础设施显著提升

我国5G基站建设持续加快推进，5G网络覆盖区域向城镇延伸，网络速度不断提升。根据《2021年通信业统计公报》数据，近年来，我国新建5G基站数量持续增长，2021年我国新增5G基站65.4万个，5G基站开通数量达到142.5万个（见图1），占全球的60%以上，每万人拥有10.1个5G基站。5G网络覆盖正在从城市向县城和乡镇发展。我国所有地级城市地区实现5G全覆盖，超过98%的县城城区和80%的乡镇将实现5G覆盖，农村地区将在条件允许的情况下实现5G网络覆盖。截至2022年1月底，全球部署5G的城市总数达1947个，亚太和美洲地区部署5G的城市数量分别为689个和419个。中国以356个5G城市居首位，随后是美国（296个）和菲律宾（98个）。[①] 2021年第四季度，我国的4G网络平均下载速率为28.1Mbps，5G网络平均下载速率为332.5Mbps；2022年第一季度，我国4G网络平均下载速率为

① “635 New 5G Cities in 2021；1，947 5G Cities Globally，According to VIAVI”，VIAVI Solutions（2022年5月3日），https：//www.prnewswire.com/news-releases/635-new-5g-cities-in-2021-1-947-5g-cities-globally-according-to-viavi-301538146.html，最后检索时间：2022年10月21日。

39.02Mbps，环比提升 38.86%，5G 网络平均下载速率为 334.98Mbps，环比提升 0.74%①。

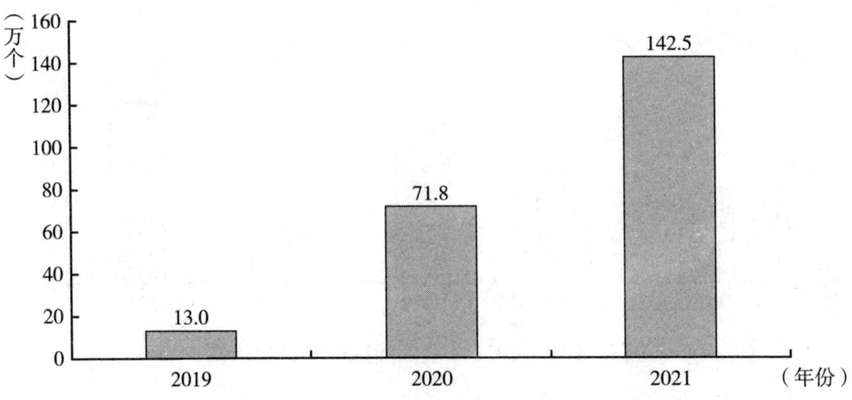

图 1　2019~2021 年我国 5G 网络基站开通数量

资料来源：工信部通信业统计公报。

2020 年，我国物联网市场规模达到 1.76 万亿元，与 2019 年相比增长 13.26%。随着政策的支持和技术的提升，物联网市场持续增长，2021 年达到 2.14 万亿元。由于设备数据和设备连接不断增加，物联网云平台的应用服务开发更加丰富。我国的物联网设备连接数从 2016 年的 9 亿台增加到 2020 年的 74 亿台，年均复合增长率为 69.3%。

（四）算力基础设施持续升级

随着我国持续在各地区、各行业推进数字化转型，产业协同不断深化，算力基础设施、算力平台、算力服务等具有国际竞争力的算力产业生态初步形成，一批具有示范效应的算力平台、新型数据中心以及产业基地相继落地（见图 2）。

2019 年 5 月，工信部发布《国家数据中心应用发展指南（2018）》，强调建设绿色、大型、快速的国家数据中心基础设施。从 2020 年 4 月到 2021 年 7 月，我国陆续发布一系列关于数据中心算力联合规划和设计的政策。2022 年 2 月在北京、天津、河北、内蒙古、甘肃等 8 个省（区、市）启动国家算力中

① 中国信息通信研究院：《全国移动网络质量监测报告 2022 年第一季度》，2022 年 6 月。

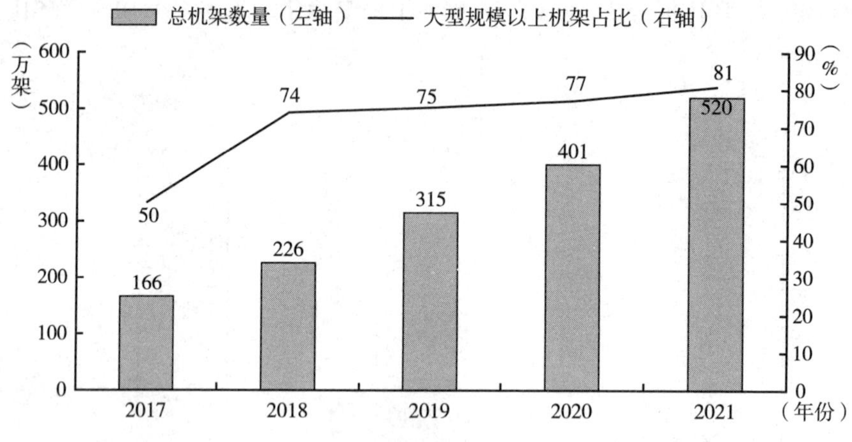

图 2　2017~2021 年我国数据中心机架规模

资料来源：工信部。

心建设，发展国家数据中心集群，正式拉开我国“东数西算”工程的序幕。2021 年，我国的公共云市场达到 1852. 8 亿元，比上年增长 45%；我国公有云 IaaS 市场同比增长 40. 1%，PaaS 市场同比增速为 55. 7%。综合来看，我国公有云 IaaS+PaaS 市场在 2021 年下半年同比增长了 43%，云计算的应用场景在不断扩大。政务云、金融云、能源云、交通云等越来越受欢迎，政府和企业在云中的比例越来越高，应用的种类也越来越广。

（五）融合基础设施逐步完善

5G 网络、物联网、云计算等现代技术与实体经济及城市治理场景融合，为数字生态发展提供效率更高的智能硬件和网络基础设施。新型智慧城市涉及更多连接的传感器和设备，产生大量数据，这种数据流能够提高城市管理的透明度和效率。在设备连接和数据传输上，5G 提供更高的数据速率、更高的流量容量、超低延迟和高连接密度，为数字生态创新提供了更多机会。截至 2021 年底，我国具有影响力的工业互联网平台超过 150 个，接入设备 7600 万台套，重点行业中的工业互联网与 5G 融合正在不断进行创新应用①。

① 张汉青：《工业互联网赋能经济发展提质增效》，《经济参考报》2022 年 3 月 3 日，第 006 版。

根据工信部 2022 年 2 月的数据，我国已有 160 多家企业提供了 150 多个工业互联网平台，2000 多个“5G+工业互联网”项目正在建设中，智能采矿、智能交通和远程医疗等新技术也在不断涌现。工业互联网已经全面融入 45 个国民经济大类，助力制造业、能源、矿业、电力等各大支柱产业数字化转型升级①。

（六）多元化投融资体系加速形成

2020 年 4 月，中国证监会和国家发改委联合发布《关于推进基础设施领域不动产投资信托基金（REITs）试点相关工作的通知》，为信息网络和数据中心等新基建项目设立基础设施不动产投资信托，助力新基建发展。2021 年政府工作报告提出，中央预算内投资安排 6100 亿元人民币用于“两新一重”②项目建设，建设信息网络等新型基础设施，为新基建提供财政资金支持。2022 年 9 月，人民银行设立专项再贷款政策支持新型基础设施、产业数字化转型等新基建项目。除了政策性银行外，商业银行也加强了对新基建业务的资金倾斜。同时，许多地方政府出台优惠政策，鼓励银行为新基建项目提供特别优惠贷款，为新基建提供绿色通道、优惠利率和全面的金融产品。此外，市场主体积极参与新基建，近 70 家中央企业超过 700 户的子企业在新基建领域加大布局，2021 年投资超过 4000 亿元，“十四五”期间规划投资项目 1300 多个，计划总投资超过 10 万亿元。

二　问题挑战

新基建所蕴含的巨大发展潜能和产业协同效应，为我国未来经济转型提供了前所未有的机会，也为关键技术和关键产品的自我创新提供了有利条件，面对机遇的同时，新基建发展也面临诸多问题，将来仍需要解决新基建法治体系建设、发展条件支撑、网络安全防范和投融资机制建立等问题。

---

① 邓聪：《加快工业互联网提档升级助力制造业实现高质量发展》，《人民邮电报》2022 年 9 月 20 日，第 05 版。

② “两新一重”是指新型基础设施建设、新型城镇化建设，交通、水利等重大工程建设。

（一）法治体系建设滞后

新基建离不开法治的保障，我国已经形成了相对完整的通信基础设施法律体系，覆盖了基础设施、软件规范以及公司治理等内容，地方也分别出台电信、通信基础设施有关文件，为地方基础设施发展提供了政策支持。但新型基础设施与传统基础设施在科技支撑力量、承载的数据要素形式、面临的经济社会需求等方面有很大不同，涉及复杂的权利定义和利益分配问题，需要一个法律体系来确定边界和澄清规则。要加快数字经济、互联网金融、人工智能、大数据、云计算等领域立法步伐，对法律法规、规范性文件、行业标准等与新基建相关的专用条款内容进行整合，契合最新发展政策。由于法律具有一定的滞后性，新基建立法的很大一部分是由于技术进步而被动产生的，立法的前瞻性和主动性不够，现有的新基建法律法规尚未涵盖新基建监管的所有法律难题。

（二）基础条件不够坚实

关键核心技术需取得进一步的突破。我国在数字信息技术的基础研究与标准设立方面，有一些处于国际领先水平，但在底层开源框架、人工智能芯片等方面，与先进水平仍有差距。[①] 我国工业互联网在核心关键技术方面仍处于跟随者地位，在各行业的深度应用不足，需不断优化创新生态。高端服务器是信息产业的制高点，支撑着新基建各种应用场景，目前核心技术被少数国外厂商掌握，这对我国信息产业的稳定发展和信息安全是极大挑战。

算力不足以支撑新基建快速发展。新基建项目加快布局和发展，产生的数据量呈指数级增长，对信息技术基础运算能力提出了更高的要求。虽然我国数据中心机架规模稳步增长，数据中心规模庞大，但超算中心、智算中心和边缘数据中心总体规模仍旧较小，出现专用算力不足、部分地区通用算力过剩、能耗成本过高的局面，无法满足国防科技、产业转型和社会生活对于算力的要求[②]。同时，工业互联网、车联网等应用带来数据流动多样性，云边之间、多

---

① 刘艳红、雪涛、石博涵：《中国“新基建”：概念、现状与问题》，《北京工业大学学报》（社会科学版）2020 年第 6 期。

② 李洁、王月：《算力基础设施的现状、趋势和对策建议》，《信息通信技术与政策》2022 年第 3 期。

云场景下，跨域的数据大幅增加，需要灵活敏捷的云网边编排调度能力。目前，“东数西算”工程，已经可以实现数据传输，但要推动“东数西存”，仍需要加强网络感知算力智能化的编排调度。当前算力发展还面临一些新的挑战。从计算层面来看，计算场景、计算架构的多元化是整个产业无法回避的最大挑战。同时，数据中心是承载算力的重要基础设施，虽然数据中心建设多，但是数据量不足、数据空载等问题普遍存在。

跨界人才供给相对不足。2020 年 3 月，人力资源和社会保障部、国家统计局、国家市场监督管理总局联合发布了智能制造工程技术人员、工业互联网工程技术人员、虚拟现实工程技术人员、人工智能辅导员、全媒体运营商等新型基础设施相关职业。《2020 年新基建产业人才发展报告》显示，我国的核心技术人才长期缺乏，人工智能人才需求量大，国内供需比为 1∶10，供需比例严重失衡，核心技术人才缺口制约着新基建的发展。

（三）网络安全面临挑战

习近平总书记在全国网络安全和信息化工作会议强调，关键信息基础设施是网络安全防护的重中之重。金融、能源、电力、通信、交通等领域的关键信息基础设施是经济社会运行的神经中枢，也是网络攻击的重点目标，不出事则已，一出事就是大事。要加强网络安全检查，摸清家底，明确保护范围和对象，及时发现隐患、修补漏洞，做到关口前移，防患于未然。新基建的关键核心是数据，在万物互联的情况下，数据流动传播呈现更广泛的弥散性，流向和路径的复杂化给网络安全带来不确定性风险。伴随着物联网、5G 等新技术的快速迭代和持续创新，不同产业的数字化迁移速度加快，对网络空间安全建设的需求尤为迫切，新型基础设施的网络安全需要从设施安全风险、网络运行安全风险和数据安全风险等更广泛的视角与更全面的维度来识别和控制。

（四）投融资模式不健全

新基建处于发展的早期阶段，与传统基础设施相比，其商业模式、应用场景和盈利模式仍在探索之中。新基建所需的巨大投资，仅靠财政投资、政府专项债是远远不够的；同时，财政收入紧张的情况使地方政府难以提供额外的投融资金；社会资本投入不足，政府引导、企业参与、市场运作的投融资格局尚未建立；融资模式不健全，融资工具创新不足，将难以满足新基建的多元化融资需求。

三 应对之策

推动新基建发展应着眼长远构筑我国竞争力根基，而不能作为短期刺激经济的手段盲目建设。必须坚持推动项目建设和培育数字生态并举，面向重点行业积极推动示范应用，尽快形成持续投入和创新迭代的良性循环，最大限度提高资源的配置效率，创造更大的经济社会和生态价值。需要进一步强化顶层设计，完善法制体系，推动新基建融入新发展格局，筑牢关键核心技术基础，构建网络安全保障，创新投融资模式，促进新基建健康可持续发展。

（一）强化顶层设计，优化新基建发展环境

一是加强顶层设计。贯彻落实党的二十大精神，结合国家“十四五”规划、数字经济专项规划等，进一步专题研究新基建的推进计划，制定新基建各领域发展的中长期战略和行动计划，以产业特点和行业需求，统筹规划新基建区域和行业布局，保障人力、资金、土地、组织、激励的长效机制，夯实未来新基建的发展基础。突出以改革创新破解发展难题，增强新基建产业创新力和竞争力，推动高质量发展。

二是优化政策环境。出台系统性新基建支持政策，加大扶持力度，用财政资金撬动和引导社会资本投资新基建，提升对社会资本参与新基建运营的吸引力，发挥市场配置资源的决定性作用。地方政府应针对新基建项目，出台人才、财税、贷款利率优惠以及筹资激励政策，大力吸引新基建优秀人才，鼓励企业投资，加大财政金融扶持，促进新基建项目落地，加快新基建发展。

三是抓好项目建设。加强对新基建项目用工、用地、用能等要素保障工作，加快推动5G部署，促进光纤宽带网络的优化升级，加快全国一体化大数据中心建设。同时，超前部署创新基础设施。强化部门协同，通过试点示范、合规指引等方式，加快产业成熟和设施完善。推进政企协同，激发各类主体的投资积极性，推动技术创新、部署建设和融合应用的互促互进。

（二）加快完善法律制度，为新基建发展提供法治保障

新基建法治体系是推进新基建可持续健康发展的重要保障，应加快构建系统的法律体系，完善市场制度规范，为新基建的发展保驾护航。

一是加快形成完备的新基建法律体系。习近平总书记在《坚持走中国特色社会主义法治道路，更好推进中国特色社会主义法治体系建设》中强调，要加快数字经济、人工智能、大数据、云计算等领域立法步伐。新基建法律体系应坚持立改废释并举，健全法律制度。数字经济、互联网金融、人工智能、大数据、云计算等新技术新应用的快速发展，催生了一系列新业态新模式，须加强信息技术领域立法，制定修改相关法律法规，填补空白、补强弱点，以良法善治保障新业态新模式健康发展。

二是完善新基建市场制度。与传统基础设施相关的制度给出了社会资本参与基础设施建设和运营的相关规定，但该办法适用的是能源、交通运输、水利、环境保护、市政工程等传统基础设施，并不包括新基建所涉及的信息基础设施、融合基础设施和创新基础设施，因此，新基建市场制度需进一步修订完善。市场准入负面清单制度开启了我国市场准入新范式，为新基建的市场准入提供了很好的政策起点，但新基建作为一项需要长期大规模资金投入的市场行为，还需要从制度层面界定政府和企业的边界，进一步明确经营方式、参与主体的权益保护与投资回报等具体内容，保证基础设施建设的可持续性和稳定性。

（三）优化要素资源配置，融入国内国际双循环新发展格局

加快构建新发展格局，是我们立足新发展阶段、把握未来发展主动权的战略性布局和先手棋。只有促进国内循环与国际循环的良性互动，才能持续推进中国经济现代化进程，为全面建设社会主义现代化国家奠定坚实基础①。构建新发展格局的本质特征是实现高水平自立自强，新基建引发的创新浪潮将有助于提升创新驱动发展水平和科技自立自强。传统领域技术发达国家积累较多、壁垒较高，而以信息通信技术为代表的新基建领域创新带来了新机遇、新赛

① 王生升：《如何把握国内国际双循环》，《经济日报》2022 年 6 月 16 日，第 10 版。

道、新业态、新模式和新经济，使得我国可以实现“换道超车”。

一是加大新基建研发投入，提升技术经济性。加快新基建技术创新，持续降低新基建成本。应增加新基建研发投入，支持新基建的基础研究和核心技术研发，加快新基建重点领域核心技术攻关，争取取得创造性突破，增强新基建产业链供应链的韧性，形成成本低、安全稳定、优质高效的新基建硬件设备和软件环境。拓展新基建应用场景，让更多主体受益。强化新基建应用场景建设，以应用带动需求发展，发挥新基建作用，打造智慧交通、新能源和节能环保、智能制造、现代农业等新模式、新业态。

二是注重开放合作，拓展国际市场应用空间。充分挖掘、抓住共建“一带一路”合作机遇，鼓励通过园区共建、基础设施共建、人才合作培养、市场互惠开放等方式，为沿线国家提供技术和设备支持，推进新型基础设施联通，促进新基建与共建“一带一路”的对接。同时，依托国内数字化升级产业的丰富结构性机遇和企业发展契机，吸引全球优质产业资本持续流入国内，使得新基建的发展能够充分利用国内国际两种资源。

三是加速新基建技术人才培养，优化人才培养模式。教育领域要及时主动调整人才培养模式，构建专业设置与调整的动态机制，及时回应社会和产业对新基建人才的需求，使其能快速响应新技术、新经济、新业态需要。

（四）筑牢关键核心技术基础，释放数字经济增长红利

以新基建为抓手，利用信息技术产业格局深度调整的新机遇，把关键核心技术掌握在自己手中，从而在未来竞争中获得优势。2022 年 9 月 6 日，习近平总书记主持召开中央全面深化改革委员会第二十七次会议，强调强化党和国家对重大科技创新的领导，充分发挥市场机制作用，围绕国家战略需求，优化配置创新资源，强化国家战略科技力量，大幅提升科技攻关体系化能力，在若干重要领域形成竞争优势、赢得战略主动。新基建相关领域的部分核心技术仍有待掌握，因此需要筑牢核心技术基础。在推进新基建的过程中，科研机构、行业龙头应加强合作，集中优势科研力量，抓紧补齐高端芯片、基础软件等短板，搭建自主创新生态，加强基础研究和应用研究，有针对性地推进前沿关键技术自主研发。

新基建可以有效地释放经济增长的新动能，其较大的产值刺激能力对稳固

经济内循环有积极作用。新型基础设施承担着提升经济社会数字化、智能化水平，在衔接短期经济复苏与中长期转型发展阶段起承转合的使命。新基建作为重要抓手，短期内，一方面，需要刺激经济复苏，并促进中国经济发展过程中的“卡脖子”技术取得突破；另一方面，则需要防止过热投资及高碳排和高能耗的基建项目混入，形成长期的高碳锁定效应。长期进程下，新基建应当能为产业绿色化和智能化转型、就业稳定供给，以及城乡就业结构优化等经济社会转型与具体民生问题提供相应的解决思路。

（五）推进治理体系建设，强化网络安全支撑能力

新一轮科技革命和产业变革蓬勃兴起，带动信息通信技术飞速发展，信息通信业在推进网络强国和制造强国建设、推动高质量发展、构建新发展格局中发挥越来越重要的作用。与此同时，也必须高度重视新型基础设施网络安全问题，统筹推进发展与安全，进一步贯彻落实党中央、国务院决策部署，加快构建新型网络安全保障体系和能力。

一是前瞻谋划，加强战略研究储备，统筹做好新基建发展和安全顶层设计，研究推出一批重大政策、重大举措、重大工程，以规划引领安全发展。二是需求导向，健全网络安全制度，推动出台关键信息基础设施安全保护条例、网络安全漏洞管理规定等重要制度，完善5G、物联网、工业互联网、数据中心等领域网络安全政策供给，推动网络安全落地实践。三是聚焦重点，强化融合安全保障，深入开展工业互联网企业网络安全分类分级试点，建立健全机械制造、电子信息等重要行业领域网络安全监测、评估、通报、处置的闭环管理体系，支持打造重点区域网络安全大脑，为融合领域安全提供服务保障。四是技管结合，完善数据安全防护，加快推进行业数据安全管理制度和手段建设，持续强化数据安全风险评估、监督检查、专项治理和行业自律，提升风险应对能力。五是创新引领，构建安全产业生态，以国家网络安全产业园区、技术创新区为载体，用好创新工程、试点示范等政策，加快培养孵化一批特色安全企业和提出优秀安全解决方案，提升网络安全产业供给能力。

（六）创新投融资模式，激发市场投资活力

政府在新基建先期投入方面应加强引导，同时支持多元主体参与建设，发

挥政府资金对投资的引导带动作用。鼓励金融机构创新产品、强化服务，加快构建政府引导、企业为主、市场运作的新基建投融资模式。

一是适度超前布局新基建领域，创新新基建项目融资模式，扩大投资主体范围，加大新基建投资规模。新基建投资不仅短期内能够有效拉动经济，更能在中长期促进技术进步，挖掘经济增长潜力。同时，作为基建投资，新基建从投入资金到发挥作用需要一定时间，因此需适度超前布局。在解决中长期新基建投资的资金来源上，一方面，应规范推动 REITs 等融资模式，积极创新其他融资模式，广泛调动社会资本，为扩大新基建投资提供更多资金来源。另一方面，要进一步放开新基建领域的市场准入，扩大投资主体范围，积极引导民间资本参与，公平对待民间投资，提高投资效率①。

二是以改革调动各方主体积极性，激发新基建投资活力。推出税收、融资等方面的激励机制，充分调动企业积极性，使其参与到新基建投资项目当中。另外，推动建立地方政府精准考核机制，将新基建中符合未来经济发展方向的内容纳入考核指标，并与地方政府规划和财政计划等相配合，调动地方政府开展新基建项目的积极性。

三是充分评估新基建投资扩大可能带来的风险和负面影响，稳妥推进新基建投资。新基建与传统的基建有本质差别。大量新基建领域的核心短板并不在于物质资本短缺，而在于技术瓶颈与其他软性基础设施不足。因此，盲目投入大量资金可能造成资金浪费。同时，许多新基建领域的基础设施与实体产业无法分离，不像传统基础设施那样具有显著的基础性和公共性。因而，政府主导型的大规模新基建投资可能大量挤出当前市场中经营较为成功的企业，导致相关领域中企业难以在自由竞争中创新和择优，打破产业自身发展的市场规律。因此，应创新新基建投资模式，广泛吸纳企业和社会资本参与新基建投资项目，减少政府主导型投资带来的市场扭曲。

四　未来展望

党的二十大对未来一个时期党和国家事业发展做出了战略部署。二十大报

① 李晓华：《面向智慧社会的“新基建”及其政策取向》，《改革》2020 年第 5 期。

告提出，“加快构建新发展格局，着力推动高质量发展。建设现代化产业体系。加快建设网络强国、数字中国。推动制造业高端化、智能化、绿色化发展。构建新一代信息技术、人工智能等新的增长引擎。加快发展物联网。加快发展数字经济，促进数字经济和实体经济深度融合，打造具有国际竞争力的数字产业集群。优化基础设施布局、结构、功能和系统集成，构建现代化基础设施体系。推动绿色发展，促进人与自然和谐共生。加快发展方式绿色转型，加快推动产业结构、能源结构、交通运输结构等调整优化”。新基建是全面贯彻新发展理念，加快构建新发展格局，着力推动高质量发展的重要引擎，是加快发展方式绿色转型的重要抓手。

未来 10 年，以数据为重要生产要素构建新型基础设施，可以重构原有的生产方式与生产关系，培育经济社会发展的强大动能，进而提高经济增长韧性，推动经济高质量发展。高效敏捷的感知、无所不在的连接、瞬时即达的传输、智慧强大的运算，将推动数字化智能化浪潮席卷各行各业，人类社会将进入数字世界与物理世界无缝衔接、实时互动的高级形态。

过去新型基础设施停留在研究试验阶段，在这次疫情倒逼之下，开始大规模应用于实践之中，不仅把我国发展的巨大潜力和强大动能充分释放出来，也反映出经济发展、社会治理、人民生活对新基建的依赖。新型基础设施建设需求大、投资多、周期长、辐射广，同时带动传统基础设施智能改造和传统产业转型升级，将进一步发挥投资的乘数效应。而随着新型基础设施的建设和应用，发挥前沿布局牵引作用，必将释放更多经济动力和消费需求，并对实体经济产生全方位的带动作用。

技术篇

Technology

B.2

新基建数据中心发展报告（2022）

闫　飞　高剑波　杨　锋　巴君鸿　迟九虹*

摘　要： 随着新基建政策的陆续落地，全国各地涌现出数据中心投资浪潮，建设体量猛增。数据中心呈现五大发展趋势与特征：一是能源利用效率不断提高，绿色低碳转型加快；二是数据中心布局持续优化，东西部均衡发展；三是算力高质量发展，算网协同加快；四是基础设备国产化，加强自主可控能力；五是赋能效应凸显，支撑数字化转型。与此同时，为解决可再生能源利用率低、技术水平不高、能耗高以及专业运维人员不足等问题，数据中心持续开展节能技术创新以实现绿色高效和智能化发展：一是数据中心模块化、预制化成为趋势，供配电系统从简单物理连接走向融合供电，最大化利用自然冷源实现数据中心节能降耗；二是多措并举铺就数据中心

* 闫飞，中国电信集团有限公司云网发展部副处长，主要研究方向为运营商承载网和数据中心的规划建设；高剑波，中国电信集团有限公司云网发展部副处长，主要研究方向为数据中心技术标准和建设实施；杨锋，中国电信集团有限公司云网发展部工程师，主要研究方向为IP承载网和数据中心的规划建设；巴君鸿，中国电信集团有限公司云网发展部工程师，主要研究方向为数据中心技术标准和建设实施；迟九虹，华为技术有限公司数据中心首席专家，长期研究数据中心技术和产业。

绿色低碳之路；三是数字化技术助力数据中心全周期节能提效。

关键词： 新基建 数据中心 算网协同 绿色低碳 节能创新

从2020年起至今，中央及地方政府密集发布新基建政策，开展系统化的谋篇布局。5G、工业互联网、人工智能等新一代信息技术的快速发展产生了海量数据、算力爆发式增长。数据中心作为存数、算数的载体，是新基建各领域的基础设施，因此需要加速推进数据中心建设，构建以数据中心为核心的智能算力生态体系，为经济社会高质量发展提供新动能。

一 新基建形势下我国数据中心建设迎来新机遇

（一）我国数据中心发展概述

1. 我国数据中心发展历程

萌芽阶段（1990年以前）。1990年以前，我国开始着手信息化建设，计算机的发展带动数据中心雏形初现。这一时期的数据中心主要功能是数据存储和进行简单计算，但规模小、建设等级低。

兴起阶段（1991~2000年）。自20世纪90年代开始，以门户网站为代表的互联网快速发展，数据的流通与汇聚加速，数据流量呈指数式增长，数据中心机架规模增长明显。

快速发展阶段（2001~2010年）。进入21世纪，随着互联网普及和互联网应用的丰富，短信、网游、语音深入人们的生活，互联网用户数量激增，推动数据中心快速发展，大中型数据中心建设明显增加。

高速发展阶段（2011~2020年）。以云计算、人工智能、大数据为代表的新一代信息技术的兴起，推动数据中心蓬勃发展。运营商与第三方IDC服务商加速布局，国内大型云计算公司开始自建数据中心。

有序发展阶段（2021年至今）。随着5G网络建设的快速推进，VR/AR、车联网等应用的快速演进，数据中心需求激增，同时政府加强对数据中心的管控和

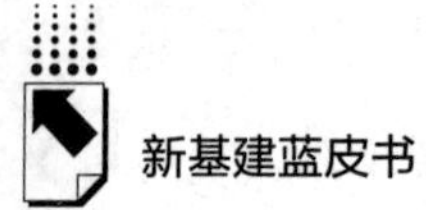

引导，数据中心建设向集约化、规模化、绿色化方向发展。

2. 我国数据中心发展现状

当前，我国数据中心发展迅速，根据工业和信息化部信息通信发展司的统计数据，截至2020年底，我国在用数据中心机架规模达到401万架（折合成2.5kW/柜的标准机架），2021年底为520万架，新增119万架，增长率为29.7%（见图1）。与此同时，我国数据中心在高速发展过程中也面临一些问题，主要表现为“老小旧散”。2000年以来，我国开始较大规模地建设数据中心，2016年之前建成的机架数为124万架，占2021年底可用数据中心的23.8%①。截至2021年底，我国中小型数据中心规模为100万架，占可用数据中心的比例为19.2%。2016年之前建设的数据中心，由于技术相对落后，能耗问题没有受到足够关注，电能利用效率（Power Usage Effectiveness，PUE）普遍大于1.8。我国31个省区市（不含港澳台）均建有数据中心，但数据中心分布较为零散，各省区市发展不均衡。

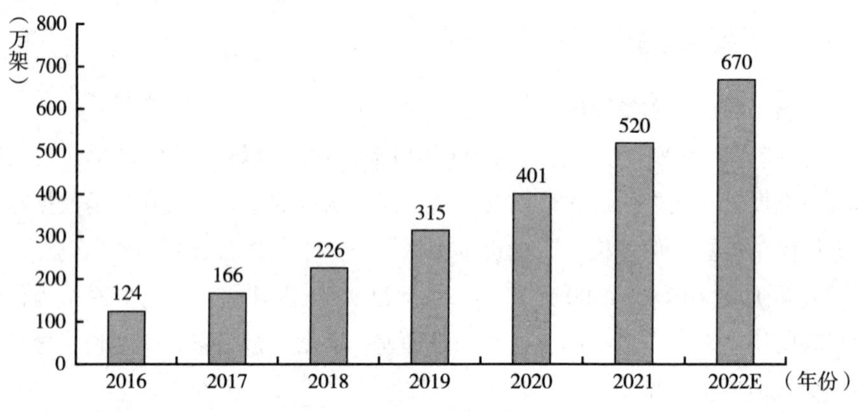

图1　我国数据中心机架规模

资料来源：工业和信息化部信息通信发展司。

（二）新基建驱动我国数据中心高速发展

数据中心对数字经济的赋能和驱动作用日益凸显，国家密集出台相关政

① 以功率密度2.5kW/柜一个标准机架计算，超大型数据中心是指规模大于等于10000个标准机架的数据中心；大型数据中心是指规模大于等于3000个标准机架小于10000个标准机架的数据中心；中小型数据中心是指规模小于3000个标准机架的数据中心。

策，推动数据中心朝着规模化方向发展。2021 年 3 月 12 日，我国发布《中华人民共和国国民经济和社会发展第十四个五年规划和 2035 年远景目标纲要》（以下简称《十四五规划》），要求加快建设新型基础设施，加速构建全国一体化大数据中心体系，建设 E 级/10E 级超算中心。2021 年 7 月 4 日，工业和信息化部印发《新型数据中心发展三年行动计划（2021—2023 年）》（以下简称《三年行动计划》），要求到 2023 年底，全国数据中心机架规模年均增速保持在 20%左右，总算力超过 200 EFlops，加速部署"东数西算"国家级枢纽节点，灵活部署边缘节点数据中心。

此外，地方政府根据本地发展需要，综合考虑能源指标、土地获取、建设成本等因素，合理规划布局数据中心。其中，以北京、上海、广州、深圳为代表的发达地区重点发展低时延、边缘计算类数据中心；而以贵州、内蒙古、甘肃、宁夏为代表的西部省份则聚焦建设大型云、存储备份、离线加工类数据中心。部分省区市"十四五"规划中关于数据中心的相关政策如表 1 所示，部分省区市"十四五"规划中规定的数据中心标准机架数量见表 2。

表 1　部分省区市"十四五"规划中关于数据中心的相关政策

地区	文件名称	主要内容
北京	《北京市国民经济和社会发展第十四个五年规划和 2035 年远景目标纲要》	建设多接入边缘计算（MEC）、国家工业互联网大数据中心、人工智能超高速计算中心
上海	《上海市国民经济和社会发展第十四个五年规划和 2035 年远景目标纲要》	构建全球数据枢纽平台，筹建"E 级超算"高性能计算设施和大数据处理平台，持续优化互联网数据中心建设布局，合理部署边缘计算
广东	《广东省国民经济和社会发展第十四个五年规划和 2035 年远景目标纲要》	支持广州、深圳等建设低时延类小型或边缘数据中心，支持粤东粤西粤北气候适宜、能源丰富的地区在符合规划布局前提下，集约集聚建设数据中心
四川	《四川省国民经济和社会发展第十四个五年规划和 2035 年远景目标纲要》	建设全国一体化大数据中心体系成渝枢纽节点，加快建设成都超级计算中心、鲲鹏生态基地等多层次算力平台，打造国家级超算中心
重庆	《重庆市国民经济和社会发展第十四个五年规划和 2035 年远景目标纲要》	建设全国一体化大数据中心体系成渝节点，统筹布局大型云计算和边缘计算数据中心，加快建设同城双活、同城灾备、异地灾备等数据中心，打造国家级超级计算资源集聚高地

续表

地区	文件名称	主要内容
内蒙古	《内蒙古自治区国民经济和社会发展第十四个五年规划和2035年远景目标纲要》	提升完善呼和浩特国家级互联网骨干直联点。引导互联网企业、电信运营商与电力企业协同,合理布局大型、超大型数据中心
贵州	《贵州省国民经济和社会发展第十四个五年规划和2035年远景目标纲要》	打造国家级数据中心集聚基地,推动存储型数据中心向生产型、高安全、绿色化数据中心转型升级,推进"大型+边缘"数据中心、人工智能超算中心建设
甘肃	《甘肃省国民经济和社会发展第十四个五年规划和2035年远景目标纲要》	优化骨干传输网络,加强新技术基础设施和算力基础设施建设,建设区域智能计算中心,合理布局大数据中心
宁夏	《宁夏回族自治区国民经济和社会发展第十四个五年规划和2035年远景目标纲要》	推动建设国家北斗导航位置数据中心宁夏分中心、大数据产业园和灾备基地、健康医疗大数据中心,打造西部云基地(宁夏)一体化大数据中心

表2　部分省区市"十四五"规划中规定的数据中心标准机架数量

单位：万架

地区	2020年基数	2025年目标	"十四五"增量
北京	15.0	30.0	15.0
上海	11.0	28.0	17.0
广东	36.0	100.0	64.0
江苏	35.0	70.0	35.0
浙江	17.3	45.0	27.7
河南	2.3	13.0	10.7
湖北	10.8	17.0	6.2
福建	4.2	15.0	10.8
陕西	2.0	6.0	4.0
重庆	11.9	29.6	17.7
云南	4.1	10.0	5.9
内蒙古	6.0	10.0	4.0
贵州	7.9	100.0	92.1
黑龙江	4.3	15.0	10.7
宁夏	3.0	73.0	70.0

注：工业和信息化部信息通信发展司将机架折合成2.5kW/柜的标准机架统计，各省区市"十四五"规划中机架功率密度不一定为2.5kW/柜，导致各省区市2020年机架规模与信息通信发展司统计有差异。

资料来源：各省区市"十四五"信息通信行业发展规划。

二 我国数据中心发展特征与趋势

工业和信息化部《三年行动计划》明确指出，新型数据中心是指以支撑经济社会数字转型、智能升级和融合创新为导向，以 5G、工业互联网、云计算、人工智能等应用需求为牵引，汇聚多元数据资源、运用绿色低碳技术、具备安全可靠能力、提供高效算力服务、赋能千行百业应用，与网络、云计算融合发展的新型基础设施。因此，未来数据中心的特征主要体现在绿色高效、一体化布局、算网协同、自主可控、赋能行业数字化和绿色化转型等方面。

（一）能源利用效率不断提高，绿色低碳转型加快

在碳达峰、碳中和的背景下，数据中心作为能源消耗大户，其节能减排问题备受关注，为此政府加强对于数据中心的节能管控。数据中心实现双碳目标的关键路径是提高能源利用效率和可再生能源利用率。

在能源利用方面，最主要的指标是 PUE，PUE 是数据中心全年消耗电量与数据中心 IT 设备全年消耗电量的比值，PUE 值越低，能效水平越好。从 2013 年开始，我国对 PUE 值提出要求，并逐步加严；2021 年开始，要求新建的大型、超大型数据中心 PUE 值控制在 1.3 以下，同时加快对于老旧数据中心的节能改造。“东数西算”八大节点的 PUE 值要求则更为严格，西部节点 PUE 值要求在 1.2 以下，东部节点要求在 1.25 以下。在双碳背景下，中央和地方均强化对于数据中心的监管。2021 年 10 月 24 日，国务院发布《2030 年前碳达峰行动方案》（以下简称《行动方案》），将年综合能耗超过 1 万吨标准煤的数据中心全部纳入重点用能单位能耗在线监测系统，开展能源计量审查。2020 年，北京 11 家数据中心由于 PUE 值超过 1.4 而被集中约谈，并被下达《节能监察建议书》。2021 年，广东省 27 个数据中心由于能评超标或者无能评，被纳入管控名单，要求限期整改。

数据中心另一项节能指标是水资源利用效率（Water Usage Effectiveness, WUE）。WUE 是数据中心全年水资源消耗量与数据中心 IT 设备全年消耗电量的比值。随着数据中心的规模扩大，耗水量大和水源不足等问题成为数据中心建设的瓶颈。目前，我国对 WUE 没有明确的要求，但以北京、上海为代表的

发达地区率先实施对于 WUE 的管控。2021 年 4 月 2 日，上海市经济信息化委员会印发《上海市数据中心建设导则（2021 版）》（以下简称《建设导则》），首次明确 WUE 目标，规定第一年不高于 1.6，第二年不高于 1.4。2022 年 5 月 16 日，北京市发展和改革委员会、北京市经济和信息化局联合印发《北京市低效数据中心综合治理工作方案》，数据中心 WUE 被纳入监控范围。

提高可再生能源利用率（Renewable Energy Ratio，RER）是数据中心低碳转型的关键。RER 是数据中心可再生能源供电量与数据中心总耗电量的比值。2021 年 11 月 30 日，国家发展改革委、中央网信办、工业和信息化部、国家能源局联合发布《贯彻落实碳达峰碳中和目标要求　推动数据中心和 5G 等新型基础设施绿色高质量发展实施方案》（以下简称《实施方案》），要求 2025 年数据中心可再生能源利用率明显提高，绿色低碳等级达到 4A 级以上。北京市则要求数据中心逐年提高可再生能源利用率，到 2030 年达到 100%。

当前，数据中心已经成为主要的碳排放源之一。数据中心碳排放包括用电碳排放、其他发电排放（如柴油发电产生的碳排放）以及其他碳排放等（如冷却系统制冷剂泄漏产生的温室气体）。碳使用效率（Carbon Usage Effectiveness，CUE）作为衡量数据中心碳排放指标受到高度关注。CUE 是数据中心总碳排放量与 IT 设备能源消耗的比值，CUE 与 PUE 和 RER 强相关，降低 PUE 和提高 RER 是降低 CUE 的关键。2021 年 10 月 18 日，国家发展改革委、工业和信息化部、生态环境部、市场监管总局、国家能源局五部门联合发布《关于严格能效约束推动重点领域节能降碳的若干意见》，首次将数据中心列为与钢铁、电解铝、水泥等并列的第九大高排行业，要求到 2025 年，碳排放强度明显下降。2022 年 4 月 28 日，北京市生态环境局发布《关于做好 2022 年本市重点碳排放单位管理和碳排放权交易试点工作的通知》，提出北京市将对数据中心行业进行碳配额管理，开展碳排放权试点交易。2021 年 12 月 27 日，广东省生态环境厅发布《广东省 2021 年度碳排放配额分配实施方案》，数据中心被纳入碳排放管理和交易行业范围。

综上所述，未来对数据中心的评价指标也将从仅考虑 PUE 指标发展到涵盖 PUE、WUE、RER、CUE 等多指标的综合评价体系，以促进数据中心绿色高效发展。

（二）数据中心布局持续优化，东西部均衡发展

在政策引导和市场牵引的双重驱动下，我国数据中心区域发展不平衡问题得以缓解。在市场方面，由于东部发达省份人力、土地、电力等成本较高，为降低建设和运营成本，数据中心服务商在西部地区规划布局。在政策方面，国家也引导企业在西部地区建设数据中心，西部省份通过电价优惠、土地优惠、税收优惠吸引数据中心投资，东部省份则严控数据中心建设。早在2013年，工业和信息化部、国家发展改革委、国土资源部、电力监管委员会和国家能源局就出台了《关于数据中心建设布局的指导意见》，引导在西部寒冷地区建设大型超大型数据中心。自2014年以来，北京市不断出台数据中心限制政策，严禁新建、扩建互联网数据服务、信息处理和存储类数据中心；从2021年开始，上海市严禁在中环以内新建数据中心；2014年2月25日，贵州省人民政府发布《关于加快大数据产业发展应用若干政策的意见》，通过政策吸引数据中心投资建设，规定对数据中心用地实行点供政策，电价低至0.35元/千瓦时，税收减免、减半，当前贵州已成为大型数据中心的聚集地。

随着"东数西算"工程的推进，数据中心布局将得到进一步优化，主要表现在两个层面：在国家层面，西部省份数据中心规模和上架率都将得到改善；在粤港澳、长三角、京津冀等区域经济体内部，安徽、河北等省将承接更多业务。过去，西部地区主要承接东部高时延、冷数据等业务，随着网络质量的改善，有望承接部分低时延业务。

（三）算力高质量发展，算网协同加快

截至2022年6月，我国算力总规模超过150EFlops，位居全球第二。① 我国算力产业在快速发展的同时，存在算力相互割裂问题，造成算力资源浪费。不仅企业间提供的算力相互割裂，甚至同一企业在不同区域的数据中心提供的算力也难以互通。近年来，为实现数据中心算力统一调度，我国着手建设全国一体化大数据中心，全力打造国家算力网络体系。2022年2月，国家发展改

① 国务院网站，http：//www.gov.cn/xinwen/2022-08/05/content_ 5704300.htm，最后检索时间：2022年8月24日。

革委、工业和信息化部、国家能源局联合发布通知，全面启动“东数西算”工程，在8个枢纽节点规划建设10个国家数据中心集群。这是继西电东输、南水北调后的又一伟大战略布局，通过激活数据新生产要素属性，推动数字经济高质量发展。总体而言，落实国家算力建设的布局，实现全国算力一体化，需要进行三步走。

第一步是建设一体化数据中心。在“东数西算”的背景下，八大枢纽节点积极规划布局数据中心建设工作，特别是在内蒙古、甘肃、贵州、宁夏等西部节点，数据中心建设体量猛增。

第二步是实现算力的传输。为实现数据中心算力服务一点接入、即取即用的目标，需要构建高速、低时延、高可靠、灵活配置的传输网络。目前“东数西算”的十大集群之间的传输网络暂不支持大规模算力调度，我国正在加快建设网络资源体系。

第三步是开展算力统一调度。除算力和网络之外，还需要建设算网调度平台。算网调度平台能够实现实时监控、综合智能分析各个算力中心的算力运行数据，对不同业务的算力需求和算力资源进行合理的匹配调度。算网调度平台基于调度策略和智能调度算法，还可以实现算力供需匹配、算力申请、算力发放、算力运行保障等功能，对互联网进行配置，保障数据在算力中心之间进行高效流动。

随着“东数西算”工程的推进，东西部之间不断完善跨区域算力调度、区域内算力协同、多云协同算力联通调度。一是东西部区域间调度可实现东西部算力协同，打通东西部数据中心的资源，并根据业务特点合理调度算力。二是区域内的算力协同可以解决部署在城市周边的数据中心集群内部的中心云以及部署在城市内部边缘数据中心的边缘云间的协同，实现云边协同的算力配置。三是多云协同可以解决不同云服务提供者以及不同云架构的算力资源逻辑统一管理和协同调度，对外展现统一服务能力。

（四）基础设备走向国产化，自主可控能力不断加强

当前，网络安全和数据安全依然面临严峻挑战，底层技术架构、核心技术仍受制于欧美国家。芯片、服务器、存储器、交换机、路由器等基础硬件以及操作系统、数据库、中间件等基础软件尚需依靠进口。以集成电路为例，2021

年，我国集成电路进口数量达到6355亿个，同比增长16.9%，进口金额为27934.8亿元人民币，同比增长15.4%，占2021年进口商品总金额的16%。①

在全国一体化大数据中心建设总框架下，我国高度重视实现技术全面自主可控。突破核心关键技术瓶颈，实现国产化产品替代和规模化应用，构建自主可控的产业生态，已经成为我国发展新型数据中心的战略目标。2020年12月28日，国家发展改革委、中央网信办、工业和信息化部、国家能源局四部门联合发布《关于加快构建全国一体化大数据中心协同创新体系的指导意见》，指出需要推动核心技术突破及应用，围绕服务器芯片、云操作系统、云数据库、中间件、分布式计算与存储、数据流通模型等环节，加强对关键技术产品的研发支持；强化大数据安全保障，加快构建贯穿基础网络、数据中心、云平台、数据、应用等的一体协同安全保障体系，提高大数据安全可靠水平。

（五）数据中心赋能效应凸显，支撑数字化转型

数字经济时代，数据与土地、劳动力、资本、技术共同成为市场化配置的五大生产要素，算力也成为新的生产力。数据中心作为存储数据、承载算力的基础设施，是数字经济和数字化转型发展的关键。我国《十四五规划》将加快数字经济发展列为重要篇章，各省区市“十四五”规划提出推动数据中心与数字化转型融合发展，加强算力统筹和调度。中国信息通信研究院的研究表明，数据中心算力规模与经济发展水平关系密切②：美国、中国、日本的算力规模排名前三，与国家GDP排名一致，全球算力规模排名前二十的国家中有17个国家的GDP排名前二十；此外，北京、上海、广东等经济发达地区，算力规模较高。

《行动方案》指出要充分发挥数据中心、5G在促进传统行业数字化转型方面的重要支撑作用，推动各行业特别是煤炭、钢铁、水泥、有色、石化、化工等传统高耗能行业加快“上云用数赋智”步伐，优化管理流程，实现节本

① 《中华人民共和国2021年国民经济和社会发展统计公报》，国家统计局网站（2022年2月28日），http://www.stats.gov.cn/tjsj/zxfb/202202/t20220227_1827960.html，最后检索时间：2022年8月24日。

② 中国信息通信研究院：《中国算力发展指数白皮书》，2021。

降耗，助力实现碳达峰总体目标，为实现碳中和奠定坚实基础。据 Global e-Sustainability Initiative（GeSI）机构预测，[①] 到 2030 年，ICT 行业的二氧化碳排放量将达到 12.5 亿吨，约占全球排放量的 1.97%；同时，通过 ICT 技术赋能工业、建筑、交通、电力、农业等行业节能提效，减少的二氧化碳排放量将达到 121 亿吨，10 倍于 ICT 行业自身二氧化碳排放量。

三　双碳战略驱动数据中心节能技术创新

在新基建背景下，我国数据中心在蓬勃发展的同时，积极解决数字能源发展水平不高、可再生能源利用率低、专业运维人员不足等突出问题，驱动数据中心向绿色、高效、智能化方向发展。

（一）数据中心节能技术发展趋势

1. 模块化、预制化构建极简 DC

数据中心模块化包括产品模块化、机房模块化和建筑模块化等多种形式。模块化产品有供电模块、制冷模块以及布线模块（密集母线、小母线）等；模块化机房融合了制冷、供配电、机柜、布线和动环监控等所有子系统；建筑模块化以集装箱式数据中心为代表，通过“积木”堆叠的方式拼装，可以实现数据中心的快速上线。

在市场驱动和政策牵引下，数据中心正在向模块化、预制化、装配式方向发展。在市场方面，互联网短时爆发式的增长需要快速部署数据中心，降低企业运行成本。通过模块化的设计可以有效缩短数据中心建设周期、提升能源利用效率、降低运维成本。数据中心模块化由于工厂预制、快速部署、灵活扩容、运维简单等特点，备受市场青睐。在政策方面，《行动方案》要求推广绿色低碳建材和绿色建造方式，大力发展装配式建筑，推广钢结构住宅，推动建材循环利用。2021 年 11 月 15 日，工业和信息化部发布《“十四五”工业绿色发展规划》，要求推动数据中心建设全模块化、预制化。模块化、装配式建筑具备节约资源、工程施工效率高、减少现场环境破坏等优势，相对于混凝土建

---

① GeSI：*SMARTer 2030*，2015.

筑，采用装配式钢结构建筑的可减少 50%碳排放量，资源可回收率高达 90%。①

2. 供配电系统从简单物理连接走向融合供电

过去，大型数据中心的供电系统多采用“UPS 并机+铅酸电池”的方案，存在设备多而杂、现场安装困难、占地面积大等问题。以一个 1500 柜、8kW/柜的数据中心为例，供电系统（含变压器、UPS、开关柜、配电柜、电池等）占地面积约 1800 平方米，占整个数据中心面积比重高达 15%～20%。为此，缩小供配电系统占地面积、提高机柜占地面积成为建设数据中心的关键诉求。采用融合供电技术可以将变压器、低压配电柜、UPS、馈线柜融合成一个模块，并通过高密模块化 UPS，用铜牌代替线缆连接各模块，可以起到减少供电损耗、提升链路效率、缩小占地面积的作用。此外，融合供电模块可以在制造时进行预制和调测，缩短现场施工时间。

在供电制式方面，240V 直流电源是比较成熟的通信能源技术，具有安全可靠、维护简便、性价比高等特点。240V 直流电源既可以代替 220V 交流 UPS，也可以代替-48V 直流电源。240V 直流电源+市电均衡供电系统广泛应用于边缘 DC 和小型 DC，并逐步应用于核心机房和数据中心。

在备电系统方面，蓄电池作为数据中心供电系统的后盾，在电网中断或出现故障之时，保障数据中心连续供电。铅酸电池长期居于数据中心备电系统的主导地位，但存在能量密度低、占地面积大和使用寿命短等问题。相较于铅酸电池，锂电池在寿命、占地空间和环境耐受等方面优势突出，越来越受到行业的青睐。咨询机构 Frost & Sullivan 分析指出，数据中心开始广泛使用锂电池，预计 2020～2025 年，数据中心应用锂电池的占比将由 15%显著提升至 38.5%。②

在部署方式方面，供配电系统可以采用集中式和分布式两种方式。集中式电源（UPS）或 240V 直流电源与蓄电池分布在不同的区域。分布式电源

① 计算模型：8kW/柜，1500 柜，机房建筑面积：8860 平方米。生产 1 吨钢材二氧化碳排放 1.8 吨，生产 1 吨水泥二氧化碳排放 0.4 吨，其他如隔热板、胶条等用量较少，暂不计算。混凝土建筑水泥用量 2.1 万吨、用钢量 130 吨，二氧化碳排放 8634 吨；装配式钢结构建筑水泥用量 1110 吨、用钢量 2100 吨，二氧化碳排放 4224 吨。

② Frost & Sullivan：*Analysis of Lithium Ion Battery in Data Centres*, 2021.

（DPS）是一种将 UPS 或 240V 直流电源与锂电池集成在一起的不间断电源，已成为加快数据中心建设速度和实现电源资源精准配置的有力手段。

3. 最大化利用自然冷源实现数据中心节能降耗

在数据中心整体能耗中，除了业务用电外，制冷系统的用电量占比最大。对于一个 PUE 为 2.0 的数据中心来说，制冷系统能源消耗占非 IT 设备的 70% 以上，因此降低制冷系统能耗是数据中心节能的关键。降低制冷系统能耗最直接有效的方式是缩短机械制冷时间，延长自然冷却时间。上海市《建设导则》规定数据中心全年免费制冷时间不宜低于 3000 小时。

按照自然冷源的不同，自然冷却可分为空气自然冷却和自然水体自然冷却。自然水体自然冷却目前还未实现较大规模应用。空气自然冷却则包含新风直接冷却和蒸发冷却两种形式。新风直接冷却对空气的洁净度和湿度要求非常严格；蒸发冷却技术包括直接蒸发冷却和间接蒸发冷却两种。

直接蒸发冷却机组是将室外空气通过湿膜（或其他装置）蒸发降温并过滤除尘处理达标后，直接引入数据中心机房内为服务器降温，不足部分冷量由机械制冷加以补充。直接蒸发冷却节能效果显著，但机组占地面积较大、对室外空气质量及温湿度要求较高，适宜在室外空气质量优良、全年气温处于 10℃~20℃、蒸发冷却时间大于 3000 小时的地区，尤其是气候较干燥地区应用。

间接蒸发冷却技术分为水侧间接蒸发冷却技术和风侧间接蒸发冷却技术。水侧空调设备主要有间接蒸发冷却冷水机组，风侧空调设备主要有间接蒸发冷却机组（风—风换热型）。间接蒸发冷却冷水机组是在传统开式冷却塔的基础上，附加间接蒸发冷却等湿降温预冷段构成。相比于传统开式冷却塔，能够更加充分地利用室外自然环境“潜冷量”，延长其利用时长，可在水资源充沛、气候干燥区域（干湿球温度差不小于 8℃或一年内有较长的干燥季节）的数据中心应用。间接蒸发冷却机组（风—风换热型）是通过非直接接触式换热器，将直接蒸发冷却得到的湿空气（二次空气）的冷量传递给待处理的室内循环空气（一次空气），实现室内空气等湿降温。通过热交换器的阻隔，很好地避免室外的灰尘和水汽对机房环境的影响。根据室外温度的不同，间接蒸发冷却机组有三种制冷模式，当室外干球温度小于 16℃时，可以完全利用自然冷空气给机房制冷；当室外干球温度大于 16℃时且湿球温度小于 19℃时，开启喷淋系统，利用水的蒸发降低室外空气温度从而实现机房制冷；当湿球温度大于19℃时，启动压缩机制冷。间接蒸发冷却机组对水资源依赖少，对空气质量要求不高，适应各类环境。

此外，模块多联热管制冷系统也是一种可有效利用自然冷源的技术。模块化多联热管制冷系统一般为双循环系统，包括热管系统及压缩制冷系统，两套系统相互独立（非切换模式）。热管系统优先利用自然冷源制冷，压缩制冷系统作为补充和备份。模块化多联热管制冷系统室外机采用热管冷凝器与压缩制冷冷凝器一体化设计，延长自然冷源利用时长，且便于模块拼装，可在多种气候环境条件下应用，特别是在水资源缺乏地区的数据中心适配。

4. 液冷技术打造极致 PUE

随着 AI、超算等新技术的发展，人工智能计算中心、超算中心建设迎来高潮。此类数据中心单机柜的功率密度通常在 30kW 以上，传统制冷系统无法满足其冷却需求，液冷技术应运而生。液冷技术使用特殊的冷却液直接对服务器制冷，冷却液具有高比热特性，比热容为空气比热容的 1000～3000 倍，制冷效果显著。当前我国液冷技术正在快速发展并已具有规模化的商用案例，特别是在国家超算中心、区域超算中心、国家实验室等对算力需求强度大的场景应用更为广泛。

（二）多措并举铺就数据中心绿色低碳之路

展望未来，持续创新是建设数据中心绿色发展的主旋律，需要因地制宜、多措并举，综合利用各类技术手段，促进数据中心绿色低碳发展。

1. 储能和蓄冷技术稳定绿色电能供应

《实施方案》鼓励使用风能、太阳能等可再生能源，提升数据中心绿色电能使用水平，促进可再生能源就近消纳。而风电和太阳能发电不稳定，受风速和太阳辐射强度影响波动较大。数据中心运行的服务器等设备对电力稳定性要求很高，绿色电能无法直接用于数据中心供电。为此，解决数据中心长时间储能和蓄冷问题引发广泛关注。通过储能和蓄冷技术，不仅能够把不稳定的绿色电能转化成稳定的电源和冷源、有效提高绿色能源利用率，而且随着市电波峰波谷电价差的拉大，还能够减少电费支出，降低运营压力。

2. 自然水体冷却技术提高降温效果

《实施方案》鼓励探索利用海底、河流湖泊沿岸等特殊地理条件发展数据中心。我国江河湖海众多，利用自然低温水作为冷源是一种值得探索的冷却形式。将自然低温水体用于数据中心循环热交换，可以有效缩短机械制冷时间，节能效果显著。值得注意的是，利用自然水体制冷还应充分考虑环保问题，热交换后的水在排入江河湖海之前需进行冷却处理，以保证生态环境不被破坏。

截至 2021 年底，我国已投运 22 个 LNG 接收站，“十四五”期间还将继续扩大规模，LNG 气化过程中会释放大量的冷量，对周边海洋生态环境造成破坏。把 LNG 气化产生的冷量作为数据中心的冷源，经济效益可观，环保成效也较为显著。

3. 工业废热再利用技术助力实现碳中和

我国是一个工业大国，废热资源丰富，但尚未得到有效循环利用。在双碳背景下，余热回收技术成为研究重点，其中，溴化锂技术将废热转换为冷量推向实践。在工业余热中，高温烟气因具有余热温度高和可回收利用率高等特点，成为余热回收技术的重要研究方向。以钢铁企业为例，炼钢过程中排放的烟气温度在 1000℃以上，这些热量直接排到空气中会造成污染和浪费。利用溴化锂技术把炼钢产生的热量转换成数据中心所需的冷量，在获得经济效益的同时，对实现“碳中和”也具有现实意义。

4. 余热回收技术促进节能减排

数据中心全年运行，产热稳定且产热量大，通过热泵技术将数据中心余热回收，不仅可用于对办公区域进行供热，而且可以进行区域生活供暖。随着数据中心规模扩大，回收数据中心产生的余热不仅可以增加经营收入，也可以作为实现碳中和的重要手段，因而越来越受到行业重视。

（三）数智化助力数据中心全周期节能提效

数据中心正在向集约化、规模化方向发展，单个数据中心的规模从百柜级、千柜级扩大至万柜级。与此同时，数据中心在设计、建设及运维阶段的难度也在增加，促使数据中心走向智能化和数字化。

1. 设计阶段：PUE 数字化仿真实现最优方案

数据中心的能效受周边环境、供电系统和制冷系统等因素影响，科学合理的设计方案对数据中心的 PUE 至关重要，在设计阶段需要对 PUE 进行测算。传统 PUE 预测方法存在依赖设计人员的个人经验、缺少精细化计算方法、依靠手工计算、选取的方案有限、考虑的参数不足等问题，难以保证 PUE 计算的精度，实际运行值往往高于设计值。基于数字化的 PUE 仿真技术，通过 BIM 三维软件构建数据中心物理模型，将设备模型、系统模型和空间模型关联起来，结合机房温度、负载率、气候数据等运行参数，模拟系统和设备运行状态，验证并优化设计方案，确保 PUE 设计值可落地。

2. 建设阶段：数字可视化管理保障工程进度和质量

数据中心建设是一个庞大的系统工程，过程复杂，隐蔽工程多。传统数据中心建设依靠 EXCEL 表格化管理，导致效率低、返工现象较多，工期和质量无法得到有效保障。为此，需要应用数字化技术对数据中心建设工作进行有效管理。数字化交付平台可实现从设计到生产、从工厂到工地、从施工到验收端到端的数字化管理。其中，采用 BIM 3D 实例化设计、三维碰撞检测，可规避各系统的干涉问题，降低变更率；采用数据共享、资源协调和数字化物料管控可确保各工序有序进行，保障建设质量和工程进度；采用 EHS AI 安全检测技术可避免安全事故的发生。

3. 运维阶段：智能化运维实现数据中心“自动驾驶”

数据中心运行需要保证长期能效最优，传统数据中心能效调优以人工调节为主，存在专家经验依赖程度高、采集参数少、调节速度慢、精度差等问题。AI 数字化技术通过动态建模，建立能耗与 IT 负载、气象条件等可调节参数间的机器学习模型，实时诊断各子系统能耗，自动准确推理和配置出数据中心最优控制路径，从而制定数据中心能效最优方案。

数据中心设备类型有上百种，数量以万计，若依靠人工巡检则难度大，故障定位时间也较长。通过智能传感技术、声音和图像识别等数字化技术，对机房环境、制冷、供配电等子系统进行实时监控，可以实现主动防御、自动告警和快速定位故障的目的。数字化技术运维具有效率高和安全可靠等优点，同时减少人工上站时间和频率。

在数据中心运营过程中，随着业务的变化，数据中心经常出现的诸如机柜未充分利用甚至闲置而另一些机柜负载又偏高的情况。通过数字化技术对数据中心资源进行全生命周期管理，自动盘点数据中心资源状态，对机柜可用空间、可用电力和可用冷量等要素进行综合分析，智能推荐设备最佳上架机位，实现数据中心资源的可视、可管，提升资源使用率。

四 未来展望

随着国家一系列新基建政策的落地，数据中心行业将逐步由无序扩张转向系统规划、优质发展。展望未来，数据中心行业将在全国范围内统筹规划、合理布局，在保障自身绿色、节能发展的同时，实现关键技术的全面自主可控，支撑全社会数字经济不断繁荣发展。

数据中心行业未来将实现能源综合利用、电力供应结构向零碳化深度调整，风、光等清洁能源广泛应用，源、网、荷、储协同发展，逐步降低数据中心整体的碳排放直至实现碳中和。同时数据中心行业将实现节能技术的百花齐放，预制化模块化建筑、融合供电、自然冷却等先进节能技术逐渐普及，全国各地因地制宜适配节能方案，PUE 下降到当地气候条件下的先进水平。

各地数据中心以东数西算为依托，未来将在全国范围内实现合理布局，东西部地区分别发挥各自在当地的市场、资源优势，分工协作、均衡发展。全国算力统一调度，算网协同发展，实现全国算力高效利用。

数据中心行业将实现全面自主可控，突破关键技术瓶颈，完成国产化产品与技术的规模应用，构建软硬件一体化安全体系，成为国家网络、信息的安全保障。在新基建的时代背景下，随着人工智能、工业互联网、云计算、大数据等数字技术不断推广落地，千行百业数字化转型不断向前推进，未来高质量发展的数据中心行业将持续提供稳定的算力保障，为全社会数字经济繁荣发展奠定坚实的基础。

参考文献

工业和信息化部信息通信发展司编《全国数据中心应用发展指引（2020）》，人民

邮电出版社，2021。

中国制冷学会数据中心冷却工作组编《中国数据中心冷却技术年度发展研究报告2021》，中国建筑工业出版社，2022。

中国计算机用户协会数据中心分会编《中国数据中心发展蓝皮书（2020）》，电子工业出版社，2021。

中国信息通信研究院：《数据中心白皮书（2022）》，2022。

B.3
5G网络助力数字经济发展

程日涛　蔡亚莉　汤利民　程　锋　黄　庆*

摘　要： 作为“新基建”信息通信技术领域的引领性技术，5G将实现人、机、物全面互联，成为经济社会转型发展的新引擎。在第一个5G商用标准Release-15基础上，后续标准化将在网络基础能力、行业使能技术等方面持续增强，推动网络向数智云网、智简无线、内生智能、空天地一体、绿色低碳等方向演进。在国家战略指导和政策支持下，我国5G网络标准化与研发、网络建设与业务发展均处于全球领先行列，5G助力数字经济发展成效显著。面向后续网络发展，建议从持续推进网络建设、保障频谱资源、加强产业攻关保障网络自主安全、促进行业合作加快5G规模化应用等四个方面保障5G网络持续健康发展。

关键词： 数智云网　智简无线　内生智能　空天地一体　5G专网

一　5G网络发展趋势分析

（一）技术标准化

2019年3月，第三代合作伙伴计划（3rd Generation Partnership Project,

* 程日涛，中国移动通信集团设计院有限公司资深专家，主要研究方向为无线网关键技术、规划组网技术、数智化技术；蔡亚莉，中国移动通信集团计划建设部无线网络处处长，主要研究方向为网络演进策略、网络建设与投资策略；汤利民，中国移动通信集团设计院有限公司无线所所长，主要研究方向为网络演进技术、网络总体建设方案；程锋，中国移动通信集团设计院有限公司高级专家，主要研究方向为网络规划技术、行业数智化技术；黄庆，中国移动通信集团计划建设部无线网络处项目经理，主要研究方向为网络建设方案、行业解决方案。

3GPP）完成5G标准的第一个版本Release-15标准，为后续5G发展提供了整体架构，是5G演进的奠基石。随着5G标准不断演进、完善，Release-16标准、Release-17标准分别于2020年7月、2022年6月冻结，标志着5G演进的第一阶段完成。目前，Release-18标准立项工作已逐步展开，标志着5G标准化迈入5G-Advanced新阶段，Release-18标准预计于2024年冻结。

当前5G商用网络主要基于Release-15和Release-16部分功能进行部署，未来随着5G技术标准的不断完善，5G网络能力将全面提升，全方位支撑增强型移动宽带（Enhanced Mobile Broadband，eMBB）、超可靠低时延通信（Ultra-Reliable and Low Latency Communication，uRLLC）、大规模机器类型通信（Massive Machine-type Communication，mMTC）三大类场景的业务发展①。

1. Release-15

Release-15版本于2019年3月冻结，是5G标准定义的第一个版本，主要针对eMBB和部分uRLLC场景，制定了非独立组网（Non-Standalone，NSA）和独立组网（Standalone，SA）两种5G基础架构，实现了5G端到端的基本能力，满足5G个人和行业应用初期的迫切需求。

2. Release-16

Release-16版本于2020年7月冻结，其在Release-15基础上，从基础能力增强、垂直行业扩展方面着手，夯实"能力"三角，促使5G从"能用"向"好用"升级演进。

基础能力增强方面，主要技术包括多输入多输出（Multiple-Input Multiple-Output，MIMO）增强、载波聚合（Carrier Aggregation，CA）及双连接（Dual Connection，DC）增强、终端节能、移动性增强、定位增强等方面，进一步提升了5G频谱利用效率，降低传输时延，增加连接鲁棒性②。

垂直行业扩展方面，通过无序PUSCH调度、PUSCH重复传输等技术提升uRLLC能力；并支持5G和时延敏感网络（Time-Sensitive Networking，TSN）集成，可满足小于1us的时钟误差要求；在车联网方面引入在SideLink上支持

① 刘晓峰、孙韶辉、杜忠达、沈祖康、徐晓东、宋兴华：《5G无线系统设计与国际标准》，人民邮电出版社，2019。

② 沈嘉、杜忠达、张治、杨宁、唐海：《5G技术核心与增强：从R15到R16》，清华大学出版社，2021。

组播、广播、单播等业务，从而实现车辆编队行驶、扩展传感器、自动驾驶和远程驾驶等车联网功能；同时引入了非公共网络（Non-Public Network，NPN），提升 5G 专网支持能力。

3. Release-17

Release-17 版本于 2022 年 6 月冻结，为提升商用性能，Release-17 继续围绕基础能力增强与垂直行业扩展进行演进，同时通过新业务、新特性的探索，助力 5G 扩展支持更多应用场景。

基础能力增强方面，主要包括 FeMIMO、上行覆盖增强、天线切换增强、小数据包传输、终端节能优化、多 SIM 卡优化和定位增强等技术，进一步提升了 5G 网络的覆盖、容量、时延、定位等基础能力。

垂直行业增强方面，主要通过 RedCap、uRLLC/IIoT 增强、TSN、SideLink 增强、SideLink Relay、无线切片增强等技术为 5G 垂直行业发展提供更强有力的支持。

新业务新特性方面，主要通过非地面通信网络、多播广播、频谱扩展和无线网智能化管理等技术，进一步拓展了 5G 应用空间。

4. Release-18

5G-Advanced 是 5G 向 6G 演进的中间阶段，将对 5G 进行更大范围的技术创新和性能提升，作为 5G-Advanced 的首个版本，Release-18 于 2021 年 12 月完成首批标准课题立项，预计于 2024 年完成冻结。Release-18 将瞄准卓越网络、智生智简、低碳高效三大目标，推进 5G-Advanced 演进①，同时也为数智化转型和高质量发展注入更强劲动力。

卓越网络：致力于进一步提升 5G 网络的能力，实现无处不在的卓越性能和丰富能力，包括双工演进、大规模天线增强、智能直放站、移动中继、移动性增强、覆盖增强、直连链路通信增强、中继增强、XR 增强、广播多播增强、天地一体增强、无人机、定位增强、双发双收多卡终端和设备内共存增强等技术。

智生智简：主要是为了加速推进网络的智能化，实现网络的能力开放化，能够更加灵活便捷地搭建网络架构和能力匹配，满足各行各业的场景和需求，也满足多样化终端的需求，以加速 5G 在各行业普及和渗透。

---

① 中国移动等：《5G-Advanced 新能力与产业发展白皮书》，2022。

低碳高效：为助力社会实现碳达峰、碳中和的目标，进一步提升 5G 设备的能效，Release-18 提出低功耗信号传输、多载波增强、小数据包传输增强和小带宽专网频率的设计等新特性。

（二）5G 网络能力

1. 5G 网络八项关键指标

国际电信联盟（International Telecommunication Union，以下简称“国际电联”或“ITU”）定义了 5G 的三大类应用场景，即 eMBB、uRLLC、mMTC。eMBB 主要面向移动互联网流量爆炸式增长，为移动互联网用户提供更加极致的应用体验；uRLLC 主要面向工业控制、远程医疗、自动驾驶等对时延和可靠性具有极高要求的垂直行业应用需求；mMTC 主要面向智慧城市、智能家居和环境监测等以传感和数据采集为目标的应用需求。

为满足 5G 多样化的应用场景需求，5G 的关键性能指标更加多元。ITU 定义了 5G 八大关键性能指标（见图 1），其中，高速率、低时延和大连接成为 5G 最突出的特征，用户峰值数据速率达 20Gbps、用户体验数据速率达 100Mbps，分别为 4G 网络的 20 倍、10 倍。5G 网络时延低至 1ms，为 4G 网络的 1/10；用户连接密度可达 100 万设备量/Km^2，为 4G 网络的 10 倍。同时，面向绿色低碳要求，5G 网络还增强了频谱效率和网络能效等方面的指标要求。

2. 服务化架构

5G 核心网采用服务化架构（Service-based Architecture，SBA），SBA 以服务为核心、以原子能力为基础，通过 IT 化的架构和 CT 化的机制，重构功能和连接，打造平台化服务能力。SBA 架构是 5G 的标志性创新，也是 5G 全面赋能垂直行业的基石，以 SBA 为基础可以灵活设计差异化网络切片、按需生成不同行业专网、快速组建轻量级边缘计算网络。

3. 行业应用增强能力

（1）网络切片

网络切片是端到端的“虚拟专网”连接，用统一的 ID 标识贯通全程全网，实现一点订购、集中编排、统一管理与全网服务。一个网络切片实例是由网络功能和所需的物理/虚拟资源构成的集合，通过 S-NSSAI 进行端到端切片

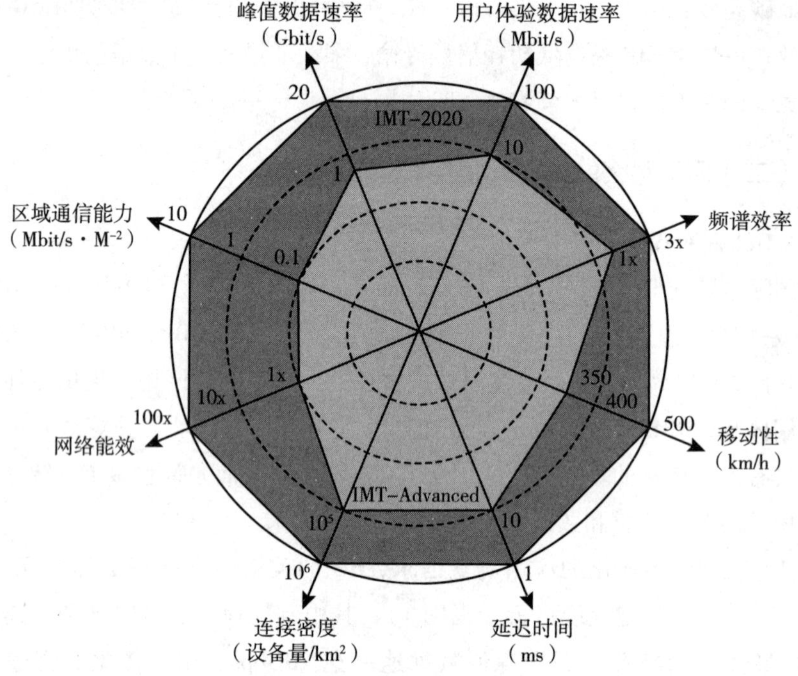

图1 ITU 定义的5G 网络关键指标

标识，构成信令面和管理面的全流程。每个网络切片按照业务场景的需要和话务模型进行网络功能的定制剪裁与相应网络资源的编排管理。在一个网络切片内，运营商可以进一步对虚拟资源进行灵活的分割，按需创建子网络。

（2）用户面下沉

移动核心网控制和转发逐代分离、逐代扁平。5G 核心网系统架构控制面（Control Plane）与用户面（User Plane）功能天然分离，是实现控制面集中部署和用户面分布式灵活部署的重要基础。C/U 分离后，控制面功能与用户面功能能够独立演进、独立扩容，从而提升网络整体系统的灵活性和效率。控制面集中部署、集中管控和集中优化，实现了高效的控制面。用户面可根据业务需求灵活部署，按需下沉至靠近用户位置（地市、区县、园区等）部署，实现灵活高效的转发面，满足高带宽、低时延等各类业务场景需求。

（3）边缘计算

边缘计算是一种在物理上靠近数据源头进行数据处理的方法，是一种分布式计算架构。面向 5G 的边缘计算是指基于 5G 用户面网元 UPF，在靠近用户的网络边缘叠加部署计算和存储等云能力，实现边缘应用上云。5G 时代的边缘计算，向上有承载未来业务创新的无限可能，向下则体现通信网络变革性结构转型，需要网、云、基础设施和属地化运营维护各要素有机组合，组建全新的网络架构和组织运营体系。

（三）网络演进趋势

1. 数智云网

伴随着新一轮科技革命和数字经济高速发展，经济社会发展呈现“四个范式变迁”新形势，千行百业数字化转型呈现“线上化、智能化和云化”的共性特点，网络技术、云计算技术、大数据技术和人工智能技术等信息技术与应用不断成熟，网、云、数、智、安、边、端、链（ABCDNETS）技术领域深度融合。

运营商网络的云网架构向一体化、智能化、绿色化方向发展。

（1）服务化架构不断深化。移动通信网络服务从主要面向个人通信向面向个人通信和行业通信并重转变，从面向通话、消息、流媒体和背景类数据的业务转向以端到端网络高速率、低时延、高可靠和大连接能力为顶点的三大场景化业务拓展，网络性能极致立体，一体化、服务化能力不断完善，定制化能力不断提升。

（2）算网一体化与网络全云化持续演进。计算能力需求不断增强，从传统的单网元专用计算加速向云端计算、边缘计算到终端计算融合架构演进，计算和网络正在打破边界，呈现算网一体化、算力敏捷弹性的技术趋势。网络集中化和云化不断深化，网络云建设持续向低成本、高可靠和灵活敏捷方向演进，核心网集中网络云和边缘网络云、传输网、无线网持续云化演进。

（3）大数据和人工智能技术逐步渗透到网络运营全生命周期。“人工智能技术通过与通信网络的硬件、软件结合融入上层服务，提升网络运营效率，最终实现自智网络”已成为通信行业共识。

（4）打造绿色低碳网络成为运营商必然选择。以碳达峰和碳中和为目标，网络极简化、设备低能耗、建设装配化、能源技术多样化和建设与运营数智化等绿色低碳技术日益发挥作用。

2. 智简无线

5G 业务发展对网络覆盖、容量和性能提出了越来越高的要求，为了实现全场景、高容量和优感知的 5G 精品网络，需要结合资源现状、应用场景、业务需求和行业个性化需求等要求，智能选择适配场景与需求的最优解决方案，简洁高效地实现网络覆盖和用户承载。

智简无线通过“多频段协同、多系统演进、多设备形态异构、多建设方式互补、多场景智能适配”等技术手段来实现。高频段具备容量大、速率高的优势，低频段具备覆盖能力强、成本低的特点，充分发挥高频、中频、低频性能特点，借助协同立体组网技术，结合载波聚合、超级上行等增强能力打造更为优质的 5G 网络，同时，存量 4G、3G、2G 现网也将通过架构简化与演进升级，实现淘汰落后产能和提升资源利用效率的目标。与此同时，宏基站（64TRx/32TRx/8TRx/4TRx/2TRx）、微基站、皮基站、飞基站等多种设备形态，宏基站、微基站室外覆盖，同轴电缆分布系统、漏泄电缆分布系统、分布式皮基站系统、扩展型皮基站系统等多种建设方案共同组成 5G 网络建设工具箱，为运营商集约高效建网提供体系支撑。此外，将人工智能技术与网络技术充分结合，在“规、建、优、维”网络全生命周期发挥智能算法在资源配置、性能提升、运营维护和工程建设等方面的能力，有助于进一步提升投资效益与网络能力，锻造“广、深、厚、专”的 5G 精品网络。

3. 内生智能

网络架构和功能演进以及场景化、差异化的服务需求对网络运营管理提出更高要求，网络智能化成为运营商升级网络运维模式的有力抓手。网络智能化的目标是通过引入人工智能技术推动通信网络实现“自配置、自治愈、自优化、自演进”的发展①。2021 年，工信部发布的《“十四五”信息通信行业发展规划》（以下简称《通信行业规划》）将“强化核心技术研发和创新突破”作为发展重点，提出“加强网络智能化攻关，推动 5G 与人工智能技术深度融合，提升网络运维效率，提升服务质量和业务体验”②。

---

① 清华大学智能产业研究院、亚信科技、中国移动等：《通信人工智能赋能自智网络白皮书》，2021。

② 工业和信息化部：《“十四五”信息通信行业发展规划》，2021 年 11 月。

现阶段通信人工智能处于不断发展时期。3GPP 从 Release-15 开始研究网络数据分析功能（Network Data Analytics Function，NWDAF），并在后续协议中不断推进与人工智能相关的标准化课题研究①。6G 通信网络把智能化理念作为整体设计的核心理念之一，在网络标准化的初始阶段就考虑网络与人工智能等技术的融合，目标是实现智慧内生②。

4. 空天地一体

目前，全球移动通信服务的人口覆盖率约为 70%，但受制于经济成本和技术等因素，仅覆盖了 20%的陆地面积、小于 6%的地球表面积。发展空天地一体化网络，有助于解决海陆空覆盖等地域受限问题，以实现全球的无缝覆盖（见图 2）。

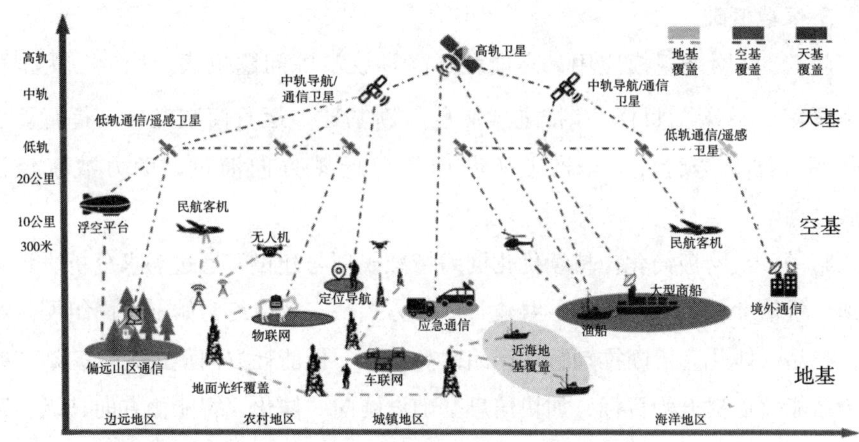

图 2　空天地一体化网络愿景

资料来源：作者自行汇制。

空天地一体网络演进总趋势是卫星通信能力不断提升，卫星与地面移动通信优势互补、逐步融合。第一，卫星资源从高轨卫星为主向高低轨卫星协同应用演进。相对高轨，低轨优势在于时延低、多星组网容量大，但受限于频率协

① 欧阳晔、王立磊、杨爱东等：《通信人工智能的下一个十年》，《电信科学》2021 年第 3 期。

② 6GANA：《6G 网络原生 AI 技术需求白皮书》，2022。

调和太空碰撞，组网复杂，将来高轨和低轨卫星均有其适合的应用空间①。第二，卫星能力从传统的大波束低速率向新型多波束高通量演进。随着卫星功率增强和协议栈优化，单星和星座容量将是传统卫星的十至百倍②。第三，星载功能从透明转发到再生转发。在现阶段卫星主要实现信号转发透传功能的基础上，随着卫星通信载荷能力的提升，基站和核心网的部分功能均可搭载于星上，实现快速处理。第四，天地一体方面将实现从星地互联互通、天地协调发展到天地系统融合。5G-Advanced 阶段将实现天地协同，卫星网络与地面网络接入互补、控制并存，此阶段为天地融合演进架构，各自独立协议，实现协同共存。在 6G 阶段将实现系统融合，天地一体，此阶段空口协议统一、实现更紧密的融合，卫星连接和地面连接统一协议栈，实现泛在连接网络。

5. 绿色低碳

随着 5G 网络规模应用，高能耗、高排放量等问题也逐渐凸显。为全面落实国家“双碳”目标③、推进“绿色”新基建，运营商应充分发挥行业引领作用，推动全行业、全产业不断向绿色低碳方向演进，助力数字经济发展。

第一，组网极简化。持续优化网络精准规划与建设，通过需求分析、场景识别、价值评估、产品选型、共建共享等方式，实现以终为始、极简组网。第二，产品一体化。不断推动行业产品向高集成、低能耗方向演进，以基站和终端产品能效双提升为目标，加快信息基础设施向一体化、智能化方向升级。第三，技术革新化。密切跟踪国际前沿节能动态，从基站能耗模型构建、基站能耗评估方法、网络节能技术等方面开展节能技术研究，并借助大数据、AI 等新技术手段实现一站一策、一时一策的节能技术精准部署。第四，赋能低碳化。不断加快数字经济与能源电力、工业、交通等重点碳排放领域深度融合，在赋能各行各业提质增效、节能减排的同时，助力社会经济向数字化、网络化、智能化、低碳化绿色转型。

---

① 汪春霆、翟立君、卢宁宁：《卫星通信与 5G 融合关键技术与应用》，《国际太空》2022 年第 6 期。

② 吕子平、梁鹏、韩淼：《卫星移动通信发展现状及展望》，《卫星应用》2016 年第 1 期。

③ 中共中央、国务院：《关于完整准确全面贯彻新发展理念做好碳达峰碳中和工作的意见》。

（四）业务发展趋势

业务需求牵引网络技术创新、网络能力催生业务发展，依托 5G 高速率、大容量、低时延、服务化等能力，语音、消息、视频等业务将日益丰富壮大。

1. VoNR 业务发展趋势

2022 年 4 月 12 日，中国移动在“5G 新通话，预见新未来”产品发布会上表示部分移动终端已支持 5G 新空口承载语音（Voice over New Radio，VoNR）业务。中国联通和中国电信也携手在“5·17 世界电信和信息社会日”发布会上宣布将正式开通 5G VoNR 服务。依托 5G 大带宽和低时延等优势，VoNR 业务正不断突破传统一、二维单一视听体验，并逐步向多维沉浸式、交互式通感一体化方向发展，未来随着高清视频通话、视频彩铃和可交互的 5G VoNR 新通话等技术的逐步成熟，VoNR 业务占比将持续提升、市场前景相当可观①。

2. 融合通信业务发展趋势

融合通信作为一种富媒体融合通信解决方案，可以对传统通信业务进行整合和增强。5G 消息作为融合通信领域的典型业务，通过将文字、图片、视频和地理位置等信息融合，实现对传统短消息的服务升级。2020 年 4 月 8 日，三家运营商联合发布《5G 消息白皮书》，标志着我国基础短信业务进入新的发展阶段②。根据 GSMA 官网报告，截至 2021 年 6 月，全球约有 60 个国家的 90 家运营商实现了 5G 消息网络部署，月活用户数超过 5 亿，融合通信业务必将迎来新一轮的全面、快速发展。

3. 视频业务发展趋势

面对“视频数字经济时代”发展趋势，视频业务正逐步向高清化、社交化、交互化、空间化等方向发展③（见表 1）。《“十四五”数字经济发展规划》

---

① 中国移动研究院、华为技术有限公司：《5G VoNR+白皮书》。

② 中国电信集团有限公司、中国移动通信集团有限公司、中国联合网络通信集团有限公司等：《5G 消息白皮书》。

③ 中国信息通信研究院、中国移动通信集团有限公司、华为技术有限公司：《5G ToC 音视频体验需求分析与评测》。

指出“打造智慧共享的新型数字生活，要发展互动视频、沉浸式视频、云游戏等新业态，深化人工智能、虚拟现实、8K 超高清视频等技术的融合”①。《超高清视频产业发展行动计划（2019—2022 年）》要求“超高清视频技术应能达到开展北京冬奥会赛事节目 8K 制播试验的程度”②。由此可见，视频业务正逐步成为构建数字经济时代不可或缺的一部分，5G+4/8K 超高清视频产业链也将迎来新征程。

表 1 视频发展方向与典型应用

视频发展方向	典型应用
HDR、高清化、高帧率化	点播视频
社交化	视频通话/会议/连麦直播
	在线 KTV 合唱
	互动白板+连麦
	点播视频“一起看”功能
交互化	云游戏
空间化	自由视角视频
	手机全景视频

4. XR 业务发展趋势

作为“元宇宙”浪潮中的重要载体，XR 业务通过真实世界的物理对象与虚拟世界的数字对象相互渲染融合的方式，可以为用户提供一种身临其境的视觉效果，具有沉浸式、社交性、全内容等内生优势。根据国际数据公司（International Data Corporation，IDC）统计，截至 2021 年底，全球 VR 设备累计销量约 1100 万台，产业及市场已初具规模③。

面向未来，ABI Research 预测 2027 年全球 XR 设备销量将接近 1 亿台、国

① 中华人民共和国国务院：《“十四五”数字经济发展规划》。

② 工业和信息化部、国家广播电视总局、中央广播电视总台：《超高清视频产业发展行动计划（2019—2022 年）》。

③ IDC：《全球 AR/VR 头显市场季度跟踪报告，2021 年第四季度》。

内约 3000 万台，同时考虑显示、光学、内容等领域的逐步完善，XR 市场规模将飞速增长甚至超预期增长。

5. 5G 专网业务发展趋势

5G 与工业互联网、物流、港口和采矿等各类场景深度融合，与人工智能、大数据、云计算和边缘计算等技术聚合，为设备赋智、为企业赋值、为产业赋能，促进我国数字经济发展。

当前全球数字化浪潮日益高涨，5G 专网市场正处于快速发展阶段。2021 年全球 5G 专网市场规模约为 13.8 亿美元，预计 2022 年底将达到 16.1 亿美元。2022～2030 年，全球 5G 专网市场预计将以 49.0%的复合年增长率增长，到 2030 年将达到 410.2 亿美元①。预计到 2030 年工业互联网将为中国经济带来累计 3 万亿美元的 GDP 增量②。大连接、低时延、高可靠的 5G 网络基础设施是各行业数字化转型的基石，是中国数字经济发展的重要驱动力。

2021 年，工信部联合 9 个部门印发《5G 应用“扬帆”行动计划（2021—2023 年）》，其中在赋能 5G 应用重点领域内容中，明确提出“三大行动”以及相应的 15 个行业场景，如 5G+信息消费、工业互联网、车联网、智慧教育、智慧医疗等，并细化了每个行业场景所需推进落地的典型应用场景（见表 2）③。

表 2　行业场景与典型应用场景

序号	行动计划	行业场景	典型应用场景
1	新型信息消费升级行动	5G+信息消费	智能家电、智能照明、智能安防监控、智能音箱、新型穿戴设备、服务机器人
2		5G+融合媒体	高新视频服务、5G 新空口(New Radio, NR)广播电视、5G+8K 直播、5G+全景式交互化视音频、360 度观赛

① GRAND VIEW RESEARCH, Private 5G Network Market Size Report , 2021-2030.

② 通用电气（GE）公司《工业互联网——当智慧遇上机器报告》。

③ 《5G 应用“扬帆”行动计划（2021—2023 年）》。

续表

序号	行动计划	行业场景	典型应用场景
3	行业融合应用深化行动	5G+工业互联网	质量检测、远程运维、多机协同作业、人机交互等智能制造业务
4		5G+车联网	蜂窝车联网(Cellular Vehicle-to-Everything,C-V2X)、5G 车路协同
5		5G+智慧物流	无人车快递运输、智能分拣、无人仓储、智能佩戴、智能识别
6		5G+智慧港口	无人巡检、远程塔吊、自动导引运输、集卡自动驾驶、智能理货
7		5G+智能采矿	井下核心采矿装备远程操控和集群化作业、深部高危区域采矿装备无人化作业、露天矿区实现智能连续作业和无人化运输
8		5G+智慧电力	工业控制与监测网络升级改造、发电设备运维、配电自动化、输电线/变电站巡检、用电信息采集
9		5G+智能油气	高清视频监控、管道漏泄监测、机器人智能巡检、危化品运输监控
10		5G+智慧农业	智能农机、农业机器人、农产品冷链物流、电商直播
11		5G+智慧水利	人工智能施工系统顶层设计和模型算法、5G 人机协同应用
12	社会民生服务普惠行动	5G+智慧教育	智慧课堂、全息教学、校园安防、教育管理、学生综合评价
13		5G+智慧医疗	急诊急救、远程诊断、健康管理
14		5G+文化旅游	AR/VR 沉浸式内容、4K/8K 视频
15		5G+智慧城市	城市安防(超高清视频监控)、应急管理(巡逻机器人、智慧警用终端、智慧应急终端)

资料来源:《5G 应用“扬帆”行动计划(2021—2023 年)》。

二　5G 网络发展现状和历程

(一)网络建设与网络能力适度超前

《2022 年政府工作报告》指出,要促进数字经济发展,加强数字中国建设整体布局。建设数字信息基础设施，推进 5G 规模化应用，促进产业数字化转型，发展智慧城市、数字乡村。

2019 年 6 月 6 日，工信部正式向中国电信、中国移动、中国联通、中国广电发放 5G 商用牌照，中国跨越预商用阶段，直接进入 5G 正式商用。2019 年 12 月，国务院发布《国务院关于进一步做好稳就业工作的意见》明确提出，要加快 5G 商用发展步伐，深入推进战略性新兴产业集群发展工程，加强人工智能、工业互联网等领域基础设施投资和产业布局。2020 年 3 月 4 日，中共中央政治局会议指出，要加快 5G 网络、数据中心等新型基础设施建设进度。2020 年 3 月 24 日，工信部发布《关于推动 5G 加快发展的通知》，明确提出加快 5G 网络建设部署、丰富 5G 技术应用场景、持续加大 5G 技术研发力度、着力构建 5G 安全保障体系、加强组织实施等五方面 18 项措施。

为推动 5G 网络赋能传统行业转型升级，我国深入实施工业互联网创新发展战略，相关部委相继出台系列政策，并对重点行业提出具体指标要求，为促进 5G+工业互联网发展，赋能产业提供了良好的政策环境。2021 年 7 月，工信部等十部门印发的《5G 应用“扬帆”行动计划（2021—2023 年）》提出：推进 5G 模组与 AR/VR、远程操控设备、机器视觉、无人搬运车（Automated Guided Vehicle，AGV）等工业终端的深度融合，加快利用 5G 改造工业内网，形成信息技术网络与生产控制网络融合的网络部署模式，推动“5G+工业互联网”服务于生产核心环节。面向信息消费、实体经济、民生服务三大领域，重点推进 15 个行业的 5G 应用，每个重点行业打造 100 个以上 5G 应用标杆。同时还提出，到 2023 年，大型工业企业的 5G 应用渗透率超过 35%。2021 年 11 月，工信部正式印发《通信行业规划》提出：到 2025 年，基本建成覆盖各地区、各行业的高质量工业互联网网络，打造一批“5G+工业互联网”标杆。持续深化“5G+工业互联网”融合创新，加快典型应用场景推广。优化产业园区、港口、厂矿等场景 5G 覆盖，推广 5G 行业虚拟专网建设，至 2025 年，5G 虚拟专网数达 5000 个。完善多层次的工业互联网平台体系，培育一批跨行业跨领域的综合型平台，建设面向重点行业的特色型工业互联网平台，支持发展面向特定技术领域的专业型工业互联网平台，加快工业设备和业务系统上云上平台。

在国家政策的大力支持下，我国移动通信领域经历 1G 空白、2G 跟随、3G

突破、4G 同步、5G 引领的崛起历程。回顾 4G 时代，4G Release-8 标准于 2009 年 3 月冻结，在全球首个 4G 网络在北欧落地 4 年后，2013 年 12 月，我国在经过充分准备后，工信部正式向三大运营商发布 4G 商用牌照，我国主导的 TD-LTE 与 LTE FDD 并肩成为全球 4G 技术商用标准。2014 年启动大规模 4G 网络建设，2016 年底 4G 基站规模达 249.8 万站，仅用 3 年时间就建成全球最大 4G 网络，随后业务需求充分释放、4G 流量爆发式增长，网络进入容量保障为主阶段。相比 4G，5G Release-15 标准于 2019 年 3 月冻结，2019 年 6 月 6 日，工信部向中国移动、中国电信、中国联通、中国广电发放 5G 商用牌照，距标准冻结不到半年时间便开始 5G 网络规模建设。

在国家和运营商的共同推动下，我国 5G 网络技术研发、网络建设、业务能力、产业生态处于全球领先行列。在技术研发方面，我国声明 5G 标准必要专利族 1.8 万项，占全球近 40%，居全球首位，国际标准制定话语权显著增强，主导完成多项技术标准制定，在科技领域的地位与国际影响力显著提升。在网络建设方面，第一，我国已建成全球规模最大的 5G 网络。截至 2021 年底，我国累计建成并开通 5G 基站 142.5 万站，成为全球最大的 5G 商用网络，实现覆盖全国所有地级市城区、超过 98%的县城城区和 80%的乡镇镇区，并逐步向有条件、有需求的农村地区逐步推进，规模全球占比 60%以上，我国 5G 网络建设进度远超同期的 4G 网络。第二，2022 年，预计我国 5G 新建基站将超 60 万站，年底 5G 基站总数将突破 200 万站。在业务能力方面，我国适度超前打造 5G 精品网络建设，可为用户提供优良的业务体验。目前大部分用户已不再主动关闭 5G 网络，表示蜂窝网速率更快、更稳定，即使身处于有 Wi-Fi 的环境下，也愿意使用蜂窝网络，这正是 5G 优异的用户感知带来的吸引力。据中国信通院发布的《2022 年第一季度全国移动网络质量检测报告》，通过开放 App 收集测试样本，全国 5G 网络平均下行接入速率和上行接入速率分别为 334.98Mbps 和 70.21Mbps；全国 4G 网络平均下行接入速率和上行接入速率分别为 39.02Mbps 和 21.63Mbps。数据显示，5G 提供了较 4G 快 7.6 倍的下行接入速率、快 2.2 倍的上行接入速率。在产业生态方面，5G 网络发展极大地促进了 5G 产业生态繁荣。2021 年，5G 直接带动经济总产出 1.3 万亿元，直接带动经济增加值约 3000 亿元，较 2020 年分别增长 33%、39%，5G 网络商用取得重大突破。

（二）规模化应用进入快车道

用户数方面，随着 5G 网络规模化建设和 5G 应用的发展，5G 网络用户数增长显著，截至 2021 年底，5G 网络用户达到 3. 55 亿户，约占全球用户规模的 50%（见图 3）。爱立信发布的最新版《爱立信移动市场报告》预测，到 2022 年底，全球 5G 用户数将超过 10 亿，2027 年，全球约 3/4 的人口将能够使用 5G。5G 用户规模的迅速发展比以往任何一代移动技术都增长得更快。

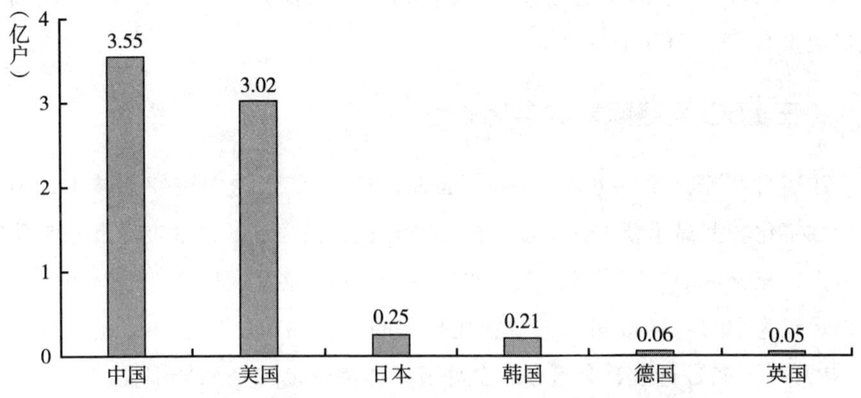

图 3　截至 2021 年底全球 5G 用户数量 Top 6 国家

资料来源：GSMA。

用户流量方面，自 2019 年 5G 商用后，整体移动互联网户均每月数据流量（Dataflow of Usage，DOU）涨势未见放缓，5G 建设适度超前的市场作用逐渐体现，2021 年全年 DOU 达 13. 36GB/（户·月），比上年增长 29. 2%，其中 12 月 DOU 达 14. 72 GB/（户·月），达到历史最高点。当下以 2C 用户服务为主的 5G 网络已经显现出其强大的商业价值，中国 5G 正引领用户迁移、持续创新、持续盈利的良好势头。

终端方面，全球移动供应商协会（GSA）统计显示，截至 2022 年 5 月，全球共有 1400 款 5G 终端；根据信通院统计，我国累计发售 567 款 5G 手机，占全球的 40%，累计出货 5. 3 亿部 5G 手机，成为名副其实的全球最大的 5G 市场。

行业应用方面，5G 垂直行业“从 1 向 N”快速发展，三大运营商均推出了自己的5G专网服务产品，积极拓展全行业用户，在5G专网建设、工业互联网平台打造、5G+融合应用创新、产业生态建设等方面取得明显成效。根据三大运营商发布数据，中国移动2020~2021年5G专网签约项目超过1200个，5G专网收入超6亿元，带动DICT增量收入超60亿元，政企客户数达到1553万家。行业应用方面，中国移动面向100多个重点行业场景打造4000余个商用案例①。中国电信数据显示，截至2021年6月，5G专网已精准覆盖1600多家政企头部客户，为4500多家客户提供5G定制化网络能力，落地超过360个专网商用项目②。中国联通也在5G专网市场积极发力，2021年5G专网商用项目数量有250~300个。

（三）5G网络赋能数字化转型

2019年以来，全球进入5G商用普及阶段，5G作为关键使能技术，为行业的数字化转型提供新方式、新方法和新路径，助力释放产业变革和数字化转型潜力，充分带动数字经济发展。当前5G赋能行业发展呈现四个特点，一是从以示范为主的“样板间”向规模化拓展的“商品房”转变；二是从分领域“点状开花”向各行业、全流程、全环节整体渗透；三是从外围辅助行业通信转向深度融入企业生产核心环节；四是从解决网络连接问题转向结合云、平台、应用、终端提供云网一体的数智底座和一体化解决方案。

5G作为助力数字化转型、激发经济社会高质量发展的新动能，在赋能数智生产方式转变、数智生活方式转变、数智治理方式转变、服务模式转变等方面取得了显著成效。根据中国信通院分析，2025年中国数字经济市场规模将达到78.88万亿元，占国内GDP比重达到55.34%。到2025年，我国数字经济核心产业增加值占GDP比重将从2020年的7.8%提高到10%，数字经济内部结构中产业数字化主导地位进一步巩固。

1. 助力传统产业数智升级，实现从服务企业通信向融入企业生产转变

随着我国人口红利的消失及劳动力成本的升高，企业数字化、少人化、智能化转型是未来产业升级和进步的必经之路。传统的4G、光纤通信方式无法

① 《中国移动2021年半年报》。

② 中国电信5G融合应用开放实验室（5G Open Lab）发布会。

满足现代企业灵活作业与低时延、大带宽网络通信需求，同时传统人工作业存在的现场环境恶劣、作业效率不高、人工成本高等问题，5G 独有的大连接、低时延、高带宽的优势，可以有效满足各类终端海量数据实时回传的要求，实现生产、服务和管理数据的群采群发，并结合大数据、边缘计算、人工智能、云等技术实现不同数据结构的标准化转变、精准识别、快速处理和计算等，进一步加速劳动密集型向无人化、少人化转变，流水线生产向柔性制造转变，从而变革生产方式、提升生产效率。

数智升级让工厂生产更高效。5G 从工业制造的辅助业务切入，基于业务流复制，逐步渗透到核心业务。辅助业务方面，5G 助力生产管理和服务环节升级可为各种类型的监测设备提供有效的网络支撑，并结合其他技术对异常行为进行预警和处理。核心业务方面，5G 为生产自动化、柔性化提供新方式，通过替代原有网络，逐渐在设备自动化控制、企业柔性生产、产品质量管控、生产物流自动化等方面产生影响。目前，5G 已经深入研发设计、生产制造、质量检测和物流运输等多个环节。过去，全球第二大化纤企业新凤鸣工厂采用人工“眼观手摸”的传统检测方式，每两条生产线需要配置 14 名工人 24 小时三班倒，人工成本高，且容易漏检、误检。现在，通过给巡检机器人装备 8K 工业相机，基于 5G 网络高速上传高清图像，利用 AI 算法对产品实时识别，产品次品率下降 60%左右，每年为企业增加直接收益上千万元。通过打造 5G 全连接智慧工厂、5G+AI 质检示范车间等，可节省人力成本达 70%，降低产品不良率近 20%，大幅降低网络部署和运维成本，提升人均产值 10%以上。

数智升级让港口运输更快捷。通过 5G 网络，实现港机远控、智能理货、无人运输等场景，提升港口理货的准确率及效率，实现降本增效的目的。招商港口打造了国内首个传统散杂货码头升级改造的 5G 智慧港口，实现无人集卡、港机远控、智能巡检等典型应用，5G 无人集卡助力减员 80%，5G 港机远控助力效率提升 75%，规模复制效应显著。浙江宁波舟山港落地了全国规模最大的 5G 龙门吊远控集群，利用 5G 技术改造龙门吊控制方案后，人力成本降低 70%，效率提升 30%，港机转场从 50 分钟降到 20 分钟以下，抓箱速度从 25~28 箱/小时提升到 35~40 箱/小时；成本节省 45 万元/（台·年），其中，人力成本降低 40 万元/（台·年），电费及设备维护成本降低 5 万元/（台·年）。

数智升级让电力供电更可靠。5G 专网深度融入并落地国家电网在发、

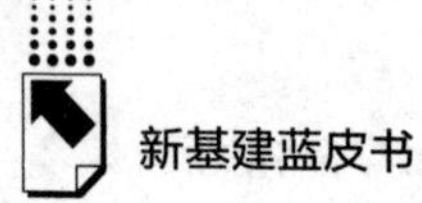

输、变、配、用各环节中的54项电力业务，助力电网泛在互联。南方电网打造全球首个5G智能电网，输电巡线效率提升11倍，5G配网差动保护实现停电恢复零感知。国网山东省电力公司建成全国首套省域5G电力示范网，巡检效率提升8倍，现场核查维护工作量降低60%，配电场景智能终端通信时延缩至13ms。浙江国网电力打造全国首个百万千瓦秒级可中断负荷终端安全接入工程，在宁波开展国内首个“5G网联无人机”常态化巡检应用。

数智升级让矿山作业更安全。面向矿山行业无人化、少人化、安全化要求，5G技术可实现无人化采掘、矿卡自动驾驶、井下超高清视频回传等典型业务。山西阳煤建成地下534米全国首个井下5G网络，基于5G“超千兆上行”技术，实现井上井下高清音视频通话、设备远程智能控制等应用，减少井下操作人员300余人。雁宝能源露天煤矿打造首个极寒露天煤矿5G+无人驾驶项目，实现与配套的电铲、遥控推土机、洒水车、平路机等辅助作业车辆协同作业，逐步实现“少人、无人、以机械换人”的智慧安全高效开采。焦煤集团打造5G绿色无人矿山项目，融合5G、北斗精准定位、工业视觉和信息传感等多项技术，推动矿山破碎、挖装、运输和监测等环节无人化远程操作，真正实现机械化换人、自动化减人、智能化提效。

2. 助力社会民生普惠升级，实现民生服务线上化、远程化

数智升级让看病就医更便捷。面向医疗资源不均衡、患者呼救时缺乏指导和转运时诊疗受限等问题，充分利用5G网络低时延、大带宽、高可靠等特性，打造5G实时会诊、5G远程手术、5G急救车等应用。协和医院实施了全球首例5G眼科激光手术，不仅满足了高清音视频实时交互的需要，还实现了患者荧光造影、OCT影像等数据的实时调阅及激光光凝仪的远程实时操控，促进优质医疗资源下沉。北京急救中心成立“5G院前急救联合创新实验室”，改造急救车25辆，并先后支撑保障国庆70周年阅兵、北京马拉松、冬奥会等重大活动。广州市急救中心打造院前急救与指挥调度平台项目，改造升级378辆5G急救车，患者登上5G急救车后，实时视频、生命体征可通过5G网络回传到医院，让医生第一时间研判病情，必要时进行车载远程会诊，制定抢救方案，为患者赢得抢救“黄金时间”。

数智升级让课堂学习更有趣。5G赋能远程教学，利用5G覆盖优势可以随时随地接入教学环境，参与远程教学，不必拘泥于局限的教学环境。同样，5G 大带宽可以支持 VR 虚拟教学的速率需求，实现教学内容在虚拟环境下的仿真还原，学员获得身临其境般的感受，教学质量大大提升。全国多所高校进行积极探索，打造了 5G 空中课堂、5G 虚拟实验室、5G 云考场和 5G 智慧校园等典型应用。苏州电教馆创新虚拟教学，在 5G 网络场景式创新实验室打造 5G VR 沉浸式课堂，戴上 VR 眼镜，随着 5G 网络快速进入素质教育课堂，沉浸式体验近距离参观如西昌卫星发射中心，增强课堂趣味性、给教学提供更多可能。

数智升级让金融服务更简便。5G+AICDE 与金融行业深度融合，助力金融服务与场景互联互通，拓宽用户触达渠道，创新金融服务能力。沉浸式金融服务通过 AR/VR 实时互动实现精准营销。通过全息设备展现远程理财经理的实时影像，实现高端理财经理资源集中调度管理和远程服务。在网点中，通过 5G 金融智能机器人为客户提供业务指引、区域指引和业务办理等客户自助服务。5G 高清视频客服，通过 VTM（虚拟柜员机）将专属服务人员的实时影像远程展现，实现客服与用户之间的远程互动。多家银行推出 5G+金融业务体验区域，通过无人化的业务办理提升效率与用户服务体验。

3. 助力数字治理安全高效，实现城市管理数字化、智慧化、精细化

社会治理包括城市基础设施、城市安防、城市交通出行、疫情管理等诸多领域，存在总体规划不足、数据孤岛普遍和信息安全缺失等痛点。依托 5G 网络特性，结合云网融合、大数据、人工智能等技术优势，打造 5G 新型智慧城市，不仅可以增强城市运行状态感知能力，助力城市管理者进行城市监测、治理规划并完成突发事件管理、辅助决策、联动指挥等，还可以为城市中的所有角色提供集业务融合、技术融合和数据融合于一体的跨层级、跨地域、跨系统、跨部门、跨业务的协同服务。5G 网络既能推动城市各类基础设施全面升级，又能支撑基于数据的各类智能应用服务模式创新。

数智升级让城市办公更便捷、应急响应更及时。5G 双域专网是近年来比较热门的应用场景，具有按人员访问、按位置访问、内外网协同和单独计费等诸多功能，实现内外网无感切换及数据分流、安全可靠传输，提供校园、党政、警务等多场景内外网安全访问、可信认证解决方案。深圳市坪山区政数局落地全国首个 5G 政务双域专网项目，移动用户不换卡、不换号实现内外网自动

切换、安全访问。浙江省公安厅打造 5G 双域专网，助力科技兴警、应急联动。河南自然资源厅打造 5G+天眼项目，借助 5G 专网和 5G inside 摄像机为山区、林区等常规传输无法到达的偏远地区提供视频回传，为高危灾害易发区域提供视频回传，实现对森林、矿产等自然资源领域的有效监管及灾害预警。

4. 助力新兴业态发展壮大，实现服务创新、模式升级

随着 5G 技术更广泛地融入人们生产生活的各个环节以及数智化基础设施的普及，5G 将重塑传统产业的发展模式，并逐步创造新的需求、新的服务和新的商业模式，充分释放数智化转型的潜力，其中，服务经济、体验经济、数字经济将成为驱动增长的重要力量。

5G AR/VR 让游客体验更真实。携手工业遗址首钢一号，借助前沿科技改造 XR 科技主题乐园，为用户带来“无线缆、不背包、低延时”的极致竞技体验。河南文旅厅、河南省考古院等单位积极打造 5G 智慧博物馆，通过 VR 终端连接文旅云平台，可以实时获取 VR 交互式内容和 3D 模型，打造多样化展览模式，通过 5G+AR 全息影像技术构建线上博物馆、场馆虚拟化，还原历史场景和文物原貌，为观众带来全新的沉浸式文化体验。

融媒体让观众视角更自由。2021 年第十四届全国运动会利用 5G+AI 等技术，引入多个价值视角，全方位捕捉全景赛场，观赛观众可以自主选择喜欢的视角从不同角度欣赏比赛实况，增强参与感、交互感，暂停播放后可以进入比赛的“子弹时刻”，实现比赛精彩瞬间的慢动作环绕全方位回看。

云游戏让用户游戏更畅快。云游戏平台支持合作伙伴在边缘节点快速部署、一键分发，1080P 高清游戏时延降至 20ms，用户实现跨端畅玩。腾讯打造了可提供高级别质量保障的端到端智能化切片+MEC 支撑方案，快速响应用户需求，提升业务质量，由 5G 端到端切片为个人用户带来网络游戏加速、极清视频体验。

三　数字经济网络技术发展建议

（一）全面推进信息基础设施建设，助力全社会数智化转型

按《通信行业规划》要求，到 2025 年，我国将建成全球规模最大的 5G

独立组网网络，每万人拥有5G基站数达到26站，5G用户普及率达56%，行政村5G通达率达80%。因此，应持续加强5G网络建设，进一步向乡镇和农村延伸，加强对交通枢纽、大型体育场馆、景点等流量密集区域的覆盖，优化城区室内5G网络覆盖。同时，进一步优化网络布局，提升中西部地区、乡镇地区5G覆盖率，基本实现全国范围内5G良好覆盖。

此外，还应全力打造多频协作、极致性能、融合拓展的智简5G无线网，积极部署Release-15标准/Release-16标准较为成熟的CA、SUL、CoMP、室内Massive MIMO、UE节能等新功能，积极探索Release-17标准/Release-18标准演进发展的Redcap、FeMIMO、定位增强、NTN、全双工和智能中继等新特性，将网络覆盖从地面拓展到非地面，并进一步增强业务速率、频谱效率、移动性、功耗、时延等技术指标，持续提升网络能力，满足5G多场景建设需求，促进数字化社会经济的和谐发展。

面向后续进一步完善覆盖、提升网络能力的需求，5G建设中将面临站址协调困难、空间资源预留不足、共享水平较低等问题。建议相关部门考虑通过将5G基础设施建设纳入公建配套和保障基站站址资源等方面给予运营商支持。

（二）科学分配频谱资源，支撑5G网络持续健康发展

采取妥善的频谱资源分配方案可保障移动通信生态健康稳定发展，应采取政策手段保证频谱资源统一规划，避免频谱使用碎片化。2021年，中国的移动通信生态创造经济价值逾2600亿美元。其中，电信运营商贡献超1150亿美元，远超移动通信生态系统中的其他参与者①。GSMA智库在分析2021~2035年的频谱资源供需框架后，认为将整个6GHz资源以授权形式分配给运营商的方式将带来最大社会经济效益②。为确保无线频谱资源价值最大化利用，应充分发挥运营商站点规模化、网络运营专业化优势，为企事业单位提供集约化、专业化的5G专网服务，保障行业用户5G业务质量。

为确保移动通信行业生态可持续性发展，应采取适时分配全新频谱资

① GSMA：《2022年中国移动经济发展报告》。

② GSMA智库：《6 GHz频段的社会经济效益》。

源的策略，为数字经济发展注入创新活力。GSMA 研究报告显示，2025 年中国 5G 连接总数将增长至 8.92 亿，将占移动互联网总连接数的52%[①]。日益增长的中国 5G 及周边市场更需要不断获得全新频谱以保持可持续性发展。GSMA 对中频 5G 频谱的需求调研表明，2025~2030 年平均需要总共 2GHz 的中频频谱来支持 5G 增长，其中香港与北京的频谱需求量分别为 3.6GHz、2.5GHz[②]。我国当前 5G 频谱总量为 0.71GHz，后续需通过补充中频频谱资源、分阶段出台毫米波频率规划方案和重耕存量频谱等方式不断增加 5G 频谱资源。

（三）加强产业攻关，保障网络自主安全

5G 网络设备研发与生产涉及半导体芯片、光模块和服务器软硬件等关键产品与部件。在半导体芯片领域，设计和制造环节成为制约我国芯片发展的主要环节，在芯片仿真设计软件、高精度芯片制造工艺等方面需要进行技术突破。在光模块方面，国内厂商模块级组装生产工艺成熟，但光芯片、电芯片尚存在技术差距。国内的服务器整机设计及加工水平已经达到世界先进水平，软件基本实现自主可控，受服务器生态链和性能竞争力影响，硬件方面仍需进行技术突破，逐步实现完全自主可控。

（四）促进行业合作，加快5G 规模化应用

为更好地发展我国 5G 专网、促进数字经济增长，需持续挖掘 5G 与人工智能、大数据、云计算、AR/VR 等技术结合的应用价值，拓展 5G 与行业应用场景融合的广度与深度，将 5G 应用范围逐渐从企业生产外围向生产制造核心环节、全流程综合应用等相关多领域渗透，全面提升大中小企业数字化智能化水平[③]。同时，5G 专网发展将带动云服务以及 DICT 融合产品平台发展。打造“网+云+DICT”融合示范产品，需要以 5G 网络覆盖为基础，建立从终端到网络边缘再到网络中心、直到平台的应用示范，引领并指导行业建设和发展，形成分行业的成熟 5G 端到端解决方案。

---

① GSMA：《2022 年中国移动经济发展报告》。

② GSMA：《愿景 2030：中频频谱需求洞察》。

③ 工信部：《“5G+工业互联网”典型应用场景和重点行业实践（第二批）》，2021 年 11 月。

积极推进面向行业的 5G 全产业链合作，鼓励与高校及科学研究所联合研发，进行技术创新攻关。大力推动针对 5G 行业芯片、行业模组设备以及融合通信终端技术产品的研发，细分行业产业，丰富行业终端类型，降低行业终端使用成本。另外，通过成立 5G 行业产业联盟、5G 联合创新中心、5G 联合开放实验室等，共同为企业提供 5G 网络解决方案，有效促进企业数字化、网络化、智能化转型。

B.4

5G+工业互联网赋能行业数字化转型

赵 元 王永惠 蔡庆宇 孙远航 王常玲*

摘　要： 在数字经济快速发展的时代，各行业在数字化转型中面临诸多问题，5G和工业互联网等新兴技术为行业数字化转型提供智能化手段，助力企业提质、降本、增效。本文首先针对行业数字化转型中的现状、痛点、目标和发展路径等进行分析，剖析数字化转型的目标及方法论，并研究5G+工业互联网与行业数字化转型的契合度，最后给出钢铁、矿山等典型行业的创新场景及案例分析。

关键词： 5G　工业互联网　数字化转型

一　行业数字化转型发展现状

（一）政府层面：多方政策推动行业数字化转型

当前数字经济浪潮席卷全球，美国先进制造、英国工业2050等全球国家级战略部署，驱动传统产业加快推动新一轮产业革命，"智能制造""工业互联网"等已成为新的战略制高点，发展网络化、数字化、智能化的工业互联网生态，推动各行各业数字化转型已成为时代发展趋势。《中华人民共和国国民经济和社会发展第十四个五年规划和2035年远景目标纲要》（以下简称

* 赵元，联通数字科技有限公司高级工程师，主要研究方向为5G网络及其在电力等行业的数字化转型；王永惠，联通数字科技有限公司工程师，主要研究方向为5G在电力等行业的数字化转型；蔡庆宇，联通数字科技有限公司高级工程师，主要研究方向为5G专网技术研发及创新产品开发；孙远航，联通数字科技有限公司工程师，主要研究方向为光网络通信及工业互联网研究；王常玲，联通数字科技有限公司中国联通核心网首席架构师，联通5G应用首席专家。

“十四五”规划）中提出，加快建设数字经济、数字社会和数字政府，驱动生产方式、生活方式和治理方式的数字化变革。

在数字经济快速发展的趋势下，中国通过“产业数字化”和“数字产业化”双轮驱动，打造数字经济新模式。首先，通过数字产业化培育人工智能、大数据、区块链、云计算和网络安全等数字产业，构建基于5G的应用场景和产业生态，通过发展大数据服务产业，促进共享经济、平台经济健康发展；其次，通过产业数字化实施“上云用数赋智”行动，在重点行业和区域建设具有国际水准的工业互联网平台和数字化转型促进中心，实现产业基础高级化、产业链现代化。

各地出台相关文件推进数字化转型。北京发布《关于市管企业加快数字化转型的实施意见》，上海发布《关于全面推进上海城市数字化转型的意见》，天津发布《天津市加快数字化发展三年行动方案（2021—2023年）》，甘肃发布《甘肃省“十四五”数字经济创新发展规划》，均明确指出数字化转型的必要性和相应的建设内容。

（二）产业（经济）层面：数字经济产业规模加速扩张

数字经济是以数字化的知识和信息作为关键生产要素，以数字技术为核心驱动力量，以现代信息网络为重要载体，通过数字技术与实体经济深度融合，不断提高经济社会的数字化、网络化、智能化水平，加速重构经济发展与治理模式的新型经济形态。实现数字经济需要数据价值化、数字产业化、产业数字化和数字化治理的“四化框架”支撑，从社会层面共同推进数字经济的快速发展，进而带动企业数字化转型（见图1）。

2020年，我国数字经济占GDP比重为38.6%，与全球排名前3的德国、英国、美国（分别为66.7%、66.0%和65.0%）尚存在较大差距，未来我国数字经济规模依然存在较大的上升空间（见图2）。

（三）行业层面：内生动力促进数字化转型

在行业发展过程中，技术进步推动市场变革，个性化、多元化、实时化的客户需求，技术和业务的推动对行业发展提出新需求；新生代差异世界观、网络和新技术赋能、新产品服务需求、新消费采购模式等逐渐凸显；技术进步推

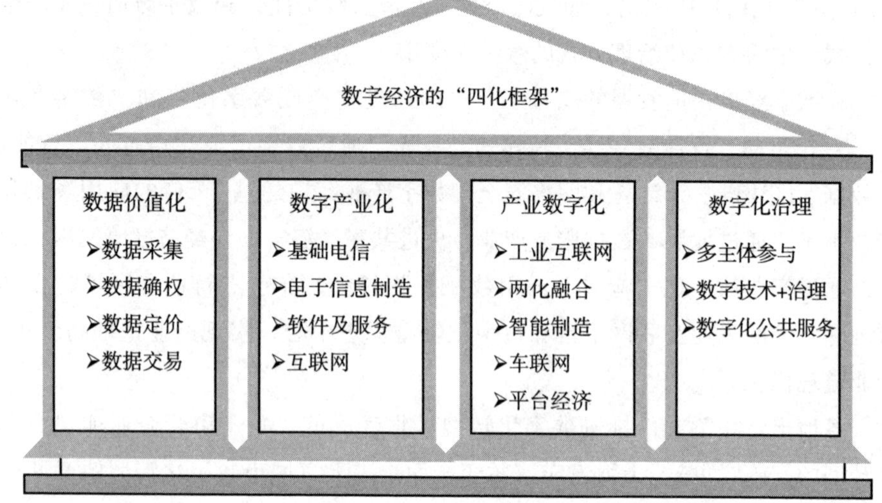

图 1　数字经济的“四化框架”

资料来源：中国信息通信研究院。

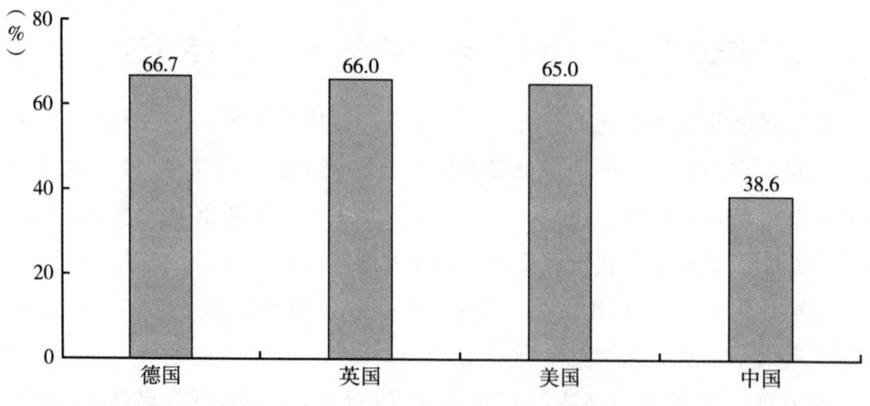

图 2　2020 年各国数字经济 GDP 占比

资料来源：中国信息通信研究院。

动行业供给方式变革。供给需要持续性提升效率和创新模式，提升获客、降本增效、发展和创新产品的能力，新型竞争方式涌现、产品颠覆式创新、敏捷按需的供应链、自动化高弹性制造，这些新供给方面的变化以及发展趋势，都是推进企业数字化转型的因素。

当前新零售、新服务、新制造、新交通和新金融等众多行业的企业都在积极践行数字化转型，通过采用新技术、打造新方案探索企业数字化转型发展道路，争做行业典范。

（四）管理层面：首席信息官和首席数据官引领企业新变革

在行业数字化转型进程中，公司管理层的推动也起到重要作用。首席信息官（CIO，Chief Information Officer）和首席数据官（CDO，Chief Data Officer）应适应数字经济的发展趋势，使公司在发展中由单一的技术使能者向价值赋能者和技术使能者多重身份转变。企业多重身份的转变对 CIO/CDO 提出新的要求：不仅要具备数字化转型的新思维，适应社会和行业的数字化变革，还要具备引领企业进行全新模式发展的能力，推进企业在数字化发展的浪潮中争做示范，实现提质、降本、增效，保证企业的可持续发展。新思维包括以下五大方面。

（1）战略思维。为适应数字经济的发展趋势，CIO/CDO 应当扩展变革思维，开阔数字变革视野，从单一的技术思维转变为全局性的复合型思维，满足企业战略性的数字化转型需求。

（2）产业思维。CIO/CDO 不应当仅是技术专家，更应适应行业和企业数字化转型的需求，具备融合发展的能力，向跨界专家转变。

（3）商业思维。CIO/CDO 应适应现有行业和企业营销方式的转变，明确客户服务“平台化”转型的需求，推进企业技术服务由面向企业向面向社会转变。

（4）管理思维。CIO/CDO 应深入理解扁平化、去中心、平台化等互联网模式，以满足适应行业和企业早组织、流程和管控模式化等数字化转型需求。

（5）数字思维。CIO/CDO 应具备数字思维，以适应行业和企业数字化发展需求，技术服务提供更加敏捷、更加简化，企业角色将从单一的技术使能者向价值实现的赋能者转变。

二　数字化转型的问题及关键

我国各行业的数字化转型已产生初步成效，但发展过程中仍遇到诸多问题，主要有以下几个方面。

（一）行业数字化转型现存问题

1. 数字化转型方向不够明确

一方面，由于行业和大部分企业对数字化转型的意义、必要性和目标认识不够全面，对自身分析不够具体，改造动力明显不足，因此最终演变成为了数字化而数字化。另一方面，部分企业没有找到未来数字化转型的着眼点和商业模式，导致转型方向与自身发展不契合，难以发挥数字化转型的价值。

2. 数字化转型体系及队伍难以建立

企业规划长期、可持续性产品需要构建数字化的运营体系。企业必须依托专业的数字化团队，推动数字化转型。其中，产品和运营人员往往是数字化转型项目落地实施的关键，而企业往往缺乏数字化人才，因此数字化人才已经被列入未来十年紧缺型人才之列。

3. 数字化转型基础设备建设不足

《中小企业数字化转型现状、痛点及路径》① 一文认为，当前很多企业数字化转型的基础设备建设尚不完善，包括网络建设、信息化系统建设以及各项管理制度等；在部分行业，现场网络基础建立不齐全，作业环境恶劣导致网络覆盖难度大，生产作业环节的实时检测难，作业过程中的安全问题难以保障。工业设备接口无法统一，工业设备多代并存、新旧设备接口难以统一，不足以支撑工业化与数字化技术的融合。

4. 数字化转型数据互通基础薄弱

大型集团企业内部数字化系统多，存在设备多代共存，品牌、架构各不相同，数字化系统不统一等问题，造成系统集成困难，难以支撑结构化数据传输和多地域协同研发、协同生产和制造的需求。同时，产业链上下游企业之间也存在系统不统一、系统集成困难等问题。产业链上下游企业之间数据流通性差，关联单位无法通过云端连接，设计与制造层面难以实时传递数据，难以形成数据上互联互通和快速响应。

---

① 杨梦培、张巍、黄玉林：《中小企业数字化转型现状、痛点及路径》，《信息技术与标准化》2020 年第 12 期。

5. 数字化转型专项资金匮乏

行业数字化转型价值难以体现，部分企业持续性投入不足。数字化转型是全面、深入和长期的过程，数字化投资见效慢，只有进行全面部署和深入改造才能最大化呈现数字化转型的价值。部分企业急于见到数字化转型的成效，没有根据企业实际情况制定相应的评估体系，而是采用传统的绩效指标评估转型效果，导致数字化转型成效难以体现，企业管理层质疑数字化投资，形成恶性循环。

（二）数字化转型对5G 的要求

行业数字化转型离不开网络，对于5G 的需求主要包括以下四个方面。

1. 对5G 网络能力要求更多样化

不同行业应用场景对网络能力的需求不同。工业控制类的应用场景对网络时延比较敏感，时延要求为毫秒级别；AR/VR 视频类场景的数据传输量比较大，对网络带宽和网络吞吐量的要求高；在高铁、动车等移动应用场景中，快速移动的设备对网络的要求更高，网络必须具备更高的移动速率以满足移动类场景的应用需求。

2. 对网络部署范围要求更加精准

行业应用场景具备局域性，对网络覆盖和安全呈现差异化需求。在智慧港口应用场景中，港口整体占地面积广，其对专网网络整体覆盖范围要求精准，并要求对业务进行差异化配置，吊车作业区、岸桥装卸区和堆场作业区需要进行网络的加强覆盖，以满足港口日常作业和工作效率提升的需求。部分对安全敏感的行业，对生产过程的数据保密要求严格，园区数据不能出园区，这类行业对专网网络的覆盖范围、安全性和时延要求更加精准。

3. 对网络资源定制化要求更加明确

不同行业的应用场景在进行网络部署时，需配置不同的网络资源，这就要求网络资源可以进行定制化配置。比如对安全性和可靠性要求比较高的行业，首先，需要专网网络确保工业数据不出园区，其次，在安全隔离要求极高的条件下，要保证对园区设备进行自动化管控。对安全隔离度要求不高但对时延敏感的赛事、直播等行业应用场景，需要配置大宽带、低时延5G 网络能力，部署不同层级的边缘计算设备等，以满足不同行业不同场景的定制化应用需求。

4. 对网络运维管控要求可管可控

不同行业对网络运维的管控要求各有不同。与公网用户不同，在行业数字化转型过程中，用户对不同场景的网络运维有自管自控和可视化管控的需求。首先是专网范围内的网络设备、终端设备、带宽、用户数和数据流量等各类信息，其次是实时监控终端、网络设备和防火墙等的状态信息，对海量设备进行一站式管理，满足行业场景的网络应用效率和安全。

三　数字化转型目标及方法论

（一）数字化转型的目标

基于5G、大数据、云计算和人工智能等信息通信技术对行业进行数字化转型，便于企业进行生产和管理，实现企业管理透明化、生产顺畅化，最终让企业实现降本、提质等目的。

（1）降本。关于企业成本有很多不同的分类，比如财务成本与管理成本、变动成本与固定成本、直接成本与间接成本、可控成本与不可控成本等。降本，即是说企业要通过数字化转型的相关变革尽可能地削减企业不必要的支出，并减少日常浪费。

（2）提质。企业产品的品质通常可有多种分类，比如：基本品质与附加品质、使用品质与感性品质等。提质，即是说数字化转型的推进要有效地帮助企业在新产品研发设计、制造工艺的优化改进、生产线的科学管理以及产品的品质控制与检测运维等方面实现绩效的改善，进而提升企业的整体品质和管理水平。

另外，在生产环节方面还可从敏捷、柔性、智能三个方面理解数字化转型的目标。①敏捷。数字化转型要能使企业获得“敏捷”的能力。一个具备敏捷能力的企业，在实际的生产经营活动中，要根据环境态势有效地构建起产品或服务在质量、成本、技术、人力资源及战略方向等方面的竞争优势。②柔性。数字化转型要能使企业变得“柔性”起来。这里的柔性除了包括企业的产量柔性外，还包括企业的产线及产品结构上的柔性，以及企业内部的组织与人的柔性等。③智能。数字化转型要能使企业在内部建立起以下五种能力：快速吸收新想法的能力、适应新情况的能力、有效解决问题的能力、动员适当资源的能力、有效累积经验和资源的能力。

（二）数字化转型的方法论及路径

5G 作为新一代移动通信技术，具有大带宽、高可靠、低时延、广连接的特点，5G 不仅可以应用到简单的数据采集，也可以应用到实时控制等多个层面。在企业数字化转型过程中，充分发挥 5G、云计算、物联网、人工智能、数字安全等新一代 ICT 技术能力优势，构建工业数字化转型整体架构基座，重塑企业经营管理模式，赋能企业数字化转型升级，提升企业竞争力。

从具体的业务场景出发，进行数字化改造带动整体行业数字化转型，从大到小，逐渐做深做细。一方面，5G+工业互联网的应用场景要聚焦当前企业网络化、数字化建设的现实需求；另一方面，要兼顾智能化应用的未来发展趋势。数字化转型通过逐步深入、以点带面的方式带动工业互联网行业智能化、数字化发展，其实现方式分为四步。

1. 以5G 刚需场景切入

首先，可以从生产工艺流程中业务场景切入，分析痛点，提炼刚需；其次，通过 5G+边缘计算技术解决刚需痛点，搭建 5G、MEC 等基础设施，落地 5G 应用场景。

2. 发展5G 全连接工厂

通过 5G 应用场景全面推广，覆盖产线、车间、工厂，实现更多场景及设备 5G 联网，形成广泛的 5G 全连接工厂。

3. 构建工厂大数据中心

通过多源异构数据流入数据湖，将数据沉淀至工厂大数据中心，集成仿真模型管理，建立数据 AI、流程、生产和预测性维护等分析能力，构建工业大数据决策中心。

4. 打造数字工厂

通过打造数字工厂，构建制造工厂透明化、生产过程可追溯、产品数字化交付、生产能力可掌控体系，实现运营运维效率提升。

四　数字化转型应用场景实践

（一）钢铁行业

借助5G+工业互联网打造钢铁行业智慧工厂，从生产、车辆、能源和安全等方面着手，将云计算、物联网、人脸识别、大数据分析、人工智能等技术融入厂区的各个环节，衍生出丰富的行业应用，助力钢铁行业实现自动化、信息化、网络化和智能化。

场景描述：天车是钢铁企业的必需设备，天车集物料装卸、材料搬运、配合检修等功能于一体。当前，钢铁厂天车采用人工驾驶的方式，存在一定的安全隐患且出错率高、效率低；高可用网络现场覆盖率低，数据无法及时更新。

建成效益：在智慧天车场景中，利用5G、人工智能等技术打造的无人天车，充分利用5G+MEC网络的大带宽、低时延特点，实现计算机对天车进行自动操控，实现了智能无人化，并且可与人工运行模式无缝切换，保障了天车高可靠稳定作业。

（二）矿山行业

5G+工业互联网技术在智慧矿山的应用，可实现矿山生产过程的智能感知、泛在连接和精准控制，创建了智慧矿山的多种应用场景，如智能采煤、智能挖掘、智能巡检、无人矿图等。5G与智慧矿山深度融合将推动矿山向数字化、少人化、无人化作业转型，提高企业生产安全水平，降低生产成本，提高经济效益。

场景描述：矿山场景进行信息化改造过程中，缺乏相关标准的指导和约束，导致了系统制造商的无序竞争以及矿山信息化建设的互联互通性差。当前，存在的主要问题有：缺乏统一开放的公共平台、强调硬件而不是软件、应用软件中煤炭行业的投入仅占信息投入的20%左右、无法对所获取的大量信息资源合理有效利用。因此，矿山行业“信息孤岛”现象严重，系统获取的海量数据无法有效共享，集成分析还远未进行。

建成效益：5G网络承载着保证主要生产不中断的职责；数据流量等数据

不出园区，以确保敏感信息保留在本地，从而保障企业数据绝对安全；5G独立专网采取独有的网络切片技术，对网络资源进行切片化处理，能够实现针对不同业务灵活设置独立切片资源。实现企业管理方式由粗犷型管理变为精细化、智能化管理，节约煤矿企业的管理成本，提升生产和管理效率。推动煤矿行业的智能化、高质量发展。机器代人和更多智能化应用的使用，减少了下井人数并降低了严重人员伤亡矿难发生的概率，更好地保障煤矿的生产安全，减少矿难的社会影响。

（三）装备制造业

随着5G+工业互联网等新兴技术的大力发展和应用落地，在智能设备监控、工艺控制与优化、AI质量检验、物流装备自动化管控、AR装配指导和产品远程运维等方面已形成成熟的解决方案。

场景描述：数控机床等关键生产设备的运行状态对加工质量、生产计划均有重大影响。利用物联网、大数据及人工智能等技术实现设备运行数据的采集、实时监控，建立故障特征模型，在故障发生前提前感知、预测，有效规避非计划性停机以及加工精度偏差造成的经济损失。

建成效益：通过对机床设备的智能监控，感知设备状态，进行预测性维护，保障设备正常运行，5G可以提升大数据传输和处理能力，实现远程控制，并通过大数据分析以实现人工智能技术精准预测。

（四）电力行业

推动“5G+智慧发电”融合应用将为发电行业快速发展注入新活力、带来新契机。“5G+智慧发电”应紧紧围绕安全、生产、节能的需求，强化技术创新，推动产业融合，探索更多5G技术应用场景。

场景描述：开展5G+数采技术的融合应用，实现对光伏组件的实时监测；开展5G+无人机技术融合应用，实现了光伏电站无人智能巡检，同时结合AI技术实时对图像、视频数据进行智能识别，及时预警、准确上报；开展5G+数字孪生技术融合应用，通过5G网络将光伏电站映射到数字空间，建立数字孪生光伏电站监测系统，实现电站运行状态的动态感知。

建成效益：实现对电力装置实时监测、评估甚至预测电力系统未来的运行健康状态，保障整个电力系统安全可靠运行，有效提升巡检工作效率，减少人员投入成本，降低故障发生影响；实现电站重点区域内不间断的自主巡逻、实时高清监控、安全监测，自动探测组件状态和所处环节的异常情况，通报异常详情及精确位置信息，避免“无目的例行巡查”，提高现场人员检测、排查故障效率；为光伏电站提供集智慧运维、智能巡检、运行监控、故障诊断、现场安防于一体的智慧化服务，确保电站设备和人员安全与电站智能化监管和精细化生产，实现提质、增效、节能、降耗。

（五）新材料行业

5G技术应用于新材料行业的生产单元模拟、生产能效管控、设备预测维护、厂区智能理货、全域物流监测等场景，显著提高了企业的生产效率，优化了生产要素配置，提升了企业安全管理水平，加快行业数字化转型。

场景描述：虽然已有部分龙头企业率先启动数字化、网络化、智能化转型，但有较多新材料企业具有进一步提升生产效率、提高安全生产保障能力、加快数字化转型等迫切需求，发展智能化制造、数字化管理等潜力巨大。

建成效益：利用水表、电表、蒸汽测量仪、风速表、冷热计量表等计量设备采集企业水、电、汽、风、热等能源消耗数据，通过5G网络传输至企业综合能源管理平台，采集频率从分钟级提升到了秒级，显著提升了数据采集效率。综合能源管理平台可实时监测电流、电压、冷热量等运行参数，通过用电趋势分析、用电异常监测、用热对比分析等方法，实时掌握能耗状况。基于大数据分析技术挖掘风机、泵等耗能重点设备节能空间，进行节能改造，实现精准控制，减少无效运行时间，提高生产能耗信息化管理水平，降低生产成本。

（六）港口码头

当前，全球港口面临劳动力成本上升、劳动强度大、工作环境恶劣、劳动力短缺等问题，自动化改造降本增效已成为全球港口的共同诉求。同时，人工智能、大数据、物联网、5G、自动驾驶等数字技术为港口自动化注入了新的动力。

场景描述：在港口生产区域现场作业时，岸桥工作环境恶劣，作业时间长，危害健康且安全系数低；集卡人工成本高，易驾驶疲劳，用工困难，甚至影响作业安全。港口业务系统对网络通信能力要求各异，造成港口存在多种网络制式，数据通道复杂，建设成本高昂。港口信息化建设落后，缺乏统一的智能化管理，无法实时传送各种业务数据，不便于信息资源共享；港口作业流动分散、操作复杂，数据差错率较高，较难满足港口物流管理快速、准确要求。

建成效益：通过建设“一张高可靠、低时延、大带宽的港口智能化专网”，满足港口超低时延远程控制业务、多路视频上行大带宽监控传输、安全防护和管理的AI识别等需求。在智能远程集控场中，5G同步传输远程控制音视频信号，操作员远程观看实时视频并完成所有机械动作。在5G IGV无人集卡场景中，5G+车路协同升级港区集卡无人驾驶，实现车车、车路智能协同，为港区提供一体化运输服务。在5G+北斗船舶定位定姿场景中，装卸船时，复杂海况下高精度位姿测量与PLC工控信息流整合，实现动态作业协同。在5G港口AI智能监测场景中，港机增加5G摄像头、激光雷达、AI模组，实现港口作业安全智能监测，包括集卡防吊起、火灾应急等。

（七）家电行业

在新的市场环境下，家电行业迎来新的发展，为了能够更好地适应未来市场变化，应该从智能化、数字化角度入手，以智能制造为基础，强调现代化信息技术的应用，探索新的发展策略，家电行业的数字化转型已经成为实现自身可持续发展的关键和转型升级的必由之路。

场景描述：生产效率亟待提升，制造设计大量目视检测工序和物料运输工序，人工效率参差不齐。家电整机外观质量由质量检验员人工识别把控，存在视觉疲劳，容易出现漏检等问题，若不合格产品流入市场将影响公司形象。车间巡检及设备运维主要由人工负责完成，设备的突发性故障或者维护不足会打乱生产计划，影响企业的正常生产进程。

建成效益：5G家电专网驱动家电行业订单排产、仓储管理、质量检测、设备运维等方面的应用创新，推动家电制造企业向智能制造升级转型，以满足工厂对于提质、降本、增效、安全、节耗等要求。5G工厂设备健康管理集合设备在线采集、设备管理、智能点巡检等功能，为设备提供部件级大数据AI

专家诊断和故障预测。5G+AI 智能质检融合光学技术和机器视觉技术，通过5G 工业视觉相机和 AI 机器视觉平台协同，实现产线上的家电智能质检。5G+产线行为测试利用计算机视觉对工作人员加工动作的精准识别，快速计算工序耗时，学习分析产线布局，优化产线工艺。5G+智能物流由 5G/蓝牙 AOA 基站、融合定位平台组成，输出统一 API 数据与工厂 WMS 系统对接，能够对厂内物流车辆进行实时定位管理服务，实现对物流车辆高效率管理、对货物在途跟踪等功能。

五 典型案例分析

（一）5G+智能钢厂案例

1. 建设背景

钢铁工业经过几十年的高速发展，在取得举世瞩目成绩的同时，也带来了巨大的能源与物料的消耗，尤其是近几年随着钢铁行业市场供求关系的变化，钢铁行业产能过剩，供需矛盾不断扩大，钢价连续下跌，钢铁企业的利润迅速降低。钢铁企业必须节能降耗，以实现优势成本竞争。

2. 案例概述

为了保证铁水罐的生产安全以及铁水罐的利用效率，设计了以电子识别为基础的系统方案。在每一个铁水罐上贴上电子标签，通过读卡器等设备识别出每一个铁水罐，然后通过调度系统掌握其工作状态和所在位置，合理调度，提高生产效率。

（1）铁水罐耐高温 RFID 标签：每个铁水罐上安装了两个耐高温 RFID 标签，每个标签具有唯一的 ID 号，与铁水罐号一致，用于铁水罐识别、身份认证。

（2）耐高温 RFID 标签读写器：每个轨道分别在接铁水入口处，检（化）验平台下装有 2 个 RFID 读写器，通过射频自动识别 RFID 标签并获取罐号。

（3）两套无线通信系统：无线工业 AP 和 5G 双保障，5G 为主、无线工业 AP 为辅，两条路径互为保护。①5G 工业网关通过无线通信系统将铁水车上 PLC、IO 模块、编码器的数据传送给集控室的 PLC 和调度系统。②使用工业 AP 时，将铁水车上的工业 AP 客户端传送给轨道上的工业 AP 服务器，再通过光纤连接到集控室的交换机。5G 与远程 PLC 协同控制结合，实现了低时延、高可靠的远程操控技术，提高协同控制能力。

（4）罐车智能调度：实施罐盖状态监控，每台过跨车安装了四个限位开关，检测罐盖开合是否到位，并将信息通过 5G 技术传送至罐车跟踪系统画面。利用 5G+MEC 低时延的优势，实现铁水罐车无线远程调度控制，铁水罐车的接铁水、合盖、行走、揭盖等过程全部自动化，现场无须人员操作监视。每台过跨车安装了一个行程编码器，每条轨道安装了两个校零开关，行程编码器与车轮传动轴连接，获取距离信息通过 5G 实现位置实时跟踪。

（5）铁水产量统计。①读取轨道衡地磅数记录炼铁区域外发产量。②读取天车实时称重数据，取稳态平均值，记录炼钢区域接收量。通过对两个重量进行核对，确保炼钢倒入铁水的重量信息准确。

3. 应用价值

目前，铁水罐智能调度在行业内鲜有成功的模式和应用。通过设计、优化和实施，本案例极大提升了企业自动化和信息化水平，实现现场调度每班只需一人，每一罐、每一车调度都能做到全方位、无死角监控，并实时显示在监控大屏上；铁水产量统计均取消手工方式，实现产量、温度、成分数据自动采集、汇总、传输，为生产决策提供了及时、准确的依据。

将原有现场人工调度改为自动调度后，极大提高了生产节拍、节省了运送时间、避免重新加温、降低能源消耗等；优化生产流程的同时，也有助于提升一键炼钢能力。通过对罐包的全生命周期管理，保证了其综合利用率，提高了设备利用率，并能够在耐热材料损耗较高时及时得到维护保养；一方面避免生产事故，另一方面促进了耐热材料的合理使用。

5G 与远程 PLC 协同控制结合，实现了低时延、高可靠的远程操控技术，提高了协同控制能力。钢铁集团 5G+工业互联网项目践行碳达峰碳中和、加快推进节能降碳、推动钢铁集团绿色低碳转型与工业互联网赋能绿色低碳发展相互促进、深度融合。

（二）5G+智慧制造案例

1. 建设背景

某工程机械集团积极推进数字技术与产业发展的深度融合，在生产运营数字化、企业综合治理数字化等方面进行了卓有成效的探索和实践。

2. 案例概述

某工程机械集团建设内容包括5G宏站40+、5G室分和小基站100+，覆盖企业园区总面积超过22平方公里。打造5G切片专网管理运营平台及面向全连接的5G+工业互联网工程机械行业应用使能平台。涵盖研发、制造、市场、施工、管理五大类，建成区域内主要设备联网率达到95%，重点突破行业八大应用场景，优化提升12个应用场景。

3. 应用价值

（1）提质。数字化产品调试，较早期故障反馈率降低35%，U形臂折弯采用数字化质量控制。提升产品质量控制水平，误检率<0.5%，检出率>98%，装配环节在线检测，一次交验不合格率降低23.3%。

（2）降本。提高存货周转率，减少呆滞物料损耗1200万元/年。通过5G+AR远程诊断，减少服务成本600万元/年。实施“剪辫子”工程，减少新增装备网络改造成本200万元/年。

（3）增效。精准提升生产设备开机率/开工率，优化工艺，提高产能1500万元/年；基于5G转台智能调形检测，调形次数由7次减少到4次，效率提升43%；基于5G激光雷达的整车在线调试，检测周期由8小时缩短至2小时。

（4）创新。率先应用机器视觉、AI、数字孪生等技术突破起重机U形臂空间尺寸测量、转台焊接质量检测调型两大行业难题；实现基于5G载波大带宽技术的RGV重载智能控制、C2C协同调度的两大应用突破。

（三）5G+智慧电厂案例

1. 建设背景

某发电集团的发展方针是：合理布局、调整结构；技术领先、注重环保；拓宽渠道、广泛合作。在重点发展煤电的基础上，大力发展水电、气电，积极发展核电、风电等。在发展战略方面实施信息化，坚持以信息化带动现代化，在信息化的过程中培育特有的信息产业。

2. 案例概述

电厂“5G+智慧电厂数字化平台”实现以下应用：①5G+数据采集：取煤场实现厂区智能监控，传感器通过5G网络实时采集温度信息、振动信息、电流趋势信息等以此完成检测和预警；②5G+AI分析：自动识别分析煤质，通过相关数据为配煤工作提供决策参考信息；③5G+融合定位：提前设定安全操作区域，依托5G+UWB高精度定位技术，智能管控操作人员的操作位置。

3. 应用价值

在采煤流程中，技术人员通过“5G+智慧电厂数字化平台”在煤控指挥室里实时“监工”，也可通过指挥室操控台或5G手机客户端，完成远程配煤调控；通过多种5G智能设备实现全区重点道路、厂区等远程监督，提供风险自动提醒、违章自动报警功能；结合5G定位实现的电子围栏技术能够实时监控厂区作业情况，保障人员安全。

（四）5G+智慧新材料案例

1. 建设背景

某集团（国内化工新材料领域的领军企业）为工业互联网平台核心企业，将产业资源向亟待需要扶持的下游星盟企业（合作伙伴）倾斜，协助合作伙伴转变经营模式，促进产业升级，加大资金及管理的扶持力度，以交易信用为准绳，实现企业之间的良好协作。

2. 案例概述

某集团新材料工业互联网平台涉及多个细分领域，主要包括高端材料、绒面商品、贴面商品、终端商品、智能家居、跨境电商、跨境物流等；实现了资源池管理、个性化定制、智能合约、结算服务、供应链金融、物流服务、ERP与MES无缝集成、标识解析集成应用服务、设备监控、大数据分析等平台服务。解决方案依托平台，引进新材料上下游企业，打破信息壁垒，形成有效产业协同，争取为上下游企业获取更大的收益。通过整合产业链，强化产业链的薄弱环节和关键环节，提高整个产业链的运行效率，将产业链的竞争优势转化为企业的竞争优势。引入第三方服务机构（如金融机构、物流服务机构等），通过规模经济和海量交易数据，降低交易成本和融资成本，确保交易的真实性和安全性。基于标识解析技术，重构交易商品的全生命周期管理流程，实时监控平台各方商品状态。

实践内容中的核心系统包括材料平台、终端平台、协同平台、金融平台、物流平台、标识解析平台及物联网平台，通过平台协同整合上下游企业资源，降本增效，优化资源配置。

3. 应用价值

（1）降低了新材料产业上下游企业的协同成本，降低产业协同成本 60%，使协同效率提升了 3~5 倍。

（2）与银行战略合作，推出定制化产业金融服务解决上下游企业融资难、担保难、融资贵的问题，经测算可节约上下游企业融资成本 40%左右。

（3）该集团作为平台运营方和交易撮合方，优化配置供应商资源和采购需求，提供最优化的大批量集中采购解决方案，使下游企业的采购成本降低 30%。

六　5G 助力行业数字化转型发展展望

5G 发展技术前景广阔。首先，5G 具有大带宽、高可靠、低时延和广连接的特性，在满足大规模数量的设备接入的基础上，还可保证带宽和时延的性能。其次，虚拟化网元使得 5G 在网络架构上具有很强的灵活性，与以往技术相比更能满足行业需求。最后，5G 产业链的不断完善和行业需求的逐渐凸显，使 5G 在各行业的应用前景越来越明朗。

未来，5G 在各行业数字化转型的挑战集中在需求、商业模式和跨产业集成三个方面。在需求方面，呈现行业企业与 ICT 企业紧密协作的趋势，突破行业壁垒，达成需求与解决方案衔接，加紧龙头企业的联合案例研究、项目试点等多样化方式交流，促成需求的快速传导。在商业模式方面，突出行业龙头企业与 ICT 企业通过以商业闭环为目标进行项目研究，以此为行业提供商业实践，让可复制的高价值商业模式在行业内达成共识。在跨产业集成方面，各产业集成商在 ICT 与行业跨界应用方面进行需求对接和补齐产业链，建议具备 ICT 行业基本认知的集成服务提供商积极参与到 5G 行业的应用中。

同时，5G 服务行业数字化转型所面临的挑战还可借助 5G 应用产业方阵和行业产业联盟实现长期可持续发展。对接并协同各地 5G 产业联盟及行业龙头企业相关联盟，联合 ICT 和行业企业共同开展 5G 与行业数字化转型融合应用研究，规划 5G 应用与网络协同推进路线图，制定包含通信模组、终端、解决方案、网络部署模式等内容的融合应用标准体系，支持鼓励运营商、软件企业及制造业合作，不断探索不同场景下的5G融合应用，探索企业协作模式和商业模式。

参考文献

金更达：《浅议传统出版数字化转型目标定位与实施方法》，《中国出版》2012年第11期。

何伟、张伟东、王超贤：《面向数字化转型的“互联网+”战略升级研究》，《中国工程科学》2020年第4期。

孙杰、高志国、曲文涛：《数字化转型推动企业组织创新》，《中国经贸导刊》2020年第1期。

鹿崇：《数字化转型的四个阶段》，《智能制造》2018年第6期。

王于鹤、王娟、邓良辰：《“双碳”目标下，能源行业数字化转型的思考与建议》，《中国能源》2021年第10期。

黄一新：《钢铁行业数字化转型战略思考》，《现代交通与冶金材料》2021年第4期。

胡善亭：《数字化转型引领煤炭行业科技进步　打造智慧矿山排头兵》，《企业观察家》2021年第3期。

王明亮：《家电行业数字化转型策略分析》，《商场现代化》2021年第4期。

B.5

算力网络发展趋势分析报告

肖子玉　张鹏飞　孙丽玫　张高山　贺　政*

摘　要： 本文系统分析了算力网络发展趋势，并提出了算力网络发展的策略建议。首先，聚焦算力和网络发展现状与发展目标，通过对近5年通信行业统计数据分析，对照国家“东数西算”发展规划，提出算力网络发展应实现的目标，并进行了算力网络发展趋势分析。其次，文章阐述了视频、AI和XR新技术发展对高算力、高存力和高运力的需求，提出移动数字经济发展离不开5G绿色低碳可持续发展和下一代互联网演进。人均算力标志着数智化社会发展的水平，围绕人和社会对算力网络发展需求以及国家政策推动算力网络集约化发展的驱动和保障作用。最后，本文提出了算力网络发展布局、能力提升、绿色低碳、构筑可信安全底座和加强新技术引入的政策研究等建议。

关键词： 算力网络　“东数西算”　集约化发展

* 肖子玉，中国移动通信集团设计院有限公司首席专家，教授级高级工程师，主要研究方向为算力网络、5G、NFV/SDN；张鹏飞，中国移动通信集团公司计划建设部业务支撑处处长，高级工程师，主要研究方向为算力网络、云计算、网络及信息安全；孙丽玫，中国移动通信集团设计院有限公司咨询设计总监，教授级高级工程师，主要研究方向为数据中心布局规划、数据中心工艺和绿色节能；张高山，中国移动通信集团设计院有限公司高级工程师，网信安全产品部副总经理，主要研究方向为网信安全、数据安全、区块链和密码技术；贺政，博士，高级工程师，中国移动通信集团设计院有限公司高级咨询师，主要研究方向为算力网络、传送网架构演进策略及关键技术。

一　算力网络发展现状和目标

（一）中国算力网络呈现高速发展态势

从业务收入来看，根据工信部发布的《2021 年通信业统计公报》①，截至 2021 年，我国通信业积极推进网络强国和数字中国建设，电信业务总量增长较快，全年完成业务收入 1.47 万亿元，比上年增长 8.0%（见图 1）。

固定数据及互联网业务实现收入 2601 亿元，比上年增长 9.8%（见图 2）。

移动数据及互联网业务实现收入 6409 亿元，比上年增长 3.3%（见图 3）。

数据中心、云计算、大数据等新兴业务发展加速，实现相关业务收入 2225 亿元，比上年增长 28.1%（见图 4）。

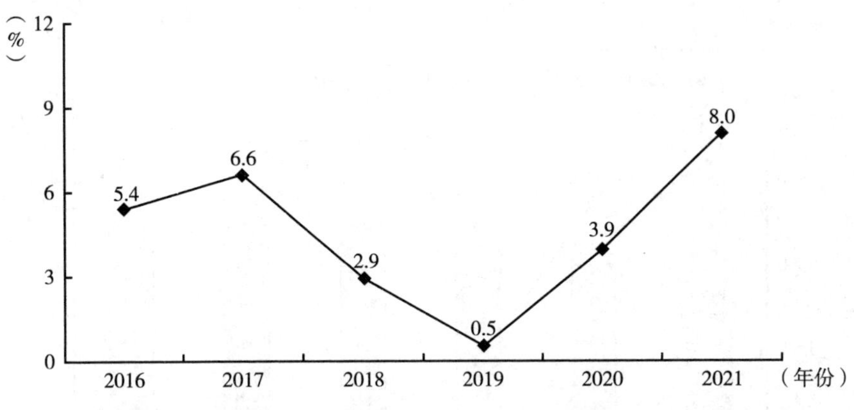

图 1　2016~2021 年电信业务收入增长情况

资料来源：《2021 年通信业统计公报》。

综上所述，固定数据和互联网业务收入稳步快速增长，移动数据和互联网业务收入在提速降费政策影响下趋于饱和，数据中心、云计算、大数据业务进入高速增长期。

从数据流量来看，2021 年移动互联网接入流量达 2216 亿 GB，同比增长

① 工信部发布《2021 年通信业统计公报》。

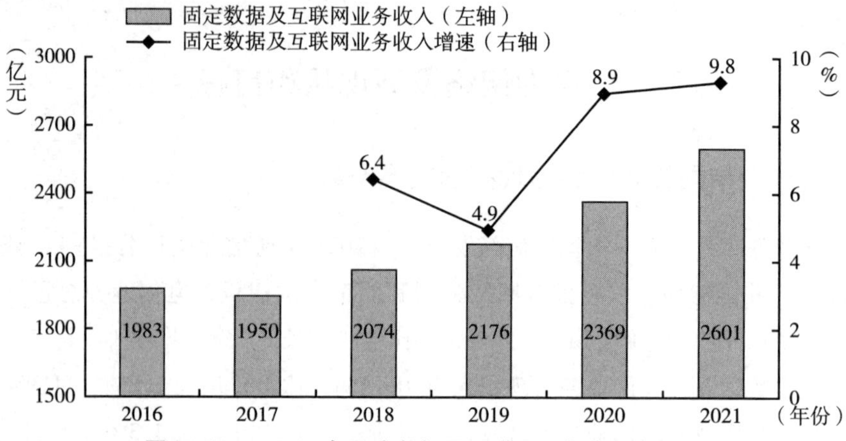

图 2　2016~2021 年固定数据及互联网业务收入及增速

资料来源：《2021 年通信业统计公报》。

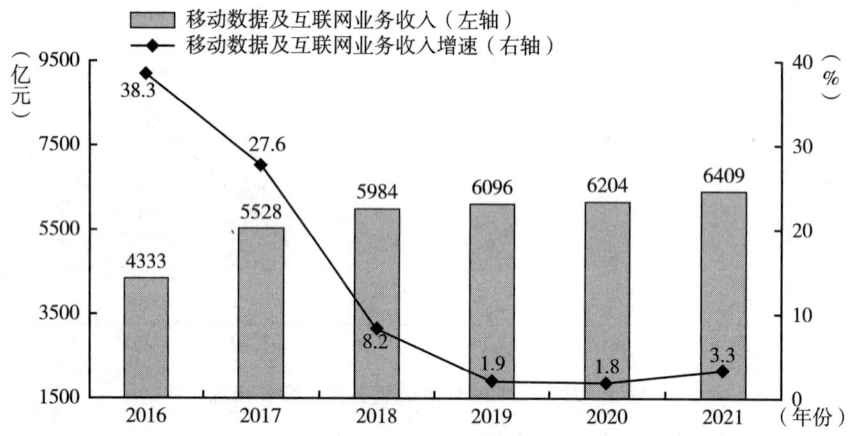

图 3　2016~2021 年移动数据及互联网业务收入及增速

资料来源：《2021 年通信业统计公报》。

33.8%（见图 5）。其中，手机上网流量达到 2125 亿 GB，同比增长 35.5%，在移动互联网总流量中占比为 95.9%。

从以上发展趋势分析来看，通信行业业务收入增长维持在较高水平。其中，数据中心、云计算和大数据业务作为算力网络发展的关键因素，其增速从 2018 年起连续 4 年保持 20%~30%的高速增长。受 COVID 19 疫情影响，2020

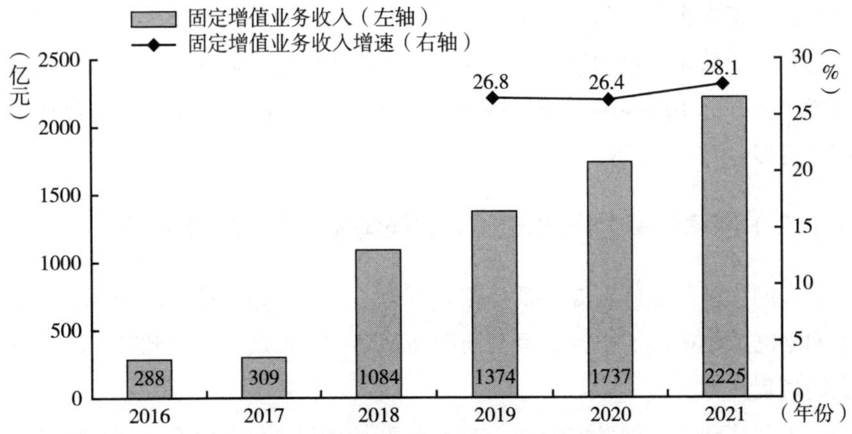

图 4　2019~2021 年数据中心、云计算、大数据业务等新兴业务收入及增幅

资料来源：《2021 年通信业统计公报》。

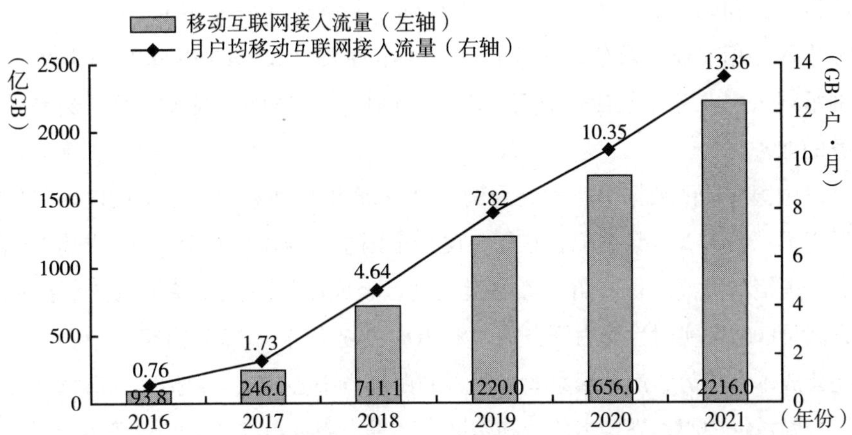

图 5　2016~2021 年移动互联网接入流量及月户均移动互联网接入流量

资料来源：《2021 年通信业统计公报》。

年、2021 年两年远程办公、线上服务的需求增加对业务增长起到了一定的促进作用，收入增速基本与 2019 年持平，维持在 26%~28%。

从数据流量发展趋势看，2016~2021 年移动互联网接入流量均在超高速增长，平均增速达到 98. 5%，2020 年和 2021 年增速逐渐回落到 35%左右，属于

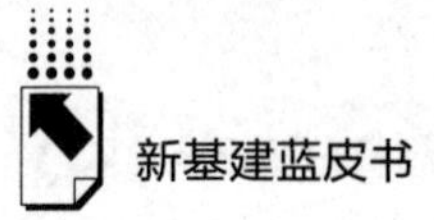

高速增长的正常水平。与业务收入的增长受提速降费的影响不同，提速降费反而促进和带动数据流量的增长。移动互联网接入流量的高速增长、固定宽带接入互联网业务近10%的年增速匹配和支撑了数据中心、云计算、大数据业务的高速发展。

（二）运营商算力网络发展历程与国家发展需求相适应

算力网络基础设施资源包括分布式算力、连接分布式算力的网络、承载算力和网络的数据中心。中国的运营商网络跟随技术发展，从网到算经历了一个漫长的过程。

以中国移动的网络发展为例。2000年开始建设省际传送网和CMNET互联网；2004年建成了覆盖全国31个省区市的IP专用承载网；经过20多年的发展，已形成一张省际骨干传送网和三张IP承载网，即CMNET互联网、IP专用承载网、云专网。CMNET互联网主要承载公众互联网及个人用户、家庭用户的接入云和网络的业务；IP专用承载网主要承载网络云5GC、IMS、EPC等虚拟化网元相关业务及公司内部互联、安全性要求较高的B/M/O域业务；云专网承载云网业务，包括企业互联专线、高价值互联网专线等需要提供差异化服务的业务。

以中国移动的数据中心发展为例。自2008年启动数据中心建设以来，目前已形成了“4+3+X”数据中心布局，覆盖全国主要地市。其中“4”指热点区域中心，围绕京津冀、长三角、粤港澳大湾区、成渝等热点区域形成热点区域中心，满足区域内实时性算力服务需求和IDC业务需求；“3”指跨省中心，即建设运营成本有优势、产业聚集效应明显的西部省中心节点，包括呼和浩特、哈尔滨、贵阳数据中心，满足本地区和跨区域的算力服务需求和IDC业务需求；“X”指省级和地市级数据中心，满足省级、本地算力服务和IDC业务需求。

以中国移动云计算发展为例，自2011年启动一级私有云建设后，2012年启动公有云建设。2015年随着电信网云化技术逐步成熟，启动网络功能虚拟化（Network Function Virtualization，NFV）试点。2019年中国移动的移动云开始规模化部署。目前移动云形成了“N+31+X”的层级化资源布局；IT云形成了“6+X一云多中心”的资源布局；网络云形成了“8+X+边缘”的多节点布局架构（见图6）。

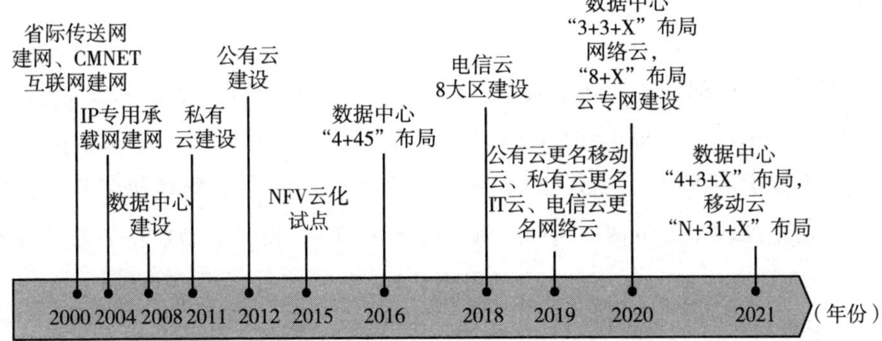

图 6　算力网络发展历程回顾时间线

由上可知，运营商算力网络发展历程有效协同了中国算力网络发展需求。

（三）落实国家"东数西算"发展目标，推动算力网络发展

2020 年，国家发改委发布《关于加快构建全国一体化大数据中心协同创新体系的指导意见》（〔2020〕1922 号）①（以下简称《指导意见》），提出"东数西算"顶层设计规划。"东数西算"规划旨在推动数据中心、云服务、数据流通与治理、数据应用与安全统筹协调和一体设计。一是探索"能源换数据"，拉动西部地区经济发展；二是促进政企数据、政务数据共享和流通，服务智能社会的科学治理；三是引导低碳节能技术创新，助力"双碳"目标的实现。《指导意见》提出，以市场实际需求为出发点，探索电力网和数据网联动建设，政企数据、政务数据共享共用，大型数据中心运行 PUE 降到 1.3。

为落实"东数西算"规划，国家发改委、网信办、工信部、能源局 2021 年发布《全国一体化大数据中心协同创新体系算力枢纽实施方案》（发改高技〔2021〕709 号），明确了东西部枢纽布局态势、跨区域枢纽网络单向时延<20ms 的要求，东部枢纽服务工业互联网、金融证券、灾害预警、远程医疗、人工智能推理等，西部枢纽实现非实时算力服务后台加工、离线分析、存储备份的功能分工。同时提出城市节点网络时延<10ms 的要求，以及服务

① 国家发改委发布《关于加快构建全国一体化大数据中心协同创新体系的指导意见》，2020。

本地 VR/AR、超高清视频、车联网、智能工厂、智能安防等实时算力需求的定位。

随后，工信部发布《新型数据中心发展三年行动计划（2021—2023 年）》（〔2021〕76 号）[①]，提出到 2021 年底，全国数据中心总算力>120 EFlops，新建大型数据中心 PUE<1.35；2023 年底，全国数据中心机架规模年均增速>20%，总算力>200 EFlops，高性能算力占比≥10%；新建大型数据中心 PUE<1.3，严寒和寒冷地区 PUE<1.25 的发展计划。

“东数西算”规划顶层设计中提出 5 个“数”，即：

（1）“数网”：优化数据中心基础设施建设布局，加快实现数据中心集约化、规模化、绿色化发展，形成“数网”；

（2）“数纽”：加快建立完善云资源接入和一体化调度机制，降低算力使用成本和门槛，形成“数纽”；

（3）“数链”：加强跨部门、跨区域、跨层级的数据流通与治理，打造数字供应链，形成“数链”；

（4）“数脑”：深化大数据在社会治理与公共服务、金融、能源、交通、商贸、工业制造、教育、医疗、文化旅游、农业、科研、空间、生物等领域协同创新，繁荣各行业数据智能应用，形成“数脑”；

（5）“数盾”：加快提升大数据安全水平，强化对算力和数据资源的安全防护，形成“数盾”。

为落实国家“东数西算”规划，运营商相继出台了算力网络和云网融合发展策略。中国移动在 2021 年 11 月全球合作伙伴大会上发布了《算力网络白皮书》[②]，提出算力网络是以算为中心、网为根基，网、云、数、智、安、边、端、链（ABCDNETS）深度融合的新型信息基础设施，实现“算力泛在、算网共生、智能编排、一体服务”的目标，逐步推动算力成为与水电一样，可“一点接入、即取即用”的社会级服务，达成“算力无处不在、网络无所不达、智能无所不及”的愿景，并提出了算力网络发展目标（见图 7）。

（1）算力泛在，即构建云边端多层次、立体泛在的分布式算力，布局空

---

① 工信部发布《新型数据中心发展三年行动计划（2021—2023 年）》，2021。

② 中国移动发布《算力网络白皮书》，2021 年 11 月。

间上融通东西的数据中心，逻辑上融通云（C）、边（E）、端（T），内核融通异构，即实现 ARM/x86/GPU/FPGA 等多样性算力资源融通。

（2）算网共生，即网随算动，形成算网融合、算网一体的网络资源架构。

（3）智能编排，即融数注智，构建算网大脑，实现算网统一编排/调度/管理/运维，打造算网资源一体设计、全局编排、灵活调度、高效协同的核心能力。

（4）一体服务，即实现多要素融合供给，融合算网“数智链安”等多要素；实现社会算力融合供给，社会算力并网和可信交易；实现数智服务融合供给，提供随需、无感、智简服务。

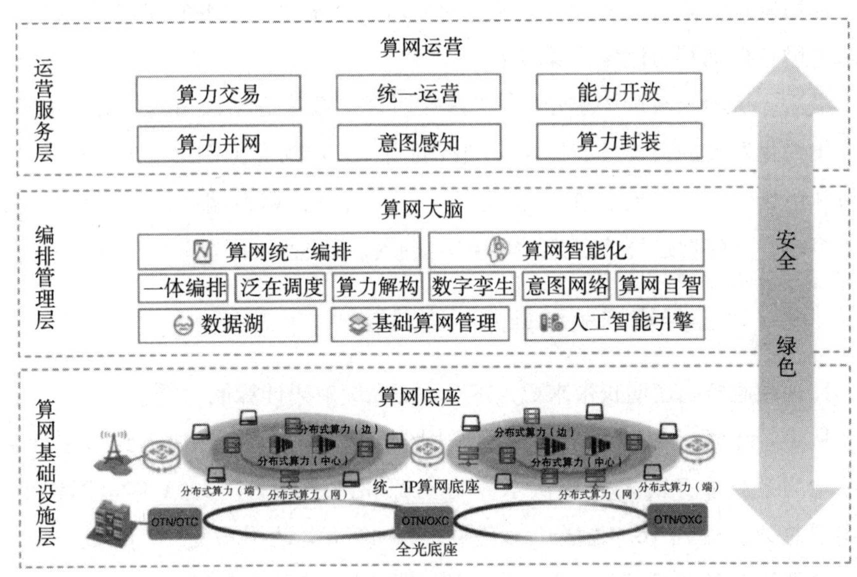

图 7　某运营商算力网络架构

二　算力网络发展趋势分析

本文从三大领域对算力网络高速发展的趋势进行了分析和总结。

首先，从新业务发展需求的角度，提出三种关键业务需求驱动算力网络高速发展。一是视频业务高速增长带来更大带宽、更高编解码计算能力对算力网络提出更高的要求；二是 AI 技术的产业化能力快速增长促进高性能算力需求的增长，在过去的 5 年间我国基础算力和高性能算力占比的结构变化也预示着人工智能等新技术带来的高性能算力的快速增长；三是 XR（扩展现实）作为元宇宙应用的重要载体，未来 5~10 年将是算力网络承载的重要业务，其终端的加速增长将对算力网络资源布局起到至关重要的作用，推动算力网络资源需求高速增长。

其次，从移动通信发展角度和人均算力发展看，5G 的持续增长、绿色低碳可持续发展的需求、面向未来元宇宙的布局等，均是驱动算力网络发展和拉动数字经济增长的关键因素。从人均算力指标角度看，通过对各国人均算力水平的评估发现，高人均算力的国家也对应着高经济发展水平的国家。人均算力需求的增长推动算力网络高速发展。

最后，从国家政策要求角度，“东数西算”政策提出以市场为导向的算力网络集约化发展的目标。我国数字经济的高速发展为算力网络发展提供了政策支持和市场保障；同时，在“双碳双控”背景下，算力网络的低碳绿色之路刻不容缓，并将促进算力设施的低碳节能新技术快速发展。

（一）新业务需求驱动算力网络发展

1. 视频业务高速增长带来更大带宽、更高编解码计算能力需求

从 4G 到 5G、从家庭宽带到互联网、云计算、智能终端再到边缘计算，这些均为视频业务的发展提供了算力资源和网络能力。2021 年全国移动电话用户总数已达到 16.43 亿户。其中，4G 移动电话用户为 10.69 亿户，5G 移动电话用户达到 3.55 亿户，占移动电话用户数的 86.7%；三家基础电信企业的固定互联网宽带接入用户总数达 5.36 亿户，其中 100Mbps 及以上接入速率的用户为 4.98 亿户，占总用户数的 93%①。根据中国互联网络发展状况统计调查②，截至 2021 年 12 月，我国网络视频用户规模达 9.75 亿户，短视频使用时长占比达到 25.7%，已超越即时通讯成为占据移动网络用户时间最长的业务。

① 工信部：《2021 年通信业统计公报》。

② 中国互联网络发展状况统计调查（CNNIC）。

视频业务从标清、高清到4K、8K不断演进、不断升级，对云、边、端算力和高带宽的网络提出更极致的需求。5年内全球720P及以上（HD）高分辨率视频业务占比增加50个百分点①。从需求看，互联网视频业务的高速发展，如社交媒体、游戏、影视娱乐、教育、远程办公、视频会议等需求旺盛；工业互联网正在起步，面向人、机、料、法、环的系统化工业生产、监控、质检、流程管理对视频采集和分析的需求持续提升；社会治理的数字化蓬勃发展，安防、公共场所的安全监控、智能交通管理、辅助自动驾驶、远程医疗会诊等需求快速增长。以上需求均需要大规模算力网络资源，以提供增强型的视频服务。通过对视频编解码器、CDN（内容分发网络）、高带宽网络等技术的增强创新，可提供更多更好的视频类产品。

2. AI技术的产业化能力增长促进高性能算力需求的增长

从人工智能工业化能力看，根据Gartner发布的《2022技术发展趋势报告》②，AI工程化能力持续增强，通过自动更新数据、模型和应用程序来简化人工智能交付流程，此举旨在提升生产性人工智能解决方案的价值。人工智能嵌入端到端工业生产和治理流程中，将实现人工智能交付的易操作化，促进AI保持持续稳健发展势头，并获得一致的商业价值。

从全球人工智能发展投入看，根据美国斯坦福大学发布的《人工智能指数报告2022》（*Artificial Intelligence Index Report 2022*）③，人工智能领域的风险投资总额持续上升且投资集中度更高，预示着人工智能正在聚焦关键领域突破，并加速形成成熟的应用。2021年投资总额为935亿美元，是2020年投资总额的2倍多，而新获投资的人工智能公司数量继续下降，从2019年的1051家公司减少到2021年的746家公司。其中，数据管理和处理、云计算领域在2021年获得的投资最多，其次是医疗保健和金融科技。2021年申请的人工智能专利数量是2015年的30多倍，呈现的复合年增长率达76.9%。

随着电子技术的进步，AI的性能在过去几年有了大幅提高，包括计算机视觉、语言、语音、推荐、强化学习、硬件和机器人技术的发展趋势。

---

① Openwave Mobility Media Announcement.

② Gartner：《2022技术发展趋势报告》。

③ 美国斯坦福大学发布的*Artificial Intelligence Index Report 2022*。

（1）人工智能变得更实惠、性能更高。自 2018 年以来，训练图像分类系统的成本降低了 63.6%，而训练时间缩短了 94.4%。在推荐、目标检测和语言处理等其他机器学习性能任务类别中出现了训练成本更低且训练时间更短的趋势，并且有利于更广泛的人工智能技术的商业应用。

（2）跨技术基准的最佳结果越来越依赖于使用额外的训练数据。截至 2021 年，10 个基准测试（benchmark）中有 9 个最佳结果的 AI 系统接受了额外数据的训练。这种趋势有利于推动数据的共享和流通。

（3）人工智能的发展正在从特定技能的强化学习方向（如国际象棋）转向更通用的强化学习方向。如 Open AI 在 2019 年开发的 Procgen 强化学习环境，Procgen 包含 16 种独特的环境设计，用于对强化学习的有效性和通用性进行测试。通过引入多样性鼓励 AI 系统以通用方式进行强化学习训练。

（4）机械臂变得越来越便宜。过去 5 年中机械臂的中位价格下降了 46.2%，从 2017 年的每只手臂 4.2 万美元降至 2021 年的 2.3 万美元。技术带来的成本降低推动机器人研究领域更快发展。

从我国算力结构发展的变化趋势看，随着应用需求的不断演化，我国基础算力占算力的比重由 2016 年的 95%下降至 2020 年的 57%。智能算力占算力的比重则由 2016 年的 3%提升至 2020 年的 41%（见图 8）。

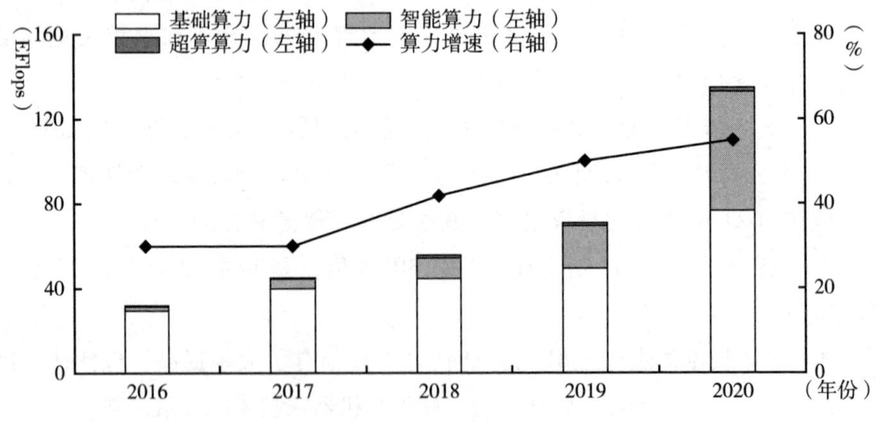

图 8　我国算力发展规模和增速

资料来源：中国信通院发布《中国算力发展指数白皮书（2021）》。

3. XR终端的快速增长推动算力网络资源高速发展

扩展现实（XR）是未来元宇宙（Metaverse）技术的一种在目前可见的形态，其对带宽和时延都有很高的要求。XR端到端技术的发展将催生元宇宙沉浸式应用的创新，元宇宙多领域技术创新的融合将成为未来几年XR行业发展的催化剂。根据Counterpoint预测①，XR头显的出货量预计将从2021年的1100万台增长到2025年的1.05亿台，增长8.5倍（见图9）。

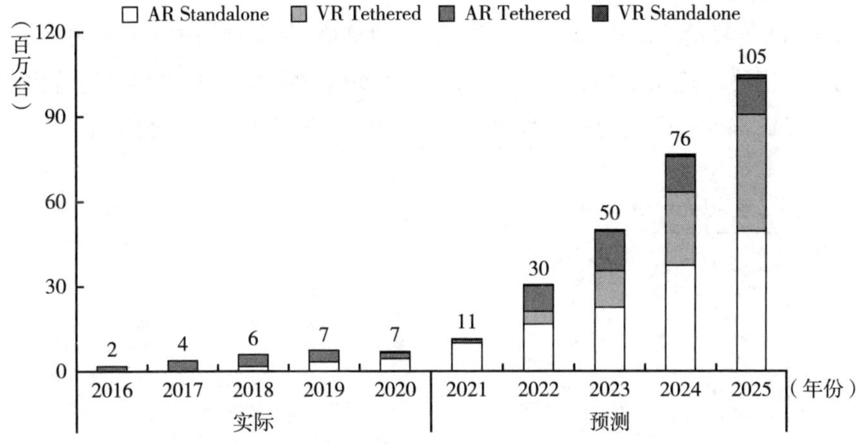

图9　2016~2025年全球XR头显终端发展及预测

无线技术是XR头显未来发展的关键技术。面向5G智能制造的典型应用场景，可以通过XR（VR/AR）终端完成信息采集、数据回传、远程操控等功能，利用大带宽、低时延、高可靠连接性能，实现研发设计和生产制造环节的数智化应用。5G智能制造发展也将推动XR的快速发展。

XR对通信、计算和存储都有很高的要求②。在VR交互式场景中，头显运动到光（Motion-To-Photon，MTP）的延迟应在7~15ms范围内。同时在8k分辨率场景下，需提供1Gbit/s的用户数据速率。头显运动到声音的延迟应<20ms。由于音频和视频需分开处理，系统必须满足VR音视频同步要求，即音

① Counterpoint：http：//www.199it.com/archives/1375707.html.

② 3GPP TS 22.261 3rd Generation Partnership Project；Technical Specification Group Services and System Aspects；Service Requirements for the 5G System；Stage 1（Release 18）.

频延迟在 125ms 到 5ms 之间，高清音频时延在 45ms 到 5ms 之间。

从以上分析可以看出，XR 作为元宇宙应用的重要载体，对计算、存储和通信都有很高要求，将是未来 5~10 年算力网络承载的重要业务，对算力网络资源布局起到至关重要的作用。

（二）移动通信发展需求和人均算力增长需求驱动算力网络发展

1. 移动通信发展需求

GSMA《移动经济 2022》报告显示①，到 2025 年全球的智能手机和授权频段的物联网终端连接数将从 2021 年的 62 亿增长到 2025 年的 74 亿，占比从 75%上升到 84%。中国的连接数占比将从 77%上升到 90%（见图 10）。

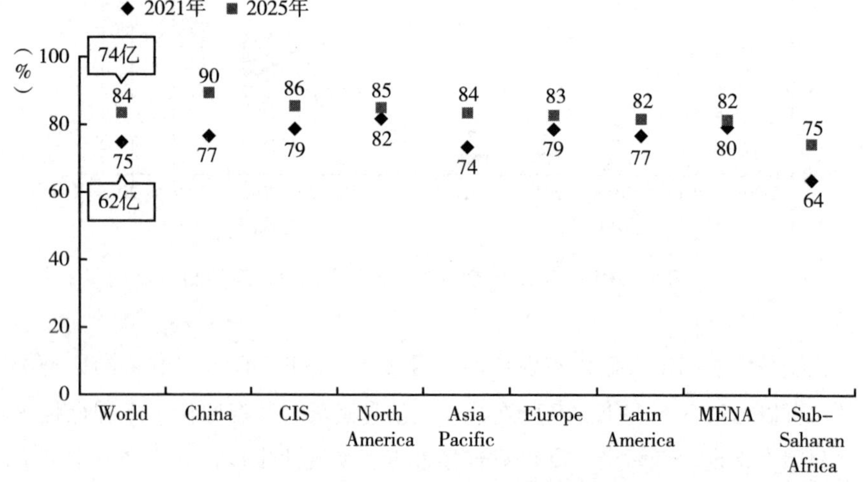

图 10　2021 年对全球连接数到 2025 年的增长预测

5G 发展驱动工业互联网和垂直行业数智化转型，为算力网络发展带来市场和用户。截至 2021 年底，全球 70 个市场的 176 家移动运营商在全球推出商用 5G 服务。5G 的市场占有率也在以两位数上升。Covid19 疫情后的经济复苏、5G 手机销量上升、网络覆盖范围扩大等多种因素推动 5G 的持续增长。同时，基于 5G 高集成度要求以及实现碳减排和满足双碳目标的紧迫性，绿色网络和

---

① GSMA 发布《移动经济 2022》（*The Mobile Economy 2022*）。

能源效率提高已成为全球企业发展的核心战略。

面向未来的布局，元宇宙将是物理和虚拟世界的融合。现阶段元宇宙应用主要集中在视频游戏、社交网络和娱乐的规模化虚实融合方面，为用户创造新的沉浸式体验。

2. 人均算力的增长需求

人均算力是基于云、边、端三层算力资源的产品形态，对整体算力进行估算后，计算各国人均算力发展水平的指标。通过对各国人均算力水平的评估，分析算力网络发展水平和智能化社会的发展阶段。围绕人的算力需求的增长，如个人医疗数据、社交媒体、手机照片、视频等，围绕人和社会产生的大量数据，以及带来的对数据处理、存储、查询的需求，都需要算力的支持。

华为发布的《算力泛在是智能社会的基石》研究报告①提出人均算力测算模型（见图 11）。

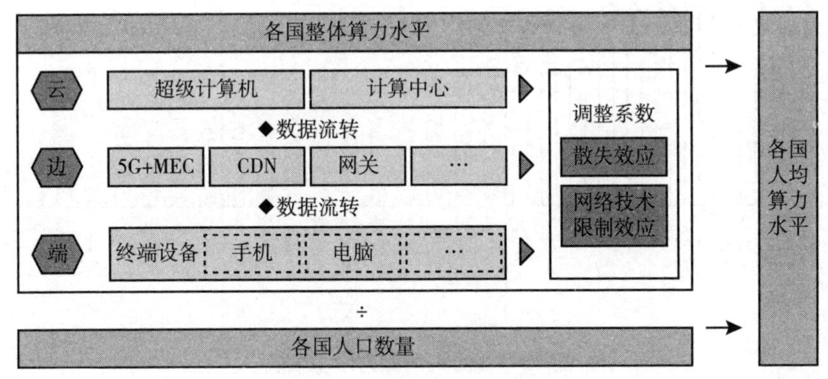

图 11 人均算力测算模型

人均算力发展水平指标计算方法如下。

云计算中心算力包括超级计算机算力和计算中心算力。其中，超级计算机算力为各国 Top500 超级计算机算力汇总×算力散失效应系数×网络效率；计算中心算力包括各国各种架构服务器存储总和×算力散失效应系数×网络效率；其中算力散失效应取定为 90%，而在网络带宽层面的网络效率取定为 80%。

① 华为发布《算力泛在是智能社会的基石》，2020 年 2 月。

边缘算力包括 5G+MEC、CDN、智能监控节点、工业物联网边缘服务器设备。边缘算力由智能家居、智能医疗、智能工厂、安防监控、智能能源、游戏娱乐等应用场景下各类设备的算力总和按 95%的效率估算。

针对终端算力，估算对象包括手机、平板、笔记本电脑、台式电脑、智能音箱、可穿戴设备、智能电视、智能机顶盒、智能车载、无人机、游戏机、智能摄像头等各类智能设备。估算方法为各国设备拥有量×各芯片厂商市场份额×芯片算力的总和。

各国人均算力水平估算结果如图 12 所示。

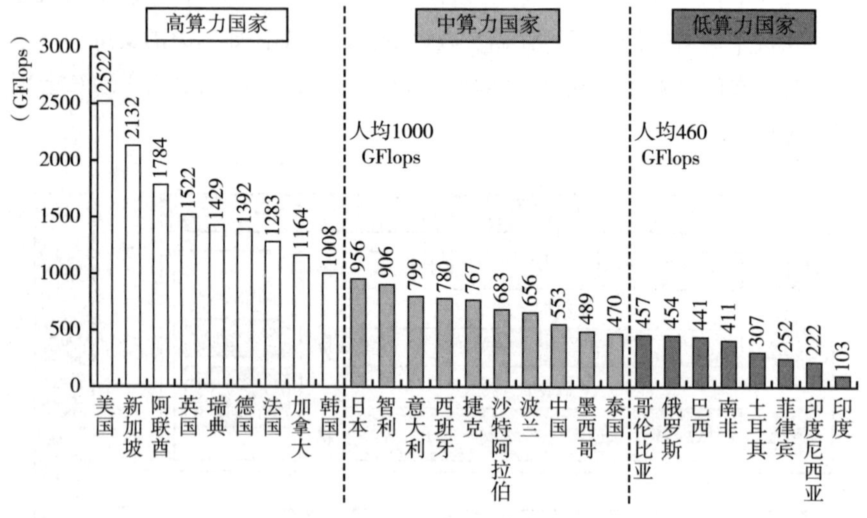

图 12 各国人均算力水平估算

以上数据是基于 2018~2019 年收集的数据进行估算，美国的人均算力估算为 2522 GFlops，中国的人均算力仅为 553 GFlops，中国包含终端设备的总算力估算值约为 776 EFlops。从图 12 可见，高人均算力的国家也对应着高经济发展水平的国家。

（三）国家政策要求以市场为导向向算力网络集约化方向发展

1. 数字经济发展需求形成市场驱动力

“十四五”时期，我国数字经济转向深化应用、规范发展、普惠共享的新阶段，信息通信技术与经济社会各领域深度融合。到 2025 年，数字经济核心产业增加值占 GDP 比重达到 10%，数智化创新引领发展能力大幅提升。到 2025 年终端连接数大于 45 亿，工业互联网标识注册量达 500 亿个①。预计 70%的规模以上制造业企业基本实现数字化②。我国数字经济高速发展，为算力网络发展提供了政策支持和市场保障。

2. 国家“东数西算”规划和绿色节能政策要求

一方面，国家发改委等四部门联合出台《全国一体化大数据中心协同创新体系算力枢纽实施方案》，明确了京津冀、长三角、粤港澳、成渝、贵州、内蒙古、甘肃、宁夏等 8 个算力网络国家枢纽节点的科学布局，启动“东数西算”工程。该工程实施将提升我国数据跨区域调度流通能力，推动新型算力网络体系构建。到 2023 年底，全国总算力将超过 200 EFlops，高性能算力占比达到 10%。国家枢纽节点算力规模占比超过 70%③。

另一方面，在“双碳双控”背景下，算力网络的低碳绿色之路刻不容缓。国家发改委发布的《关于严格能效约束推动重点领域节能降碳的若干意见》，将数据中心列入“8+1”的节能降碳重点推进行业。2022 年 2 月国家发改委对 8 个国家枢纽节点启动建设的复函中，强调了数据中心电能利用效率指标（PUE）要求（西部枢纽节点集群内 PUE 小于 1.2，东部 PUE 不大于 1.25），并明确可再生能源使用率应显著提升。这些要求将促进算力设施的低碳节能新技术快速发展。

三　算力网络发展策略建议

（一）发展布局策略建议

1. 跟随国家枢纽节点集群布局，做好战略储备

国家发改委在对 8 个国家枢纽节点启动建设的复函中明确提出八大枢纽节点中 10 个数据中心集群所在位置的起步区，共涉及 12 个省区市节点（包括长

① 《“十四五”信息通信行业发展规划》。

② 《“十四五”智能制造发展规划》。

③ 工信部发布《新型数据中心发展三年行动计划（2021—2023 年）》，2021。

三角示范区集群 3 个起步区），后续大规模中心算力布局将主要集中在这 12 个节点。同时复函中明确提出内蒙古节点承接京津冀实时算力和长三角非实时算力；贵州节点服务粤港澳和长三角；甘肃节点重点服务京津冀、长三角、粤港澳；东部节点均承接本地并辐射周边的实时算力需求；而京津冀、长三角还肩负辐射全域的发展布局。

结合政策要求，算力网络发展应以市场需求为导向，对接国家“东数西算”总体规划，优化资源，形成布局合理、效率领先、安全可靠、快速交付的新型数据中心格局。数据中心是算力网络设施的物理承载。它汇聚多元数据资源，运用绿色低碳技术和安全可靠部署方案，为高效算力的承载提供服务。它是赋能千行百业应用的新型基础设施。目前，我国数据中心产业正由高速发展向高质量发展全面演进，新技术的发展推动数据中心在建造技术、制冷系统、供电系统和智慧运维方面不断创新，加速推动数据中心向建设装配化、制冷低碳化、供电简捷化和运维数智化方向发展。

2. 结合市场需求，布局多层次算力

国家“东数西算”顶层设计提出“数网”“数纽”“数链”“数脑”“数盾”体系（见图 13）。数据中心集约化、规模化、绿色化发展，形成“数网”；云资源接入和一体化调度机制，形成“数纽”；数据流通与治理以及数字供应链，形成“数链”；社会治理与公共服务、金融、能源、交通、商贸、工业制造、教育、医疗、文化旅游、农业、科研、空间、生物等领域数据智能应用，形成“数脑”；算力和数据资源的安全防护，形成“数盾”。

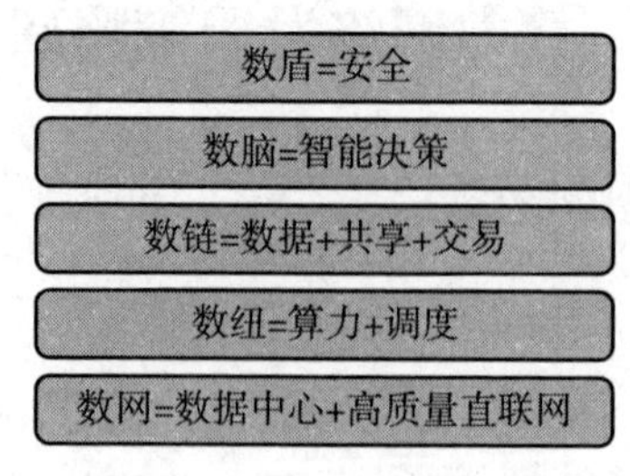

图 13　“五数”解读示意

国家发改委已发布的“国家枢纽节点”布局围绕国家重大区域发展战略，提出汇聚联通政府和社会化算力资源，构建一体化算力服务体系。同时针对城市内部数据中心，鼓励城区内的数据中心作为算力“边缘”端，优先满足金融市场高频交易、虚拟现实/增强现实（VR/AR）、超高清视频、车联网、联网无人机、智慧电力、智能工厂、智能安防等实时性要求高的业务需求。工信部、国家发改委明确将面向城区常住人口100万以下的中小城市组织实施云网强基行动，增强中小城市网络基础设施承载和服务能力，建立多层次、体系化的算力供给体系，助力区域经济社会高质量发展。到2025年，实现“千城千兆”和“千城千池”建设目标，即千兆接入能力和云资源池覆盖超过1000个中小城市①。

泛在化的算力部署是数字化时代的重要特征。大量的数字终端设备会产生大量的数据，需要在边缘被及时处理，也需要被上传至云中心进行模型训练以提升精确度，不仅需要拥有强大算力的中心计算资源，而且需要及时进行数据反馈的边缘计算资源。采用中心云和边缘云相结合的方式进行算力泛在化部署，从而提供云边协同、泛在一体的算力资源。

国家枢纽节点数据中心集群内大规模算力中心构成区域级“中心云”，其中西部区域枢纽点分别承接东部热点区域内实时或非实时业务。省级算力中心和城市算力中心，满足省内、城市内部高性能算力网络业务需求，与边缘数据中心一起提供协同算力网络服务。边缘云是算力网络的重要组成部分，助力国家云网强基行动落实，推动政企客户数智化转型。以市场需求为导向进行布局，加快构建边缘计算能力作为分布式算力的重要组成部分，边缘云与现有CDN经虚拟化改造后实现融合统一。

3. 打造算网灵活调度能力

算力网络的核心是将资源要素转变为服务要素，提供融合赋能、可信交易、智简体验、一体服务。算力网络需面向场景和客户，把资源打造成可变现可交易的产品。部分算力网络应用场景和对算力资源的需求如表1所示。

算力网络灵活编排调度离不开“数纽”，即算力网络的枢纽，实现算力网络统一算力与网络的资源管理，基于算力和网络的原子能力进行灵活组合、一体编排，设计产品服务模型，并以模板的形式固化所需的资源、服务、策略及配置，实现流程、模型等因子的通用化、标准化，实现算网业务统一编排、调度和保障。

---

① 工业和信息化部办公厅国家发展改革委员会办公厅：《关于促进云网融合 加快中小城市信息基础设施建设的通知》（工信厅联通信〔1号〕），2022年1月22日。

表1　算力网络应用场景梳理

序号	业务场景	算力位置需求	异构算力需求	算力调度需求	可用性需求
1	科学计算/AI 训练	任务性、中心算力	高性能算力	东西部中心调度	无
2	政务上云	长期有效、中心算力	通用算力	东西部中心调度	容灾备份
3	数据实时处理（工业控制/自动驾驶）	长期有效、中心+边缘算力	高性能+通用算力	中心与边缘调度	容灾备份
4	2C/2H 上网（云游戏/大视频）	随机使用、中心+边缘算力	高性能+通用算力	中心与边缘调度	无
5	数据交易（跨域模型训练）	任务性、中心算力	高性能算力	多中心调度	无

随着“东数西算”及数据中心集约化布局，业务流量流向将会以算力资源为中心形成流量高地。算网编排调度平台宜以算力资源为中心进行分区域管理，技术上跨区域编排和调度通过能力互调完成。一种算网编排调度架构如图14所示。算网编排平台面向业务需求，进行网络资源和算力资源的统一设计，将上层的业务请求，映射为算和网的资源需求，进行算力资源的编排策略设计、网络智能选路策略设计等。算力调度平台协同多云硬件统一管理平台及三方算力注册平台，进行多云资源调度和应用部署。网络调度平台协同IP/传输管控平台、网络感知、调度功能，实现网络调度和算路控制。人工智能平台完成编排策略的建模、算力网络资源的建模、调度策略和编排策略的智能化生成以及业务的智能识别、预测、算路等。

4. 建设高质量直联网，服务国家“东数西算”

面向国家枢纽节点、城市数据中心、边缘节点的层次化算力布局，构建分层汇聚的高质量直联网。

从网络架构方面，按照“网随算动”原则，不断优化网络架构。结合“东数西算”战略和算力网络业务需求，通过构建枢纽集群间、枢纽区域内两级网络架构，打造分级时延体系。枢纽集群间建设高速直达、高性能、低时延的算力高速直联系统，确保跨区域算力调度能力。枢纽区域内结合当地数据中心部署情况，不断完善重要业务节点间光缆布局，优化网络结构，打造区域内

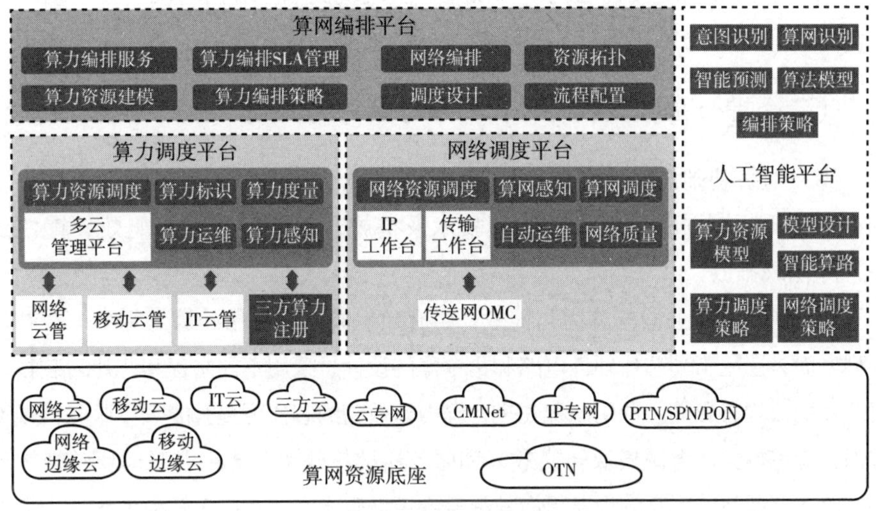

图 14　算网编排调度架构

多级时延体系，实现异地同城体验，拉动高品质、高价值业务快速增长。面向网络鲁棒性需求，通过丰富光缆路由、增加枢纽中心间出口方向数量、持续推进热点区域间光缆建设等方法，提升网络安全性。枢纽区域间、区域内结合铁路、公路等路政建设情况，不断优化网络架构，按需增加算力节点间直联光缆，降低业务中断风险，保障用户体验。

在技术引入方面，引入超 100G 的光传输系统，从单波 100G 向 400G，并进一步研究向 800G/1.6T 演进，助力骨干基础设施全面升级，实现算力网络全光高速互联；推进 SRv6 规模部署，并逐步向 G-SRv6 平滑演进，提高基于 SRv6 技术提供用户一跳入“算”、智能选路、自动调优等功能；按需引入 OSU、FLexE 切片等技术，实现对业务的分级服务能力；全面引入光交叉、电交叉和光电混合交叉节点设备，实现业务灵活调度能力。总之，通过引入算力感知、超 100G 高速互联带宽池、SRv6 和灵活调度的节点能力，实现对算力网络中业务流量流向动态变化的感知和调度，提升算网协同、实时响应、灵活调度和分级服务能力，构筑光电协同的全光算力底座。

在智能管控方面，面向未来构建统一编排调度体系，实现网络间的深度协同和高效配合，确保业务快速接入和灵活调度，实现分级服务和快速响应，不断推动网络基础设施向智能化方向演进，实现端到端业务的自动编排、资源的灵活调度和网络的智能管控，不断提升网络连接的服务能力。

（二）提升基础设施能力，打造绿色算力网络

算力网络基础设施的绿色化、低碳化发展，主要在算力设备、数据中心基础设施、能源等方面引入绿色低碳技术及措施，不断提升算力能效、算效水平，降低碳排放。

提升芯片和服务器的算力与能效，将有效提升算力网络的算力算效。在芯片选型方面，选用不同芯片硬件电路和指令集的设计、采用不同制程和芯片封装技术对芯片能效均有影响。选用制程先进、算力算效高的芯片可提升能效。服务器选型方面，应重点关注电源模块转换效率和服务器散热效率。选用电源模块转换效率高、服务器散热效率高的设备可有效提升绿色低碳水平。在电源转换模块能力的选择上，应充分考虑服务器整体功耗，使电源模块负荷处于转换效率比较高的区域。

在服务器散热方面，风冷服务器占据主流，应重点关注风冷服务器的散热效率。随着 IT 设备功耗提升，在高密度数据中心场景下，液冷技术优势显著，液冷服务器已成为业内关注的重点技术领域，目前尚未大规模商用。液冷服务器分为冷板式和浸没式，各有优劣，实际部署时需要从机房条件、算力规模、运维成本、节能目标等方面统筹考虑。

数据中心机电基础设施节能主要需要解决空调冷却带来的额外能源消耗问题。为了使热量从数据中心内转移至室外环境过程中输送能耗降低，多年来空调冷却系统不断进行技术演进。一方面可以减少高能耗输送设备的运行时间，主要考虑如何充分利用自然冷源，不仅可以提高冷却工质的温度，如提高水温、风温；还可以利用较低的自然冷源温度，如采用蒸发冷却技术或者直接利用自然界中江河湖海低温水体。另外还需要考虑减少冷却传热热阻，从而减少自然冷源利用过程中的温差损失。另一方面可以提高输送设备的能效，主要对水泵、空调末端及冷机等几个关键设备进行能效提升，可通过变频技术、就近制冷、优化气流组织等途径进行提升。

（三）构筑可信安全底座，支撑算网一体安全

“东数西算”顶层设计提出：加快提升大数据安全水平，强化对算力和数

据资源的安全防护，形成“数盾”体系。

算力网络发展将不断释放底层数据价值，加速数据使用新业态、新模式和新优势的诞生。但算力网络中数据在全生命周期的各个阶段面临较多安全风险，海量数据涉及存储、传输和分析等，数据质量管理不足、数据安全管控薄弱、数据开放共享困难及确权难等问题，使得数据安全治理难度持续升级。另外，算力网络涉及多源和泛在的算力节点，无法保证每个节点的安全可靠，加剧了算网服务中数据泄露、数据篡改等严重的数据安全风险。

基于算网的数据共享和计算需求，将底层密码服务融合区块链和数据安全技术，为算力网络构筑坚实的可信安全底座，建立算网内生安全体系，保障算网数据在设备、系统、应用间流转的全程可信，实现算网业务的安全可信接入（见图 15）。

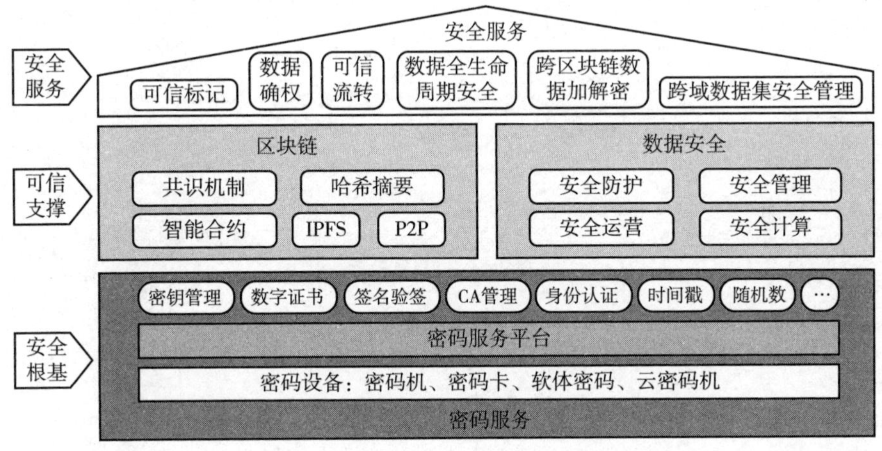

图 15　算力网络可信安全底座

可信安全底座总体分为三部分：密码服务系统、区块链技术和数据安全技术。其中以密码服务系统作为可信安全底座根基，为区块链技术和数据安全技术提供底层基础密码学技术支撑，从最根本上提升算力网络的安全防护系数。以区块链技术和数据安全技术作为可信安全底座的重要能力支撑，利用区块链技术对算力网络中的数据提供可信标记技术手段，实现算力网络重要数据可信、可管、可审计。利用数据安全技术实现核心机密数据的全生命周期保护和管理。

（四）加强新技术引入政策法规研究建议

随着新技术逐步商用成熟，多项创新技术逐步商用，如人工智能、区块链等，新技术的规模商用将涉及技术重构、组织体系改变、经济体系和金融体系创新等，对社会多个领域均有影响。为助力市场对新技术的规模应用，应加强关键新技术的法律法规相关研究，形成法律规范，规避新技术引入带来的风险。以人工智能为例，全球立法在 2021 年大幅度增加①，25 个国家/地区的立法记录显示，包含“人工智能”的法案数量从 2016 年的 1 项增加到 2021 年的 18 项，其中西班牙、英国和美国立法最多。

建议我国加强对算力网络发展涉及新兴技术引入的政策法规研究，防范风险，并助力算力网络新型信息基础设施的建设和发展。

---

① 美国斯坦福大学发布的 Artificial Intelligence Index Report 2022。

B.6
新基建的基础软硬件发展报告

谢春生*

摘　要： 新基建承担的是加速社会及经济结构优化与升级的重任，兼顾短期逆周期调节及中长期高质量发展要求。具体来看，新基建投资重点涉及5G、数据中心等领域，而基础软硬件作为信息产业的基石，在新基建过程中发挥重要的作用。在此背景下，本文通过研究新基建的基础软硬件，分析国产基础软硬件发展现状，研判产业未来发展趋势，促进国产基础软硬件持续向前发展。本文从基础软硬件不同细分市场的发展历程、技术路线出发分析现状，运用对比分析、案例分析、实证数据论证等方法，探讨未来产业前景。基于研究结果，本文认为，目前国产基础软硬件市场前景广阔，CPU领域国产厂商正在崛起、国产操作系统领域仍需着力于生态建设、国产数据库有望迎来分布式架构发展机遇。

关键词： 新基建　CPU　操作系统　数据库

一　新基建与基础软硬件的关系

（一）新基建浪潮促进基础软硬件的发展

1. 新基建对经济发展至关重要

新基建肩负着不同的历史使命。传统基建稳需求、注重补短板，而新基建重视新兴产业、谋求未来发展。新基建的核心内容包括以5G网络、云计算、

* 谢春生，华泰证券研究所计算机行业首席分析师，主要研究方向为计算机软硬件。

工业互联网为代表的数字化网络和智能化产业应用。2020 年以来，在特殊的经济形势下，新基建肩负着稳定经济增长的作用，但对于新基建的实质，需要用更长远的眼光去看待，其有望担起加速社会及经济结构优化和升级的重要角色，并深刻影响中国未来产业升级和数字化转型。

2. 新基建投资促进基础软硬件产业发展

（1）综合考虑相关政策、会议对新基建重点领域的前景和我国经济实现高质量发展的产业需求，可以预判新基建将为我国产业带来更多建设需求。中国信息通信研究院预测，预计 5G 在 2020~2025 年将为中国经济带来 15.2 万亿元的发展。从产业链角度来看，新基建的建设或将带动国产芯片、国产基础软件、人工智能、半导体设备、IDC 等行业建设需求（见图 1）。

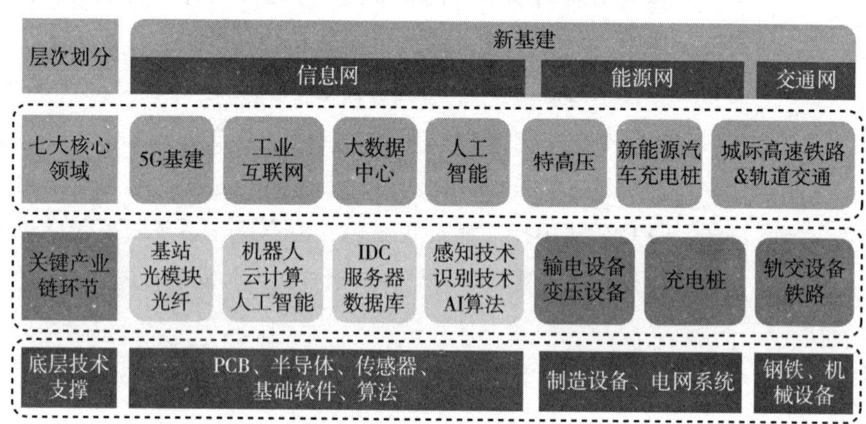

图 1　新基建的七大方向及关键产业链环节

资料来源：中央政治局会议、华泰研究。

（2）基础软硬件是新基建落地的核心底层。新基建的建设主要围绕 5G、工业互联网等信息科技产业展开，而基础软硬件作为信息产业的基础，在“新基建”的建设过程中扮演了重要的“底座”角色。基础软硬件产业链（见图 2）上游主要是芯片、网络设备、存储器、固件/IO 设备以及整机等基础硬件厂商，基础软件在计算机系统中作为接触硬件的第一层软件，需要根据基础硬件的架构、终端特点等进行开发，基础软硬件产业下游主要是应用软件以及系统集成厂商，应用软件厂商需要根据上游基础硬件及基础软件两层架构完成进一步的软件开发，系统集成厂商负责对软硬件做最后的集成并销售给下游客户，每一环都需要产品之间的高度适配，最终形成整套方案支撑产业建设。

图 2　基础软件产业链

（3）在 5G 物联网时代，大数据中心作为不可或缺的基础设施，不仅是有互联网需求的用户集中存放计算、存储以及网络设备的地方，也将成为工业互联网、云计算、人工智能等产业发展的根基。数据中心建设涉及的基础软硬件包括：①基础硬件，包括 CPU、GPU、FPGA 等，主要用于实现服务器的巨量数据吞吐。②基础软件，包括操作系统、数据库、中间件等，主要用于实现软硬件资源的调度和数据的高效存储。

（二）基础软硬件国产化是新基建的根基

1. 基础软硬件国产化步伐加快

（1）新基建加速基础软件国产化率提升。新基建兼顾短期逆周期调节及中长期高质量发展要求，有望推动国内制造业向智能化、高端化以及国产化方向发展。一方面，从新基建拉动经济增长的意义来看，采购国产基础软硬件符合政策初衷，有望刺激相关产业需求。另一方面，国产基础软硬件的崛起，是“新基建”高质量推进的重要支撑，也是国内制造业智能化转型的重要内生动能。

（2）国产化替代涉及硬件及软件等层次，从党政试点进一步推广。国产化替代涉及从底层硬件到应用软件的多个层次（见图 3），具体来看，硬件层面包括主机及外部设备，具体涉及 CPU、主存储器、外存储器等领域；软件层面涉及系统软件和应用软件，细分有操作系统、数据库、中间件以及办公软件等。从推进节奏看，我国的自主创新起始于政府办公领域，2018 年开始加速，2019 年实现了突飞猛进的发展。自 2020 年开始，我国始于党政及特殊领域并进一步拓展至央企国企乃至关键行业的自主创新替代逐渐步入发展快车道。

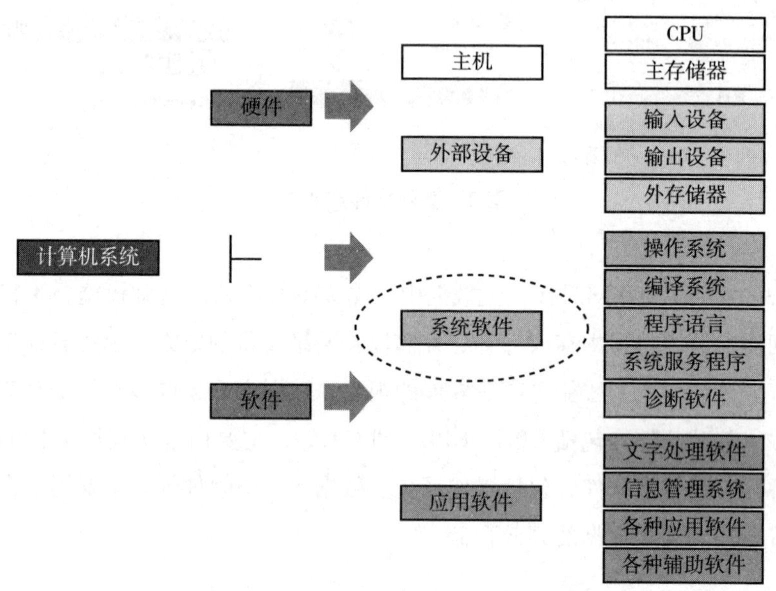

图 3　国产化替代涉及硬件及软件层次

资料来源：CSDN、华泰研究。

（3）国产化软硬件向“好用”不断进化。自 2008 年以来，中国共经历三次信创产业浪潮重大历史事件倒逼信创产业国产化发展加速升级（见图 4）。经过多年的产品研发积累，国产基础软硬件体系目前已经处于“可用”状态，但相比成熟的 Win-Tel 体系，国产基础软硬件体系在产品性能、软件生态、用户使用体验等以及未来可预见的售后、运维等方面还面临众多难题，正处于从“可用”向“好用”的进化阶段。

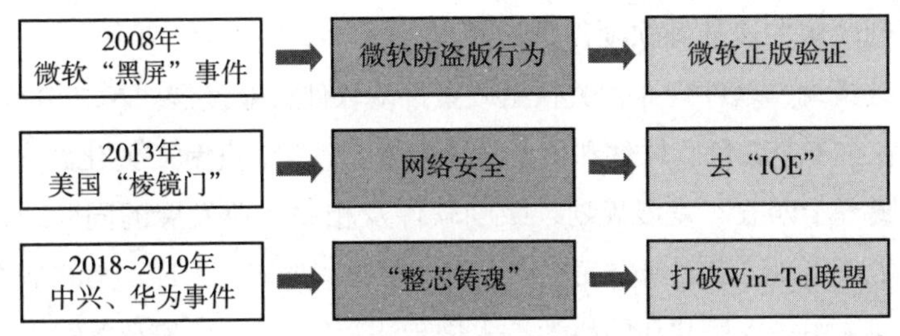

图 4　三次信创产业浪潮

资料来源：CSDN、华泰研究。

2. 国产基础软硬件向生态化建设发展

国产化终极形态或为包含软硬多个层次的生态系统。从 IT 架构的组成看，底层芯片提供了重要的算力支持，固件则为重要的使用载体，操作系统提供了调度硬件资源和支撑上层应用的作用，应用软件则是数据生成、沉淀的重要环节。自主创新、安全可控的需求贯穿了各个环节。国产化最终实现的形态会是既包括硬件也包括软件的全产业链架构（见图 5）。

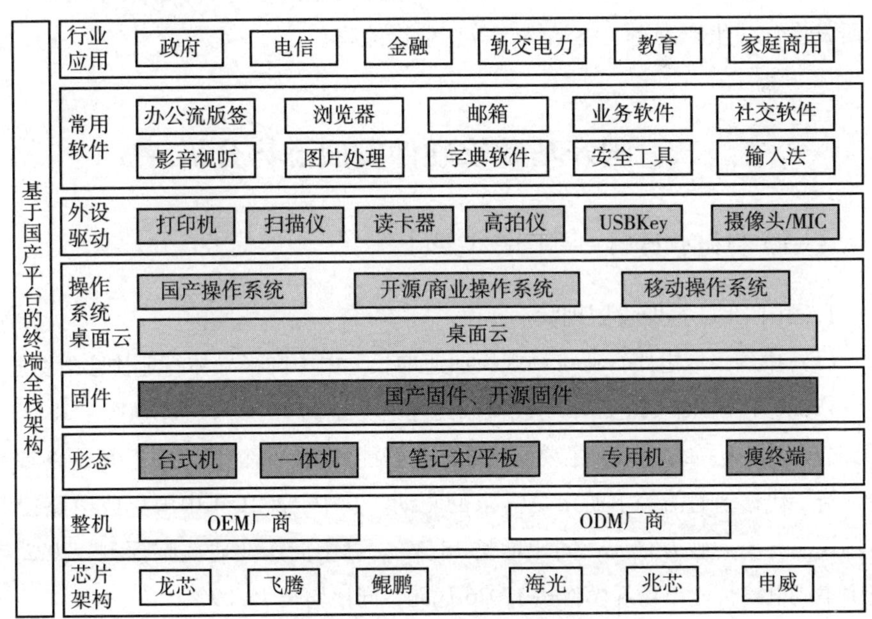

图 5　信创产业链：终端全栈架构

资料来源：CSDN、华泰研究。

3. 信创政策加速基础软硬件国产替代

（1）政策端，软件行业相关扶植政策推动软件行业发展。2021 年 11 月，工信部相继发布工业绿色、软件和信息技术服务业、信息化和工业化融合、大数据产业等领域“十四五”发展规划，鼓励软件及相关行业发展的同时，也对绿色发展、产品迭代及技术创新方面提出了新的要求。同年 12 月，第八届全国人大常委会通过《中华人民共和国科学技术进步法》，首次对政府统筹采购科技创新产品进行规定。国家政策的支持与行业规范新要求的提出，促进软件行业可持续发展。2022 年，深圳和北京先后出台信创产业扶持政策，其中深圳市发改委发布的《关于促进消费持续恢复的若干措施》明确指出，新增关键信息基础设施中信创产品的采购比例，党政机关、国资国企不低于 40%。总结来看，信创产业政策通过直接采购、鼓励研发、培育市场等方式，持续支持国产软件产业发展。

（2）企业端，国产软件新势力层出不穷。随着智能制造与工业互联网的推进，我国制造业信息化需求不断上升，软件赛道国产玩家持续增多。据 Wind 数据，自 2021 年 6 月至今，计算机软件板块新上市公司共 21 家，主营业务范围涵盖建筑信息化、医疗信息化、能源信息化等多个下游细分领域，覆盖研发设计、生产制造、终端销售等产业全流程。

二　国产基础软硬件发展态势分析

（一）基础软硬件——国产 CPU

1. 国内 CPU 产业发展现状

（1）中国集成电路行业市场规模加速增长。据中国半导体行业协会等数据，2019~2021 年中国集成电路市场规模同比增速分别为 15.78%、17.00%、18.20%（见图 6），增速持续加快，主要受物联网、智能驾驶、新能源汽车、智能终端制造、新一代移动通信等下游市场需求的驱动。其中，2021 年中国集成电路行业市场规模首次突破万亿元，同比增长 18.2%。据中商产业研究院预测，2022 年我国集成电路行业市场规模将达 12036 亿元，同比增长 15.09%。

（2）设计产业规模占比逐年提高，产业结构高端化。集成电路产业根据分工流程可以分为三个细分行业：设计、制造和封装测试。集成电路设计，主

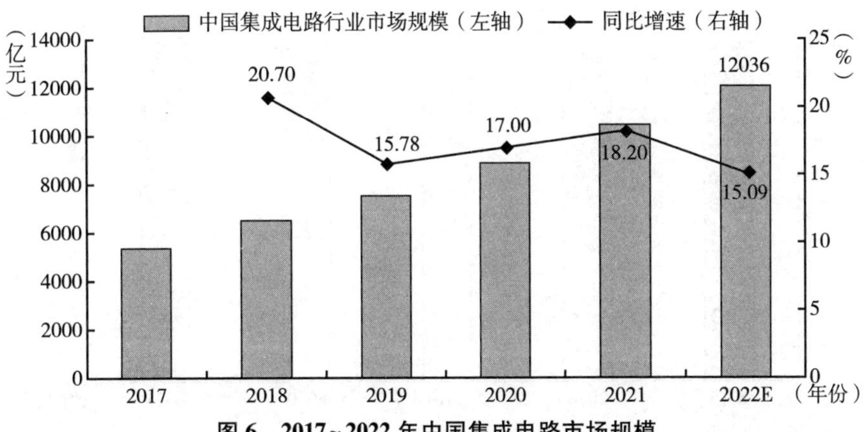

图 6　2017~2022 年中国集成电路市场规模

资料来源：中国半导体协会、中商产业研究院、华泰研究院。

要指将系统、功能与性能具体要求转化为物理版图；制造环节是指在已备好的晶圆材料上按物理版图构造出一套完整的电路；封装测试的具体过程是对合格晶圆进行切割、焊接、封装，使芯片电路与外部器件实现连接，并对封装完毕的芯片进行功能和性能测试。根据中国半导体协会等数据，2021 年集成电路设计业销售额为 4519 亿元（见图 7），同比增长 19.6%，占中国集成电路总市场的 43.2%（见图 8），占比最高且 2017 年以来逐年提升。

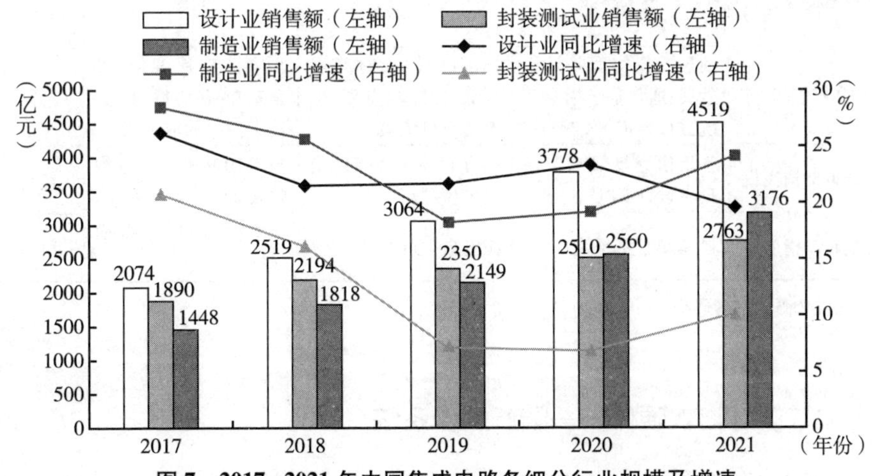

图 7　2017~2021 年中国集成电路各细分行业规模及增速

资料来源：中国半导体协会、华泰研究院。

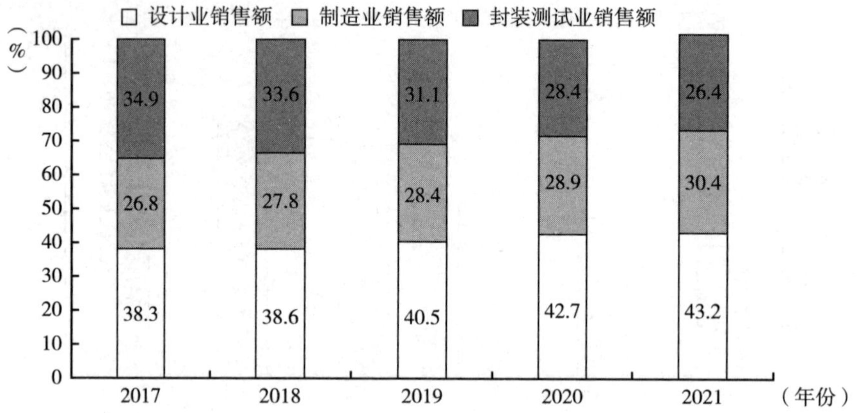

图 8　2017~2021 年中国集成电路分市场规模占比

资料来源：中国半导体协会、华泰研究院。

2. 国产 CPU 技术路线分析

随着信创产业政策驱动，国内 CPU 厂商不断涌现，国产 CPU 逐渐走向成熟，国产替代加速。根据指令集选取的不同，国内 CPU 厂商的发展可以分为三种模式（见表 1）。

表 1　国产 CPU 产业的三种模式

指令集授权方式	技术路线	优点	问题	自主可控程度
IP 核授权	通过授权实现差异化发展，通常基于指令系统进行 SOC 集成设计	技术门槛低、时间成本低、性能起点高、生态环境可依赖	自主可控程度低、安全基础不牢靠、购买技术授权的成本高	低
指令集架构授权	基于指令集架构授权自主设计 CPU 核心	拥有自主发展权、安全可控度高	技术门槛高、生态构建较难	较高
自主研制指令集	自建指令集系统	高度自主可控	技术门槛高、生态构建极难	很高

资料来源：华泰研究。

（二）基础软硬件——国产操作系统

1. 国产操作系统技术路线分析

操作系统是 IT 产品的底层核心。操作系统，一般存在于计算系统中，比如PC、服务器、手机、其他智能终端等。在计算系统中，操作系统是核心底层基础软件，负责控制、管理、调度整个计算系统的硬件资源和软件资源。具体来看，操作系统负责：处理如管理与配置内存、决定系统资源供需的优先次序、控制输入与输出设备、操作网络与管理文件系统，以及用户的交互界面等。

国产操作系统厂商的技术路线，按照数据处理的实时性可以分为分时操作系统和实时操作系统两类（见图9），并且存在按照特定行业及应用场景的需求而选择的特殊操作系统路线，主要包括网络操作系统、分布式操作系统以及嵌入式操作系统。

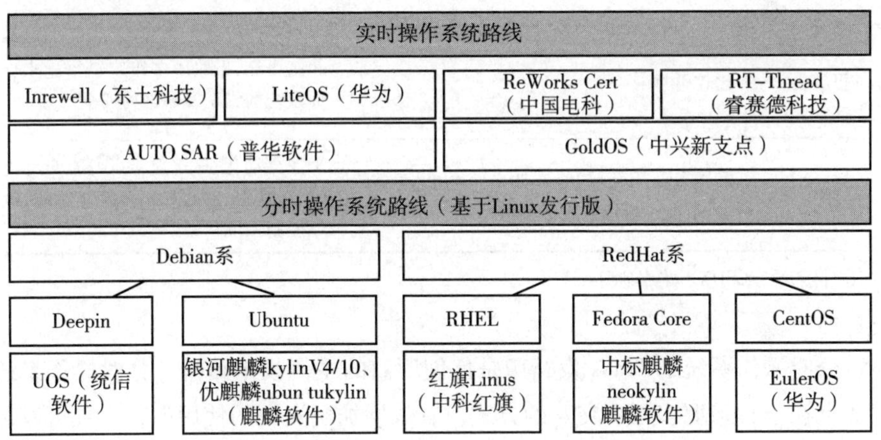

图9　主要国产操作系统厂商技术路线汇总

（1）分时操作系统

分时操作系统采用分时技术及多用户交互的方式。作业处理上，其利用分时技术，面向不同终端做时间切割后形成时间片，然后采用平等的时间片轮转的方式为多个终端服务（见表2），因为其作业运行轮转速度极快，一般普通的终端用户感受不到轮转的时间间隔。交互方面，采取多用户交互的方式，其在一台主机上连接了多个终端，允许用户根据系统响应结果进一步提出新请求，且多个用户共享主机中的资源，分时操作系统基于此对交互式计算机进行推广，从而推动了交互式软件的发展。

表 2　分时操作系统和实时操作系统

操作系统	分时操作系统	实时操作系统
作业处理顺序	按优先级将任务进行定时处理和延迟处理(优先级顺序)	平等的时间片轮转(时间顺序)
交互方式	用户之间,存储共享;用户可以根据系统相应结构进一步提出新请求;系统可以为用户提供数据处理、资源共享等服务	用户一般对操作系统的调度功能没有任何控制,仅限于访问系统中的某些特定服务程序
多路性	众多联机用户可以在同一时间使用同一台计算机	只体现在系统会采集多路现场信息及控制多个对象
及时性	以人的体感来确定,目的是让普通用户基本感受不到时间轮转	根据控制对象的要求而决定,一般为秒级、百毫秒级直至毫秒级
可靠性	比较可靠	超高可靠,采取了多级容错措施来保证系统的安全及数据的安全
适用领域	民用及商用领域,终端如桌面系统、车载终端、智能手机以及服务器等	工业自动化、航空航天、国防、自动驾驶、医疗等,终端如工业控制系统、汽车控制系统

资料来源：CSDN、华泰研究。

分时操作系统的 Linux 发行版是信创厂商的主流技术路线。分时操作系统的优点在于其采取多用户交互的方式，有效增加了资源的使用率，并且可以进行的人机交互的深度比较高，因此在民用及商业领域应用很广，典型应用终端如桌面系统、车载终端、智能手机以及服务器等，常见的 Linux 和 Windows 都属于分时操作系统。因为当前操作系统国产化替代核心发生在政府、金融、电信等行业，主要涉及 PC 以及服务器、分时操作系统中的 Linux 开源，且有很多成熟的发行版，厂商可以快速获取其源代码及资源并进行开发，所以国产信创厂商多选择 Linux 发行版作为源系统进行二次开发。

（2）实时操作系统

实时操作系统通过优先级排序实现实时任务处理。业务处理上，其根据优先级处理任务，通过时钟管理功能对任务进行定时处理和延迟处理（见图 10），以此保证当外界事件或数据产生时，能够接受并以足够快的速度予以处理，也就是核心保证实时性。互动上，系统会周期性收集多方现场信息，同时控制多个对象或多个执行机构，使用者在一些典型的非实时操作系统中通常不能控制操作系统的调度功能，或者仅能提供概括性的指导，并且仅限于访问系统中某些特定的专用服务程序。

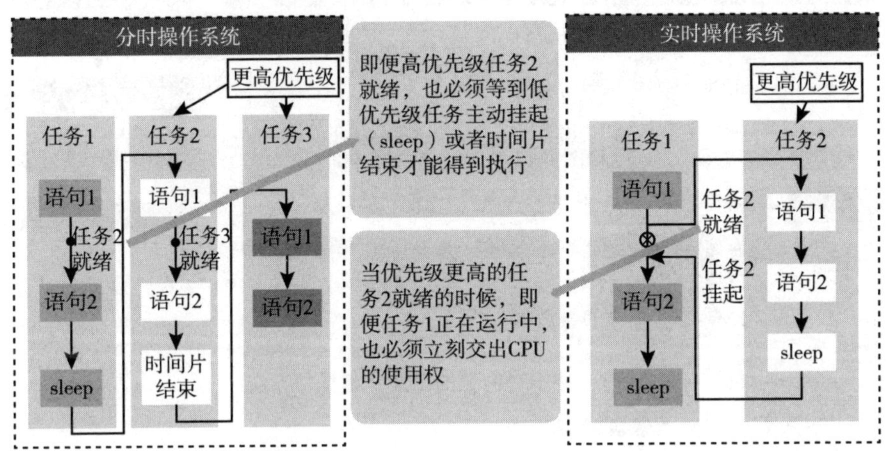

图 10　分时操作系统和实时操作系统

资料来源：CSDN、华泰研究。

2. 国产操作系统与海外的对比

（1）软硬件适配维度（生态）。操作系统大规模商业化的核心是生态的培养和形成，需要操作系统与软硬件进行高度适配。一方面是操作系统与芯片的适配，另一方面是操作系统与上层应用软件的适配。从 PC 端到移动端，如“Win-Tel 架构”和“ARM+Android 架构”，不仅底层的适配性很好，同时上层支持的应用生态较为丰富。PC 端和服务器端，操作系统与芯片的适配在逐步提升，支持的应用生态也在逐步丰富，但整体来看，相较国外成熟的架构和生态，还存在较大的差距。

（2）内核维度。国产主流操作系统对国外内核依赖度较高，对内核理解不深。国内较少开发自有知识产权的操作系统内核，主要是因开发操作系统内核存在较高难度，要与厂商合作兼容多种硬件驱动，需要投入大量人力和资金。开发操作系统需要对内核具有较深理解。操作系统内核可实现支撑功能和管理功能（见图 11），基于内核才可以进一步构建桌面环境、资源管理器等基础应用。以桌面环境为例，如果对底层不够熟悉，所有的修改能力则会限于修

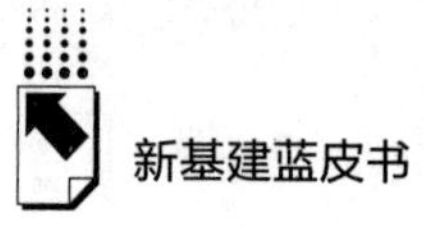

改主题、字符串替换，无法统一操作接口、调整设计细节，产品质量也无法保证。

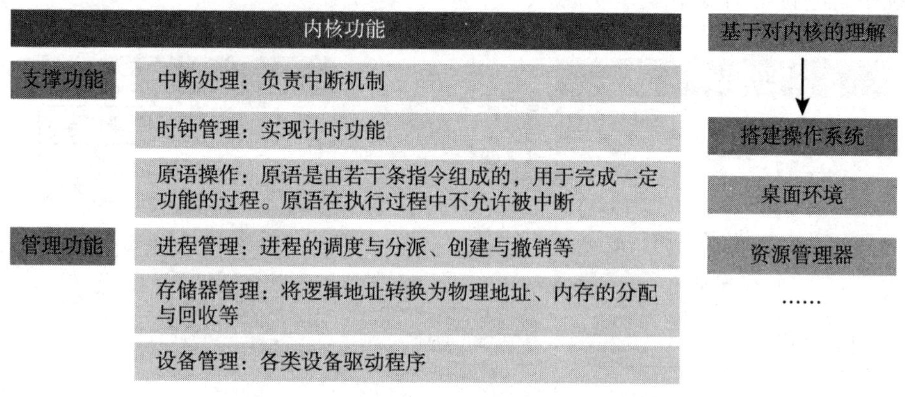

图 11　基于对内核的理解搭建操作系统

资料来源：CSDN、华泰研究。

（3）基础外围软件维度。国内缺乏高质量、高优化的编译器。编译器可将便于人编写、阅读的高级计算机语言源代码程序翻译为计算机能解读、运行的低阶机器语言程序。国内芯片厂商多依赖于国外编译器，这主要是因为：国外编译器支持较多编程语言，稳定度高；编译器需参考指令集，将高级语言转化为机器编码适配多种主流指令集架构。国内在底层指令集和 IP 设计上较为落后，因此多采用 IP 授权或指令集授权方式开发 CPU 产品，导致国内多使用国外现成编译器，对其依赖度较高。

3. 国产操作系统生态化成长路径

（1）操作系统维度。从内核等角度提升操作系统可用性，吸引用户使用，提升软硬件开发厂商开发意愿。在通用操作系统领域，积累操作系统内核架构、多核/众核 CPU 适配、内核安全、Runtime（运行时）优化、并发错误检测等技术。在嵌入式操作系统领域，研发实时处理能力、高性能实时插件等技术，适配不同行业，扩大操作系统适用范围（见图 12）。

（2）软硬件开发厂商维度。开发厂商应加强协作，开放平台端口，优化适配问题，引导软硬件开发商基于国产操作系统进行开发。借鉴安卓系统经验，它凭借更开放的软硬件生态实现了弯道超车。安卓系统由开源项目

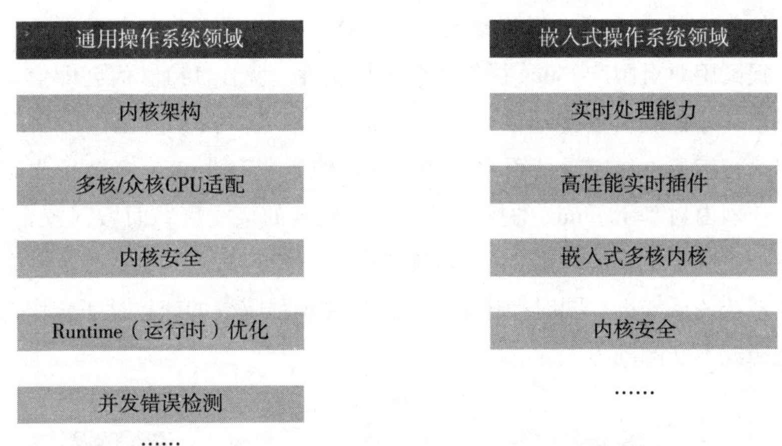

图 12　操作系统：通用操作系统与嵌入式操作系统

资料来源：CSDN、华泰研究。

AOSP 和 GMS 服务组成（见图 13），可将核心软件本体以开源形式供给移动设备厂商，提供手机产品差异化空间，带动软硬件开发商搭建生态体系。GMS 部分则可强化谷歌对软件的控制和监管，收紧分散碎片化的安卓生态圈。正是基于这两项架构的优势，安卓得以在手机操作系统市场形成软件生态优势。

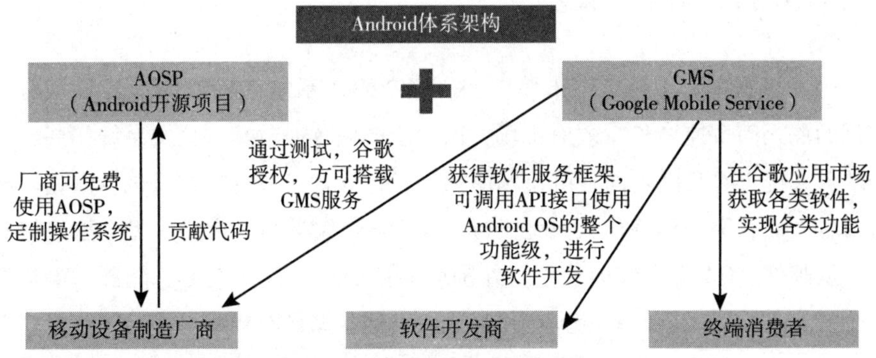

图 13　操作系统：基于对内核的理解搭建

资料来源：CSDN、华泰研究。

（3）用户维度。通过信创政策、校企合作等方式提升国产操作系统的渗透率，提高用户对国产 Linux 操作系统的接受度（见图 14）。信创即信息技术应用创新，信创政策可推动信创产业在部委、央企、民企等范围的实践和应用，以培育市场，形成示范引路，并将其延伸至“2+8+N”多个行业应用领域。目前国内对基于 Linux 的操作系统仍有较低的接受度，而增强校企合作，设立和推进中小学 Linux 课程，则可逐步提升学校、家长、学生乃至社会对国产操作系统的认知度。同时操作系统厂商也要加强院校的产教学研合作，为产业输送源源不断的动力人才。

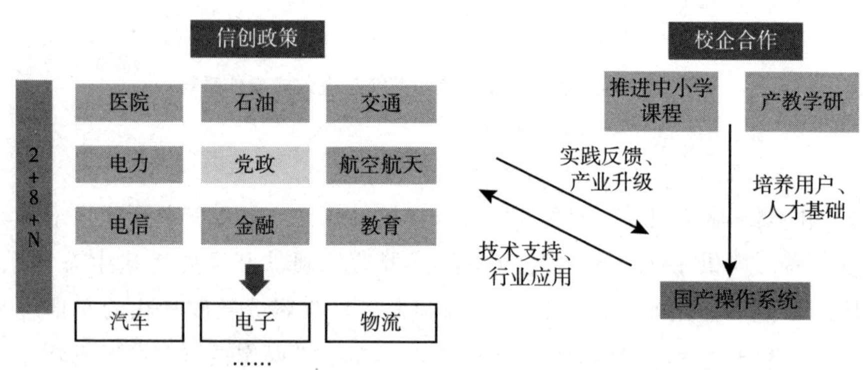

图 14　Linux 操作系统：基于对内核的理解搭建

资料来源：CSDN、华泰研究。

（4）国产操作系统未来市场广阔。国产操作系统市场将伴随着各个行业信创的深入而快速增长，政府市场方面，国产化替换节奏从公文系统拓展到电子政务系统，并且随着向下沉市场的拓展，并入替换节奏的体量也会激增。金融市场方面，国产化替代从大型银行、证券、保险等机构向中小型金融机构拓展，从邮件、OA 等系统向核心及外围业务拓展，并且在交通、能源、电信等多个行业不断涌现操作系统国产化替代的案例，据亿欧智库预测，国产操作系统市场规模从 2021 年的 33.3 亿元将增长到 2023 年的 56.2 亿元（见图 15），CAGR 达 30%。

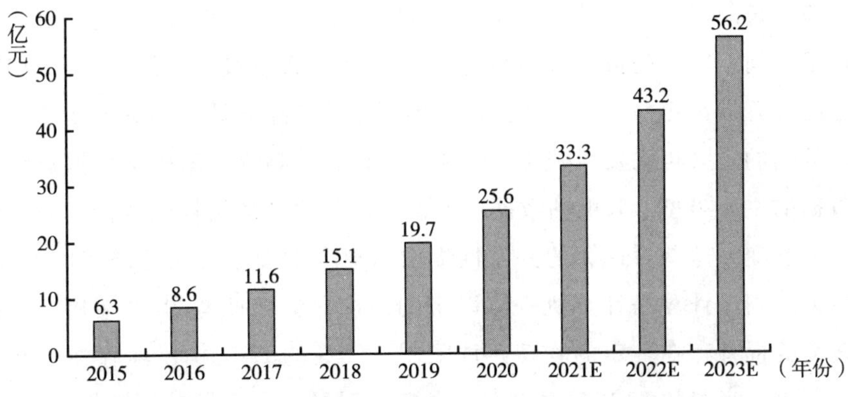

图 15　国产操作系统市场规模

资料来源：亿欧智库、华泰研究。

（三）基础软硬件——国产数据库

1. 国产数据库的发展背景

数据库是计算机行业的基础核心软件。所有应用软件的运行和数据的处理都要与数据库进行数据交互。数据库要做到与其他基础器件合适匹配，同时对数据高效稳定且持续的管理，是较为困难的。从数据库的发展历程来看，计算架构的变化、计算载体的变化、计算场景的变化，以及计算数据格式的变化均对数据库的发展带来一定的影响。

计算环境不断变化。从计算载体来看，数据的计算从原来的大型机到小型机、个人电脑 PC、互联网、移动互联网、云计算，以及未来更多终端的物联网智能终端，计算的载体更加多样化。从计算场景来看，数据计算也从单独的单机计算，到互联网多群体交互的联网计算和云计算，以及万物互联的高并发、低时延的物联网计算。从计算架构来看，传统的 IT 架构也正逐步向云架构迁移。传统的 IT 架构从 C-S 架构逐步发展到了 B-S 架构，而目前的云原生、分布式计算架构正为传统计算架构带来深刻变革。而新的计算架构也对计算的基础软件（如操作系统、数据库、芯片等）提出更高的需求。

联网数据也发生着深刻变化。从数据的大小来看，目前联网数据量也在高速增长。通信技术的发展带动从 2G 到 3G、4G、5G 的演进，每代通信技术之间，联网的数据规模也呈现（几个）数量级的增加，对大容量、高性能计算提出更高要求。从数据的类型来看，随着计算场景的演变，我们对数据的定义也在发生变化。图片、语音、视频等非结构化数据成为增量数据的主要类型。联网的数据类型也逐步从原来的结构化数据向非结构化数据演变，这就对计算的并发性提出了更高的要求。从处理速度来看，对数据的高速计算是计算机一直以来的追求。但在原有的 IT 架构下，计算速度的提升存在一定的物理条件限制。经典的 IT 架构已经存在了几十年的历史，当时的 IT 架构并没有完全考虑到目前计算场景的变化。因此，在新的计算场景下，对数据高速计算的追求，需要我们从底层基础软件的变革开始。我们看到，无论芯片、操作系统还是数据库都在经历深刻变革。

在计算和数据多个维度变化的情况下，数据库行业正在经历深刻变革。在传统计算环境和数据类型方面，传统数据库依然发挥比较重要的作用。但在面向未来新的计算场景方面，我们需要的可能是新型的数据库产品。这种新型数据库，是计算架构迁移、计算载体演进以及计算环境变化之后的产物；同时，也是数据规模大幅增加、数据结构变化之后所需要的产品。

2. 国产数据库技术路线

国产数据库厂商的技术路线，按照数据库存储数据方式的不同分为关系型和非关系型两条路线（见图 16），按照不同的系统架构分为集中式和分布式两类，按照数据库应用类型的不同还可以分为 OLTP、OLAP、HTAP。

（1）关系型数据库对比非关系型数据库。根据数据存储结构区分，可以分为关系型数据库、非关系型数据库，其中非关系型数据库根据存储方式又可以分为键值数据库、列数据库、文档数据库、图形数据库、时间序列数据库等（见表 3）。非关系型数据库在读写性能、扩展性上具有一定的优势，因此较适应大数据、高并发等场景，而关系型数据库具备强一致性，遵循 ACID 原则，因此在事务支持中具备优势。

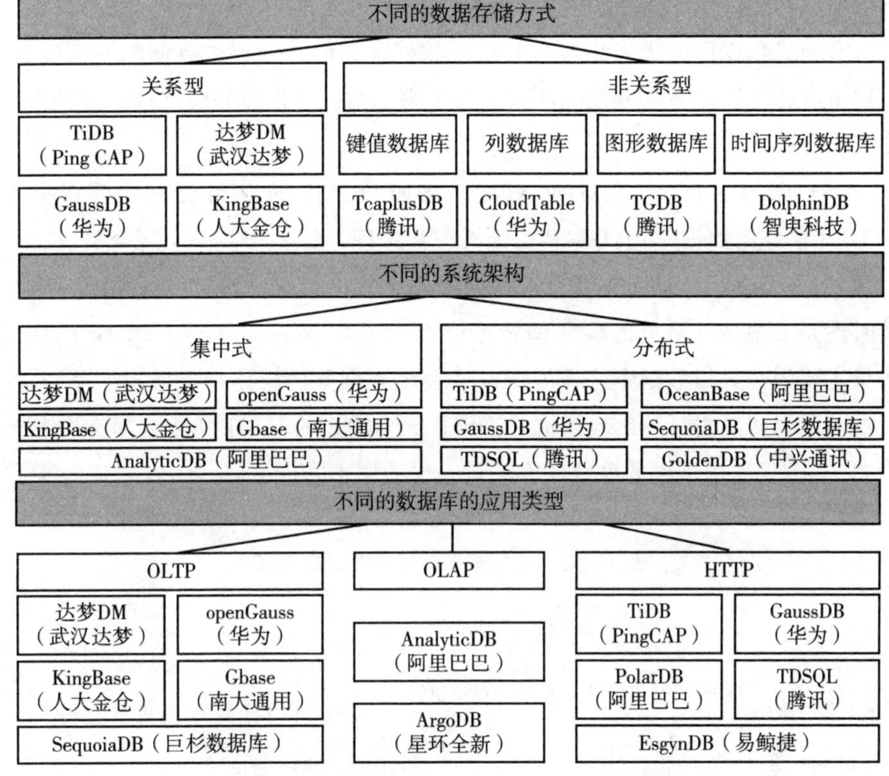

图16　主要国产数据库厂商技术路线汇总

表3　非关系型数据库分类

非关系型数据库类别	优点	缺点
键值数据库	能够进行数据的快速查询	需要存储数据之间的关系
列数据库	快速查询，扩展性强	数据库的功能有局限性
文档数据库	对数据结构要求不特别严格	查询性差，缺少一种统一查询语言
图形数据库	方便利用图结构相关算法进行计算	必须进行整个图的计算，对数据模型有一定要求
时间序列数据库	持续高并发写入	分析功能较弱

资料来源：CSDN、华泰研究。

（2）集中式数据库对比分布式数据库。根据系统架构分，可以分为集中式数据库、分布式数据库（见表4）。分布式数据库在可扩展性、并发访问量方面具有优势，集中式数据库在事务性支持上遵循 ACID 原则，因而具备优势。分布式数据库的优劣势与非关系型数据库类似，分布式数据库不断发展，在提供高弹性、支持高并发的同时，与关系型数据库强事务性支持的特性进一步结合。

（3）OLTP、OLAP、HTAP 对比。按照数据库的应用类型，可以分为 OLTP（事务型数据库）、OLAP（分析型数据库）以及 HTAP（混合事务分析处理）（见表 5）。OLTP 主要针对实时数据，关注最近一段时间的数据，响应及时性要求很高，常见的事务型数据库有 Mysql、MangoDB 等。OLAP 的应用场景主要为在大量数据中分析规律，并通过查询分析规律趋势做出产品决策。经过一段时间的发展，出现了混合 OLTP 和 OLAP 的 HTAP（混合事务分析处理），它不仅适用于事务型数据库场景，也适用于分析型数据库方案。

表 4　集中式数据库对比分布式数据库

项目	集中式数据库	分布式数据库
可扩展性	有限,支持纵向扩展	支持横向扩展
并发访问量	性能、数据量提升方式只针对单机,导致其成本高且瓶颈明显	存储集群,支持更高并发访问
自治性	集中式控制	局部 DBMS 自治性
坚固性	较低	个别节点发生故障仍可降低级别使用
成本	需要高配置硬件,成本较高	成本相对较低
事务性支持	遵循 ACID	遵循 CAP、BASE;少数产品提供 ACID 能力

资料来源：CSDN、华泰研究。

表 5　事务型数据库（OLTP）对比分析型数据库（OLAP）

项目	OLTP	OLAP
用户	操作人员,低层管理人员	决策人员,高层管理人员
功能	日程处理操作系统	分析决策
数据	当前的,最新的,细节的,二维的,分离的	历史的,聚集的,多维的,集成的,统一的
存取	读/写数十条记录	读上百万条记录
工作单位	简单的事务	复杂的查询

续表

项目	OLTP	OLAP
用户数	上千个	上百万个
DB 大小	100MB-GB	100GB-TB

资料来源：CSDN、华泰研究。

3. 数据库市场的发展前景

（1）全球关系型数据库市场增速渐趋平稳。数据库诞生于20世纪60年代，传统的数据库产品面临的是以事务型、交易处理为主的任务，事务支持性能较好的关系型数据库如Oracle、DB2迅速兴起。自2007年以来，传统的关系型数据库市场增长渐趋平稳，据Gartner统计，2021年全球数据库管理系统（DBMS）市场规模达800亿美元（见图17），同比增长22.3%，增速达到近10年峰值。但关系型数据库市场增长渐趋平缓，据T4.ai预测，全球关系型数据库市场规模2018~2022E年CAGR为6%。

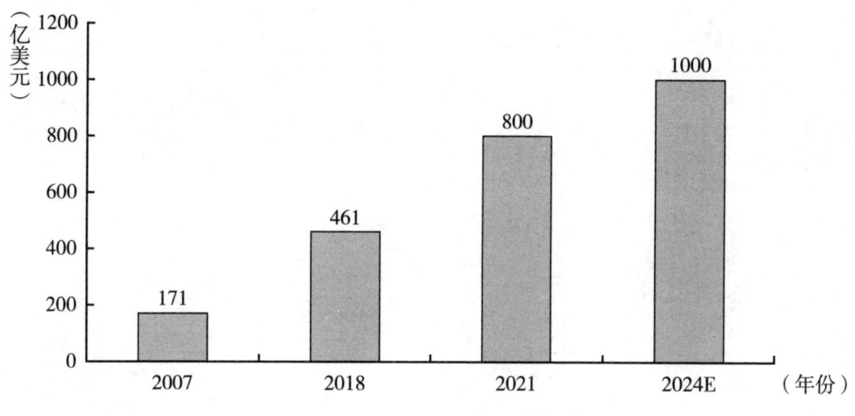

图17 数据库市场规模

资料来源：Gartner、华泰研究。

（2）数据量上升催生分析需求，分布式数据库存在一定优势。随着智能移动手机的普及和云计算的兴起，全球数据产生量不断上升，从2010年的1ZB上升至2021年的54ZB（见图18）。未来几年内随着各类智能物联设备的推广以及云计算的进一步应用，数据量或将进一步上升。随着数据量上升，大数据分析的需求逐步显现，传统的关系型数据库在高并发等方面存在一定的劣势，应运而生的分布式数据库能够较好地满足大数据分析的需求，或形成数据库市场新的增量。

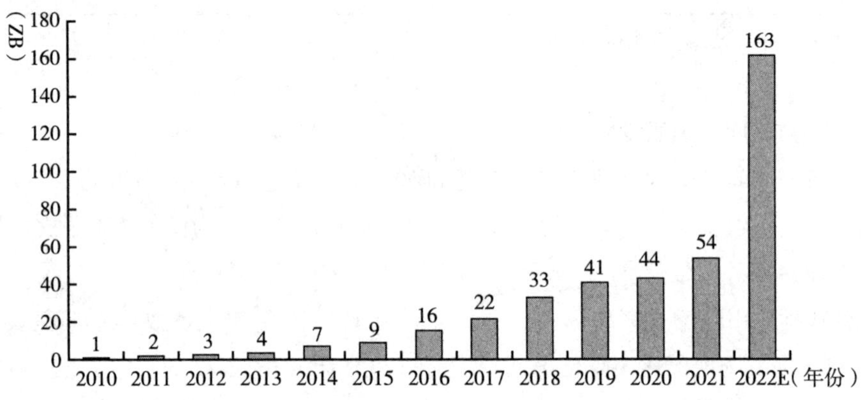

图 18　全球数据产生量

资料来源：IDC、华泰研究。

B.7
信息通信基础设施共享和数字化升级

王亚昕　聂昌　薛楠　徐光　蔡晓雄*

摘　要： 当前以5G为代表的新基建快速落地，推动我国数字经济蓬勃发展。其中上百万个5G移动通信基站的设备和天线主要承载于以通信杆塔及配套设施为代表的信息通信基础设施上。我国信息通信基础设施建设始终坚持共享理念，在高效建设5G网络中发挥了重要的支撑作用，未来还将根据新趋势、新需求，不断推动创新发展。同时，信息通信基础设施正充分发挥特有的资源优势，积极探索数字化升级，为众多行业的产业数字化提供解决方案，更好地服务数字社会的转型升级。

关键词： 5G　信息通信基础设施　共建共享　产业数字化

当前，我国数字经济快速发展，数字经济规模占GDP比重不断提升，数字经济在国民经济中的地位更加稳固、支撑作用更加明显。以5G为代表的新型基础设施建设为数字经济发展打造了坚实基础，同时更成为数字经济的投资热点和创新导向。我国分布广泛的信息通信基础设施是承载5G网络的重要设施，主要包括通信铁塔、电源配套设施等，通过基础设施的共建共享，助力我

* 王亚昕，中国铁塔股份有限公司技术部总监，高级工程师，主要研究方向为站址规划、技术战略、市场策略、业务发展规划；聂昌，中国铁塔智联技术有限公司产业合作部总经理，高级工程师，主要研究方向为智联业务相关算法、终端、平台、行业解决方案；薛楠，中国铁塔股份有限公司技术部总监，高级工程师，主要研究方向为技术战略、5G网络、物联网等技术研究与产品创新；徐光，中国铁塔股份有限公司浙江省分公司技术部总监，高级工程师，主要研究方向为与无线、通信电源相关的工程咨询、研究、规划、设计和工程建设；蔡晓雄，中国铁塔股份有限公司技术部工程师，主要研究方向为物联网解决方案、产品创新与信息安全。

国快速建成了全球规模最大、质量最好的移动宽带网络，实现 5G 建设发展全球领先。此外，信息通信基础设施深入拓展面向社会的共享服务，充分发挥自身资源禀赋，持续赋能千行百业数字化，为数字经济的高质量发展贡献更多力量。

一　信息通信基础设施共享

（一）发展现状

1. 5G 基站建设需求旺盛

2019 年 6 月，工业与信息化部正式向中国电信、中国移动、中国联通、中国广电发放 5G 商用牌照，我国正式进入 5G 商用元年，5G 网络开始快速部署。根据工信部公开数据，截至 2022 年 6 月底，5G 基站总数达 185.4 万个，我国已建成全球最大规模的 5G 网络。根据工业与信息化部印发的《“十四五”信息通信行业发展规划》（以下简称《行业发展规划》），预计到 2025 年，每万人拥有 5G 基站数达 26 个，按第七次全国人口普查数据 14.4 亿人来测算，5G 基站总数将超过 370 万个。因此，2022 年下半年至 2025 年 5G 基站规模将翻一番，5G 基站对信息通信基础设施的承载需求更加旺盛。

2. 共享建设支撑5G 快速部署

目前，我国信息通信基础设施综合服务商在全国运营着超过 210 万座通信铁塔及配套设施，通过共享建设，有效减少了重复建设，助力我国快速实现 5G 网络规模化部署。以中国铁塔为例，截至 2022 年 6 月底，新建铁塔共享水平从公司成立前的 14.3%大幅提升至 81.5%，3 家运营商使用的站址数量相比 2014 年增加了 1.38 倍，累计减少新建铁塔 94 万座，为行业节约投资超过 1690 亿元。

（1）全力支撑 5G 网络部署。随着 5G 网络覆盖范围逐步扩大，信息通信基础设施综合服务商充分利用广泛分布的站址资源，以及充足的电力保障资源，满足各运营商的 5G 基站建设需求。以中国铁塔为例，截至 2022 年 6 月底，铁塔公司承接的 5G 建设需求 97%以上通过共享建设满足，在高效交付的同时显著降低了运营商的建设投资成本。

（2）全力保障重点场景网络覆盖。在重大赛事、重要活动、重要交通枢纽等重点场景的移动通信网络覆盖建设过程中，信息通信基础设施综合服务商充分发挥专业化的建设能力，采用高低搭配、室内外协同的综合覆盖解决方案，实现高质量的网络部署。例如在 2022 年北京冬奥会召开半年之前，信息通信基础设施服务商协同 3 家运营商完成了北京赛区、河北赛区的竞赛和非竞赛场馆以及赛区间连接道路的室内外 5G 和集群通信覆盖建设，累计新建通信基站 615 个，室分系统 77 套，基础设施整体共享率超过 95%，高质量实现网络覆盖，为冬奥会赛事期间的通信和公众通信提供有力保障。

（3）同步实现新建交通干线沿线高质量网络覆盖。高速铁路、高速公路沿线是信息通信服务的重要场景，新建交通干线沿线的信息通信基础设施既要实现共建共享，又要与建设方充分协调，推动通信设施建设与交通干线工程建设“同步规划、同步设计、同步建设、同步开通”（以下简称“四同步模式”），有效实现“高铁/高速开通之日就是通信畅通之时”。例如在被称为“5G+智慧高铁”的京张高铁，沿线同步建设 367 个 5G 共建共享站址，同时在沿途隧道内创新采用低损耗泄漏电缆解决 5G 覆盖难题，在高铁开通之时有效实现 5G 信号全覆盖，同时充分满足了央视冬奥动车组高清直播的通信需求。

3. 技术创新引领高质量建设

在 5G 网络部署的当前阶段，大部分基站与 4G 基站同站部署，这一方面有利于共享现有站址，快速满足部署要求；另一方面，新的需求对原有站址资源的承载能力提出了巨大挑战。比如 5G 天线较 4G 天线的重量显著增加，同时需要独立的安装空间，对现有通信杆塔的承载能力要求较高；5G 设备功耗为 4G 的 2.5~3.5 倍，功耗的大幅增加对基站外市电及开关电源、蓄电池等电源配套设施影响较大。因此，信息通信基础设施服务商们正针对 5G 设备承载特点，不断加强技术创新、推动产品迭代更新，以更好地服务 5G 网络建设，提高建设投资效益。

（1）风荷载计算理论创新。国内信息通信基础设施服务商组织开展了国际上首次针对通信塔的系统性风洞实验研究，并据此实现通信塔风荷载计算理论创新。该创新成果的应用，可使新建铁塔造价普遍降低约 10%，百万座存量铁塔资源的挂载能力普遍提升约 30%。理论创新成果已获得国家及行业专家认可，相关成果已成功推动十几年未变的行业标准的优化，推动了行业技术进步。

（2）通信杆塔塔型优化。为提高通信杆塔各类建设场景的经济高效适配能力，结合客户挂载需求，通过简化附属结构、创新结构体系和优选原材料等举措，创新推出多种低成本楼面、地面杆塔产品。相比同塔型、同高度、同风压的传统塔型，新型创新塔型可有效节约资源投入，降低建设成本10%~20%。

（3）创新研发5G电源产品。针对5G设备功耗高、电源配套设施改造量大等问题，业内创新研发出750伏高压直流远供系统、室外一体化电源技术方案和产品、新型模块化电源产品、差异化备电与电池控制器等新产品，在有效满足5G设备电源保障需求的同时，节约资源投入、降低总体能耗。

4. 当前面临的主要问题

（1）网络部署策略变化对基础设施提出新的需求。自2019年5G牌照发布以来，5G网络正从广覆盖为主的建设阶段逐步进入以网络优化、深度覆盖为主的建设阶段，5G网络部署策略正发生与建网初期不同的变化。一是基站建设方式正逐步从宏站为主、同址部署为主向宏微协同、站址加密的趋势发展，同时满足各类行业专网覆盖的建设方式也与公众网络覆盖存在一定的差异，通信杆塔的场景化需求更为多样，基础设施建设的灵活性要求更高；二是无线基站正快速调整为C-RAN组网架构，在算力网络部署中，算力下沉的需求将随着应用落地逐步出现，这些变化将对现有机房资源使用和新的机房建设提出更高要求；三是随着“双碳”国家战略在通信行业的逐步落地，绿色发展、节能降耗的政策导向必然要求信息通信基础设施进一步加大技术产品创新，实施低碳建设、低碳运营的建站模式。

（2）跨行业基础设施开放共享仍需深入推动。《行业发展规划》中明确提出要促进基础设施跨行业融合共建，目前通信行业已经与铁路、电力、交通、市政等多个行业开展了基础设施共享实践，为“社会塔”向“通信塔”的转变积累了丰富经验，但仍需跨行业间进一步统筹协调、深化共享。一是要进一步推进跨行业间基础设施规划的有限衔接，推动各级住房和城乡建设主管部门制定与完善建筑物信息通信基础设施建设规范落地；二是加强跨部门沟通合作，推动公共设施和建筑为信息通信基础设施建设提供便利，推动建立信息通信基础设施与市政、交通、电力、公安、应急等设施资源共享建设的协调机制和共享方案。

（3）多功能融合基础设施仍需加强共识、统筹推进。随着智慧城市和数字乡村建设的深入，包括移动通信基站设备和物联网网关在内的多种信息通信服务设备、公共服务设备、专用设备、传感器等，多功能融合的基础设施应用正逐步增多，其中最典型的就是智慧杆塔应用。但业内也对这类新型基础设施发展中存在的问题进行了研讨，一是对智慧杆塔的公共基础设施属性和共享理念的认识有待进一步统一；二是缺乏促进智慧杆塔建设的跨部门协调机构和机制；三是面向全局发展的智慧杆塔建设和应用，仍需技术研究与标准化工作的支撑①。

（二）发展趋势

1. 信息通信基础设施创新发展

（1）通信杆塔创新。通信杆塔将针对需求变化和典型场景特点，对塔型、塔身、预埋件及塔基等原位改造的加固设计理论、技术方案及测试方法进行不断创新，以充分提升现有通信杆塔共享能力。同时，面向行业共建共享深化、移动通信技术演进等趋势，持续推进预制化、集约化、小型化及轻量化等产品创新。典型的通信杆塔创新应用包括简约塔型+室外一体化柜（见图 1）和景观杆+微机柜（见图 2）等。

（2）电源配套设施创新。信息通信技术的飞速发展、通信网络结构的日益复杂，对电源技术提出了更高的要求，例如节能、节电、节材、环保、可靠、安全等，这就需要电源配套设施朝着高效率节能、网络化管理、全数字化控制、绿色能源的方向研发拓展和不断探索。开关电源设备向模块化开关电源方向演进，可以满足能耗监控要求、多种能源接入、智能上下电等更加多元化的功能要求；此外，为了适应极简化建站模式，开关电源设备正实现从机房、机柜到室外型电源的升级优化，创新研发新型室外电源设备（见图 3），实现同时支持 2/3/4/5G 的简约设计，进一步改善站点能效。在绿色用能方面，未来将积极探索基站叠光、储能、氢燃料电池等清洁能源应用，助力节能降碳的

① 中国通信标准化协会：《智慧杆塔产业和技术标准白皮书》，2021。

图 1　简约塔型+室外一体化柜

图 2　景观杆+微机柜

同时降低化石能源消耗。比如基站叠光（见图 4）之前主要应用于日照条件好、市电资源不足的西藏、新疆等区域，以解决 5G 基站的电力保障不足问题；目前在部分省份的合适站址上，正探索建设基站叠光设备，用太阳能发电替代部分日常用电，在加大绿电应用的同时满足行业低碳发展的目标。在新型储能方面，为提高电力资源利用效率，针对电力部门基于电网负荷变化情况制定的峰谷分时电价（即不同时段推行不同的电价）场景，引入 AI 技术实现基站智能错峰，在保障备电可靠的前提下，可有效节省电费，有利于减少电网用电负荷和促进新能源消纳。

（3）机房机柜创新。随着 5G 设备集成化、小型化、户外化趋势逐步形成，机房机柜的建设方式也需要积极创新、顺势而为。传统的砖混机房、彩钢板房将演进到智慧节能机房，室外机柜也将演进到微机柜等极简建设模式，这里极简建设模式一般具有快速建站、免空调运行、免上站维护等特征。

图 3　新型室外电源设备

图 4　基站叠光

2. 跨行业基础设施共享不断深化

信息通信基础设施将从主要面向通信行业拓展到面向全社会，持续推动“社会塔”与“通信塔”相互转变，广泛利用一切能利用的社会资源，使各类资源迅速支撑基础设施共享，降低基站建设成本，提高建设效率，高质量推动5G网络布局。

（1）铁路资源共享。高铁信号覆盖场景特殊复杂，车厢封闭、运行速度快；山区中隧道占比多，普遍存在频偏影响大、信号损耗大、基站建设难度高等问题。过去电信运营商在高铁等场景独立建设移动通信网络，协调难、成本高，网络整体覆盖质量不佳。通过与铁路部门深化资源共享，可在通信行业内铁塔、机房、隧道漏缆等资源共建共享的基础上，与铁路沿线的洞室、电力槽道、壁挂设施、专网通信塔等资源共享共用，进一步减少重复建设，降低通信企业的建设成本和协调难度；同时，进一步深化工程建设中的“四同步模式”，促进通信建设与铁路建设协调发展。在中老铁路沿线移动通信网络建设中，共享铁路隧道洞室1010个（见图5）、隧道壁398千米、光电缆槽道508千米、铁路专网塔23座（见图6），确保中老铁路国内段508千米网络信号覆盖建设工程快速、高效完成，通信基础设施共享率达到100%，实现了铁路通车与高铁通信网覆盖“同步开通”，让这条“一带一路”重要铁路上的乘客更好地享受通信服务①。

（2）电网资源共享。电力杆塔具备良好的通信载体特征，包括分布广、有挂高优势和电力保障等，因此在满足网络规划的基础上，利用现有电力杆塔建设5G基站将成为一种新的共享模式。随着电力行业和通信行业逐步建立共建共享机制，共享电力杆塔资源建设5G基站，有效缩短施工周期，提高基站建设效率，降低基站建设成本；同时可实现电力杆塔资源再利用和提高资源利用率的目的，促进电网企业盘活资产、提高效益②。在福建，通过对110千伏电力塔的共享利用（见图7），运营商可挂载新增的5G智能天线，实现目标区域的5G网络覆盖，大幅度减少了5G通信基站建设费用和缩短了建设周期，有效解决了“选址难、周期长、成本高”等问题。通过利用电力塔共享方案

---

① 中国铁塔股份有限公司：《环境、社会及管治报告（2021）》，2022。

② 黄欢：《5G时代电力和通信共享铁塔应用前景展望》，北极星输配电网，2022年6月15日。

图 5　共享铁路隧道洞室

图 6　共享铁路专网塔布放天线

（见图 8），有效解决陕西西坝片区因整体拆迁造成的选址难题，同时解决了西坝片区无线网络覆盖的“老大难”问题①。

① 中国铁塔股份有限公司：《环境、社会及管治报告（2021）》，2022。

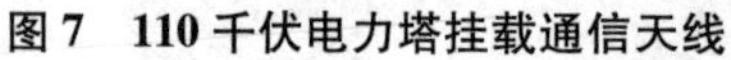

图7　110千伏电力塔挂载通信天线

图8　共享电力塔解决拆迁区域选址难题

（3）交通市政资源共享。随着5G网络逐步进入深度覆盖建设阶段，站址仍将加密，宏微结合的覆盖方式也将逐渐增多。微站设备灵巧，可以安装在墙面、绿地内、路灯杆及监控杆等各类杆塔上。因此，市政工程范围内的路灯杆、监控杆、广告牌、建筑物墙面等公共杆塔资源将成为信息通信基础设施共享建设的优质站址资源。在确保质量和安全的前提下，未来将有更多5G基站与交通市政资源共享建设，以更好实现资源节约、环境友好的建设模式。为快速支撑山西省5G网络建设，充分利用太原市路灯杆管道、外市电、传输等核心资源，推动“通信塔”与路灯杆等社会资源共建共享，在电信企业的覆盖盲区，综合利用了150余个路灯杆建设5G基站（见图9）。为响应北京市政府“智慧公园”的建设要求，在市公园管理中心的大力支持下，综合利用公园内已建社会杆建设5G基站（见图10）①。

3. 多功能融合基础设施快速发展

当前以互联网、大数据、人工智能为代表的新一代信息技术蓬勃发展，并加速与各行业各领域融合，给社会经济发展带来颠覆性创新。在智慧城市发展

① 中国铁塔股份有限公司：《环境、社会及管治报告（2021）》，2022。

图 9　山西利用路灯杆建设 5G 基站

图 10　北京利用公园社会杆建设 5G 基站

的探索中，以智慧杆塔为代表的多功能融合基础设施作为将信息通信技术与传统城市公共基础设施融合的典范，集“综合、共享、智慧、和谐”四大特点于一体，被认为是最有发展前景的新型公共基础设施，在全球多个国家受到广泛关注并已开始落地建设。

（1）智慧杆塔定义。智慧杆塔是综合承载多种设备和传感器并具备智慧能力的杆、塔等设施的总称，包括但不限于通信杆/（塔）、路灯杆和监控杆（见图 11）①。智慧杆塔具备的功能由其挂载的设备和传感器决定。这些设备和传感器可通过各种通信技术接入网络和平台，并在互联网、人工智能、大数据等 ICT 技术的赋能下提供丰富的智慧应用。

（2）智慧杆塔应用前景广阔。智慧杆塔是智慧城市建设的“新型公共基础设施”（见图 12）。智慧杆塔优秀的点位、广泛的分布使其成为 5G 基站的良好载体，优化的 5G 网络是众多“5G+”创新应用的基础；搭载了多种设备的智慧杆塔，在 ICT 技术的赋能下，可以高效节能地提供市政、交通、安防、环保等多领域的新型公共服务；合理布局的城市智慧杆塔网络，可以为智慧城市大脑实时提供海量城市运行数据，这成为构建数字孪生城市的基础②。

① 《中国智慧杆塔白皮书》，中国通信学会，2019。

② 《中国智慧杆塔白皮书》，中国通信学会，2019。

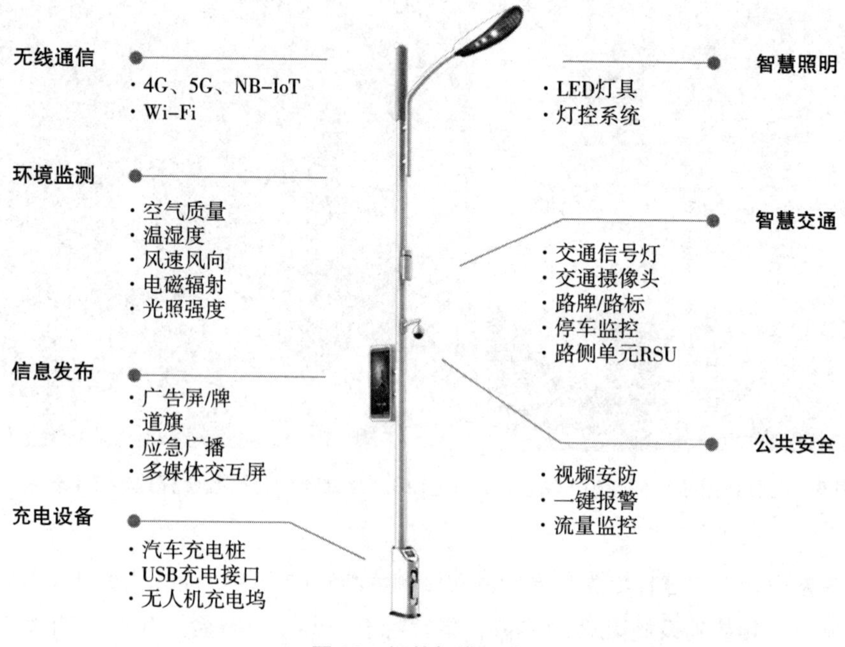

图 11　智慧杆塔示意

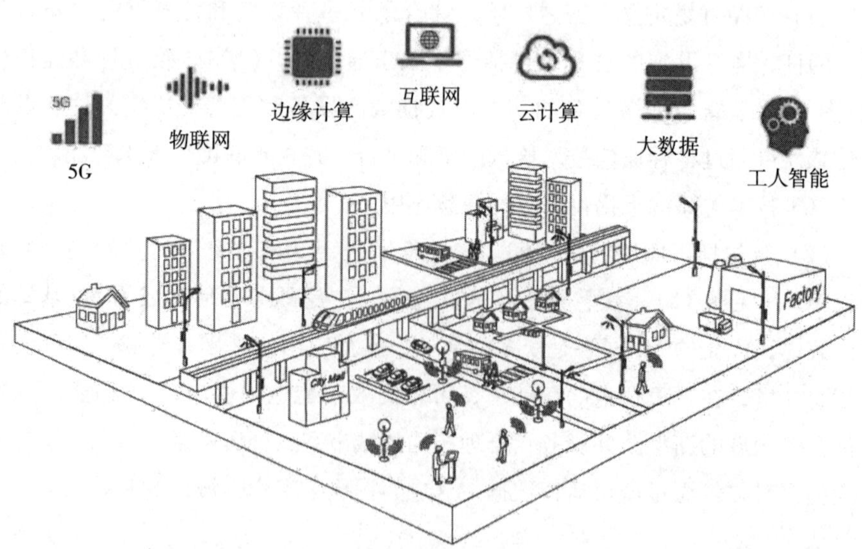

图 12　城市新型公共基础设施

（3）政策环境加快牵引。自 2018 年起，工业和信息化部、国资委连续多年在电信基础设施共建共享实施意见中提及综合利用路灯、监控、交通指示等社会杆塔资源，支撑电信基础设施快速、经济、高效建设。其中，2020 年《关于推进电信基础设施共建共享 支撑 5G 网络加快建设发展的实施意见》明确提出要“大力推进 5G 智慧杆建设和‘一杆多用’”。2021 年发布的《行业发展规划》，在“协同推进社会生活新型基础设施部署”“深化基础设施跨行业共建共享”中，提出积极推动智慧多功能灯杆系统统筹布局和共建共享。2021 年 12 月，国家发展改革委等部门印发《贯彻落实碳达峰碳中和目标要求 推动数据中心和 5G 等新型基础设施绿色高质量发展实施方案》，在“提高算力能效”中，提出“加快推动老旧高能耗设备退网和升级改造，推动智慧多功能杆建设”。此外，北京、上海、重庆、江西、浙江、湖南、吉林、江苏、陕西、广西等省（区、市）已发布相关行动方案、发展规划、实施意见等，均提出通过建设智慧杆塔促进 5G 发展。

（4）标准规范逐步建立。国家标准《城市公共设施服务 智能路灯基础信息》《智慧城市 智慧多功能杆 服务功能与运行管理规范》已发布，《智慧城市 智能多功能杆系统总体要求》正在研究。中国通信标准化协会成立智慧杆塔任务组，已立项十余项行业标准。随着智慧杆塔在各地建设的持续推进，地方标准数量逐渐增多并呈现从省级向地市级传导的趋势，上海、广东、江苏、贵州、湖南、浙江、江西、安徽、河北等多个省（市）已发布 20 余项智慧杆塔相关标准或技术规范。广东、浙江等地在省政府支持下牵头成立了智慧杆产业联盟，联合产业链共同推动多杆合一标准化。

（5）场景化应用更为聚焦。当前，智慧多功能杆应用场景已呈现广泛的发展趋势，智慧交通、智慧市政、智慧景区、智慧社区、智慧校园、智慧农场、智慧园区等均为智慧杆塔典型的应用场景。城市道路、高速路、商业街、公园（景区、园区）、广场、校园、农田等场所成为不同配置功能的智慧杆塔场所。南京市路灯管理处与南京移动在夫子庙景区联合打造 5G“智慧路灯”项目（见图 13），将景区 20 余盏路灯升级为集物联网控制、提供人性化游客服务于一体的 5G“智慧路灯”，为景区游客带来 5G 时代旅游新体验。上海千年古镇七宝老街青年路的智慧灯杆综合智慧照明、信息屏幕、Wi-Fi 服务、安防监控、环境监控、微基站、城市广播、喷雾降温等多种功能，为城市服务带来了诸多便利（见图 14）。

图 13　南京智慧路灯

图 14　上海智慧灯杆

二　信息通信基础设施数字化升级

（一）发展背景

当前，国家全面部署“加快数字化发展、建设数字中国”，加速推动信息通信配套设施数字化升级进程。《中华人民共和国国民经济和社会发展第十四个五年规划和2035年远景目标纲要》中指出，激活数据要素潜能，推进网络强国建设，加快建设数字经济、数字社会、数字政府，以数字化转型整体驱动生产方式、生活方式和治理方式变革，通过促进数字技术与实体经济深度融合，赋能传统产业转型升级，壮大经济发展新引擎。2022年6月23日，国务院印发《关于加强数字政府建设的指导意见》指出，要将数字技术广泛应用于政府管理服务，积极推动数字化治理模式创新，构建数字化、智能化的政府运行新形态；要全面推动生态环境保护数字化转型，建立一体化生态环境智能感知体系，打造生态环境综合管理信息化平台，为推进国家治理体系和治理能力现代化提供有力支撑。

在此背景下，各行业纷纷加快数字化转型进程，应用大数据、云计算等数字技术带来生产规模的提高和生产效率的提升；各级政府部门也运用大数据规范城市治理、提升管理效率。为更好地满足政策要求和行业需求，信息通信基础设施正顺应形势，进一步提升资源承载和服务能力，将“通信塔”升级为“数字塔”，服务千行百业，赋能数字经济发展，服务社会民生。

（二）重点领域

1. 中高点位物联网

（1）整体概况。中高点位物联网是指依托遍布全国的通信基础设施，利用点多面广、站高望远的中高点位资源优势和资源禀赋，围绕“山水林田湖草沙”等行业的数字公共治理需求，打造具备视觉感知、数据采集、图像分析、信息智能处理能力的数字公共治理服务（见图15）。

（2）技术架构。中高点位物联网技术架构包括感知层、边缘算力层、算法应用层以及端到端物联网安全，分别提供数据采集服务、边缘计算算力服务、算法及应用服务和安全服务（见图16）。

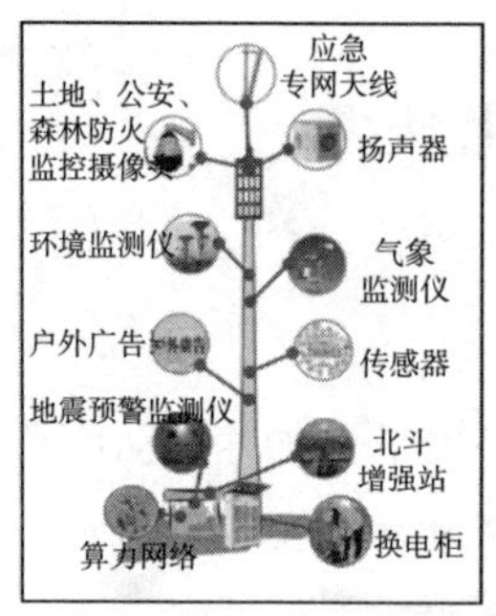

图 15　中高点位物联网数字公共治理服务能力

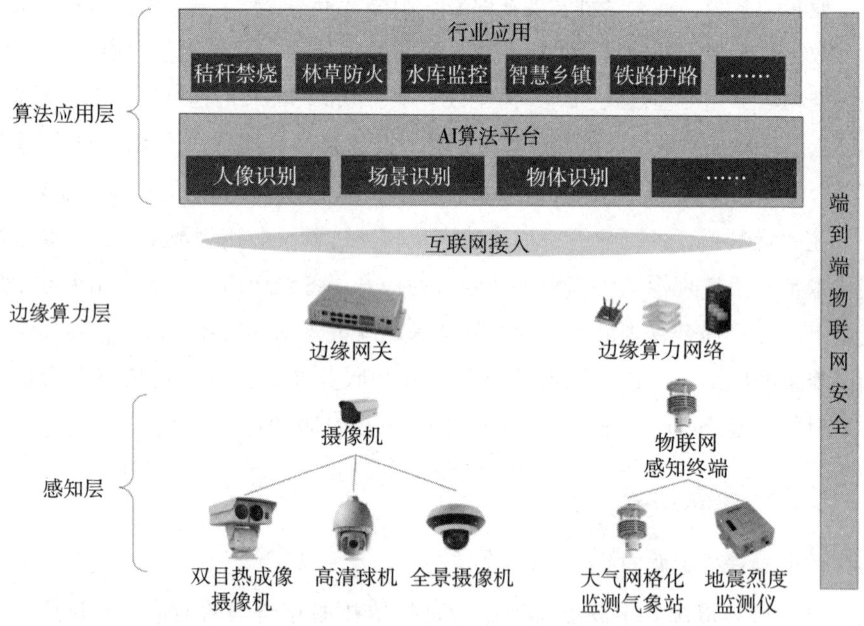

图 16　中高点位物联网技术架构

感知层的主要功能是获取物理世界的丰富数据，是中高点位物联网的基础，以摄像机、物联网感知终端为主。摄像机具有静态图像捕捉、视频摄像等功能，主要包括双目热成像摄像机、高清球机、全景摄像机等类型，可满足不同场景的视频监控需求。物联网感知终端具有对物理世界真实物体信息的采集、识别和控制的功能，是重要的感知数据采集设备，主要包括大气网格化监测气象站、地震烈度监测仪等多种类型感知终端，可满足各行业物联网信息采集、识别和控制需求。

边缘算力层的主要功能是将应用程序、数据资料与服务的运算，由网络中心节点移往网络边缘节点来处理，在边缘侧完成数据的本地智能分析和快速响应，满足用户对时延、带宽成本、安全与隐私保护、弹性敏捷部署等方面的需求，提升业务体验。

算法应用层的主要功能是提供 AI 数据分析和数字信息服务，是“中高点位物联网”的核心，包含 AI 算法平台和行业应用系统。AI 算法平台是实现深度数据挖掘和数据智能分析的 AI 算法模型研发与生产平台，具备人像识别、场景识别、物体识别等多种 AI 识别能力。行业应用系统是针对各行业需求，对 AI 算法平台采集、分析得到的数据进行定制化整合开发的应用，是进行数字化转型的物联网新型数字基础设施，能够有效解决行业内业务系统烟囱式建设、物联数据读不懂、系统间壁垒深等痛点问题，实现以数字化辅助科学决策，助力提升数字治理能力。

物联网安全解决方案的主要功能是从设备接入、数据传输、平台安全防护等方面，对各个流程节点配置相应的安全防护手段，建立有效和完善的物联网安全防护防御体系与安全生态，提升物联网安全能力，降低安全风险，实现“中高点位物联网”全流程端到端的安全防护。

（3）产业现状。近年来，中高点位物联网取得积极进展，但产业发展仍存在韧性不强、核心技术被“卡脖子”等需要持续推进解决的问题。

（4）典型行业应用。利用中高点位物联网可实现对公共数据、社会数据的统采共用和统筹管理，促进跨层级、跨地域、跨系统、跨部门、跨业务的数据对接、数据共享和数据协同，助力构建开放共享的数据资源体系和高效运行机制，全面提升数据共享、资源汇聚、安全保障等一体化水平，提升数据资源使用效益。

智慧水利建设。为保障汛期人民群众生命财产安全，水利部发布《小型水库雨水情测报和大坝安全监测设施建设与运行管理办法》，其中依托中高点位资源、推进水利通信全覆盖和水利视频监控建设应用、促进水利治理体系和治理能力现代化，是推进智慧水利建设的关键。可充分利用通信杆塔等高点资源，针对河流、常年水面面积 1 平方公里以上的湖泊以及与水库、蓄滞洪区、调度洪水重要枢纽、南水北调中线工程配套的输水线路和引黄线路等，打造“全覆盖、全天候、全智能”的视频监控系统，对河湖生态安全、供水安全提供有力保障，尤为重要的是提升了防汛指挥调度能力，为汛期防汛安全提供强有力的支撑。比如在河北，通过热成像多维智能感知系统，实现境内 1386 条河流、23 个湖泊、1057 个水库和 13 处蓄滞洪区等视频监控“全覆盖”，有效遏制了河湖非法采砂、垃圾倾倒、违章建筑、垃圾乱堆、出现异常漂浮物等问题的发生，也为各级部门提供违法线索。

林草火灾防范。利用全国林区和周边的通信铁塔为国家林业和草原局规划的 1556 个林草重点防火区县、超过 42 万平方公里的林区提供防火预警监控服务，可节约国家林草防火巡检人员超十万人天工时，做到火情的及早发现、及早处理、及早预防。山东泰安利用林区高点资源，建设视频防火预警监控点位 217 个，除了具备热成像监控功能外，还叠加了气象模块集成显示辅助决策、智慧烟感、景点客流统计、三维精准地图测绘、卫星无人机立体监控以及风光互补能源保障等功能服务，助力森林防火工作由“人防”向“人防+技防”结合转变。截至 2021 年底，共触发有效告警 209 次，火情均在第一时间被处置，对违规用火行为起到了极大的震慑作用，大大降低了火灾隐患。

智慧农业建设。利用高点资源挂载摄像机、物联网天线和小气象站，整合的数据资源可为农业园区提供“一张图”式的农业智慧园区可视化管理，同时开发环境控制技术、生物技术、发酵技术、信息互联网技术以及自动化装备应用，实现园区温度、湿度、光照、二氧化碳等参数的在线监测与管理分析，有效提升园区的信息化管控能力，降低人力成本，实现农产品管理风险的提前预报、预警、预防，逐步打造农业大脑，满足农业管理的信息化需求。

智慧交通建设。在高速公路、铁路、海事等领域，可利用沿途的 5G 配套设施为交通管理部门打造“高低搭配、远近结合”的全程视频监控网，同时集合 AI 分析平台，实现道路信息可视化、铁路红线区域入侵告警、交通运行状态实时监测、流量态势评估以及交通大数据分析、智能预案管理和应急警力调度等多项功能。此外，采用 AI 智能预警监控手段，可开展违建识别、入侵检测、烟火检测及地质灾害检测等智能预警监控，及时发现问题、消除隐患，为普铁、高铁沿线全面实现“智慧护路”奠定了基础。

地质灾害监测预警。地质灾害多发地区一般环境恶劣，人力无法完成监测，更缺乏实时监测手段。可在灾害区部署传感和数据采集设备，对地质灾害区域进行监控预警。当因灾害导致地质情况发生细微变动时，监测设备就会通过卫星和地基增强站发送监测数据到云端数据中心，进行提前预警和实时监控处理。应急部门可通过智能综合监管平台获得集地质灾害监测、预报、信息发布、灾害发生趋势分析、灾害评估于一体的综合服务，为受灾区域组织应急抢险、疏散人群赢得时间，减少事故伤亡和财产损失，也为后续灾害防治打下了坚实的信息化基础。

渔政监管监控。当前渔政监管领域的相关监管工作主要依靠人工盯防，存在响应慢、效率低、覆盖面小和事件发现不及时等问题，难以达到“早发现、早处理”的治理要求。以长江禁渔为例，长江干线水域全长 6300 千米，如果全靠人工监控需要 3.8 万人，且难以保障夜间执法效率。如果使用中高点位站点，仅需 2000 个高点资源，即可实现对长江干线流域全天候实时监控。因此，可充分发挥基站、通信、电力、传输和运维等 5G 配套设施资源优势，利用中高空点位视频监测监控，织密生态环境监测监控网络，助力建设现代化生态环境监测体系。在服务国家“长江十年禁渔计划”中，2021 年在四川、重庆、云南、贵州、湖北、湖南、江西、安徽、江苏、上海等长江流域重点省（市）229 个区县，已建设 2929 个视频监控点位。通过“非法垂钓监控”“船只非法捕捞监控”“禁渔区船只停留监控”等专业 AI 算法，提供了覆盖长江干流、重要支流、湖泊等共 1.3 万平方公里的非法捕鱼监控服务。监控数据与渔政执法系统数据对接，精准支撑执法队伍开展执法工作。目前，长江禁渔效果初现，长江湖北段的江河中已经常可以看到江豚身影，20 年未见的鳡鱼在洞庭湖被重新监测到，刀鱼现在能够上溯至长江中游和鄱阳湖①。

生物多样性保护。利用中高点位站址资源为自然保护区和川藏铁路沿线生态保护监控监测提供有力的支撑。青海玉树藏族自治州利用海拔 4000 多米区域 G214 国道沿线的通信铁塔资源，搭载高倍率球形摄像机，实时监测隆宝湿地保护区与治多县长江第一湾。该视频监控及信息管理平台可以实现线上监控、实时监测及生态数据分析功能。2021 年全年，总计录像 7800 多小时，相

① 张曦文：《十年禁渔开局平稳，效果初步显现》，《中国财经报》2022 年 1 月 27 日。

当于传统方式人工采集1000余人次，对隆宝湿地保护区和长江第一湾的生物种群、数量、分布进行自动记录，提高巡检效率，减轻相关环保工作人员外出的负担，助力生态保护部门分析人类行为对生态的影响，增强了观测证据的客观性。

2. 能源服务

5G信息通信基础设施在积极推进自身节能减排的同时，面向服务社会民生，衍生出换电、备电等分布式能源服务。现阶段，“双碳”政策重点突出了三个政策实施的要点。一是能源优化成为实现“双碳”目标的主要推力。能源结构的优化可实现经济发展与环境效益的协同，新能源的供给比例的提升，可促进全社会低碳发展。二是数字化绿色化融合成为实现“双碳”目标的关键路径。数字化有助于企业提高信息化管理，企业推动现有技术与信息、智能技术等融合发展，是实现“双碳”目标的关键路径。三是节能降耗成为实现“双碳”目标的重要方式。能源利用效率的提升、新材料利用与节能等减碳技术的发展，需要将创新驱动摆在提升节能能级的核心位置，这对企业的节能技术研发能力建设提出了新要求。

伴随社会经济发展，各行业对持续、稳定的电力保障需求愈加强烈。5G信息通信基础设施立足于站址资源优势和专业化的电力保障能力，升级推进产品平台标准化、运营管理体系化，发展形成服务全国的能源社会化应用平台，面向社会提供换电、备电、充电等多元化能源服务。

（1）电动车充电。据中国自行车协会统计，截至2021年，中国电动自行车保有量3.4亿辆，居民区普遍存在电动车充电难、隐患大等问题，安全充电的需求日益凸显。利用信息通信配套设施高密度、广分布的特性，依照国家规范电动车安全充电要求，在社区集中部署低速电动车充电桩，为大众提供集中、安全、快捷的充电服务。

（2）电动车换电。两轮电动车原来普遍使用铅酸电池作为动力，而铅酸电池能量密度低、循环寿命短且铅酸蓄电池制造产业链存在较高的铅污染风险，导致其充电难、充电慢且存在环境安全隐患。换电电池基于以上痛点，采用高强度、全密封壳体、IP67防护等级的智能锂电池，防水、防摔，具有高耐用性；选取磷酸铁锂大容量优质电芯，续航里程超过40公里，循环次数超过2000次；采用高性能BMS支持双层熔断保险机制，具备高精度GPS定位和实时通信功能，实时传送电芯数据，确保安全运行。

换电服务转变了两轮电动车使用群体的使用习惯，使其出行更加便捷、安全、高效，且达到循环寿命的换电设施淘汰的锂电池，还可以在通信基站备电中循环使用，促进产业实现了业务闭环，最大限度提高和延长了电池的利用率与使用寿命。

三　未来展望

信息通信基础设施是支撑5G新基建落地的坚实基础，是5G产业、数字经济发展的重要组成部分。面对未来5G深度覆盖、行业共建共享深化、移动通信技术演进等趋势，信息通信基础设施将始终坚持服务国家战略、助力行业发展、提升共享价值的发展理念，持续推动新材料、新技术、新产品和新方案的创新研发，不断提升信息通信基础设施建设的安全性、经济性和适用性，集约高效支撑5G网络建设。同时，信息通信基础设施将持续推进数字化升级，充分发挥覆盖全国的数字化载体作用，围绕产业数字化和政府数字治理需求，构建万物互联的智能世界，赋能经济社会数字化转型升级，提升社会管理与公共服务的智能化水平，加快推动大数据、区块链、人工智能等先进技术应用，促进技术与业务深度融合，为“数字中国”建设添砖加瓦。

应 用 篇

Application

B.8

智慧能源：产业绿色转型升级新引擎

魏慎洪　黄相明　白雪亮　严　密　牛　猛*

摘　要： 智慧能源是将信息技术与能源技术深度融合的新型能源产业生态。由基础设施、管理平台、数字化应用三个层次组成的智慧能源生态体系，将先进的信息通信技术与能源技术深度融合，通过管控平台连接能源产业上下游，促进能源、信息、资金在各产业环节交互流通，实现功能协同、信息共享、市场开放。在能源产业的生产、储运、消费等各个环节，智慧能源能够提高自动化及智能化水平，并在用能领域提高清洁能源消纳比例，协助构建清洁低碳、安全高效的能源体系。

关键词： 智慧能源　新型基础设施　管理平台　数字化应用　交互体系

---

* 魏慎洪，国家能源集团战略规划部主任，主要研究方向为能源行业产业规划、科技发展、企业管理；黄相明，国家能源集团战略规划部副主任，主要研究方向为能源行业资源供给、物流运输、项目管理；白雪亮，国家能源集团战略规划部处长，主要研究方向为能源行业科技发展、项目管理；严密，国家能源集团战略规划部主管；牛猛，国家能源集团战略规划部主管。

当前，新基建赋能传统能源行业迎来了巨大的发展空间和新经济增长点，以5G、云计算、大数据、人工智能为代表的数字技术正在促进传统能源行业发生重大变革，生产端和消费端的转型将推动构建智能、低碳、安全、高效的新型能源体系。《中共中央关于制定国民经济和社会发展第十四个五年规划和二〇三五年远景目标的建议》（以下简称“十四五”规划）明确指出要构建现代化能源体系，推进能源革命。未来的能源体系将在数字技术的驱动下，在传统能源企业改造、大型清洁能源基地建设、电力输送调节、能源储运等方面实现高质量发展。作为当前能源革命的首选实践方案，智慧能源并不局限于现有的智慧电网，而是将结合新型能源基础设施、数字能源管理平台、能源互联网等模块，为区域能源结构优化、传统能源方案替代和“碳达峰、碳中和”目标的实现提供新的路径。

一　智慧能源的内涵及典型特征

（一）智慧能源的内涵

智慧能源是将信息技术与能源技术深度融合的新型能源产业生态，通过打造管控平台连接能源产业上下游，实现各独立模块的数字化、智慧化以及能源、信息、资金在各产业环节的交互流通。2016年2月，《关于推进“互联网+”智慧能源发展的指导意见》指出，“互联网+”智慧能源是一种互联网与能源生产、传输、存储、消费以及能源市场深度融合的能源产业发展新形态，具有设备智能、多能协同、信息对称、供需分散、系统扁平、交易开放等主要特征，是推动我国能源革命的重要战略支撑，对提高可再生能源比重、促进化石能源清洁高效利用、提升能源综合效率、推动能源市场开放和产业升级、形成新的经济增长点、提升能源国际合作水平具有重要意义。新时期，智慧能源借助各类数字技术，促进主体能源企业以及高科技企业、设备制造行业、工程建设行业等产业链周边企业实现自适应、自检查、自组织、自优化，通过互联网开放平台整合分散的业态，实现新型产能、储能、输能、用能各环节的监测管理、操作运行、能耗控制等功能。

“十四五”规划中明确提出，建设清洁低碳、安全高效的能源体系，提高能源供给保障能力；同时提出构建基于5G的应用场景和产业生态，在智慧能源等重点领域开展试点示范。智慧能源的发展顺应了新一轮科技革命和产业变革加速演进的发展趋势，增加了生产端技术服务的多样性，提升了生产端与消费端之间的交互能力，推动能源产业向系统性、安全性、清洁性、经济性的综合能源生态发展。我国能源企业已经在信息技术加持下布局数字化转型工作，通过发展智慧电站、电力工业互联网、智慧管控平台、分布式发电等场景应用，与电力领域新型基础设施建设相互促进。随着我国能源行业转型升级和技术革新，智慧能源领域所涉及的内容不断增加，能源智慧化成为行业高质量发展的重要路径。

（二）智慧能源的典型特征

智慧能源的特征主要包括功能协同、信息共享和市场开放三个方面。

1. 功能协同

智慧能源基于数字化基础设施、数字化平台、数字化应用层等架构，以智能化为核心，朝高性能技术、多能流耦合、云平台监控等方向发展。通过网内设备配置优化及功能协同，智慧能源能够在生产端、消费端企业内实现过程管理、运行管理、实时监测和实时分析，在企业内实现从各单元相互独立向各单元协同发展的转变，实现从经验驱动向数据驱动的转变，不断提升业务管控效率和效益。

2. 信息共享

在传统能源行业中，能源生产端和应用端通常存在不同程度的信息不对称。智慧能源可以应用大数据、云计算等智能技术，及时监控能源设备的运行状况、能源网络运行状况和市场交易状况，提升能源系统内信息的透明度和共享度。随着信息共享和及时更新的数据流不断完善，能源网络能够有效衔接生产和消费两端的主体企业，积极的市场行为及合理监管使得能源供需更加平衡、能源利用效率进一步提升。

3. 市场开放

智慧能源信息共享的特点，使得数据可以被能源网中任何的参与者应用，从而突破能源行业中不同角色间的信息屏障，创造出能让更多主体进入能源市场发展的机会。通过建设微网单元承载发电端和负载端等多个传统节点功能，能够在保证区域微网和外部主干网并列运行的同时，使得区域内各种形式可再生能源都能够通过微网单元柔性接入，从而引入负荷集成商等更为多元的市场参与者，使供给结构逐步向扁平化的趋势发展。

二　智慧能源国内外发展现状

（一）国外推动智慧能源发展进程

智慧能源是国际公认的能源未来发展趋势。2000 年以来，主要发达国家不断加快智慧能源发展进程，加大力度建设供能、储能、能源网络等领域基础设施，智慧能源逐步在多行业、多产业协同方面得到快速发展。

2001 年，美国提出《关于集成能源系统发展计划》，目标是在能源生产和消费阶段逐步提高清洁能源比重，通过传统能源改造和新型能源探索，保障社会功能，提高经济效益。2003 年，美国发布“电网 2030”电力百年愿景，并在同年颁布智慧电网法令和《能源独立和安全法案》（EISA），要求供能、用能环节必须实行综合能源规划，着力研究应用现代化电网，并决定 2007~2012 财年追加 6.5 亿美元专项经费支持城市配电网研究和实施。2008 年，美国在可再生电力能源传输和管理系统基础上探讨了能源互联网观点，提出以可再生能源发电和分布式储能装置为基础的新型电网结构是智能电网的发展方向。2009 年，美国签署通过《美国恢复和再投资法案》，智慧电网被列为美国国家发展战略。

德国是最早对“互联网+”能源实施探索的国家之一，具有更加周密的发展路径：基于信息和通信技术，借助互联网采集相关的能源信息，通过传统能源体系数字化改造、可再生能源开发利用等手段，推动能源结构转型。2008 年，德国提出技术创新促进能源发展的思想，目标是在整个能源体系中实现完全数字化互联以及系统监控。同年，德国联邦经济及科技部启动 E-Energy 能源互联网示范项目，提出要实现更为便捷的电力信息交互、电力消费支付，在智能发电、智能电网、智能消费和智能储能 4 个方面，通过数字技术在各能源基础设施之间实现连接、控制和管理，总投资 1.4 亿欧元。2011 年，德国环境部和经济与技术部统一指导能源行业转型，每年投资额度追加 3 亿欧元，推动实现能源系统优化协调。随着德国智慧能源不断发展，智慧能源体系涵盖面更加广泛，在能源生产、能源储存、多种能源互补协调、可再生能源探索等方面具有明显的社会和经济效益提升。

日本是世界上唯一同时存在50Hz和60Hz电网频率的国家，并且氢能领域研究位于世界前列，因此氢能和社区能源成为日本智慧能源领域的发展重心。2009年9月，日本提出要建设覆盖全国的智慧综合能源系统，优化能源结构，提升能源效率，推进可再生能源规模化开发。在政府推动下，日本能源企业推动发展数字化的信息交换和控制系统，在电力、热能、新能源等不同能源品种的生产和运输环节实现综合能源系统的探索应用，并在电池储能、新能源综合利用、冷热电联产等环节加大燃料电池的投入，成果丰硕。

（二）我国智慧能源发展现状

相较于发达国家，我国在智慧能源领域的研究起步较晚，在起始阶段聚焦能源体系结构设计、技术标准、实施路径等方面的研究，发展项目以电为主，其他能源种类涉及较少。随着政策不断推出，新型数字技术在我国能源行业上的尝试和探索不断增多，整体上已经形成了以“智慧电网”为载体，向包含“水、火、核、风、光、储”等多种能源品种的生产和供应方式的智慧化转型研究延伸，同时推动“源—网—荷—储”，即从产业上游到下游整体链条各个环节的数字化互动优化（见表1）。目前，我国智慧能源行业发展以能源互联网基础设施建设为基础，对智能风电系统、智能光伏系统、高效冷热系统等能源利用技术进行相关研究，探索新的智慧能源开发和应用模式。

表1　我国智慧能源领域政策梳理

发布时间	政策名称	相关内容
2015年7月	《国务院关于积极推进“互联网+”行动的指导意见》	通过互联网促进能源系统扁平化发展，推进能源生产与消费模式革命，提高能源利用效率，推动节能减排。加强分布式能源网络建设，提高可再生能源占比，促进能源利用结构优化。加快发电设施、用电设施和电网智能化改造，提高电力系统的安全性、稳定性和可靠性

续表

发布时间	政策名称	相关内容
2016 年 2 月	《关于推进“互联网+”智慧能源发展的指导意见》	加强能源互联网基础设施建设，建设能源生产消费的智能化体系、多能协同综合能源网络、与能源系统协同的信息通信基础设施
2017 年 7 月	《国家能源局关于公布首批“互联网+”智慧能源（能源互联网）示范项目的通知》	首批“互联网+”智慧能源（能源互联网）示范项目共 55 个，包含城市能源互联网、园区能源互联网、跨地区多能协同、基于电动汽车的能源互联网、基于灵活性资源的能源互联网等示范项目
2018 年 3 月	《2018 年能源工作指导意见》	扎实推进“互联网+”智慧能源（能源互联网）、多能互补集成优化、新能源微电网、并网型微电网、储能技术试点等示范项目建设，在试点基础上积极推广应用
2020 年 3 月	《关于加快煤矿智能化发展的指导意见》	煤矿智能化是煤炭工业高质量发展的核心技术支撑，将人工智能、工业物联网、云计算、大数据、机器人、智能装备等与现代煤炭开发利用深度融合，形成全面感知、实时互联、分析决策、自主学习、动态预测、协同控制的智能系统
2020 年 6 月	《2020 年能源工作指导意见》	继续做好“互联网+”智慧能源试点验收工作。加强国家能源研发中心日常管理和考核评价。积极探索区块链等新兴技术在能源领域的融合应用
2020 年 9 月	《关于加快能源领域新型标准体系建设的指导意见》	在智慧能源、能源互联网、风电、太阳能、地热能、生物质能、储能、氢能等新兴领域，率先推进新型标准体系建设，发挥示范带动作用。稳妥推进电力、煤炭、油气及电工装备等传统领域标准体系优化，做好现行标准体系及标准化管理机制与新型体系机制的衔接和过渡
2020 年 9 月	《关于加快推进国有企业数字化转型工作的通知》	加快建设推广智慧电网、智慧管网、智能电站、智能油田、智能矿山等智能现场，着力提高集成调度、远程操作、智能运维水平，强化能源资产资源规划、建设和运营全周期管控能力，实现能源企业全业务链的协同创新、高效运营和价值提升

续表

发布时间	政策名称	相关内容
2020年10月	《中共中央关于制定国民经济和社会发展第十四个五年规划和二〇三五年远景目标的建议》	建设智慧能源系统,优化电力生产和输送通道布局,提升新能源消纳和存储能力,提升向边远地区输配电能力
2021年7月	《关于落实能源领域5G应用实施方案的通知》	进一步拓展能源领域5G应用场景,加快能源领域5G专用技术研发,加大相关基础设施和安全保障能力建设

三　智慧能源生态体系

智慧能源运用新型数字技术对传统能源行业进行优化革新，推动绿色清洁能源快速发展。智慧能源生态体系可分为智慧能源基础设施、智慧能源管理平台、数字化应用三个层次。其中，数字化应用大致可分为智慧能源生产、智慧能源储运、智慧能源消费三个功能模块，代表能源体系在资源开采、能源生产、转运储存、能效管理和市场投放等各流程环节进行的智能升级（见图1）。

（一）智慧能源基础设施

智慧能源基础设施是能源行业智慧化建设的硬件和信息技术基础，在整个能源体系中促进各节点之间灵活交互信息，以提升系统内动态智能运维、运行状态检测和故障排查修复等能力。智慧能源基础设施主要包含各种智能传感器、传输设备、服务器、云端存储设备、机器人和无人机等数字设备，通过5G、工业互联网、人工智能等技术实现互通互联、全面感知。

（二）智慧能源管理平台

智慧能源管理平台是连通能源产业硬件层和应用层的核心环节，具有信息收集和交互、自主判断和决策等功能，最终完成资金和信息的双向流动。智慧能源管理平台通过汇聚电、水、气、热、煤、油、清洁能源等能源数据，搭建多种能源生产、消费模型，实现自动化决策，提升精准预测和控制能力。

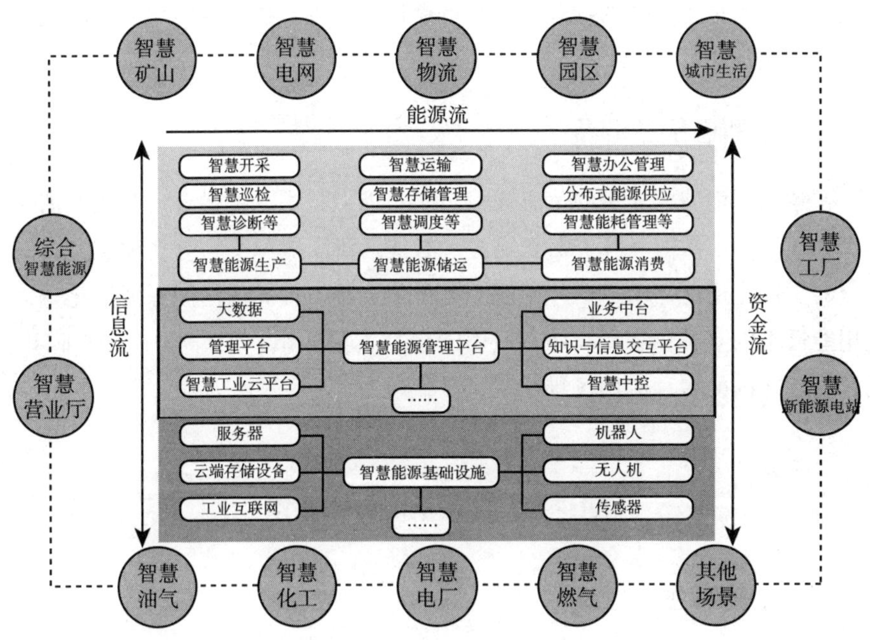

图1　智慧能源的主要架构

资料来源：国家能源集团。

（三）智慧能源生产

在我国全面构建现代能源体系的要求下，能源生产企业针对自身设备价值高、危险系数高、环保要求严的特点，可发挥智慧能源系统数字化平台的优势，统一管理各生产子系统设备运行状态参数、监测监控信息、安全预警信息，提升自动化水平及生产效率，降低运维难度。利用工业互联网提高终端设备自动化、智慧化水平，进一步提高生产过程机械化程度，改善生产环境。

（四）智慧能源储运

能源储运是能源生产与消费之间的环节，是实现能源生产和能源消费革命的重要支撑。利用智慧能源基础设施提供的功能，可在仓储和物流环节实现运输物料精细化管理、物流设备智能化监测、电网数据集成化监管、电网调度智能化调控以及全系统内的物理设施全寿命周期管理，提升智能化分析决策和自动化操作执行能力。

（五）智慧能源消费

智慧能源消费将先进的信息通信技术与能源技术深度融合，为能源消费者提供能效诊断、多能互补、需求响应、智能运维、能源交易等多种服务，满足用户的个性化用能需求，延伸用能服务价值边界，提高清洁能源消纳比重，实现用能需求的互补和智慧高效，适用于包括智慧城镇、集群楼宇、产业园区、能源基地在内的多种应用场景。

四　智慧能源应用场景

（一）能源生产领域

1. 智能开采

煤炭生产企业以航测、勘探、三维地震、卫星测量和井巷揭露等勘察数据作为支撑，通过运算和推演，实时建立精准的矿井地形、地质、井巷等三维模型，实现井上井下构筑物紧密耦合，为三维建模、高效开采、灾害预警防治和科学决策提供技术依据。在井下应用的全断面智能快速掘进系统具备大断面巷道一次成巷、超前钻探、快速支护、连续转载和故障诊断等功能，“自动记忆截割+人工远程干预”智能采煤模式进一步提升设备运行自动化、智能化水平，提高采掘生产效率和安全性。

2. 智慧巡检

智能巡检机器人（见图 2）是巡检系统智慧化升级的重要组成部分，可以大幅提高效率，在降低人员工作强度的同时提高安全性。智能巡检机器人具备实时采集功能，可实时采集现场自然环境、设备外观、可见光图像、红外图像、设备噪声等信息，以及表计读数、设备开关位置状态、油位等工况，并支持视频的播放、停止、抓图、录像、全屏显示等功能（见图 3）。系统提供二维或三维电子地图功能，可实时记录、下传并在本地监控后台上显示、回放和导出智能巡检机器人的工作状态、工作位置、巡检路线等信息，支持在巡检过程中实时反映任务进度、实时修改巡检点。

图 2　智能巡检机器人

资料来源：国家能源集团。

图 3　智能巡检机器人实时采集图像

资料来源：国家能源集团。

3. 高精度人员定位系统

高精度人员定位系统通过基于 UWB 无线定位技术可精准定位人员位置，保证现场人员的行为可控、位置可视（见图 4）。结合定位基站、定位标签等设备提供全局位置显示、实时轨迹跟踪、历史数据回放及定位监测分析等功能，支持电子围栏对事故多发区域快速设置，对接近或进入危险区域人员发出本地和远程预警提示，避免发生误操作。工作人员佩戴定位标签，在紧急情况下可以利用其具备的“一键紧急求助”功能及时得到支援，以保障人员安全。

图 4　高精度人员定位系统实时反馈画面

资料来源：国家能源集团。

4. 新能源电站

基于互联网架构，融合人工智能、大数据、云计算、物联网、移动互联等技术，建设集在线感知设备、无人巡检设备、视频监控设备、无线网络设备、数据管理中心等设施于一体的数字化管控体系，实现全部设备数据实时采集，关键场所、关键设备、工程和作业场所视频监管全覆盖，移动巡检设备定位可查询、轨迹可追溯，在线标准作业流程全面落实，实现多座新能源电站“无人值班、少人值守”的运维模式，促进新能源企业减员增效。

（二）能源储运领域

1. 铁路智能运维

铁路智能运维系统在设备管理系统和检测监测数据平台的基础上，融合隧道衬砌表观检测设备、基于无人机的线桥隧一体化检测设备、变电所智能巡检设备、轨道电路工频干扰及钢轨不平衡电流监测设备、车载信息车地传输设备、自动化的网络检测系统等具备高精度采集和实时监测能力的智能化检测装备，开展工务、电务、牵引供电设备全生命周期管理，实现设备检测监测智能化、运维管理决策智能化、安全生产作业智能化，提高设备安全性，延长使用寿命（见图 5）。

图 5　铁路智能运维平台

资料来源：国家能源集团。

2. 智能电网

智能电网以物理电网为基础，将先进的传感测量技术、通信技术、信息技术、计算机技术和控制技术与物理电网进行高度集成，确保电网运行的安全可靠、灵活协调、优质高效、经济绿色。利用对发电、输电、配电、供电等关键设备运行状况进行的实时监控，电网可通过统计区域内用户的用电信息，掌握规律并制定各区域内经济节能的发电及输配电方案，进行积极主动的节能与增效；通过实时监测全网范围内的电能流动状态、电能负载热区、设备故障高发区和客户集中区等数据，及时发现、诊断和消除故障隐患；通过改进的互联标准简化新能源发电并网过程，实现新能源发电的智能接入及发电与用电的综合调度。

3. 智能调度控制

智能调度与控制系统以信息整合、完善、流畅与共享为核心，依托综合自动化系统以及图像识别、传感器、物联网、人工智能等智慧化技术，实现车站、车流、列车、机车、线路、信号、作业计划、作业动态等信息的透明共享。作业计划自动转换成设备控制流，按照标准与规范触发控制指令自动化流转，加强车站、站区作业之间的协调配合，尽量减少或替代信息的人工收集与确认，排除人工统计分析过程中的误差，在降低作业人

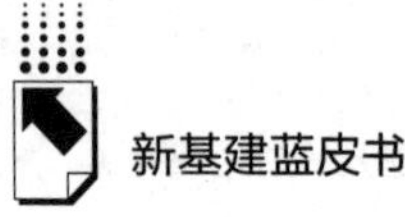

员劳动强度的同时也提高了人员和设备使用效率。贯穿全程全域的人工智能与机器学习算法运用，实现对作业过程中各个环节数据、经验、智慧的不断积累、不断学习、不断优化，完成作业“计划—执行—反馈”整体上的闭环、滚动的智能升华，逐步形成自我调节、自我完善、系统最优的智能生态体系。

（三）能源消费领域

1. 楼宇（园区）智慧管理

智慧办公管理多应用于城市中心地区的重要公共建筑、商业与文化生活服务设施集中的地段，为楼宇或者整个园区提供能源服务（见图 6）。管理模式可针对整个区域内用户的用能特点，设计集中供冷、供热、供电站，发挥园区内用能集中管理的规模优势，实现能源的梯级利用；也可统筹安排园区用能的峰谷时段，降低总装机规模。在具体的实施过程中，还可基于相关技术实现个性化能源系统的积木式搭建，对于同类型、同定位园区或其他相似场景可按需选配，有效实现灵活的可扩展性。

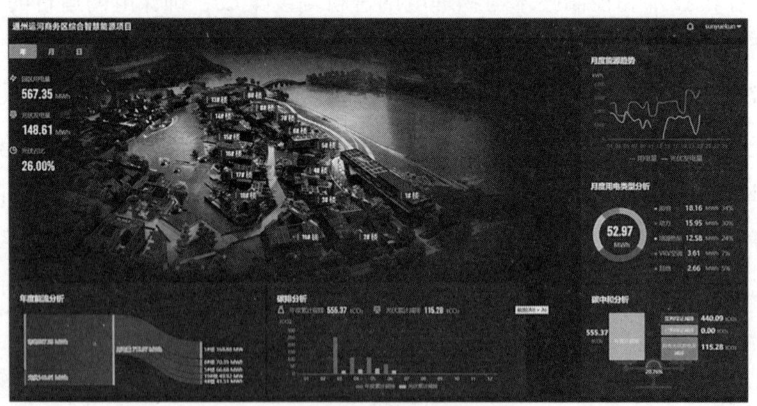

图 6　智慧管控平台

资料来源：国家能源集团。

2. 分布式能源供应

分布式能源是利用小型设备向用户提供能源供应的新型能源利用方式。由于更接近用能单位，分布式能源可节省输配电投资和运行费用，还可有效地实现能源的梯级利用，因此成为智慧能源消费的重要组成部分。典型的分布式能源主要包括热电联产系统、光伏发电、风电等多种形式，进入园区“源—网—荷—储”一体化能源协同系统后可以为园区内能源供应提供有效支持和补充，提高能源利用的安全性和灵活性。

3. 智慧能耗管理

智慧能耗管理是提升能源利用效率、推动能源产业可持续发展的有效途径。传统能源企业的能耗管理较为分散，数据、信息难以集中汇总，且信息互通程度不高，导致各节点对能耗管理的标准并不统一。利用云平台、大数据、人工智能等新兴技术，智慧能耗管理平台可实时监控园区设备状态、用能情况和作业环境，高效采集电力、燃气、水、热等各项能耗数据，经过数据统计、预测分析、能源规划，产生可视化的信息处理结果，最终实现关注重点能耗设备，优化生产运行模式和能源使用模式，从而对能源浪费现象做到提前预测、及时预警、坚决预防。

五　智慧能源典型案例

（一）智慧矿山

矿产行业通过与数字化、智能化技术的深度融合，稳步推进智慧矿井建设。实施过程中以设备感知层、数据采集层、数据整合层、经营管理层、智能决策层五层应用架构建设体系为支撑，完成矿井从点到面全覆盖（见图 7）。井下设备实现了统一的设备层操作系统，解决了不同厂家设备的协同与互通问题。智能化运营模式下各生产子系统设备运行状态参数、监测监控信息、安全预警信息等实时传递至公司“数据湖”，实现基础功能、数据集成、远程监控、数据分析、智能联动、辅助决策、智能报警和诊断七大功能，涵盖“采、掘、机、运、通”全过程，实现少人高效生产。通过作业区域远程监测、井下人员实时定位、井下机器人分类投运、部分子系统全自动运行和无人值守等方式，提高煤矿安全管理水平，改善职工工作环境，固定岗位实现“一人多机”操作，进一步提高工作效率。

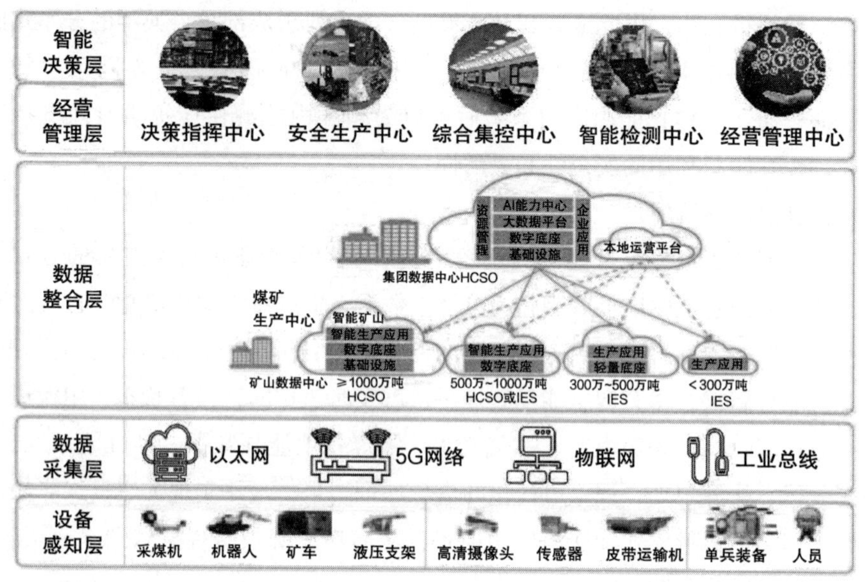

图 7　智慧矿山系统技术体系

资料来源：国家能源集团。

（二）智能储运

运输企业可通过智能化改造，建立集智能调度与运维于一体的运输管理系统，进一步提高运输作业效率（见图 8）。在铁路运输系统改造过程中，构建智能大脑平台，重点突破工务、电务、供电运维决策及一体化运维关键技术，研发工电供设备管理系统和检测监测数据平台，研制智能化监测装备，并在此基础上升级列车运行控制系统。智能化改造实现系统互联互通、数据共享共用，跨专业基础设施一体化运维，运行过程动态追踪，在提高设备安全性的同时有效提升了线网运输能力。在港口系统改造过程中，以信息整合、完善、流畅与共享为核心，通过智能感知、图像识别、远程遥控、5G 通信、边缘计算等技术，实现作业计划自动编制，信号设备自动控制，调车作业远程驾驶、自动驾驶等功能，达到精简作业人员、降低劳动强度、提高作业效率的效果。

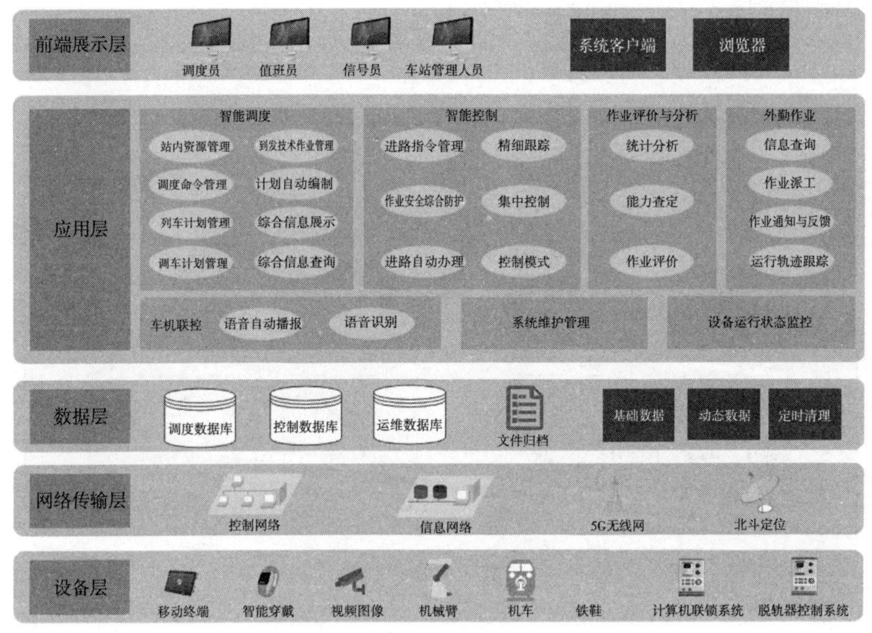

图 8　智能调度系统技术体系

资料来源：国家能源集团。

（三）新能源管理

新能源企业面对风力发电特有的布局分散、机型多样、人员缺少等难题，通过数字化手段推动生产运营智能化，建立新能源生产数字化平台，分阶段实现“全量采集、对标管理，无人值守、预知维护、数据挖掘、源网协调”（见图 9）。以各场站为管理单位，在所属风力发电机组及运维单位均安装在线振动监测、视频监控、工作记录仪、生产车辆实时定位等设备，实现场站生产运营监控中心数据全量实时采集汇总，设备状态实时监控、人员行为动态监管、作业过程立体监督。在此基础上开展设备纵向、横向对标分析，准确定位预警方向，针对性地开发预警模型，提前发现设备异常隐患，减轻检修工作量，提高设备可靠性。由各场站整合形成的生产数字化平台，充分利用管理、技术、人力、物力资源，打破场站间壁垒，解决忙闲不均、管理和技术不平衡等问题，充分发挥专业化分工优势，有效提升工作效率和人员技能水平。根据国家能源集团内部统计，设备可用系数长期保持在99%以上。

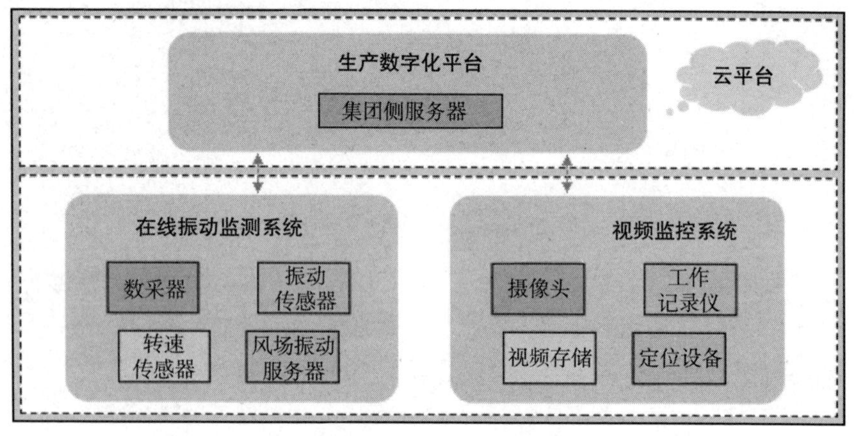

图9　风力发电管理系统技术路线

资料来源：国家能源集团。

（四）园区综合智慧能源

园区综合智慧能源系统针对区域内的能源用户，综合考虑用户电负荷、热负荷、冷负荷等需求，以电为核心，提供电、热、冷、气、水等能源一体化的解决方案（见图10）。该系统改变了不同能源品种、不同供应环节单独规划、设计、运行的传统模式，是构建新型电力系统的重要载体。在商业园区建设的综合智慧能源示范系统，包括分布式光伏、全钒液流电池储能系统、园区微电网、虚拟电厂、能管和碳管平台等主要设施。其中，分布式光伏生产零碳绿电作为电能补充；全钒液流电池储能系统满足电网调峰和园区用电需求；能管平台接入园区内光伏、充电桩、储能、空调、照明等源头端及负荷端，智慧分配能源，挖掘区域内节能潜力；碳管平台基于各类能耗表计（如电表、蒸汽表等）的物联接入和智慧城市数字基础，实现全区实时能耗和碳耗的追踪，协助开展针对性节能减排措施。全系统通过中央智能控制服务平台，实现横向多源互补、纵向“源—网—荷—储”协调的能源供应体系。

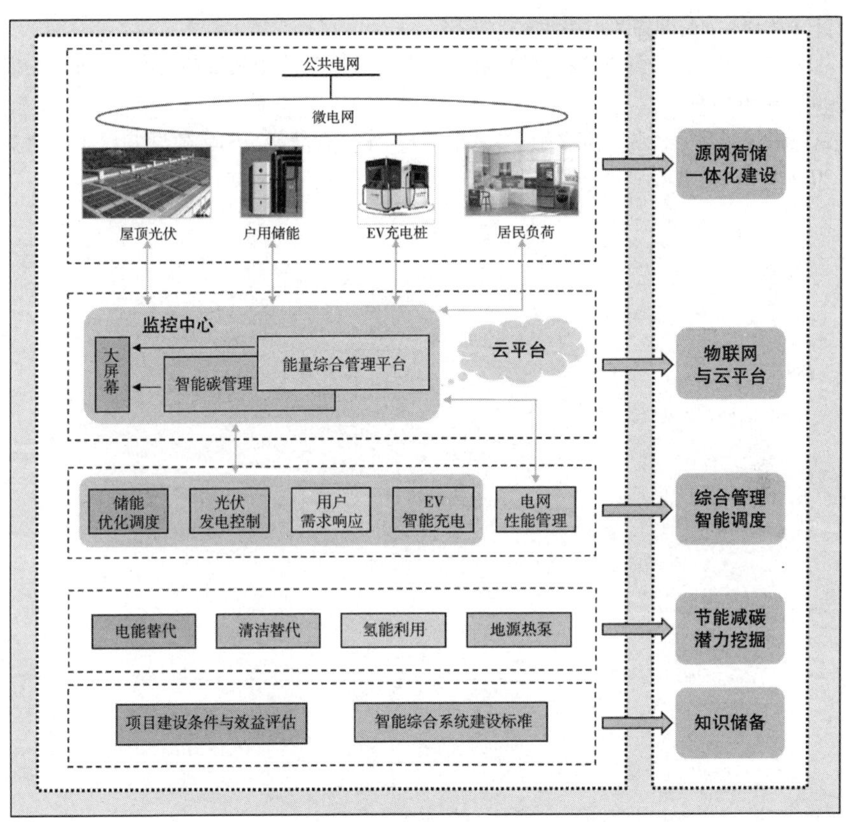

图 10　园区综合智慧能源技术路线

资料来源：国家能源集团。

参考文献

张耀军、张军保、邵阳：《“互联网+智慧能源”的技术特征与发展路径解析》，《中国管理信息化》2022 年第 6 期。

刘畅、胡盼哲、陈姗姗、刘维民、朱靖：《智慧化能源服务的实践应用》，《中国电力企业管理》2022 年第 15 期。

马玉、侯艳丽：《综合智慧能源赋能“新基建”》，《能源》2022 年第 6 期。

刘霞：《综合智慧能源管理系统架构研究》，《黑龙江环境通报》2022 年第 2 期。

李志远、郑志昆：《“互联网+”智慧能源发展趋势预测》，《中国新通信》2017 年第 19 期。

刘建平：《智慧能源产业政策研究与实践》，载苏树辉等主编《智慧能源产业创新发展报告（2018）》，世界知识出版社，2018。

陆王琳、陆启亮、张志洪：《碳中和背景下综合智慧能源发展趋势》，《动力工程学报》2022 年第 1 期。

黄红艳、张星、杨斐、范兴娟：《基于 5G 技术的智慧能源园区建设》，《中国高新科技》2021 年第 24 期。

B.9

交通运输领域推进新型基础设施建设的政策与现状分析

梁晓杰　刘 芳*

摘　要： 自2018年首次提出“新基建”后，交通运输领域通过发布顶层设计文件、组织开展试点示范工程等政策措施稳步推进新型基础设施建设。本文采用政策比较研究和典型案例分析等方法，从交通新基建的内涵和范围入手，对各地区推进交通新基建的政策措施以及交通运输部及各地交通运输主管部门出台的相关文件进行系统分析，总结交通运输领域新基建的现状和问题，提出未来推进建议，并对交通新基建发展进行展望。

关键词： 交通运输　新型基础设施　智慧交通　数字交通

交通运输领域是新基建的一个重要应用场景，5G网络、北斗、人工智能、大数据中心、新能源汽车充电桩等新技术，都与交通运输行业密切相关，交通新基建也逐渐成为行业和社会关注的热点问题。2020年以来，交通运输部相继出台《关于推动交通运输领域新型基础设施建设的指导意见》（以下简称《指导意见》）、《交通运输领域新型基础设施建设行动方案（2021—2025年）》（以下简称《行动方案》）等政策文件，指导交通新基建的发展。江苏、上海等地方政府或交通主管部门也纷纷出台相关行动方案、行动计划等，对本地区交通新基建进行谋篇布局。

* 梁晓杰，交通运输部科学研究院交通发展研究中心总工程师、副研究员，主要研究方向为港航物流、交通政策法规；刘芳，博士，交通运输部科学研究院交通发展研究中心副研究员、规划研究室副主任，主要研究方向为交通战略与政策、绿色交通。

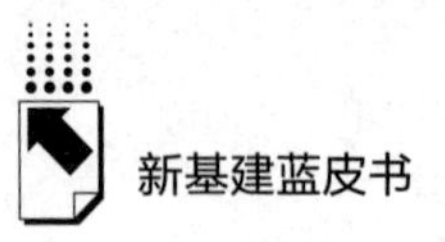

一　交通新基建的基本内涵

（一）内涵与范围

交通新基建是指铁路、公路、水路、民航等交通运输领域以先进技术赋能，使传统基础设施融入新要素、具备新功能、呈现新形态，能够有效促进交通基础设施网、运输服务网、能源网与信息网络融合发展的交通新型基础设施建设。与新基建的内涵相对应，交通新基建也包括 3 个方面的内容：智慧交通基础设施建设、助力交通信息基础设施建设和加强交通创新基础设施建设。交通新基建的内涵与范围如图 1 所示。

一是智慧交通基础设施建设。智慧交通基础设施属于融合基础设施建设的范畴，其核心基础是交通参与者的广泛连接以及交通信息的感知、共享与应用，为“人—车（船）—路（港）”等交通参与者提供安全与控制、基础设施运营、及时信息共享、运输管理和应急救援等服务，具体包括智慧公路、智慧铁路、智慧航道、智慧港口、智慧民航、智慧邮政、智慧枢纽和新能源新材料行业应用等。

二是助力交通信息基础设施建设。交通运输领域新基建的重点是助力国家信息基础设施的应用。比如，利用交通运输行业高密度交通信号和照明灯杆以及公路路侧位置，为 5G 基站等信息基础设施提供空间资源。建设综合交通大数据中心、为国家大数据中心与相关行业大数据中心等信息基础设施建设提供数据资源和应用场景，是交通信息基础设施建设的主要内容，也是发展交通新基建的基础。

三是加强交通创新基础设施建设。重点推进科技研发，主要包括交通运输行业重点实验室、重点研发中心、协同创新平台、交通基础设施长期性能观测网等重大科技基础设施建设。

（二）交通新基建与智慧交通等的关系

从交通新基建推进情况来看，智能基础设施建设是新基建最核心的内容，各地主要以智能交通、智慧交通和数字交通为重点进行推动。交通新基建与智

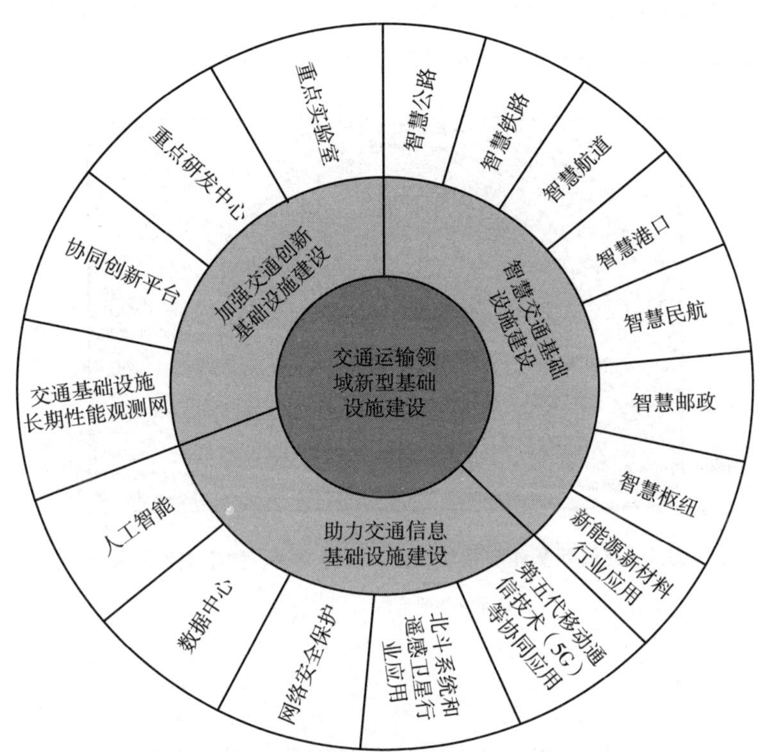

图1　交通新基建的内涵与范围

能交通等概念在边界和范围上高度相似，均以信息化、智能化等先进技术为依托，以交通运输基础设施相对完善为前提，以实现交通运输体系治理能力和服务水平提升为目的。

从基本内涵来看，交通新基建描述一个过程，智能交通、智慧交通和数字交通是一种状态。通过推进交通新基建，交通运输发展将逐步实现向智能交通、智慧交通、数字交通转变。从建设范围来看，交通新基建重点针对交通运输基础设施部分，同时包括数据中心和部分软件系统建设；智能交通、智慧交通和数字交通则关注整个交通运输系统建设，既包含硬件设施也包含软件系统。此外，与智能交通、智慧交通和数字交通相比，交通新基建通过信息技术与传统基础设施的深度融合、上下游行业间数据的互联互通、人车（船）路（港）云的高效协同，将交通生态化、交通新旧动能转化等内容纳入内涵范围之中，影响和意义更为重大。交通新基建与智能交通、智慧交通、数字交通的关系如图 2 所示。目前，交通运输行业具体工作中通常对上述四个概念不予区分。

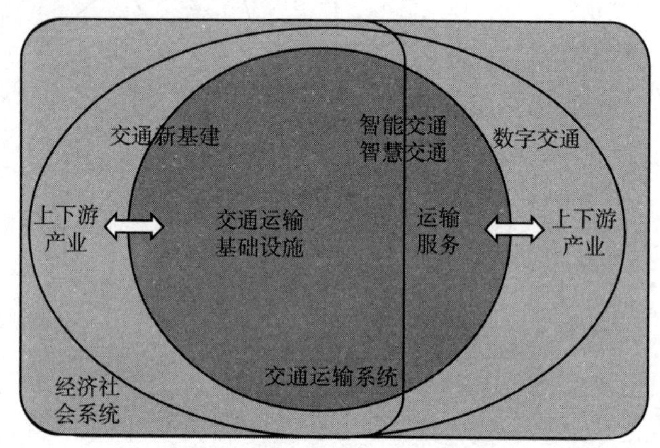

图 2　交通新基建与智能交通、智慧交通、数字交通的关系

资料来源：交通运输部科学研究院。

二　战略规划政策体系初步建立

（一）交通运输行业管理部门加强宏观指导

2019 年 9 月，中共中央、国务院印发《交通强国建设纲要》，明确提出要推动大数据、互联网、人工智能、超级计算等新技术与交通行业深度融合，推动数据资源赋能交通发展，大力发展智能交通。2020 年 8 月，交通运输部出台了《指导意见》，明确了 2035 年主要发展目标（见图 3），从智慧交通基础设施、信息基础设施建设和创新基础设施三大领域，提出了智慧公路、智能铁路和智慧航道等 14 项主要任务。2021 年 9 月，交通运输部制定《行动方案》，明确“十四五”时期交通新基建行动目标和主要任务（见图 4），提出了智慧公路、智慧航道、智慧港口、智慧枢纽等建设行动。同年 10 月，交通运输部印发了《数字交通“十四五”发展规划》，提出建设一体衔接的数字出行网络、推动城市客运智能化、建设多式联运的智慧物流网络等任务，推动提升交通基础设施运行效率和服务品质。

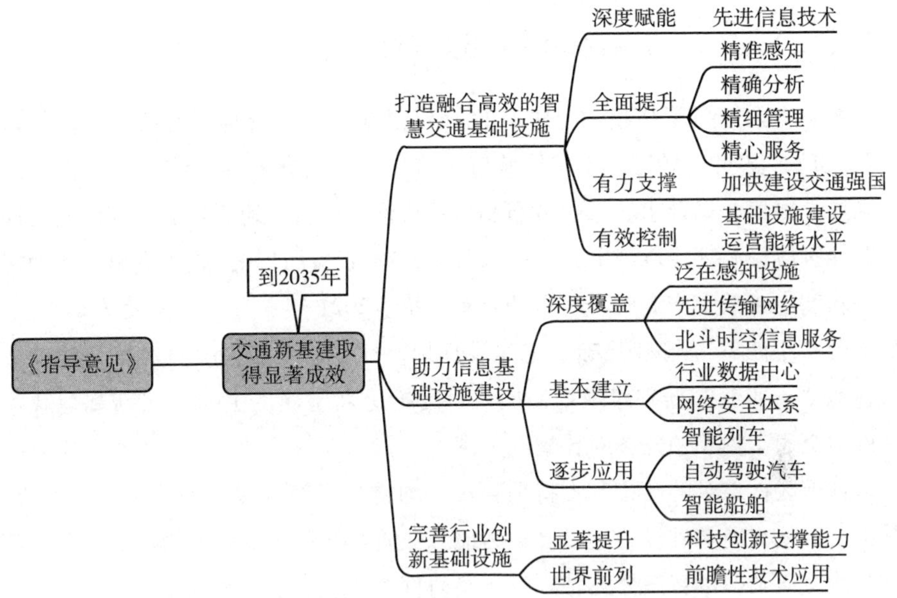

图 3　《指导意见》明确的 2035 年目标体系

资料来源：交通运输部科学研究院

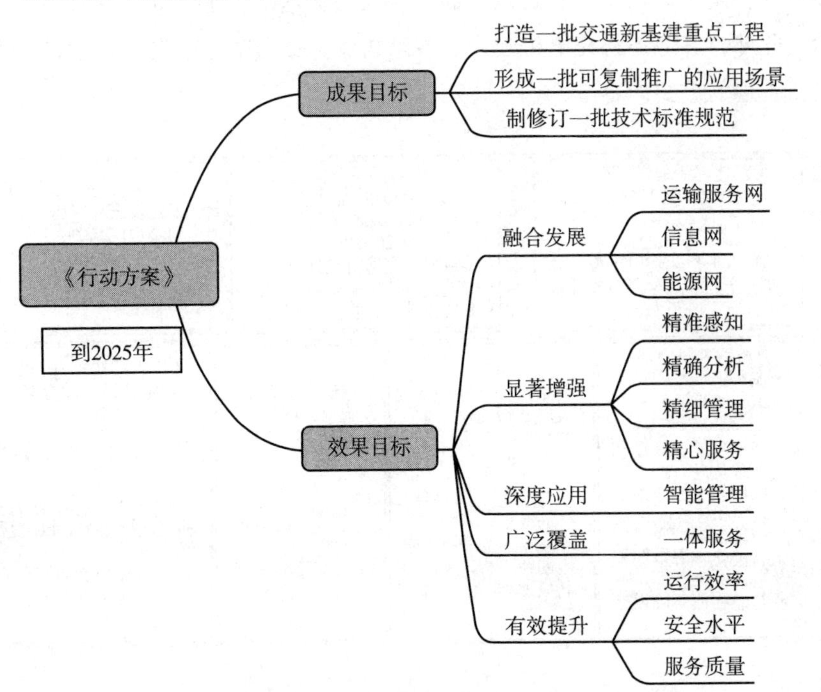

图 4　“十四五”时期交通新基建行动目标和主要任务

（二）地方政府谋篇布局交通新基建

按照中央加强新基建的要求，2020 年以来山东、吉林、上海、江苏等省（区、市），昆明、厦门、福州等城市，结合自身发展实际，综合考虑国家战略和重大项目布局要求、人口分布和城镇化格局现状、地区产业和互联网发展情况、区域资源环境承载能力等，以行动方案或行动计划形式，提出了本地区推进新基建或数字产业融合发展的政策举措。2021 年 3 月，国家发改委表示，将出台“十四五”新型基础设施建设规划，江苏、浙江、山西等多地陆续公布各地“十四五”新基建规划，加大力度推进新基建。主要地区新基建政策文件中交通运输相关任务对比情况见图 5。

各地区在出台的政策和支持项目中，均将交通新基建作为一项重要内容。其中，智慧交通基础设施建设已成为地方交通新基建必不可少的构成部分，而在智慧交通中，以智慧公路特别是车路协同为主，包含智慧港口、智慧航道、智慧机场、智慧客运枢纽等多个领域；交通信息基础设施建设相关内容，主要集中在综合交通大数据中心建设方面；交通创新基础设施方面，涉及内容相对较少。此外，各地还将充电桩建设、智慧物流、交通服务信息平台建设等作为交通新基建的重要内容。

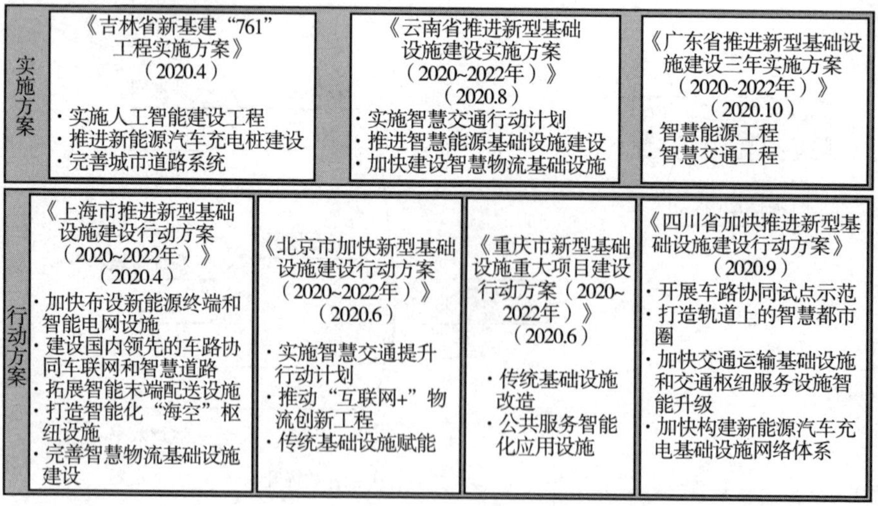

实施方案

《吉林省新基建“761”工程实施方案》（2020.4）
- 实施人工智能建设工程
- 推进新能源汽车充电桩建设
- 完善城市道路系统

《云南省推进新型基础设施建设实施方案（2020~2022年）》（2020.8）
- 实施智慧交通行动计划
- 推进智慧能源基础设施建设
- 加快建设智慧物流基础设施

《广东省推进新型基础设施建设三年实施方案（2020~2022年）》（2020.10）
- 智慧能源工程
- 智慧交通工程

行动方案

《上海市推进新型基础设施建设行动方案（2020~2022年）》（2020.4）
- 加快布设新能源终端和智能电网设施
- 建设国内领先的车路协同车联网和智慧道路
- 拓展智能末端配送设施
- 打造智能化“海空”枢纽设施
- 完善智慧物流基础设施建设

《北京市加快新型基础设施建设行动方案（2020~2022年）》（2020.6）
- 实施智慧交通提升行动计划
- 推动“互联网+”物流创新工程
- 传统基础设施赋能

《重庆市新型基础设施重大项目建设行动方案（2020~2022年）》（2020.6）
- 传统基础设施改造
- 公共服务智能化应用设施

《四川省加快推进新型基础设施建设行动方案》（2020.9）
- 开展车路协同试点示范
- 打造轨道上的智慧都市圈
- 加快交通运输基础设施和交通枢纽服务设施智能升级
- 加快构建新能源汽车充电基础设施网络体系

图 5　主要地区新基建政策文件中交通运输相关任务

（三）各地交通主管部门积极出台引导政策

2020 年 9 月，江苏交通运输主管部门印发《江苏省交通运输新型基础设施建设行动方案》，成为国内首个交通运输领域新基建行动方案。同年，河北、上海交通运输主管部门也相继印发行动方案，推动本地区交通新基建。2022 年 4 月，浙江印发《浙江省交通运输新型基础设施建设“十四五”实施方案》，提出全省交通新基建总体构架，加快推进基础设施、运输服务和智能装备向全要素、全周期数智化升级。此外，山东、广东、贵州、江西等地印发省级数字交通“十四五”发展规划，广西出台智慧交通“十四五”发展规划，通过数字交通、智慧交通，引领交通新基建发展，不断推进交通运输发展的智能化、智慧化。

由于江苏、河北和上海三地的方案，发布时间较早，并未局限于《指导意见》的任务方向，因此在目标和任务设置上各具特色。《江苏省交通运输新型基础设施建设行动方案》在目标设置和任务选取等方面更为超前，但并未纳入新能源新材料相关内容，而是增加了推动相关产业发展领域的内容；《河北省智慧交通专项行动计划（2020—2022 年）》并未使用新基建作为文件名称，但是，在领域选取上兼顾了新基建范畴，纳入了综合交通大数据中心等信息基础设施和创新基础设施，其在融合基础设施（智慧交通）领域主要侧重于智慧公路和车路协同，并未涉及水运、港口和城市交通等领域；《上海市交通行业推进新型基础设施建设三年行动方案（2020—2022 年）》从智能终端设施、智慧交通系统、数字化治理模式三个方面引出主要任务，纳入了管理平台、出行服务平台等，未纳入新能源新材料及创新基础设施相关内容。《浙江省交通运输新型基础设施建设“十四五”实施方案》，遵照交通运输部《指导意见》和《行动方案》的文件要求，全面覆盖了融合基础设施、信息基础设施和创新基础设施，同时，将融合基础设施即智慧交通基础设施作为重点进行推进，并且突出多元化融合发展理念，提出到“十四五”末，成为全国交通新基建先行区的发展目标。各地交通新基建相关政策对比如图 6 所示。

文件名称	实施期限	发展目标	主要任务
《江苏省交通运输新型基础设施建设行动方案》（2020.9）	到2025年	·智慧交通基础设施实现网络化运营 ·全要素感知、全过程管理、全方位服务能力全面提升 ·科技创新能力和水平继续走在全国前列 ·运行高效、便捷顺畅、绿色集约、智能先进、安全可靠的交通新型基础设施发展格局基本形成	·打造先进可靠的交通信息“新网络” ·建设融合高效的智慧交通“新设施” ·形成协同创新的科技研发“新集群” ·建成一体高效的政务服务“新平台” ·促进赋能交通的新兴技术“新应用”
《河北省智慧交通专项行动计划（2020—2022年）》（2020.10）	到2022年	·智慧交通建设取得显著成效 ·基本建成综合交通运输大数据中心体系 ·实现交通运输基础设施数字化、信息基础集约化、行业治理现代化、运输服务一体化	·推动数字化交通基础设施建设行动 ·推进综合交通大数据发展行动 ·强化现代化交通综合治理行动 ·打造一体化出行服务行动 ·开展智慧交通应用示范行动 ·实施科技创新能力提升行动

《上海市交通行业推进新型基础设施建设三年行动方案（2020—2022年）》（2020.12）	到2022年	·通过终端扩容，提升交通资源的可用性 ·通过应用协同，提升交通系统的高效性 ·通过系统优化，提升交通治理的全面性	·聚焦新领域，建设新型交通终端设施 ·融合新技术，打造智慧交通应用系统 ·依托数字化，创建孪生交通治理模式
《浙江省交通运输新型基础设施建设"十四五"实施方案》（2022.4）	到2025年	·交通新基建总体架构基本形成 ·基础设施、运输服务和智能装备向全要素、全周期数智化升级 ·成为全国交通新基建先行区	·打造综合交通数据大脑 ·建设智慧公路网 ·建设智慧港航网 ·建设智慧轨道网 ·建设智慧枢纽和园区 ·深化交通新能源设施协同建设 ·深化与5G、北斗系统协同建设 ·提升交通科技创新平台能级 ·培育多元化融合场景应用

图6　各地交通新基建相关政策对比情况

三　加快试点示范促进落地实施

（一）各地持续推进试点工作

随着交通运输部顶层政策文件的发布，交通新基建的推进路径逐步明晰，但是，相关配套标准规范尚未建立，交通新基建仍处于探索阶段。从各地推进情况来看，东部发达地区积极性较高，加大资金投入、开展先行先试，在智慧公路、智慧港口、智慧航道等工程建设和标准制定等方面取得了显著成果；中西部地区也将交通新基建视作传统基础设施赋能的重要手段，但是，迫于资金压力和技术先进水平，主要以试点方式进行推动。

江苏省交通新基建主要依托沪宁智慧高速、京杭运河智慧航道、魏村智慧船闸等一批建设项目，推进沪宁高速、五峰山过江通道接线等智慧公路，南京港、太仓港等智慧港口，谏壁船闸智慧船闸，无锡硕放机场智慧机场等试点示范工程，从规划设计、建造养护到运营管理，实现全要素、全周期数字化水平提升；开展5G+北斗导航、5G+南京港集装箱龙门吊智能化改造，人工智能+货车源头治超等一批应用项目，支持5G、北斗系统、高分遥感、区块链、人工智能等技术在交通领域的融合探索及应用；自主研发集装箱TOS系统、散杂货PORTS系统等，已在南京港、苏州港、扬州港、太仓港、江北集装箱码

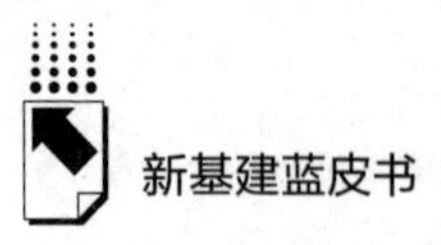

头等开展试点应用；建成新一代国家交通控制网试点工程和智能商用车领域国家级检验中心。

山东省持续为传统基建赋能，推进新建高速公路、高铁、码头等实现数字化交付，加快完成既有基础设施数字化升级改造，构建交通运输“新基建”网络，基本实现交通运输基础设施全要素、全周期、全区域数字化建设。京台高速泰安至枣庄段成为全国最长智慧高速，发挥好先行先试作用，2022 年底前，济青中线潍坊至青岛段智慧高速示范项目将伴随主线通车完成；创新型干散货码头智能管控平台和智能空中轨道集疏运系统在青岛港上线运行，顺岸开放式全自动化集装箱码头在日照港建成；鲁南高铁实现 5G 网络全覆盖，山东跨入全面“5G”高铁时代。

山西省以智慧化为主线，以推动形成双循环新发展格局为导向，坚持创新引领、赋能协同、先行先试，积极发展交通创新技术基础设施，推进智慧公路、智慧客运枢纽、智慧物流园区以及智慧系统工程等重点项目建设。重点依托青银二广高速公路太原联络线及太旧西段工程，推进智慧高速公路项目；依托普通国道一级化改造，研究长治市国道环线公路自由流收费；以智能网联重载货运车路协同交通强国建设试点任务为依据，加快构建智能网联重载货运车路协同创新体系。

（二）智慧公路成为先行先试主战场

智慧公路作为现代信息技术与传统公路基础设施融合发展的产物，是当前交通新基建持续发力、快速推进的重要领域。智慧公路建设包含新建公路基础设施数字化建设和既有公路基础设施的数字化改造两个方面。2018 年 2 月，交通运输部印发《关于加快推进新一代国家交通控制网和智慧公路试点的通知》，启动北京、江苏、浙江等 9 个省（区、市）的智慧公路试点工程，明确了基础设施数字化、路运一体化车路协同等重点内容。

杭绍甬智慧高速公路是浙江省乃至全国智慧高速公路建设总体推进计划中的标杆性工程，建成通车后将全面支持自动驾驶、自由流收费、电动车持久续航等功能，大数据中心、新能源充电、5G 基建以及人工智能等新基建，都会在智慧高速公路上有所体现。同时，还将设置自动驾驶专用车道，进一步提升未来智慧高速的空间。因此，杭绍甬“智慧公路”，除了具有智慧高速公路基础设施外，还需要建设智慧高速云控平台，支持具备车载控制功能的车辆实现自主运行，支持自动驾驶车辆在队列控制及自由行驶功能之间随意切换。

石渝高速是“老路”智慧改造升级的典型代表，通过对G5021石渝高速涪陵至丰都段既有高速公路进行智慧化升级改造，面向长隧道、特大桥、长下坡、急弯、团雾天气、积水、上下行车道分离等全场景路况，通过安装使用350余台C-V2X RSU车路协同系统，400余套路侧感知、计算、显示设备，结合车、路、网、云、图、位六大要素，打造了一条集智慧高速公路基础设施和智慧云控平台在内的新型高速公路。该项目具备稳定的通信网、集约高效的管理服务信息系统和高科技安防设施设备的技术核心，能够有效保障路方及交管部门快速发现事故并及时处理，全面实现道路状况的可视、可测、可控，保障安全行驶和高效出行。

（三）智慧港口建设提档加速

港口作为交通运输的集结点和枢纽，是水路运输行业的关键设施，成为人工智能、自动化等技术落地的重要场景。2016年，我国第一个自动化码头——厦门远海自动化码头已经建成投运，之后上海洋山、青岛前湾、天津五洲国际、日照石臼等全自动化码头相继建成。随着港口与“新基建”技术的融合，智慧港口建设进程不断加快，重点围绕基础设施建设、码头生产作业、生产调度指挥、口岸和客户服务、全过程安全管理、多式联运降本增效等，构建创新的应用场景，推进港口高质量发展。智慧港口建设思路如图7所示。2020年之后，河北、江苏等地发布了智慧港口建设方案，推动打造智能码头，发展智慧物流，加快港口转型升级，实现现代港口的“信息化+智能化+数字化+自动化+管理+服务”。

2022年7月，天津港北疆C段集装箱码头全流程自动化升级改造项目全面竣工，“智慧零碳”码头建成。天津港智能化集装箱码头通过自动化岸桥、轨道桥以及智能闸口等动态扫描技术，自动识别船只、集装箱和车辆的信息，结合智能水平运输机器人（ART）等水平运输装备，实现了整个码头自动化运行，能够满足世界最大集装箱船只的靠岸和作业。码头整体的智能调度和操作由智能管控系统完成，可实现全局最优调度，码头作业全部实现无人自动化。同时，码头建立两台风力发电机，为码头运转提供源源不断的清洁能源。

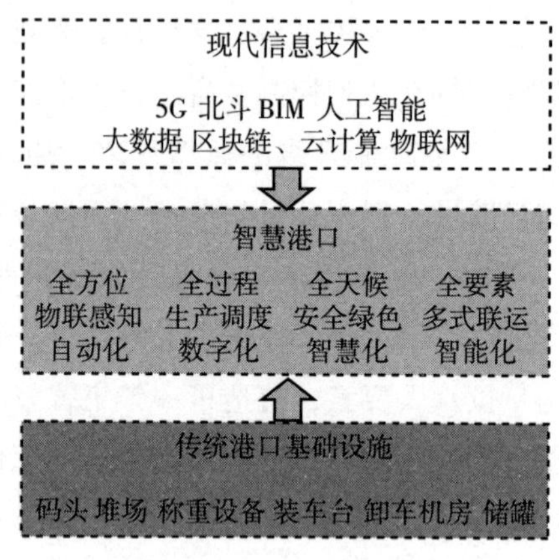

图7　智慧港口建设思路

天津港“智慧零碳”码头实现单日12条线全部开满，陆运方面收提箱效率同步提升，车辆平均滞场时间仅11.5分钟；实现了高效自动化作业，平均作业效率提升20%以上，平均单箱能耗下降20%，综合运营成本下降10%；实现绿色能源系统并网发电半年，二氧化碳减排量超9650吨，节约标煤超3075吨。智慧赋能、绿色发展，加速了天津港现代化转型升级，助推国际枢纽港地位不断提升，助推天津经济实现高质量发展，真正成为保障经济运行的“稳定器”“压舱石”。

（四）智能航运试点先导启动

智能航运由智能港口、智能航道、智能船舶、智能监管和智能服务五个要素组成。2021年11月，交通运输部印发《关于组织开展自动驾驶和智能航运先导应用试点的通知》，明确了智能航运领域的试点内容，包括沿海航行、内河（含运河）航行、港区作业、特定场景和综合测试。具体而言，鼓励综合应用远程操控、自主航行等船舶智能航行技术，在特定航线开展货物运输船舶智能航行应用示范；支持成熟智能化技术在景区客运船舶中应用，探索开通自主航行观光游览水上巴士，提供交旅融合的智能航运科技体验服务等。

西部陆海新通道（平陆）运河智慧航道工程以平陆运河重大工程为依托，谋划开展创新型智慧航运样板工程，重点推进智慧运河数字化管理平台及泛在感知网络的布局建设，构建智慧运河信息管理中枢，服务运河全生命周期管理，积累形成可视化、可追溯的数据资产，实现从传统航运向数字化、智慧化方向升级，提升运河建设和生产管控能力；建立航道全要素立体化监测体系，综合利用卫星遥感、激光、雷达等遥感技术及常规监测手段，实现对航标、水位、水下地形、桥梁净高、船闸、船舶流量、船舶位置、通航环境等航道相关要素的空天地多维智能感知；本着“互联网+、智慧船闸、最多跑一次”的理念，采用移动互联网、船舶智能感知、移动支付、云计算等前沿创新技术，建设平陆运河船闸联合调度系统并与西江流域已有船闸联合调度系统实现对接协同，有效提高平陆运河船舶调度和过闸效率，改善船舶待闸状况；以交通要素数字化为基础，以航道基础设施信息化为载体，以交通运输数字化应用为目的，开展“一个平台、四大系统、两个中心、一套体系”建设，实现北斗、5G、人工智能等新一代信息技术与交通运输深度融合与创新发展，推动传统航运智慧化升级。通过建设该智慧航道，平陆运河将打造国内首个“数字孪生”运河工程，赋能智慧航运建设；实现运河全生命周期精细化、数字化、智能化管理；实现“陆海空天”全要素立体化的运河感知监测；实现西江干线—平陆运河联合调度；实现航运枢纽及船舶通行一站式服务。

四　科技研发能力明显提升

（一）强化关键技术研发攻关

2021 年 8 月，交通运输部、科学技术部联合发布了《关于科技创新驱动加快建设交通强国的意见》（以下简称《意见》），加快新一代轨道交通、新能源与智能网联汽车、高技术船舶、航空装备、现代物流装备等自主研发及产业化。同时，通过确定交通运输行业重点科技项目清单支持智能技术研发，在智能交通、自动驾驶、车路协同、自动化作业等领域认定了一批行业研发中心，引领行业资源开展技术攻关。

山西省依托交通强国建设试点，加快推进智能网联重载货运车路协同项目创新技术研发，已在测试路段建设、车路协同系统建设、无人自动驾驶车辆研发等方面取得突破性进展。一是建成了基本满足试点要求的测试路段。在天黎高速五台至盂县段建成总长 15 公里的高速公路测试路段，在阳泉市开发区大连街建成总长 10 公里的城市道路测试路段，路侧设施配置基本达到了技术测试要求。二是搭建了数据标注系统。建成阳泉数据中心一期工程 16 万台服务器，初步构建了车路协同“数据大脑”。完成了边缘计算、监测、预警和实景三维数字孪生系统等路域信息感知、融合与车路交互技术设施设备的研发，并开展了园区周边无人驾驶车辆高精度地图数据植入。三是开展了应用场景细分和数据采集。研发了 L4 级自动驾驶车辆，分别在城市道路与高速公路测试路段累计开展了 5.8 万公里和 100 多个小时的在途车辆高精度寻迹与定位数据采集。初步搭建了智能网联货车场景数据库，细分场景 104 项，基本形成了智能网联货车编队技术解决方案。四是初步建立了车路协同管理制度和技术标准。编制出台了《阳泉地方智能网联车辆测试管理办法》《自动驾驶汽车车辆运营技术要求》《自动驾驶汽车自动驾驶功能测试方法及要求》等团体标准。

（二）深化技术发展推广应用

交通运输部和相关部门以智能网联汽车（自动驾驶）为抓手，推动智能交通技术发展和应用。2021 年 7 月，工业和信息化部会同交通运输部、公安部制定《智能网联汽车道路测试与示范应用管理规范（试行）》，进一步支持自动驾驶技术应用。交通运输部依托道路运输车辆达标管理制度，积极推进车道偏离预警、自动紧急制动等辅助智能驾驶技术在道路运输车辆上的应用。11 月，交通运输部印发《关于组织开展自动驾驶和智能航运先导应用试点的通知》，聚焦自动驾驶、智能航运技术，以试点为抓手、以应用为导向、以场景为支撑，促进新一代信息技术与交通运输深度融合。另外，交通运输部、工业和信息化部等部门在城市、高速公路等区域积极开展车联网新型基础设施建设和改造升级。

在交通运输部和各地政策的引导下，地方交通部门完成从指挥到服务、从“定项目”到“定规则”的角色转换，鼓励投融资渠道多元化，实现政府、企业和其他社会力量等多主体合作推动，将交通新基建打造成一个开放的平台，推动公共数据向社会主体深度有序开放。苏州落地无人物流、智慧泊车等多个应用场景；沪宁高速公路无锡段在重大节假日应用车道级主动管控系统，通行效率提升20%；南京禄口国际机场建设大数据共享服务平台，实现智能引路、刷脸值机、行李跟踪；南京小红山客运枢纽试点“5G+执法终端+车牌智能识别”技术，利用5G终端可以将通过营运车辆成功捕捉，并在两小时内完成后台数据比对，执法效率是传统巡查的10余倍。

（三）技术标准引领作用初步显现

根据《数字交通“十四五”发展规划》，交通运输行业在智能交通装备创新方面已形成了一定的技术积累和产业基础，认定了7家自动驾驶封闭场地测试基地，建成了一批行业重点实验室和行业研发中心，现行有效的交通运输信息化标准共计331项，数字交通和智慧交通技术标准体系初步建立。

在智慧公路方面，浙江省依托杭绍甬智慧公路，于2020年发布《智慧高速公路建设指南（暂行）》，江苏、宁夏、山东、北京、云南、甘肃、河南等相继以地方标准形式发布了智慧高速建设指南、普通国省道智慧公路建设指南。2021年12月，四川和重庆两地交通运输主管部门联合发布《智慧高速公路》系列标准，成为首批正式发布的地方标准。目前，交通运输行业正在积极谋划建立统一的智慧高速公路建设标准，以加快推进智慧高速建设。

在智慧港口方面，交通运输部已发布《自动化集装箱码头设计规范》（JTS/T174-2019）、《自动化集装箱码头建设指南》（JTS/T199-2021）等行业标准。2022年，中国港口协会发布《智慧港口等级评价指南 集装箱码头》（T/CPHA 9 - 2022）团体标准；深圳市正在编制《5G智慧港口网络建设规范》。

在智慧航道方面，交通运输部陆续颁布《内河航道信息交换标准》（JTS/T 184-2021）、《内河数字航道工程建设技术规范》（JTS/T 185-2021）、《内河数字航道建设工程质量检验标准》（JTS/T 267-2021）等行业标准，为全国内河航道数字化、智慧化工程建设与应用奠定了技术基础和框架。江苏省发布《江苏省智慧航道建设技术指南》，创新提出了江苏省智慧航道的建设目标、建设框架和建设内容。

智能交通相关技术标准的逐步完善，有利于加快行业数字化、智慧化进程，引导和规范交通新基建有序推进，为推动交通运输行业高质量发展提供技术支撑。

五 交通新基建展望

（一）加快解决交通新基建相关问题

1. 基本认识有待进一步深化

新基建的概念提出时间较短，尽管《指导意见》和《行动方案》已经出台，但仍有部分省级交通运输主管部门和企事业单位对交通运输领域如何推进新基建，智慧公路、智能铁路、智慧航道、智慧港口、智慧民航、智慧邮政、智慧枢纽等具体领域如何开展建设，交通运输新基建与智能交通系统的关系等问题，还存在认识不清晰、思路不成熟的情况，不利于相关工作的推进。

2. 融合发展水平较低

融合发展是新基建的一个重要方面，包括交通运输与信息技术的融合、铁公水航等各子行业之间的融合、交通运输业与上下游产业之间的融合等。虽然已经完成交通运输大部制改革，但铁路、民航、邮政等仍相对独立，特别是数据资源尚未进行有效整合。与生产、制造、商贸等环节的衔接效率均有待进一步提升。

3. 资金投入需求较大

根据交通运输部《推进综合交通运输大数据发展行动纲要（2020—2025年）》目标，在中性情景下，2020~2025年数字化投资占交通运输、仓储和邮政业固定资产投资的比例有望由6%逐年提升至10%。另外，中国银行研究院数据显示，未来在政策对新基建重点领域持续发力的情况下，新基建投资占比将可能逐步提高至15%~20%。仅就高速公路的智能化改造来看，其单公里建设成本从500万元左右到2000万元左右不等，按照我国高速公路里程16万公里推算，完成高速公路的智能化改造需要资金将达到8000亿~32000亿元。可见，资金投入能力是影响交通运输新基建推进的重要问题，对于中西部地区而言尤为突出。

（二）全方位保障交通新基建试点实施

1. 加强政策引导和标准约束

建议在《指导意见》的基础上，细化智慧公路、智慧港口、智慧航道和智慧枢纽等各领域的推进要求，研究编制统一的建设指南，分类指导，夯实交通运输领域基础设施数字化升级的基础。构建交通运输新基建标准体系，加快相关技术标准规范的编制过程，缩短新技术从研发到推广的周期。

2. 加强试点示范引领

对于车路协同等资金需求大且仍在探索过程中的新技术，建议制定试点方案、统筹布局，在政策、资金、人才等多方面加大支持力度，鼓励先行先试，同时，优化财政资金投入方向，对试点示范工作进行科学引导，避免各地盲目追求亮点，造成大量不必要的沉没成本。

3. 加强跨部门的信息共享

组织开展综合交通大数据中心建设，建立统一数据标准和数据共享机制，实现跨地区、跨部门和跨运输方式的数据共享与信息互联互通。研究建立与工业、农业、通信、互联网企业等数据资源部门间的数据开放共享机制，提高运输服务品质和物流效率。

4. 加强投融资模式创新

充分考虑新基建项目的属性和经济效益及与传统基建项目的关系等多种因素，分类施策。一是对于智能交通基础设施以及大数据中心等公共物品属性较强的领域，充分发挥财政资金的引导作用，并通过政府和社会资本合作（PPP）、基础设施信托投资基金（REITs）等创新投融资模式加大投入。二是在智慧客货运枢纽、智慧停车场、新能源车充电设施等具有盈利性的领域，积极引入社会资本，鼓励企业作为主体参与建设。

在交通运输部出台的《指导意见》和《行动方案》的指导下，交通运输领域新基建正在全国范围内如火如荼地推进。新基建与交通运输融合发展，未来将在智慧交通、自动驾驶、行业治理、公众服务等方面创造新的发展场景，实现对道路（港口、航道）、车辆（船舶）行踪的有效管理，促进“安全、便捷、高效、绿色、经济”的现代综合交通运输体系建设。但是，作为一个新生事物，交通新基建需要持续关注政府与市场的关系、增量与存量的关系，不断提升交通运输与信息技术、铁公水航等各子行业之间、交通运输业与上下游产业之间的融合水平，加快建立统一智慧公路、智慧港口、智慧航道等建设标准，平衡好建设资金需求量大与信息技术更新迭代速度快的关系，减少不必要的沉没成本，加快推进试点示范工程建设，及时总结经验，逐步向全国范围内推广。

参考文献

李印：《城市智慧交通评价系统研究——以西安市为例》，长安大学硕士学位论文，2017。

李晓峰、刘芳、杨雪英：《有效激发公路交通新基建新动能》，《中国交通报》2022年9月13日。

徐宪平主编《新基建——数字时代的新结构力量》，人民出版社，2020。

B.10

智能建造：建筑产业互联网赋能增效

任远　周正　王玥　孙倩　宋鹏*

摘　要： 在新兴产业互联网背景下，泛建筑行业需要不断提高组织效能、拓展行业赋能边界、深化关联上下游企业、加速数字化转型升级。本文从通用协同及专业协同两大场景出发阐明建筑产业互联网的创新和价值。其中，通用协同场景包括团队协同、目标协同、知识协同及沟通协同，可赋能组织提效及目标达成。专业协同场景包括再造研发管理模式、再造生产管理模式和再造经营管理模式，可驱动业务模式创新变革。建筑产业互联网实现了真正有生命力的数字新生态，可助力建筑行业成为新时代下我国新基建的重要应用。

关键词： 建筑产业互联网　通用协同　专业协同　新基建

一　建筑产业互联网概况

近十年来，得益于城市化进程的推进、政策的支持以及城镇居民收入水平的上升，建筑产业规模实现了持续的高增长，诸多新挑战也随即而至。对比十年前，当今建筑行业面对的客户类型显著丰富、市场纵深显著变广、周转节奏显著加快。在这些新的挑战下，绝大部分建筑企业暴露出生产方式粗放、管理流程繁杂、协同方式低效等短板。这些短板成为限制企业发展的瓶

* 任远，博士，龙湖集团龙智造行业解决方案专家，主要研究方向为智慧建造；周正，龙湖集团龙智造行业解决方案负责人，主要研究方向为智慧建造；王玥，龙湖集团龙智造解决方案专家，主要研究方向为研发设计；孙倩，龙湖集团龙智造解决方案专家，主要研究方向为项目管理；宋鹏，龙湖集团龙智造解决方案专家，主要研究方向为智慧运维。

颈，拖慢了建筑产业自身发展的速度，阻断了建筑产业与其他产业的协同发展。

为了补足上述短板，许多遇到瓶颈的建筑企业开始扩大研发投入，借助外部力量提升应对挑战的能力，其中就包括以互联网为代表的高新技术。建筑产业高增长的十年也是中国互联网发展的黄金十年，尤其集中在个人消费领域。互联网的繁荣培育了大量先进的互联网技术和人才。随着消费市场的成熟完善，这些技术和人才逐渐向其他领域渗透，尤其是向以建筑业、制造业等传统行业为代表的第二产业迁移。经过众多先锋建筑设计、施工和房地产开发企业多轮实践，依托互联网，将人工智能和大数据等前沿技术领域的人才组建成专门的数字化团队，或与这些领域内的优秀数字化企业、机构合作，打造 SaaS 化的建筑产业互联网产品及服务，利用新技术新思想完成数字化转型，再造生产方式和业务流程，实现能力的提升，逐渐被证明是一条可行的道路。

当前建筑产业互联网的主要用户是空间建造人员、空间运营与服务人员、供应链上下游服务人员和行业客户（见图 1）。他们在互联网平台上进行组织协同、从事生产建造、进行企业经营管理。在实践过程中，这些产业人员不断尝试打破传统业务流程，重组组织架构，重构业务模型，探索出了地产开发、商业投资、租赁住房等领域一系列成功的场景实践，实现了生产和管理环节的降本提效，越来越多的企业加入建筑产业互联网。

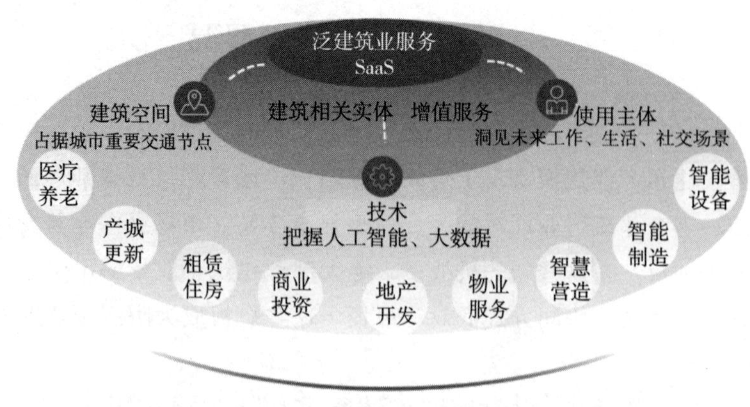

图 1　建筑产业互联网基本架构

资料来源：龙湖集团。

当前建筑产业互联网的主要应用场景是产业内各类组织间的协同。建筑产品的生产和经营是跨专业、跨部门、长周期的复杂活动，单一组织无法完成从土地获取、方案规划、方案设计、建筑施工到销售、交付和运维阶段的所有工作，这一漫长过程需要借助多专业、多阶段、多类型的不同组织间的复杂协同实现。本文将不同组织不同阶段均涉及的协同场景称为通用协同，其余的场景称为专业协同，第二部分介绍了通用协同场景下建筑产业互联网的创新和价值，第三部分介绍了专业协同场景下建筑产业互联网的创新和价值。

二　建筑产业互联网下的通用协同

建筑产业互联网的通用协同场景包括团队协同、目标协同、知识协同、沟通协同等，它们是产业内大小组织的运转基石，对于组织效率和目标达成有极其重要的作用。传统情形下，建筑产业内的企业、单位和机构主要采取竖向的树形组织结构，组织结构上的每个岗位拥有固定职责，遵循相对标准的工作流程，依赖现场会议沟通解决问题，使用纸质文件进行信息交流和留存。组织规模越大，上述特征就越鲜明。这种协同模式存在诸多问题，包括但不限于以下方面。

（1）沟通成本高昂。建筑项目的参与方多、持续时间久、跨越地域多，过程中需要组织大量会议沟通、汇总文件和信息，成本高昂、冲突解决效率低。

（2）壁垒难以打破。组织内不同专业、不同部门、不同地域之间的合作面临信息交换、工作习惯和管理制度上的壁垒，这些壁垒由组织利益各异、岗位职责固化、工作方式不同和沟通交流不同频等原因造成且难以打破，限制了通过合作实现项目或经营突破的许多可能。

（3）精准决策成本高。组织的关键信息和数据文件分散在不同部门、不同公司的业务系统或档案中心，基于数据进行精准决策需要人员定期进行数据汇总和清洗，成本高昂，可靠性难以保证。

（4）决策落地缓慢。面对市场和政策变化做出的高层经营决策，在组织向下穿透的过程中由于层级过多而落地慢，执行过程中易出现力度衰减和方向偏离等问题。

（5）人员效率低下。组织内和组织间沟通成本高昂，人效低，例如管理的项目体量小、对接的合作方数量少、管理或服务的人数少。

（6）数据资产遗失。项目结束后，图纸、变更记录、生产数据归档不规范，合同、决策纪要、成本清单等文件未结构化，即使归档也难以检索，再加上建筑产业人员流动频繁，导致大量的历史数据遗失，未形成可利用资产。

互联网以较低的成本将组织、人、信息快速地互相连接在一起。通过将数据结构化、流程线上化，建筑产业互联网打造了团队、目标、知识、沟通四位一体灵活、敏捷的通用协同模式，如图 2 所示。

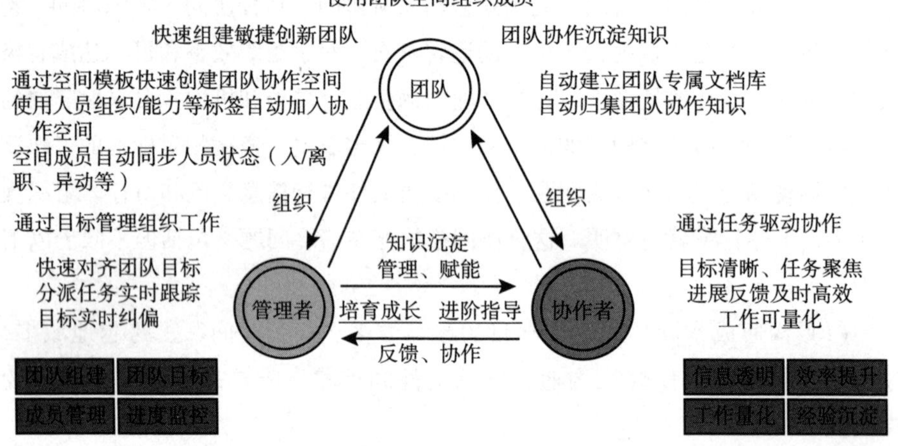

图 2　基于建筑产业互联网的通用协同模式

首先，网络化的协作工具为团队构建了线上空间，团队成员可以在同一个空间中基于共同的目标异地异时进行分布式协作。其次，可以打破团队空间职能或组织壁垒，将内部组织人员和组织化管理的外部员工囊括到一起，基于共同的目标形成诸如特战队、敏捷小组的柔性组织，通过团队空间内的在线文档、任务流和即时通讯平台迅速开展协作。最后，在协作过程中个人工作基于团队目标（如报建、竣备、开业等）分解并对齐，管理层可以实时纠偏，以减少风险并提升达成率。在目标、沟通、知识协同的基础上，团队之间以紧密连接的方式高效运作，完成各种业务场景下的任务。以下分别介绍建筑产业互联网下的团队、目标、知识和沟通协同模式。

（一）基于建筑产业互联网的团队协同

根据团队组建或解散时间点的不同，活跃在建筑产业内的团队类型基本可以分为项目团队、职能团队和专项团队。项目团队以建筑项目的筹划为起点，以项目的结项为终点，主要作用是促成项目目标的达成。职能团队是以固定的工作职能将具有相似技能的人组建到一起而产生的团队，主要作用是在组织内部完成稳定的工作或任务。专项团队是针对某一重要工作任务而组建的临时性团队，专项团队在任务目标达成后即可解散。

传统协作模式下，项目团队的主要问题是人员变动导致的交接不到位和管理人员难以客观精确评价项目人员的工作表现。在数字化技术的加持下，建筑项目在团队空间中协同，项目的会议、文档、图纸模型和任务均实现了线上流程，保证了历史工作记录、历史事件可查、可追溯，有效避免了人员变动交接不到位导致的重要信息遗失。管理人员基于团队空间中的留档数据对每个人的工作成果进行客观、精准评价。

传统协作模式下，职能团队的主要问题是高层管理者难以获取一线项目的进度和反馈。传统的做法是，通过专人定期收集数据，与项目负责人电话沟通或通过例会机制听取汇报。这一方式效率低下，且严重滞后。然而通过团队空间赋能，职能经理可以在线上实时获取项目和职能人员的工作进展并可视化反馈。难以对地区间短期调动的职能人员进行客观评价也是一个痛点，不仅职能组织上各级人员的目标难以对齐，产出的成果也不能及时同步。然而通过团队空间赋能，目标任务可以在线上直接对齐并通过职能和项目看板呈现达成情况。关键目标可以与在线任务挂接，实现目标达成情况的量化追踪为评价提供有效依据。

传统协作模式下，专项团队面临的问题主要有：专项团队负责人确定难。由于大型组织的职能壁垒和人员流动性大，选人难、快速融入工作难。此外，专项团队常以异地远程协作形式开展工作，工作任务的布置和反馈面临时间难以协调、信息难以同步等问题。另外，专项团队成员专项工作多、工作散乱、难以沉淀成体系，需要花费大量额外的时间整理才能内部汇报或对外输出。在

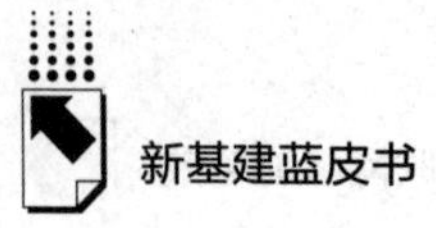

线上化的团队空间赋能下，负责人可以先基于同类专项团队的历史留存捕捉到合适的人选。人员确定后，通过设定的目标、积累的文档和可视化的进度快速熟悉工作。工作开展后，可以借助任务分发、领取的机制，配置合适的任务可见范围，让成员主动领取任务，促进资源高效利用。与任务相关的沟通反馈记录、文件和图纸模型将自动留存在团队空间中，积累的成果与目标挂接，有助于快捷地归档及检索，辅助个人价值总结。

（二）基于建筑产业互联网的目标协同

传统建筑企业一般采取 KPI（Key Performance Indicator，关键绩效指标）或 BSC（Balanced Score Card，平衡计分卡）的方式对组织和个人制定工作目标或进行业绩考评，这些方式存在以下问题。

（1）目标设定频率低，组织响应变化能力差。对于大部分组织来说，目标年度或半年度设定一次，团队之间、团队成员之间目标不协同将导致市场、政策或组织战略发生变化，需要花费大量精力相互协调，调整成本高。

（2）目标可视程度差，风险难以把控。KPI 或 BSC 基于事后分数对工作成果进行评价，但从工作过程到工作成果的数量关系具有不确定性，KPI 或 BSC 难以客观衡量工作是否到位，尤其是无法获知支持职能的工作是否到位，不能提前暴露工作中的风险。

（3）目标难以链接战略，影响主动创新。对于敏捷型组织或创新型组织，由于方向的前瞻性或未来的不确定性，具有挑战性的战略目标往往难以拆解为具体的 KPI 或 BSC，或用具体的 KPI 或 BSC 反而会限制主动创新和突破。

（4）跨地区或职能的目标缺少支撑。对于跨地区或职能的团队合作，制定 KPI 或 BSC 受到工作界面的限制，目标缺少实际支撑，缺少落地可行性，难以开展工作。

OKR（Objectives and Key Results，目标与关键结果）方法是产业互联网中越来越多的组织采纳的目标管理方法。OKR 方法的核心思想可以概括为“上下同欲、工作聚焦、过程辅导”。OKR 方法可以帮助公司和团队明确组织的“目标”，并将每个目标拆解为一系列可衡量的“关键结果”。组织内上下层之间的目标要求相互对齐，互相吸收。成员的个人目标会自上级或团队的目标拆解而来，团队的目标也会吸收成员目标中的好主意。OKR 一般每季度制定一次。使用 OKR 方法可以将组织上下层级的方向对齐，将关注重心聚焦在工作本身而非制造指标，并且关键结果一般可以在过程中进行把控和监督，降低风险。

利用数字化手段，建筑产业互联网为组织提供便捷高效的目标管理工具，这些工具一般提供以下功能。

（1）快捷创建目标。可按周、双周、月、季度、半年、全年等时间节点快速创建，并迅速将信息共享至责任人。

（2）目标树可视化。形成可视的目标树，并可随时查看最新目标。

（3）链接战略，提升组织效率。团队目标链接战略目标，成员目标对齐团队目标，做到目标聚焦，成果明确。

（4）自动继承上级目标。继承上级目标，检查合作团队是否对齐共同的目标，减少不到位的合作沟通。

基于 OKR 的目标过程管理，可以实时获取反馈并进行调整，以达到以下效果。

（1）激发团队活力。增加成员在组织目标与战略目标达成中的参与感，成员可获得及时反馈。

（2）实时调整目标。组织人员可以实时获取包括创建目标、随时修改、同步工作任务的完成情况等权限，获取动态反馈和评价。

（3）目标及关键成果在线可视。自动抓取和汇集员工行为和任务进展，降低会议前的准备工作量。

（4）责任人明确。线上调整所有目标，目标可落地、可追踪。

在实际落地应用中，可以结合 BSC、KPI 等量化考核手段和 OKR 目标管理手段，达到组织目标管理的最优效果，如图 3 所示。

（三）基于建筑产业互联网的知识协同

成熟的组织需要不断沉淀和传承，包括实行的制度、最佳实践和经典的学习资料等。以往建筑企业的知识散落在个人电脑、网盘和云盘，甚至是脑海里，未形成可靠沉淀。个别信息化程度比较高的企业建立了专家库或知识库，但因需要专人维护、跨地域跨职能重复建设、数据不通等原因失去实用性和时效性。

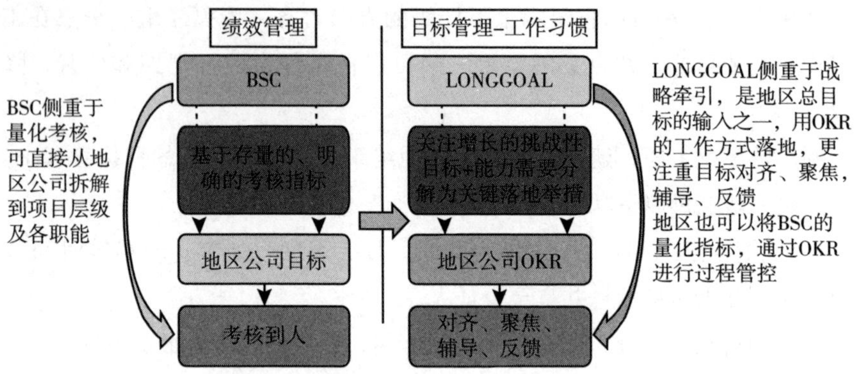

图 3　目标管理与量化考核的配合关系

基于建筑产业互联网的组织会对知识进行结构化管理，将碎片化的知识数据整合集成到一起，并依据知识库构建各部门各岗位的学习培训计划，为成员构建迅速成长的平台。知识协同有助于成员成长和团队能力提升，降低培训成本、提高工作效率、减少重复劳动。

（四）基于建筑产业互联网的沟通协同

建筑行业使用电子邮件和即时通讯软件（例如微信、QQ 等）进行线上沟通的方式极大提升了沟通效率，但对于大型组织而言，还存在以下痛点。

（1）信息噪音多，工作重点不明确。同时沟通的事件增多时，群消息数量巨大，导致判断信息的重要、紧急程度难，工作注意力不聚焦，重要消息容易遗漏。

（2）信息不流通，需要人工处理。沟通中需要借助截图、链接等方式交代上下文，沟通的结果若形成结论或决策，需要进行人工处理，中间环节多，处理效率低，易遗漏或造假。

（3）链条不完整，没有形成反馈闭环。通过邮件或即时通讯软件交流重要的工作事项时，管理者往往希望交流过程能实现从“发布”到“响应”再到“反馈”的闭环。然而在微信等群聊中，信息查看不及时容易遗失，新增成员信息断篇，信息发布者难以统计信息是否传达到位。

建筑产业互联网在此基础上对通讯平台进行改造，搭建了团队沟通平台。

团队成员可以基于业务数字化系统中的单据，例如任务单、审批单或文档发起单独沟通和决策，沟通过程作为信息挂接在单据上自动留痕便于追溯，沟通的结果通过调用机器人对话和智能语音系统，在对话界面快速完成常规业务的智能处理。智能对话机器人自动将单据作为上下文发送到对话中，对话参与人一键即可访问。对于需要长期展示且可反馈沟通的信息，团队成员可以选择发布“团队动态”，所有成员都可将外部资讯、内部制度、工作日报、最佳实践等内容分享至“团队动态”中，通过回复功能及团队成员交流，统计传达情况。

三　建筑产业互联网下的专业协同

如果说通用协同是支撑产业内大小组织运转的基石，那么专业协同可以说是决定组织向上发展高度的骨架。相比通用协同场景，专业协同场景的频次更低，但信息密度和重要性更大，对流程、权限和角色有更明确的要求，重组与变革所面临的反作用力也更强。经过实践，建筑产业互联网实现了模式再造，创造了研发管理、生产管理和经营管理等专业协同场景。

（一）再造研发管理的模式

建筑产业的研发管理主要是指对建筑产品设计过程的管理，包括对设计标准、设计方案、设计进度和设计成果的管理。建筑研发管理需要业主单位、设计单位和生产单位共同参与。研发管理的痛点是设计周期短、设计质量低导致的生产变更多，进而导致产品造价超出成本。为此，企业通过内部创新和外部吸收，将 BIM（Building Information Modelling，建筑信息模型）技术、IPD（Integrated Product Development，集成产品开发）模式等先进技术思想引入研发管理中，在研发协同、产品迭代、流程管理和成果交付等多个环节实现了创新。

1. 基于 IPD 的研发协同

IPD 是将参与方、系统、业务结构以及实践经验集成为一个过程的产品交付模式，在这个集成过程中，参建方可以充分发挥自身能力，通过各个阶段的通力合作，最大限度地提高生产效率，减少浪费，从而创造更大的价值。面对

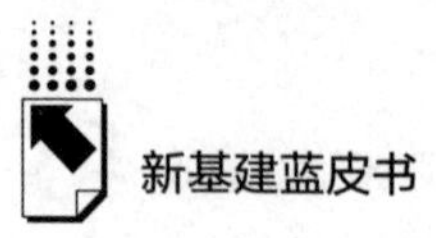

复杂的建设工程项目，采用IPD模式可以显著优化设计，控制设计变更数量。基于BIM技术建立的产品信息模型是整个产品研发和生产过程中最重要的信息载体。使用BIM技术进行产品数据交换和设计可以大大提升沟通效率和设计质量，并且增强产品信息表达的可视化程度。基于BIM技术搭建的协作共享信息平台可以贯穿整个项目建设周期。在复杂项目中，以BIM技术为载体的IPD管理模式能够使项目的收益最大化，保障各方利益。

具体而言，在建设前期，首先，由设计单位完成BIM设计模型的搭建，同时参建的施工单位、监理、材料供应单位也应跟进。参建各方在BIM管控平台上根据自己的权限和工作内容不断补充和更新相关的信息数据。基于模型和信息的协作模式，可以大大减少沟通协调时间，施工单位、监理单位提前参与可以减少施工中的设计变更，有效控制工程造价，为项目计划、成本和质量管理保驾护航。

2. 客户数据驱动的产品迭代

建造成本高昂，在研发阶段精准获知客户对建筑不动产的需求，合理分配成本，对建筑产业，尤其是研发企业十分重要。对于传统的企业，客户对不动产的评价原声往往很难直接获取，需要通过置业顾问了解或研发回访等方式收集转述，不仅信息量少，颗粒度粗，获取周期长（方案确定后2年），并且零散片面，无法用于产品研发的系统性分析和迭代优化。另外，传统客户洞察采用问卷方式，客户在自我保护和压力下表达不自然，难以真实表达关注点及需求。因此，研发人员需现场跟踪销售环节，直接获取客户反馈信息，占用大量时间精力，信息整理工作繁重。

运用产业互联网和物联网（Internet of Things，IoT）技术通过IoT探针可解决以上难题。即利用拾音设备无感采集客户原声，通过自然语言处理算法，将客户原声转译为结构化语义文本后进行数据分析，获知客户敏感点和产品设计缺陷，并将分析结论形成看板（见图4），更能以VR（Virtual Reality，虚拟现实）的方式展示在产品的可视化模型上，为研发人员进行产品定位、复盘和新一轮的设计迭代提供简单便捷的工具。

相比传统问卷方式，客户原声采集数据量更大，算法分析处理的效率更高，数据和结论在线存档可实时调用。数据均是对客户在参观过程中的自然交流状态下实时采集和分析，更无感、更真实、更有效。

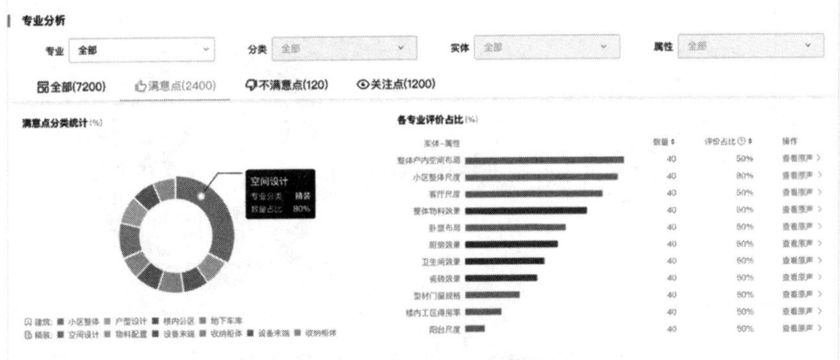

图 4　客户数据看板示例

3. 基于 PLM 的研发流程管理

当前建筑产业研发流程面临跨地区产品信息不流通而导致的标准化程度低、研发人员日常事务性工作繁杂、研发人员工作量不在线、难评价等问题。这些问题限制了研发环节的精益化管理，使建筑研发难以做到产品标准化、业务结构化、业务评价实时化。为实现控本增效的目标，需要提升上述环节效率，首先需要为研发管理人员提供强大的线上流程平台。

PLM（Product Lifecycle Management，产品生命周期管理）平台是研发管理统一平台，承载了产品原型从诞生到项目应用再到设计迭代的全生命周期流程（见图 5）。PLM 平台将内外部用户（研发经理、专业经理、项目其他职能经理、设计供方）的设计协同工作线上化，并提供专业的研发工具和知识，支持设计供方上传项目级图文、指标等资料和管理方在线审核，可以提供准确的项目设计进展、人员分布数据来识别风险，通过总结分供方成果质量评价数据识别优秀分供方。

通过上述功能，PLM 实现了设计流程在线化和产品在线化。通过项目设计流程在线化，可以为研发提效赋能，研发人员可方便地调用产品原型，卷积内外部用户进行设计协同，并智能推送知识。通过产品在线化，研发人员可以便捷获取封装产品和优秀产品，在新产品中复用，实现项目的快速落地。基于 PLM 进行的研发流程，可以消灭协同中的低价值工作，同时产生项目、人员、供方、产品的生产数据。经过平台的自动统计分析，可以为管理者提供决策依

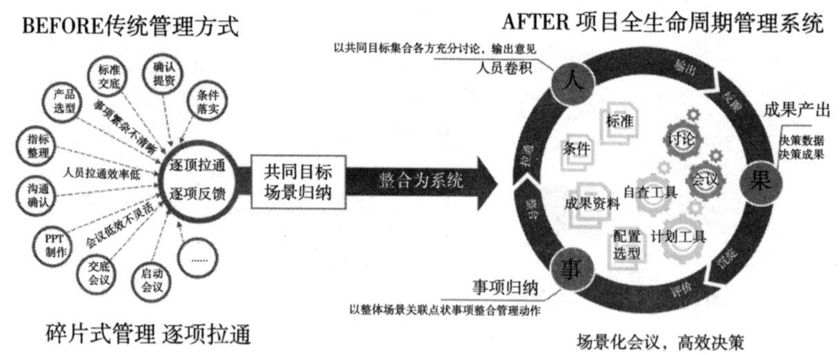

图 5　传统管理模式（左）和 PLM 管理模式（右）

据，不断提升研发效率及质量。

4. 基于 PDM 的研发数据资产管理

传统的建筑研发流程虽然注重成果的交付，但并不强调成果的存档和整理。设计成果尤其是图纸和模型也没有得到妥善留存，不仅会导致后续新项目实施过程中需要利用已有成果时花费大量精力查找，更容易发生成果的遗失、造成经验的浪费。传统的设计成果以非结构化非语义的形式存储，再利用成本比较大，需要大量的人工处理数据填报工作。

BIM 模型将设计成果的信息以结构化的方式存储在计算机中。这些数据包括呈现外观的几何信息和描述产品元件属性和关系的非几何数据。基于 BIM 模型可以实现产品数据管理（Product Data Management，PDM）。即使用规定的设计工具，基于给定的模型标准和设计标准，让设计方进行设计，并将用 BIM 模型表达设计成果。设计过程中有关产品外观和属性的参数自动以结构化的方式存储在计算机上，并可以通过网络技术和数据库技术实现设计方、建造方、运维方之间的数据交换和提取。提取的数据可以实现诸如设计审核、统计分析、指标计算和自动设计等场景，发挥出研发数据资产的价值。一般地，建筑产品按照物理结构的楼栋、楼层、区域、户、房间、构件进行组合和拆解，BIM 模型能够按照这一层级结构存储数据，并借助统一的数据分发平台（即产品主数据平台），实现产品数据在不同阶段、不同职能之间的继承流转。相比传统方式，基于 PDM 的研发数据资产管理可以显著减少产品研发数据的反复录入，打通研发数据到建造数据、运维数据的断点，为数据再利用、积累高质量产品大数据提供前提。

以上模式也依赖两方面基础设施的建设。第一，建设产品模块库，预先封装各种颗粒度的产品，并将优秀项目案例沉淀反哺。将产品模块打上标签后加密上传，支持产品检索，实现项目和产品的精准匹配，保证产品信息的安全。在建模时可快速调用封装好的空间模块提升设计效率。因为封装时就已经进行过 BIM 模型标准及数据标准的检查，因此可以保证建立的模型能够用于各类数据分析和应用场景。第二，建立数据标准。因 BIM 模型的数据提取程序是事先设定好的，为了降低程序改动的成本，使不同 BIM 模型解析出的数据具有同样的含义，需要事先约定好统一的数据标准和检查工具。数据标准中规定了模型数据的分类体系和属性集，检查工具能够自动检查 BIM 模型并列出不符合数据标准之处。只有基于统一的数据标准，BIM 模型才能实现不同职能、不同系统之间数据的流转和共享。

（二）再造生产管理的模式

典型地产开发项目的完整周期可以分为投资拿地、方案设计、虚拟建造、物理建造、产品销售、产品交付和服务等 7 个阶段。其中，生产管理主要涉及物理建造阶段的供应链管理和工程管理。这一阶段周期长、管理复杂、参与方多，管理模式粗放，变更、延期、事故频发，成为制约建筑产业发展的最主要环节。

建筑产业互联网基于数字化手段打造了生产方和管理方协同参与的新型建造体系。在新型建造体系下，生产方基于物联网和数字化工单进行生产协同，管理方基于各种动态计划进行生产管理，利用数字化手段减少或者替代部分人工工作，尽可能提高生产和管理效率，做到结果评价到人。

建筑生产协同主要依赖建筑供应链和工程的紧密协同。供应链基于项目需求进行招标规划及招投标。定标供应商进场后按照合同内容进行现场施工作业。传统项目现场生产依靠项目部的生产例会组织，生产例会上会沟通进度、质量、安全等事项，在生产工序完成后需要监理和甲方单位组织验收，在里程碑节点还要进行支付。上述环节涉及多方协同，传统模式中产生大量的发货单、沟通单、验收单和变更单，环节繁杂，数据混乱容易丢失。数字化工单将所有单据线上结构化，可以实现规则派发、移动端填写和结果的线上留痕。各类单据的实时状态和关键数据支持在不同系统之间自动流转，形成进度、存货、质量、安全看板，实现工程现场的数字孪生。同时，借助物联网技术还可以实现发货单、验收单等与材料、实体相关的单据的自动填写和派发，不仅极大提升了协作效率，也实现了数据的真实反馈。生产协同平台支持具体如下场景。

（1）采购订单管理。工程建造供应商材料全过程线上流转，各节点进度实时跟踪，可进行风险监控及预警。

（2）变更签证管理。变革签证全过程线上流转，实现了审批自动化，并可实现线上监控风险与审查合规性。

（3）工序验收管理。基于线上反馈的工序进度自动生成验收单，可在线结构化记录验收结论与遗留问题，不合格项直接触发预警与即时沟通，方便移交与索赔。

（4）供应商评价及盘点。基于项目实现对供应商的合作评价，基于评价对供应商定级，实现资源的优胜劣汰。

建筑生产管理主要是将工程实际与项目计划对照，找出偏差，并及时采取措施进行控制，以达到交付目标的过程。建筑生产的主要计划包括供应商的招标规划、与供应商签订合同的合约规划和项目的施工计划。传统管理模式下，计划主要起指导性作用，实际项目进展过程中突发事件普遍，计划往往难以及时调整，导致最终成本及进度失控。建筑产业互联网提供了动态计划工具，将招标规划、合约规划和进度计划在线化，并通过算法规则支持预警与动态调整。供应链和工程人员只要按照项目实际情况在线上管理平台中发起各类业务动作，例如上报进度、发起验收、申请支付，平台就可以感知实际进度并与计划对比，从而计算风险并给出调整建议。具体地，生产管理平台支持如下场景。

（1）招标过程。招标全过程线上化、资料电子化、招标进度实时跟进，权限到人，降低招标风险。

（2）合同管理。合同履约全过程管理，过程透明可追溯；合同电子化关键内容自动抓取，降本增效；建立审核模型，降低合同风险。

（3）支付管理。从供方请款、付款申请、共享审核、凭证生成到资金支付，全业务链线上化。进行数字化管控，如匹配运营节奏测算年度预算、月滚动支付计划、产值驱动支付，多维度规避支付风险、提升资金效率等。

（4）工程计划。基于空间和工序在线编制工程计划，支持穿插逻辑，并设置预警规则。

（5）进度日报。移动端填报施工进度，并填报验收结果，进度数据自动计算产值，作为请款支付的前提条件。

建筑产业的生产逐步向精细化管理转变，人效、进度和质量安全控制水平也不断提升。

（三）再造经营管理的模式

建筑产业依托数据进行经营管理，经营盘面是产业管理者最重要的经营管理工具，其主要价值在于数据驱动运营管理。通过整合项目及职能业务和管理数据，提供关键指标数据看板给委托方决策者与执行者，使其快速识别风险、提升决策效率，帮助执行者快速定位任务、提高管理精细度。

然而建筑产业的数据颗粒度较粗，一般只到项目层级，大量数据依赖人工收集汇总，时效性不强，真实性存疑。产业内各专业、各职能、各地区的统计标准和口径存在较大差异。相比制造业，建筑产业的经营管理模式较为落后，主要困难有以下几方面。

（1）经营盘点缺少统一抓手。区域级、分模块的核心数据分散，部分口径未统一、使用代价较高、时效性较低、评价体系缺少统一归口与抓手。

（2）经营盘点分析效率低下。缺少与区域级、分模块的管理方法论相匹配的实时分析及可视化看板，盘点分析效率较低。

（3）经营管理及策略规划异步。管理决策缺少实时、全面、有力的数据抓手，策略的执行落地存在信息差与时间差。

（4）经营管理目标对齐困难。缺少综合盘点的透视分析工具，存在信息盲区，且对集团型企业尤为明显，最新经营策略的铺排响应存在信息差与时间差。

大数据技术为经营盘面提供了数字化的指挥中心，可以打破传统项目上报数据、各层级汇总、会议决策的模式，直接从各职能使用的业务系统中收集一线数据，运用大数据分析出各项经营指标，实现了经营管理的业务流程重组。一个房地产企业经营盘面指挥中心的架构和运转逻辑如图 6 所示。

在建设经营盘面指挥中心的过程中，需要聚合各部门业务达成核心共识，

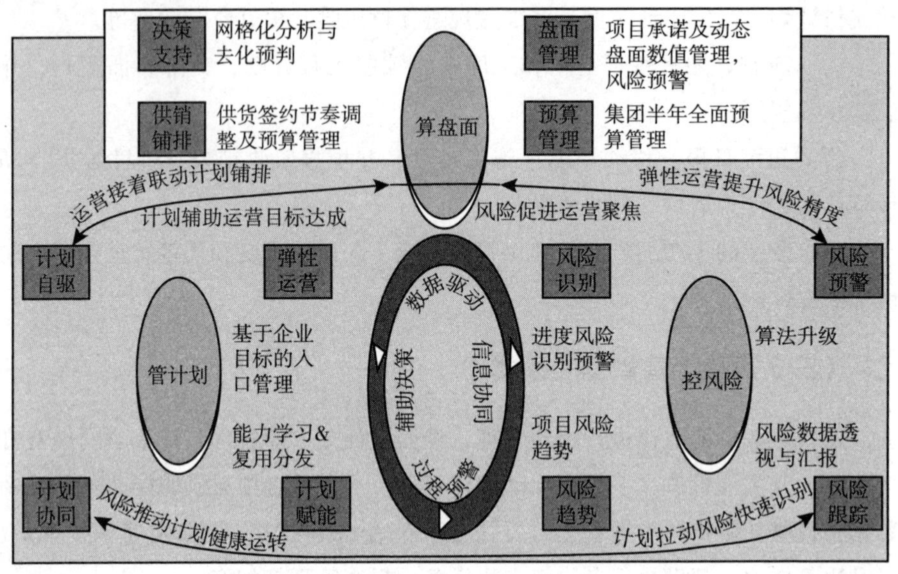

图6　某房地产企业经营盘面指挥中心架构

资料来源：龙湖集团。

充分考虑客户分析、财务、投资、设计、工程、营销、供应链、人力等多业务部门的共性和个性需求，进行统一设计，打通各职能部门的数据口径、数据关系及分析逻辑，实现企业整体模块经营战略的多维度指标总览。基于经营盘面指挥中心的经营管理模式相比传统模式具有如下优势。

（1）经营情况可视化程度高。相比报表等形式，数据以图表方式可视化呈现，可以迅速直观感知经营现状与趋势。

（2）支持交叉比对分析。基于打通好的口径，可以广泛进行跨职能、跨时间和多角度的交叉比对分析，透视经营短板及爆点，辅助针对性实时管理动作。

（3）实现及时的风险预警。在系统中植入报警规则或专家系统，在偏差达到阈值或预警条件时主动预警，辅助决策。

（4）大幅减少数据统计时间。数据通过系统自动抓取，员工统计并上报数据的时间大大缩短，可更专注于现场工作。

B.11

智慧农业：县域农业生产经营数字化发展研究报告

贾大猛*

摘　要： 智慧农业是农业现代化的重要内容和发展方向。本文阐述了智慧农业的概念、特征和发展面临的机遇与挑战；从县域层面分析了智慧农业发展的总体现状，进行了案例研究，并指出了智慧农业发展存在的问题；最后通过对国家关于智慧农业系列重要文件的分析，总结了智慧农业发展的重点任务和内容，并对县域智慧农业的发展提出了政策建议。本文认为，县域是智慧农业的主战场，当前正处于一个快速发展的战略机遇期，要加快“新基建”赋能智慧农业发展、数字化赋能乡村振兴，为农业全面升级、农村全面进步、农民全面发展提供强大动力。

关键词： 智慧农业　数字农业　乡村振兴　农业现代化

2018年9月25日，习近平总书记在黑龙江农垦建三江管理局考察调研时指出，中国现代化离不开农业现代化，农业现代化关键在科技、在人才。要把发展农业科技放在更加突出的位置，大力推进农业机械化、智能化，给农业现代化插上科技的翅膀①。总书记指出，可以瞄准农业现代化主攻方向，提高农业生产智能化、经营网络化水平，帮助广大农民增加收入②。《中华人民共和

* 贾大猛，中国农业大学中国县域经济研究中心研究员、副主任，主要研究方向为乡村振兴战略、农业经济与农村发展、现代农业产业园建设、智慧农业与数字乡村。

① https：//baijiahao. baidu. com/s？ id = 1722825875532322860&wfr = spider&for = pc.

② 《习近平在网络安全和信息化工作座谈会上的讲话》，2016年4月19日。

国国民经济和社会发展第十四个五年规划和 2035 年远景目标纲要》也提出，要加快发展智慧农业，推进农业生产经营和管理服务数字化改造；要完善农业科技创新体系，创新农技推广服务方式，建设智慧农业。2022 年，中央一号文件提出要推进智慧农业发展，促进信息技术与农机农艺融合应用；要着眼解决实际问题，拓展农业农村大数据应用场景；要加强农村信息基础设施建设，大力推进数字乡村建设。农业智能化、智慧化、数字化发展已成为我国农业现代化的重要目标和内容。

当前，5G、北斗导航、遥感技术、无人机、农业传感器、大数据等现代信息技术正在越来越多地应用于农业生产经营，以智慧农业为主要表现形态的农业智能革命已经到来，智慧农业也已成为各国现代农业科技竞争的制高点、未来农业发展的新业态①。智慧农业是农业信息化发展从数字化到网络化再到智能化的高级阶段②，让农业生产更加精准化、集约化和高值化，真正让农业插上了科技和智慧的翅膀，对农业高质量发展具有里程碑意义。

一　智慧农业的概念与特征

（一）智慧农业时代已经到来

随着现代信息技术和数字技术在农业领域的广泛应用，农业 4.0 时代已经到来。赵春江院士认为当前我国农业迈入了数字化的新时代，农业数字经济的发展和生产方式的重大变革即智慧农业③。他认为我国农业在经历了以人力和畜力为主的传统农业（农业 1.0），以广泛应用杂交种和化肥、农药的生物—化学农业（农业 2.0），以农业机械为生产工具的机械化农业（农业 3.0）之后，正向以信息为生产要素，以互联网、物联网、大数据、云计算、区块链、

① 赵春江、李瑾、冯献：《面向 2035 年智慧农业发展战略研究》，《中国工程科学》2021 年第 4 期。

② 赵春江：《促进智慧农业快速发展》，《经济日报》2022 年 5 月 18 日。

③ 国家农业信息化工程技术研究中心主任、中国工程院院士赵春江在 2022 世界 5G 大会主论坛上的发言。

人工智能和智能装备应用为特征的智慧农业（农业 4.0）迈进①。也有学者认为，1.0 是传统农业，2.0 是机械化农业，3.0 是数字农业或者智慧农业，4.0 是指未来的智能农业或者无人作业②。

但无论是农业 3.0 还是农业 4.0，智慧农业作为一种先进生产力，已经成为国内外现代农业发展的趋势，为我国农业现代化提供了强大动能，催生了数字农业、精准农业、无人作业等现代农业生产方式，并深刻影响和改变着农业农村生产关系，是我国全面推进乡村振兴和农业高质量发展的重要内容和抓手。

（二）智慧农业的概念

智慧农业从字面意思理解即用智慧的手段发展农业，它包含两条主线，一条是通过智慧的农业生产工具让农业生产过程更加精准化、科学化、高效化，即把现代信息技术与农业装备充分融合，使农业全生命周期都实现可控，从而达到自动化、智能化，乃至无人化；另一条是为实现智慧生产而必须准备的一些要素，比如要有适应的作物生产技术，要提前做好农田整治等。

赵春江院士认为智慧农业是以信息和知识为核心要素，通过将互联网、物联网、大数据、云计算、人工智能等现代信息技术与农业深度融合，实现农业信息感知、定量决策、智能控制、精准投入、个性化服务的全新的农业生产方式③，它整合了生物技术（以品种为核心，包括如何施肥、如何灌溉、如何打药、如何种植等）、信息技术、智能装备三大生产力要素。他认为智慧农业不是一个单纯的技术问题，而是多学科交叉产生的综合技术体系。李道亮认为智慧农业是物联网、云计算、大数据、空间信息技术、区块链、人工智能等新一代信息技术与现代农业种植养殖工艺及农产品加工、流通、交易、消费产业链深度融合的产物，是现代信息技术与农业生产、经营、管理和服务全产业链的“生态融合”与“基因重组”。殷浩栋等认为智慧农业是新一代信息技术与农

---

① 赵春江：《发展智慧农业　建设数字乡村》，《农村科技推广》2020 年第 6 期。

② 李道亮：《怎样建成我国的数字乡村?》，《新京报》2022 年 8 月 6 日。

③ 马成涛：《智慧农业　从实验室走向产业应用》，《安徽日报》2021 年 6 月 15 日。

业决策、生产、流通交易等深度融合的新型农业生产模式与综合解决方案，是数据科学、农业与商业知识、智能终端相互结合的有机整体①。曹冰雪等认为智慧农业是指利用大数据、云计算、移动互联网、区块链、人工智能等新一代信息技术，基于农业全要素、全过程、全生命周期数字化与互联化，形成以农业信息感知、定量决策、智能控制、精准投入和个性化服务为技术特征的现代农业产业形态②。

从以上相关专家对智慧农业的定义可以看出，利用新一代信息技术改造传统农业生产方式是智慧农业的一个重要内涵，具有狭义和广义之分，狭义的仅指农业生产阶段，广义的包括农业生产、加工、销售、服务等农业全产业链环节。吴彬、徐旭初认为智慧农业发展呈现从大数据技术渗透到农业全产业链，无人化、少人化迅速发展等趋势，农业产业数字化并不局限于农业数字化生产，而是农业全产业链的数字化转型发展③。本文将以农业生产环节的智能化发展为重点，兼顾农产品加工及销售、服务等环节，突出智慧农业发展的全产业链特点。

（三）智慧农业的特征

基于对智慧农业含义的认识，智慧农业具有以下特征。

1. 现代信息技术应用的集成化

智慧农业首先是一场技术革命，是多项信息技术集中应用于农业的一次生产力变革，比如传感器、卫星遥感、机器视觉、5G、人工智能、机器人、云计算等技术，这是发展智慧农业的前提。

2. 农业生产信息的数据化

为科学决策和智能控制提供基础支撑。农业生产是一个集土壤养分、大气环境、水环境等多重因素于一体共同作用的过程，通过现代信息技术的集成应

---

① 殷浩栋、霍鹏、肖荣美、高雨晨：《智慧农业发展的底层逻辑、现实约束与突破路径》，《改革》2021 年第 11 期。

② 曹冰雪、李瑾、冯献、何昉：《我国智慧农业的发展现状、路径与对策建议》，《农业现代化研究》2021 年第 5 期。

③ 吴彬、徐旭初：《农业产业数字化转型：共生系统及其现实困境》，《学习与探索》2022 年第 2 期。

用把这一过程变成一连串数据信息，再利用大数据和人工智能技术对海量数据进行加工处理，形成最优的动植物生长模型，从而实现农业生产全过程的智能化调控。数据化是智慧农业的核心，也是难点，没有数据就没有智慧农业，从而也衍生出了一种新的农业生产要素——数据。

3. 农业生产过程的智能化

人工智能、智能装备等技术与生物技术相结合，可以实现种养殖生产的精准化控制，从而摆脱自然环境和人力依赖，实现农业生产自动化、智能化调控，达到少人化或无人化。智能化生产的前提是标准化农业生产设施和技术模型的构建，这也是智慧农业倒逼农业生产条件改善的重要原因。比如，北大荒建三江目前正在推广的稻田格田化改造就是为大面积的智慧农业生产打好前提基础。

4. 农业生产经营的协同化

农业生产只是农业产业链的一环，生产出产品以后还有加工、销售等环节，从而提高农产品的附加值。一方面，智慧农业有助于实现农业生产的全程可追溯，通过标准化生产模型，农业生产各个环节更符合相关标准，从农产品质量安全监管水平得到。另一方面，农业生产信息与农产品市场信息、电商交易系统等环节形成有机整体，将有利于农业生产与经营、消费的协同化，避免信息不对称造成“谷贱伤农”。

5. 农业管理服务的高效化

一是智慧农业可以极大提高农业劳动生产率，一人种几十亩、几百亩甚至上千亩地已不再是难事；二是通过可视化、可量化的农业大数据平台，农业各生产要素的调配更加科学化，农业管理者、龙头企业、合作社、家庭农场、农户等主体皆可通过农业大数据终端系统为自己决策服务，使农业生产变得越来越简单。

目前，我国农业现代化已取得重大进展，2021 年，我国农业科技进步贡献率突破 60%，农作物耕种收综合机械化率超过 72%，主要农作物良种基本实现全覆盖，完成 9 亿亩高标准农田建设任务①，这些都为智慧农业的发展奠定了坚实基础。但随着城镇化的发展和农村老龄化率的提高，农村劳动力大量

① 唐仁健：《坚定不移走中国特色社会主义乡村振兴道路》，《求是》2022 年第 7 期。

转移的同时，实际耕作农民的平均年龄也在不断提高，大量年轻人不愿继续种地，未来“谁来种地、怎么种好地”已成为必须解决的问题；同时，资源环境约束越发趋紧，农业生产面临更严峻的挑战，这与人们日益增加的对高品质农产品的需求形成矛盾。发展智慧农业是应对劳动力短缺、人口老龄化、农业可持续发展的重要战略路径，具有精准、高效、高质的天然特点，能够带动农业从“传统生产方式”向“精准高效绿色方式”转变，从“过度依赖人工”向“以机器为主”转变，从“主观经验判断”向“大数据智能决策”转变①，从而实现农业的高质量发展。

二 发展机遇与挑战

（一）发展机遇

智慧农业是我国数字经济体系的重要组成部分，伴随着我国数字经济近十年的快速增长，智慧农业也迎来了快速的发展机遇期。

1. 政策机遇

党的十八大以来，国家大力推进智慧农业发展，一系列政策文件都对智慧农业做出了重要部署，智慧农业发展的政策体系已经构建。2017 年中央一号文件明确提出要“实施智慧农业工程，推进农业物联网试验示范和农业装备智能化”；2018 年中央一号文件提出要“大力发展数字农业，实施智慧农业林业水利工程，推进物联网试验示范和遥感技术应用”。2018 年后智慧农业被纳入数字乡村建设范畴，2019 年、2021 年、2022 年中央一号文件都提出了要发展智慧农业，并制定了《数字农业农村发展规划（2019—2025 年）》，对农业生产经营数字化建设进行了系统部署。《中华人民共和国国民经济和社会发展第十四个五年规划和 2035 年远景目标纲要》中提出要“加快发展智慧农业，推进农业生产经营和管理服务数字化改造”，并把“建设智慧农业”作为完善农业科技创新体系的重要内容。《“十四五”推进农业农村现代化规划》提出要“发展智慧农业，建立和推广应用农业农村大数据体系，推动物联网、大

① 赵春江：《发展智慧农业，建设数字乡村》，《农村科技推广》2020 年第 6 期。

数据、人工智能、区块链等新一代信息技术与农业生产经营深度融合。建设数字田园、数字灌区和智慧农（牧、渔）场”。此外，《乡村振兴促进法》《“十四五”数字经济发展规划》《乡村建设行动实施方案》《新一代人工智能发展规划》《数字乡村发展行动计划（2022—2025 年）》等多个国家政策文件都专门提出要发展智慧农业。目前全国已推进多个国家数字农业农村项目，创建了一批农业农村信息化示范基地。2021 年 2 月，农业农村部大数据发展中心正式成立，为农业信息化、大数据提供支撑和助力。

2. 市场机遇

2012~2021 年，我国数字经济规模从 11 万亿元增长到 45.5 万亿元，占国内生产总值比重由 21.6%提升至 39.8%①。总量稳居世界第二，其中 2017~2021 年，数字经济年均复合增长率达 13.6%，成为推动经济增长的主要引擎之一②。据中国信息通信研究院预测，到 2035 年我国数字经济规模将达 150 万亿元，占 GDP 比重 55%，达到发达国家平均水平。在此背景下，2020 年，我国农业数字经济规模达到 5778 亿元，预计 2025 年将达到 1.26 万亿元③，2035 年将达到 7.8 万亿元，2050 年达到 24 万亿元④。这是一个巨大的市场体量，正吸引着众多创新创业主体积极参与进来，催生了如“农业数字化技术员”等一批新职业。

根据中国互联网络信息中心《中国互联网络发展状况统计报告》，截至 2021 年 12 月，我国农村网民规模已达 2.84 亿人，农村地区互联网普及率为 57.6%，我国现有行政村已全面实现“村村通宽带”。2021 年全国农村网络零售额达 2.05 万亿元，比上年增长 11.3%，其中农产品网络零售额达 4221 亿元⑤，预计到 2022 年底，农产品电商网络零售额将突破 4300 亿元。数字乡村建设、智慧农业发展正掀起一场新的农业农村经济革命，这是一个巨大的市场机遇。

① 《【解码十年】中国掀起数字化浪潮》，央视网，http：//news.cctv.com/2022/08/20/ARTIZwiUedV8xQHtVvNE3pta220820.shtml。

② 国家网信办发布《数字中国发展报告（2021 年）》，2021。

③ 《农业数字经济规模 2025 年将达 1.26 万亿》，中华工商网，2020 年 12 月 18 日。

④ 赵春江：《加强农村地区数字经济新基建》，《证券日报》2022 年 8 月 22 日。

⑤ 《现代农业装上“数字引擎”》，《人民日报》2022 年 4 月 29 日。

3. 现实需要

未来“谁来种地”“怎么种地”“怎么种好地”是我国农业发展面临的重大战略问题。2021 年，我国常住人口城镇化率达到 64.72%，未来城镇化仍是发展趋势，仍将有大量农村人口涌入城市，目前已出现的“80 后”不想种地、“90 后”不懂种地、“00 后”不问种地等问题，已是不得不面对的现实①。传统的靠天吃饭、经验种植、人工生产等农业粗放的生产经营方式已不适应现代农业发展需要，也不能满足人们对高品质农产品日益增长的消费需要。在此背景下，更加精准化、科学化的种植养殖，让农产品更安全、更放心，将有利于提升农产品附加值，让农民收入更高、获得感更强。

4. 国际趋势

目前，智慧农业已成为世界农业发展的重要方向。美国 20%耕地、80%大农场实现了大田生产全程数字化，平均每个农场约拥有 50 台连接物联网的设备②；美国在 100 年间，农业从业人员从全部人口的 70%下降到 2%③。日本 2015 年启动了“基于智能机械+智能 IT 的下一代农林水产业创造技术”项目，正大力发展以农业机器人为核心的无人农场。欧盟提出未来欧洲农业发展方向是以现代信息技术装备为核心的“农业 4.0”④。智慧农业在全球主要发达国家迅猛发展，主要表现在以下领域：一是农业全产业链的大数据应用；二是智能装备的广泛应用，尤其是智能农机、无人农机的大力推广；三是利用大数据、信息技术大力改造农业生产设施，工厂化农业、智能设施农业应运而生，不仅极大提高了农业劳动生产率，也极大提高了土地产出率。

目前，我国不少地区将先进技术融入农业生产管理、农产品营销、质量控制、生态保护等环节，通过智慧农业工厂，产出率可达到传统大田的 30 倍（如番茄）。

（二）面临挑战

当前，我国智慧农业发展仍处于探索试验示范阶段，智慧农业在很多地方

---

① 《谁来种地？时代之问这里有解》，《半月谈》2020 年 4 月 27 日。

② 赵春江：http：//www.jhs.moa.gov.cn/zlyj/202004/t20200430_ 6342836.htm。

③ 李道亮：《怎样建成我国的数字乡村？》，《新京报》2022 年 8 月 6 日。

④ 赵春江：http：//www.jhs.moa.gov.cn/zlyj/202004/t20200430_ 6342836.htm。

都以示范区、示范基地形式出现，农业数字经济规模仅占我国数字经济总体规模的 1.5%左右，大面积的推广应用仍面临较多挑战。

1. 关键技术和装备匮乏

目前农业物联网应用多在环境信息感知和数据传输环节，终端的信息处理和智能控制应用环节较少，尚未形成农业物联网“感知—传输—处理—控制”的应用闭环。特别是低成本、高可靠的环境信息传感器，生命信息感知技术产品，适合农村不同地理环境的高通量、低资费的信息通信技术，支持闭环控制应用的终端技术亟待解决①。实施智慧农业离不开智能农机装备支撑。近年来，我国加大力度支持与推广全程、全面机械化，常规农业机械化率大幅度提升，2021 年底我国主要粮食作物耕种收综合机械化率达到 72%，但智能化率高端农机在农机总体规模中占比不到 10%，与发达国家相比，我国目前农机装备的智能化率水平仍有 10~20 个百分点的差距，这制约了农机装备的产业升级，同时也制约了智慧农业等新型产业的发展。

2. “产学研”转化机制不健全

智慧农业是一个综合性的系统工程，其技术研发需要考虑农业生产的周期性特点，还要结合外部自然地理等环境影响，对于研发主体尤其是企业来说，长期的经营绩效面临不确定性，投入大量资金研发后，却不能像工业技术产品一样大规模复制推广，效益低，导致企业研发主体不愿意、不敢投入。不少地方在实践过程中，主要依靠校企合作和自主创新，资金主要依靠企业自筹，实际产业化率不高。同时一些研究有时也容易脱离实际生产的需要，过于追求相关技术和设备的先进性，没有充分考虑我国农业经营主体的可接受性和现实需求。调研显示，有的地方已经形成了大量农业生产信息数据，但并没有很好地与相关智慧农业技术相衔接，造成了数据资源浪费。

3. 耕地细碎化问题突出

我国农田地块小，第三次农业普查结果显示，当前我国小农户仍占经营农户主体绝大多数，农业从业人员的 90%为小农户，全国 70%的耕地面积为小农户经营，经营面积 50 亩以下的小农户占比 95%以上，耕地碎片化程度高。小农户对传统生产方式存在路径依赖，加之使用成本较高，导致“不想用”，

① 李道亮：《智慧农业：中国的机遇和挑战》，《高科技与产业化》2015 年第 5 期。

同时也存在“不会用”等现象。另外，智慧农业基础设施建设具有一次性投入大、回报周期长等特点，很多智能设备因价格偏高很难大面积推广，导致智慧农业技术投入的边际效益低、经营主体应用积极性不高。

三　发展现状与问题

（一）发展现状

1. 县域智慧农业发展总体水平

《2020全国县域数字农业农村发展水平评价报告》（以下简称《2020报告》）显示，2019年我国县域数字农业农村发展总体水平达到36%，较2018年提升了3个百分点。我国县级农业农村信息化管理服务机构覆盖率达到75.5%。农业生产数字化水平达到23.8%，其中，种植业17.4%，设施栽培41.0%，畜禽养殖32.8%，水产养殖16.9%。

《2021全国县域农业农村信息化发展水平评价报告》（以下简称《2021评价报告》）显示，2020年全国县域农业农村信息化发展总体水平达到37.9%，全国农业生产信息化水平为22.5%。分行业看，畜禽养殖信息化水平最高，为30.2%，设施栽培、大田种植、水产养殖的信息化水平分别为23.5%、18.5%和15.7%。具体看：大田种植方面，在监测的11个主要农作物品种（类）中，棉花、小麦、稻谷三个作物的生产信息化水平总体较高，分别为40.2%、35.3%和33.9%。设施栽培方面，水肥一体化智能灌溉技术和设施环境信息化监测技术应用最为广泛。畜禽养殖方面，在监测的4个主要畜禽品种（类）中，家禽（鸡、鸭、鹅）和生猪养殖的信息化水平均超过30%，分别为32.9%和31.9%。水产养殖方面，在监测的4个主要水产品种（类）中，蟹类的生产信息化水平最高，为25.1%；虾类和鱼类的生产信息化水平分别为18.0%和16.5%，均高于水产养殖信息化水平；贝类最低，仅为4.7%。

2. 智慧农业技术加快推广落地

近年来，我国5G实现技术、产业、应用全面领先，高性能计算保持优势，北斗导航卫星全球覆盖并规模应用。人工智能、云计算、大数据、区块链、量子信息等新兴技术跻身全球第一梯队[①]。在此基础上，我国在智慧农业发展方面开展了系列部署，实施了一批重大应用示范工程，农业专家系统、农业智能装备、北斗农机自动导航驾驶等智慧农业科技取得了突破[②]。尤其是在土地流转、土地托管等多种形式的适度规模经营发展趋势下，具有自主知识产权的传感器、无人机、农业机器人等技术研发应用，集成应用卫星遥感、航空遥感、地面物联网的农情信息获取技术日臻成熟[③]。2021 年，我国全系统装备北斗导航设备作业面积 6000 万亩以上，全国累计创建 9 个农业物联网示范省份、建设 100 个数字农业试点项目[④]。此外，北大荒、山东、广东、江苏、黑龙江等多地无人农场、无人牧场、无人渔场由试验走向区域性示范，实现农场作业全过程的智能化、无人化、少人化，“万亩农场、一键管理”[⑤]。传统农业正在加快向智慧农业转变。

3. 农业大数据平台（中心）建设蓬勃开展

2021 年 2 月，农业农村部大数据发展中心正式成立，标志着我国数字农业发展进入加快推进实施阶段。从行业部门看，目前，我国生猪、棉花、大豆、油料、糖料等一批重要农产品全产业链大数据平台建设完成，陕西建设了国家级苹果产业大数据中心，重庆荣昌建成了国家级生猪大数据中心。此外，标准农田、农药兽药、新型经营主体等一批农业大数据管理系统上线；北斗卫星导航系统、高分辨率对地观测系统在农业生产中的应用进一步普及，海洋渔船动态船位信息全国“一张图”建成，数字农业基础进一步得到夯实[⑥]。从各地实践看，安徽、浙江、江苏、广西等地积极推进农业农村大数据建设，相继建成了大数据平台[⑦]。根据调研，目前农业农村部、财政部批准创建的 250 个

① 国家网信办发布《数字中国发展报告（2021 年）》。

② 赵春江、李瑾、冯献：《面向 2035 年智慧农业发展战略研究》，《中国工程科学》2021 年第 4 期。

③ 《数字农业农村发展规划（2019—2025 年）》。

④ 《现代农业装上“数字引擎”（深度观察・数字化为乡村带来什么）》，《人民日报》2022 年 4 月 29 日，第 18 版。

⑤ 康春鹏：《智慧农业建设的时代方位、突出亮点和问题建议》，《农村工作通讯》2022 年第 2 期。

⑥ 李道亮：《数字信息“大动脉”初步建成》，《经济日报》2022 年 3 月 2 日。

⑦ 康春鹏：《智慧农业建设的时代方位、突出亮点和问题建议》，《农村工作通讯》2022 年第 2 期。

国家现代农业产业园基本都已建成或正在谋划建设产业园农业大数据中心，产业园内农产品质量可追溯覆盖率平均达到80%以上，远高于全国农产品质量安全追溯信息化22.1%的水平，产业园农业生产经营信息化水平在区域农业发展中达到领先水平。

4. 智慧农业基础设施建设全面升级①

截至2021年底，我国已建成142.5万个5G基站，总量占全球60%以上，5G用户数达到3.55亿户，千兆用户规模达3456万户，行政村、脱贫村通宽带率达100%②。截至2020年底，我国已申请的IPv6地址资源总量达到54592（块/32），位居世界第二。我国已建成全球最大的窄带物联网网络，移动物联网连接数达到11.5亿，基本实现县城以上连续覆盖③，智慧农业建设的信息"大动脉"初步建成，为智慧农业发展奠定了坚实的基础设施条件。

5. 助推新产业新业态竞相涌现

随着农业经营网络化的发展，电商、直播、私人定制等新产业、新业态逐步繁荣起来。2022年中央一号文件提出，实施"数商兴农"工程，推进电子商务进乡村。数据显示，2017年全国农村实现网络零售额突破万亿元大关，2021年全国农村网络零售额达2.05万亿元。2020年全国县域农产品网络零售额为7520.5亿元，占农产品销售总额的13.8%④。农村电商的蓬勃发展，丰富了农产品销售网络，让农产品真正实现优质优价，拓宽了农民增收渠道。《2020全国县域数字农业农村发展水平评价报告》显示，2019年，行政村电子商务站点覆盖率达74%。乡村信息服务体系已经基本覆盖全国，全国共建成运营益农信息社45.4万个，覆盖全国80%的行政村。此外，定制农业、创意农业、认养农业、云农场等新业态、新模式方兴未艾，乡村分享经济逐步兴起，"互联网+"农业社会化服务加快推进⑤。

---

① 曹冰雪、李瑾、冯献、何昉：《我国智慧农业的发展现状、路径与对策建议》，《农业现代化研究》2021年第5期。

② 国家网信办发布《数字中国发展报告（2021年）》。

③ 《数字中国发展报告（2020年）》。

④ 《2021全国县域农业农村信息化发展水平评价报告》。

⑤ 《数字农业农村发展规划（2019—2025年）》。

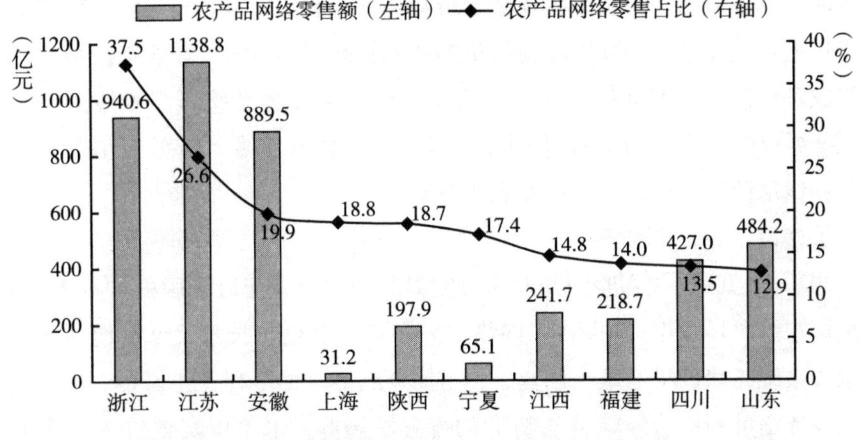

图 1　农产品网络销售占比排名前 10 位的省份

资料来源：《2021 全国县域农业农村信息化发展水平评价报告》。

（二）案例——建三江：智慧农业引领农业现代化[①]

建三江是北大荒集团下属分公司（原北大荒农垦总局分局），是国家现代化大农业示范区，近年来持续放大农业发展优势，立足国际智慧农业发展科技前沿，以加强创新性、引领性和应用性为建设核心，率先打造智慧农业先行区，在智慧农业建设上取得了举世瞩目的成就。

1. 建设了农业产业大数据云平台

2017 年以来，以国家首批农业物联网应用示范项目为契机，与东北农大、八一农大、上海联适等高校、企业合作，先后建立了七星、红卫、胜利、二道河等 6 个农业智慧管理服务平台。2022 年对现有平台进行整合构建了横向打通“智能感知—智慧决策—精准实施”跨域业务断点、纵向贯通“分公司—农场—种植户”的一体化平台：一是建立数字化、信息化技术和控制作业装备高度集成系统，实现农业广域空间分布的资源、环境和生产管理信息的高效实时采集、监测、科学分析处理；二是基于测土数据提供土壤养分图、处方图，结合农机实现变量施肥；三是基于高分辨率卫星及无人机遥感数据提供叶

① 本案例资料由北大荒集团建三江分公司提供，笔者有删减。

龄诊断、长势监测、病虫草害预警、产量预估、收获决策等，为农事决策提供科学依据；四是基于物联网设备提供的数据补充遥感分析，使决策更精准，建立智慧种植模式；五是借助平台开通了手机 App 服务系统，实现线上土地发包、金融保险、农业投入品集团化运营、专家指导服务、劳务用工、农机管理、在线培训等，打造了快捷便农服务新模式。

2. 建设了无人化农场群

2020 年以来，在物联网开发建设完善的基础上，开启了国内首批大面积、大规模智慧农场建设，依托 5G 网络、3S 等新一代信息技术及天空地一体化智能感知系统，建设了七星、创业、二道河、红卫、勤得利、胜利 6 个“管理可量化、数据可利用、经验可复制”的智慧农场群，水旱田实现耕种管收全场景、全环节无人化作业，累计完成少人、无人化作业面积 1177. 58 万亩（2021 年 470. 2 万亩、2022 年 707. 38 万亩）。2022 年围绕主要农作物耕种管收生产环节全覆盖等方面进行技术延伸，新增洪河、前进 2 个成果转化应用实践基地，无人化农场数量达到 8 个，其中红卫水田智慧农业先行示范区 3600 亩耕地已实现耕种管收全程无人驾驶作业。

3. 智能农机水平大幅提升

2022 年，建三江加快农机装备转型升级，提高重要农时、重点作物、关键环节机械智能化作业水平，插秧机、拖拉机新购置配备导航 15400 套，新购置国产变量侧深施肥插秧机 75 台、国产智能水稻施肥+除草撒布机 35 套、智能化轨道运输车 960 套、卫星平地机 96 台、双向驾驶 1404 拖拉机 75 台；坚持“以用促研、以研促造”的农机产业发展思路，重点推进智能农机国产化，加快实现配套农具国产化，以智能精准和基本增效为目标，以绿色发展和低碳环保为引领，全面推进农机高端智能化转型升级，建设创业、胜利农机高端智能化示范农场 2 处，新购置了水田变量侧深施肥插秧机、水田自动驾驶收割机，全面提升高端智能农机应用水平。

4. 创新推广了多项智慧农业新技术

围绕未来农业发展方向、短板和生产瓶颈，以国际前沿、国内一流为目标，示范推广了智能温汤浸种消毒、智能化浸种催芽、叠盘暗室育秧、大棚智能温湿控制、变量侧深施肥、智能叶龄诊断、智能节水控灌等一批可复制、可量化的智慧农业创新技术措施，为建设国家粮食安全产业带、农业现代化示范区和筑牢国家粮食安全压舱石奠定了坚实基础。

5. 创造了五个世界之最

2020年，成功举办了国家农业农村部基于北斗的智能农机作业演示活动和国家工业和信息化部无人农业作业试点现场推进会，被央视新闻、农业农村频道、央广网、人民日报等多家国内知名新闻媒体转载、播放、刊发；2021~2022年，七星、胜利、红卫等水旱田无人化农场建设成效斐然，引起国内外主流媒体广泛关注。中国工程院罗锡文院士评价建三江智慧农业创造了规模最大、设备最多、项目最全、水平最高、程度最高“五个世界之最”。

（三）存在问题

当前，我国农业产业数字化仍处于初始起步阶段[①]。根据《2021评价报告》，全国农业生产信息化水平仅为22.5%，而且这一比例主要是靠相对易于推广的信息技术支撑的，如果与美国80%的大农场实现了大田生产全程数字化、平均每个农场拥有约50台连接物联网的设备相比差距就更大。

1. 信息基础设施建设仍较薄弱

《2021评价报告》显示，全国县域互联网普及率为70.3%，与城镇地区互联网普及率相比还有8个百分点的差距。家庭宽带入户率不足50%的县（市、区）有572个，不足20%的有221个。目前5G基站建设仅延伸到大城市郊区、县城和人口比较集中的乡镇，农村严重滞后于城市。面向农业生产的4G和5G网络、遥感卫星、北斗导航、物联网、农机智能装备、大数据中心等信息基础设施在研发、制造、推广应用等方面仍落后于农业现代化发展的需求。有学者研究显示种养殖基地通光纤宽带比例为27.2%，农户采用信息化终端监控作物生长的比例仅为13.6%，32.7%的经营主体认为农业生产基地网速难以满足应用需求[②]。

2. 智慧农业技术有效供给不足

赵春江院士认为，目前制约我国智慧农业发展的短板技术有三项：一是农

① 吴彬、徐旭初：《农业产业数字化转型：共生系统及其现实困境》，《学习与探索》2022年第2期。

② 曹冰雪、李瑾、冯献、何昉：《我国智慧农业的发展现状、路径与对策建议》，《农业现代化研究》2021年第5期。

业专用传感器落后，我国目前自主研发农业传感器数量不到世界的10%，且稳定性差；二是动植物模型与智能决策准确度低，很多情况是按时序控制而不是按需决策控制；三是缺乏智能化精准作业装备，作业质量差。在实际应用中，目前大多数智慧农业项目停留在信息的简单传输与显示，展示成分大于实际效果，不能满足实施智慧农业的需求。同时，小农户、小地块仍是我国当前的主要农业生产经营方式，智慧农业也缺乏针对我国农户和小地块的实用低门槛技术，难以满足我国广大小农户的需求。目前，我国智慧农业仍缺乏基础研究和技术积累，整体技术水平与发达国家相差15~20年①。

3. 智能农机装备水平低

实施智慧农业离不开智能农机装备支撑。近年来我国加大力度支持与推广全程、全面机械化，常规农业机械化率大幅度提升，2021年底我国主要粮食作物耕种收综合机械化率达到71%以上，但智能化高端农机在农机总体规模中占比不到10%。与发达国家相比，我国目前农机装备的智能化率仍有10~20个百分点的差距，制约了农机装备的产业升级，同时也制约了智慧农业等新型产业的发展。以建三江为例，处于全国领先地位的建三江2022年农机装备智能化水平为20%以上，但受制于企业投入资金压力大等因素影响，进展缓慢。

4. 农业大数据综合应用及管理水平较低

农业大数据虽然建设多年，但部门间数据信息并未完全打通，各个县市，包括县域内部乡镇、经营主体之间的大数据尚未连通，每个县都是一套独立的大数据系统和平台，彼此衔接性较差，数据“孤岛化”问题比较严重。此外，智慧农业所采集的农业生长数据标准化和连续性不够，其平台存储的动植物生长数据存在时间上不连续、结构上不完整、内容上不统一等问题，难以通过连接共享、清洗筛选来改变②。

5. 智慧农业技术人才缺乏

智慧农业具有显著的多学科交叉的特点，由于农业具有生物特性，将信息技术直接拿到农业领域往往不能有效解决问题，必须开展基于农业生物特性的农业信息学交叉研究。因此，智慧农业发展需要生物技术、农学、信息科学、

① 赵春江：《促进智慧农业快速发展》，《经济日报》2022年5月18日。

② 殷浩栋、霍鹏、肖荣美、高雨晨：《智慧农业发展的底层逻辑、现实约束与突破路径》，《改革》2021年第11期。

农机装备等多学科交叉的人才。当前科研人才还主要集中在科研院校中，交叉学科型人才培养基地建设较滞后，与智慧农业发展的实际需求缺口较大。此外，当前针对合作社、家庭农场等新型农业经营主体、农户的信息化技能培训不足，缺少专业化的技能指导。

四　智慧农业发展重点及政策建议

（一）发展重点

根据国家战略部署，未来智慧农业将是我国农业现代化的重要内容和发展方向。具体发展重点包括如下。

1. 加强农村信息基础设施建设

包括提升农村光纤网络、移动通信网络和下一代互联网覆盖水平。尤其是要夯实智慧农业发展基础，持续推进高分卫星数据在农业遥感中的应用，建设天空地一体化农业观测网络，重点构建全国农田建设“一张图”。到 2022 年底，5G 网络实现重点乡镇和部分重点行政村覆盖，农村地区互联网普及率超过 60%。

2. 加快推动农业数字化转型

包括推进数字育种技术应用，建设数字育种服务平台，加快“经验育种”向“精准育种”转变。推进粮食等重要农产品全产业链大数据建设。推动物联网、大数据、人工智能、区块链等新一代信息技术与农业生产经营深度融合，加快农业生产数字化改造，建设数字田园、数字灌区和智慧农（牧、渔）场。推进国家种业大数据平台建设，构建农业种质资源数据库。

3. 加快推进农业机械装备智能化

加快促进新一代信息技术与农业装备制造业结合，重点推进农业用北斗终端及辅助驾驶系统的应用，推进农机研发制造推广应用一体化。推动信息化与农业装备、农机作业服务和农机管理融合应用。

4. 加快智慧农业技术创新

面向农业农村信息化应用创新重大需求，建设一批国家数字农业农村创新中心和农业农村部重点实验室，开展基础共性、战略性、前沿性智慧农业技术研究，重点研发具有自主知识产权的智慧农业创新技术产品。重点推进适用各种作业环境的智能农机装备研发，推动农机农艺和信息技术集成研究与系统示范，开展精准导航定位、精准作业装备、农耕作业自动化机器人、农畜产品生长态势巡检机器人、农产品精准快速采摘机器人、畜禽安全防疫机器人等技术攻关。重点开展基于农业大数据的动植物数字化模拟与过程建模，构建适用于农业领域的非结构化数据库系统、农业数据仓库、农业知识计算引擎、农业可视交互服务引擎等核心技术。加快互联网+、物联网+、大数据、人工智能、区块链等与农业结合的技术研发与应用。加强智能信息获取与感知技术研究。

5. 大力发展数字农业新业态

推进“数商兴农”，深化农产品电商发展，培育农村电商产品品牌。建设绿色供应链，加速农产品“加工—仓储物流—电商—追溯”各环节数字化改造升级，形成农业全产业链信息流闭环。推动人工智能、大数据赋能农村实体店，促进线上线下渠道融合发展。积极发展定制农业等新业态，规范有序发展乡村共享经济。

未来全球智慧农业的发展有三大趋势：一是大数据技术渗透农业全产业链，二是智能化装备广泛应用，三是无人化、少人化迅速发展①。智慧农业在有效解决我国农业生产经营面临的一系列问题时，将倒逼农业生产基础设施不断改善，二者是相辅相成的。

（二）县域智慧农业发展的政策建议

2021 年中央一号文件提出要“依托乡村特色优势资源，打造农业全产业链，把产业链主体留在县城”。此外，在目前推进农业农村现代化的各类平台载体中，大部分都是基于县域建设的，比如国家现代农业产业园、农业现代化示范区等。习近平总书记提出要把农业现代化示范区作为推进农业现代化的重要抓手，以县为单位开展创建②。因此，县域将是智慧农业的主战场。

---

① 赵春江院士在 2022 世界 5G 大会主论坛上的发言。

② 习近平：《坚持把解决好“三农”问题作为全党工作重中之重　举全党全社会之力推动乡村振兴》，《求是》2022 年第 7 期。

1. 建设县域地理信息大数据采集管理平台

建立“国家—省—市—县”四级天空地一体化数据采集平台，利用地理信息和遥感技术，配合地面观测、传感器等技术，建立无人化、信息化和智能化的天空地遥感监测网络平台，实时采集农业生产环境、生产设施和动植物本体感知数据，建设全局性、区域性、专业性（优先种植业、养殖业、农机、种业、耕地、重要和特色农产品）大数据；建设基于大数据的“一张图”（农业生产要素、环境要素、产业布局等），从而对农作物从播种到收获整个生育期进行长期观测，为经营主体提供分析决策信息。此外，要建设精度更高的包括土地、河流、道路等内容的农村地区基础地理信息数据采集管理平台，助推农村管理、应急调度指挥的数字化建设。同时，在符合有关法律法规的前提下，积极整合各类农业农村数据资源，依托农业农村大数据平台，实现数据统一管理和在线共享。

2. 加快县域农业生产经营数字化改造

加快种养业的信息化、智能化、智慧化改造。重点推进智慧农场、大田精准作业、智慧牧场、智慧渔场、智慧果园、智慧物流等的集成应用示范。完善农业产业大数据云平台。重点突破农业知识图谱构建、虚拟现实、农业协同决策、数字孪生、农业大数据云服务等核心关键技术，促进大数据和农业深度融合。

3. 积极推进无人农场示范

无人化、少人化是智慧农业的发展趋势和重点方向。重点开展水田、旱田无人化关键技术研究，发展大型无人机植保系统，融合遥感和环境感知技术，实现精准导航和精准施药。发展无人智能农机，包括育苗、耕、种、收农机装备。以县域为重点，加强智慧农场示范区建设，加快无人农场技术推广。

4. 构建县域农产品智慧供应链系统

重点突破农业无人自主系统复杂工况感知、智能决策、任务与路径规划、多机协同智能控制、自主作业装备等核心技术；突破智慧冷链数据深度感知、保质储运智能化和可信区块链技术，开发农产品供应链需求智能匹配系统、保质储运智能调控系统、质量安全区块链追溯系统、农产品供应链区块链信用评价系统和冷链物流智慧监管服务平台，助力农业数字经济发展，在县域内形成数字化全产业链，推动县域经济和新产业新业态发展，促进乡村产业振兴。

5. 统筹智慧农业（数字农业）与数字乡村发展

以县域为主体，推动落实数字农业农村一体化规划设计，推动现代农业发展和乡村建设行动同步推进，构建农业农村数据“一张图”，建设县域农业农村大数据中心，助推农业农村现代化和乡村振兴高质量发展。

综上，近年来，我国智慧农业发展取得积极进展，各地发展智慧农业的诉求和愿望较高，各种智慧农业示范区不断探索推进；国家层面也在相关规划、政策文件中对智慧农业发展做出重要部署。智慧农业正处于一个快速发展的战略机遇期。但智慧农业是一个系统工程，尤其还涉及生产力与生产关系的匹配和优化问题，各地要加强顶层设计，完善标准规范，系统化推进形成合力；要积极探索基于智慧农业发展的农业生产经营模式，提高农业劳动生产率；要鼓励先行先试，探索实施一批稳定性高、市场前景好、示范性广、带动性强的智慧农业项目；要推进协同创新，打通数据壁垒，推动智慧农业技术协同创新与资源共建共享，实现各类系统互联互通、业务领域协作协同、数据信息开放利用，形成优势互补、合作共赢的良好发展格局。

“十四五”期间，要加快“新基建”赋能智慧农业发展、数字化赋能乡村振兴，为农业全面升级、农村全面进步、农民全面发展提供强大动力。

参考文献

高芸、赵芝俊：《我国农业颠覆性技术创新的可能方向与路径选择》，《改革》2020年第11期。

李道亮、刘畅：《人工智能在水产养殖中研究应用分析与未来展望》，《智慧农业》2020年第3期。

李道亮：《城乡一体化发展的思维方式变革——论现代城市经济中的智慧农业》，《人民论坛》2015年第17期。

李道亮：《农业4.0——即将到来的智能农业时代》，《农学学报》2018年第1期。

李道亮：《提前布局无人农场　加速推进现代农业》，《农民日报》2020年2月26日。

李燕：《中国数字乡村的发展模式与实现路径》，《探求》2021年第2期。

李周、温铁军、魏后凯等：《加快推进农业农村现代化：“三农”专家深度解读中共中央一号文件精神》，《中国农村经济》2021年第5期。

刘海启:《以精准农业驱动农业现代化加速现代农业数字化转型》,《中国农业资源与区划》2019 年第 1 期。

马红坤、毛世平、陈雪:《小农生产条件下智慧农业发展的路径选择——基于中日两国的比较分析》,《农业经济问题》2020 年第 12 期。

阮俊虎、刘天军、冯晓春等:《数字农业运营管理:关键问题、理论方法与示范工程》,《管理世界》2020 年第 8 期。

宋洪远:《智慧农业发展的状况、面临的问题及对策建议》,《人民论坛·学术前沿》2020 年第 24 期。

王雯:《“十四五”时期加快数字乡村发展的思路和政策建议》,《中国发展观察》2020 年第 19~20 期合刊。

温涛、陈一明:《数字经济与农业农村经济融合发展:实践模式、现实障碍与突破路径》,《农业经济问题》2020 年第 7 期。

殷浩栋、霍鹏、汪三贵:《农业农村数字化转型:现实表征、影响机理与推进策略》,《改革》2020 年第 12 期。

张在一、毛学峰:《“互联网+”重塑中国农业:表征、机制与本质》,《改革》2020 年第 7 期。

赵春江:《智慧农业发展现状及战略目标研究》,《智慧农业》2019 年第 1 期。

B.12

智慧社区：以科技创造美好生活新场景

张 恺　杨晓威　徐 佳　李智敏　罗 丹*

摘　要：　近年来，我国智慧城市建设进入快速发展阶段。作为智慧城市的重要细胞构成，智慧社区建设应运而生，受到政府和社会各界的广泛关注。智慧社区以智慧硬件和设施为基础，通过数据应用实现社区多维智慧管理，使居民享受安全便捷智慧生活的同时，进一步推动社区可持续发展。目前，国内已有运用智慧化手段优化社区治理、助力老旧小区改造、实现低碳排放等多个落地案例。未来，智慧社区将以实现基层治理精细化、公共服务便捷化、基础设备智能化为目标，持续优化迭代和健康发展。

关键词：　智慧社区　智慧硬件　智慧管理　大数据　可持续发展

一　智慧社区定义和内涵

（一）概念内涵

1. 智慧社区的概念

自2012年以来，各界对智慧社区的认识和理解在不断演进和深化。2013年，《北京市智慧社区建设指导标准》提出，智慧社区是利用物联网等新一代

* 张恺，龙湖集团大数据负责人，主要研究方向为大数据/数字化转型；杨晓威，北京千丁智能技术有限公司解决方案专家，工程师，主要研究方向为智慧社区/智慧园区；徐佳，龙湖集团双碳团队负责人，主要研究方向为碳达峰碳中和；李智敏，龙湖集团空间服务产品经理，主要研究方向为智慧物业产品设计及研发；罗丹，龙湖集团空间服务员工，主要研究方向为城市更新/社区治理。

信息技术，通过自动感知与居民生活密切相关的信息，及时传送、发布和实时共享信息资源，实现对社区居民生活七大要素“吃住行游购娱健”的“五化”管理，即智能化、网络化、数字化、互动化以及协同化①。

2013年，《上海市智慧社区建设指南（试行）》提出智慧社区是在街道、镇、村等地理范围内，通过信息技术整合现有社区资源，最终提供面向社区居民的高效且便捷的智慧服务。

2014年，《智慧社区建设指南（试行）》界定智慧社区是综合运用现代科学技术，以智慧社区和信息服务平台为支撑，整合区域内公共信息和资源，并以先进的基础设施为依托，提供一种社区管理和服务的创新模式，达到社区治理现代化、公共服务和便民利民服务智能化的目的。

2021年，国家信息中心智慧城市发展研究中心发布《智慧社区建设运营指南》，更新智慧社区定义，提出智慧社区是利用5G、物联网等新一代信息技术，充分融合社区场景下的人、地、物、情、事、组织等多要素，整合公共管理、服务和商业服务等多资源，提供面向政府、物业、居民和企业等多主体的社区管理与服务类应用，实现基础设施智能化、公共服务便捷化、社区治理精准化。

总体而言，智慧社区的整体方向和关键因素主要有：从技术层面，智慧社区应用5G、物联网、云计算、移动互联网、信息智能终端等新一代信息技术，即依托于信息技术的进步和发展，推动传统社区到智慧社区的转变。从场景层面，智慧社区充分链接社区场景内的人、地、物、情、事、组织等要素，将现有与居民生活息息相关的信息和设施资源加以整合，针对性地设计和提供服务与产品。从目标层面，智慧社区希望最终达到使居民生活更智慧、更安全、更文明、更幸福的目标，同时助力基层社会治理精细化、公共服务便捷化、基础设施智能化的发展。

2. 智慧社区的特征

与传统社区相比，智慧社区具有以人为本、智能感知、精准提效、主动服务和可持续发展等典型特征。第一，以人为本，智慧社区设计产品和服务应从

① 北京市社会建设办公室、北京市民政局：《北京市智慧社区指导标准（试行）节选》，《城市开发》2013年第17期，第36~37页。

社区居民的需求出发，提供丰富、便捷、高品质、安全的服务产品；第二，智能感知，是智慧社区充分运用各类传感器、物联网技术等多样化智能科技手段，搭建感知神经网络，采集社区内各类相关动态和业务数据，实现社区内资源、信息、状态可视化效果，构成社区事件可控、业务可管的基础；第三，主动服务，是指社区智慧化平台具有主动告示风险、自动控制调节和辅助社区管理者决策等能力，社区不再仅是被动响应居民的需求，而是在技术辅助下主动为居民提供服务和关怀；第四，精准提效，不断优化和调整社区管理与服务类应用，提高社区管理和服务科学化、智能化、精细化水平，使社区持续优化变得更加敏捷高效；第五，可持续发展，充分利用社区内能源资源，按需配置资源服务，精益运营和充分共享，有效节约运营成本和能源损耗，做到绿色高效、低碳环保。

（二）政策要求

1. 顶层设计日趋完善，政策体系逐步形成

自 2012 年起，国家多部委就智慧城市的发展和规划出台一系列相关政策，其中，智慧社区作为智慧城市建设中的关键单元被多次提及，无论从政策涉及频率，还是从相关细则对智慧社区建设目标的不断明晰程度来看，智慧社区都呈现至关重要和潜力巨大的态势。从未来发展方向看，智慧社区建设将聚焦于三个方向。

一是建设能打通并广泛应用基础数据的平台。通过建设智慧社区综合信息平台，打通不同部门、层级的信息系统，让数据实现不同平台的迁移、集成、调用和精简录入，实现平台数据标准统一、多端互联、智慧共享、动态管理。

二是拓展和构筑社区治理及管理新场景。以智慧社区综合信息平台为底座，建立舆情应对、民情反馈、风险管控、应急响应的多种社区突发事件应对机制，主动监测和管理社区风险。通过创新政务服务、公共服务等作业方式，推动“指尖办”“就近办”“线上办”等便民服务，让居民能高效办理就业、医疗、托育、养老、救助等多种服务，打造便民高效的数字社区。

三是加强智慧社区基础设施建设改造。实施城乡社区综合服务设施智慧化改造工程，加快部署政务通用自助服务一体机，完善社区政务、便利店、智能快递柜等自助便民服务网络布局，优化社区智慧电网、水网、气网和热网

布局。

2. 地方配套政策持续优化，项目落地因地制宜

地方也出台了一系列相关配套政策，鼓励当地社区积极建设智慧社区。例如，上海通过链接供需资源，对符合条件的社区项目进行鼓励贴息支持，并制定智慧社区相关建设指导目录，提升项目落地效率；重庆对实施智慧社区建设、装配式建设的地产开发项目予以一定资金奖励激励，单项目最高补贴1000万元。山东、广西等地为当地的智慧社区、村居发展提供专项资金支持，推动智慧社区加快发展。

（三）建设背景

1. 建设意义

从社会角度，可实现设施智能化，减少资源浪费，促进社会可持续发展。智慧社区可通过将社会基础设施智能化升级，优化社会硬件系统，同时重复利用各种资源来达到资源节约的目的，有利于促进社区节能减排和绿色增长，进而促进社区的可持续发展。

从政府角度，一方面有效赋能基层治理，提升完善政府基层治理体系，提高增强基层工作人员的业务办理效率；另一方面大幅提升社区的管理能力，使社区管理者在治理社区时更加精细化管控，形成更科学有效的管理方式。

从社区居民角度，智慧社区使社区服务功能便捷化、场景化、精细化，大幅提升了居民社区生活的满意度和舒适度。随着城镇化率提升，城市人口持续聚集，各类资源配给与服务需求之间的矛盾越发凸显，对社区运转效率和监管的要求也不断提高，智慧社区的发展和普及帮助社区更好地科学决策、精细化管理和实时控制，通过开发智能化的产品和服务，链接社区各个主体高效协调运作，便捷居民日常生活，提升其生活幸福感。

2. 发展瓶颈

经过近十年的探索，我国智慧社区建设取得了十分显著的成就，但在信息通联、基础差异、运营效益等方面也暴露出一些亟待解决的问题。

首先，在“信息共享”方面，智慧社区服务碎片化，智慧社区建设缺乏统一的行业标准，各参与主体信息端口分散，数据无法整合，难以形成数据互通共享的完善产业链条。

其次，在建设基础方面，由于建设年份、规划背景等先天因素不同，社区差异明显，各社区在智慧社区改进过程中面临的问题也不相同，需在建设过程中找到共性需求整体提升，同时要针对差异化现状，最大限度地满足个性化需求。

最后，在运营效益方面，目前智慧社区的参与主体多样，包括房地产企业、物业企业、互联网公司等，但各方主体处于不同链条环节，上下游尚未良好打通，服务模块尚未形成良好衔接，导致目前存在资源浪费、前期遗留问题需后期维护解决等情况，拉低整体运行效率。

二　智慧社区国内外发展现状

（一）国外发展现状

欧洲和美国等发达国家在社区治理研究方面起步较早，在坚持先试点、再推广的前提下，逐步形成了政府主导型、社区自治型以及政府社区合作型等几种发展模式。

1. 美国：政企合作，调动市场力量精准治理

政企合作是美国智慧社区常用服务模式。2009 年，美国迪比克市与 IBM 合作建立一个 6 万人的高科技社区，运用物联网技术、大数据分析等手段，数字化升级改造迪比克市基础设施。通过可视化技术整合包括水、电、气、油、交通、公共服务等在内的城市资源，将能源、水资源、交通作为三大优先发展领域。利用低流量传感技术，在社区内安装了数控水电计量设备，并在可持续发展综合监控督察平台上整合、分析和展示采集的信息，将量化后的能源消耗公布给居民和企业，使其对自身资源消耗有直观认识，提高其能源节控意识。

2. 日本：注重需求导向，因地制宜解决居民需求

日本长期存在地震频率相对较高、国内能源资源储备匮乏的特点。因此，日本智慧社区的建设以智慧防震和节能减排为主，重点打造基础硬件设施，通过先进的信息传感和传输技术，实现智能供水、智慧电网、智慧医疗、抗震防灾等社区治理需要，具有鲜明的地域特色。

2011 年，日本发生“3·11 大地震”，导致供电告急严重影响居民生活，为应对类似情况的发生，2012 年日本开始研究推广“弹性智慧社区”，即社区具备全阶段抵御灾害的能力，能在灾害发生前通过实时监测或分析数据提示预警。灾害发生时正常运行，有效疏散居民，确保居民生命安全。灾害发生后快速修复，回归社区常态运营。

（二）国内发展现状

我国仍处在智慧社区发展和应用的初级阶段，以杭州、北京、上海、深圳等为代表的典型城市率先开展实践。一方面，经济较为发达城市，具备一定数字化基础，有先天条件开展智慧社区的建设；另一方面，这些城市更早出现“大城市病”，例如交通拥挤、土地资源紧张、人口增多等，急需智慧化的手段来为社区生活赋能提效。

1. 杭州：搭建数字平台，提出“党建引领+社区自治”机制

杭州滨江区目标打造浙江省智慧社区试点示范标杆，通过搭建“一库三平台”，提供面向政府、社区、居民等多方的服务平台。其中，一库指社区数据库，全面收录与居民生活密切相关的民政数据，三平台即电子审批预受理服务、社工服务管理和公众服务应用平台。电子审批预受理服务平台方便居民在线上快捷办理生活业务，社工服务管理平台能加强社工内部监管、考核，公众服务应用平台能为居民提供建设精神文化、参与基层治理等智慧服务。

在“一库三平台”的基础上，杭州采取“党建引领+社区自治”的机制为民服务，整合政府、市场和社会组织多方资源，联动处理社区治理难题（如垃圾房选址、停车秩序整治等），居民可直接通过手机应用或者线上通道反映社区问题或安全隐患，政府、党建、社区、物企等分级联动治理，形成大数据赋能，线上线下资源统一整合的社区治理局面。

2. 深圳：“南园模式”科技助力社区治理

南园社区位于深圳市南山区，是深圳典型城中村社区代表之一，存在基础设施老旧、卫生环境差、治安满意度低等诸多社会问题。为提升居民的生活满意度，南山区引入智慧化科技手段助力社区治理改善。首先，从软件服务上，南山区开发了“智慧南山”App，便捷外地来深居民租房，租赁合同签订后，可在线上办理居住证；其次，从硬件设施上，南山区推行以企业出资、政府购买服务的方式，购入视频门禁系统，平均单个视频门禁探头每月信息购买费用

仅花费 75 元，解决了以往科技应用中后期资金筹集难、设施维护难的问题；最后，从机制上，南园社区开展“警务+综合治理”工程，民警可根据工作需求调取监控视频，查看社区公共场所实时画面，整合科技应用、便民服务、社区警务、综治应急等多功能。同时，社区内设立 24 小时自助服务区，居民可自助办理户政、出入境、交管业务，3 分钟完成签注。智慧化改造升级后，社区居民的生活质量得到极大提升。

三　产业生态

人工智能、5G、物联网、云计算等技术的集成应用将物理世界的各组成部分紧密连接起来，实现数据的融合互通，建立起高效的联动机制，从而形成基于信息化、智能化管理与服务的新型社区，也快速推动人、物、空间三者在社区中高效协作、和谐相融。

人、物、空间三者在智慧社区中形成紧密相连的智慧社区互联生态（见图 1）。人是该生态系统中认知、规则、逻辑的输入来源，也是该系统中的消费者。物指机器、网络与各类应用服务，以人类无法达到的速度与精度高效地从物理空间环境中捕获、处理与存储信息，不断辅助生态系统达到平衡与舒适

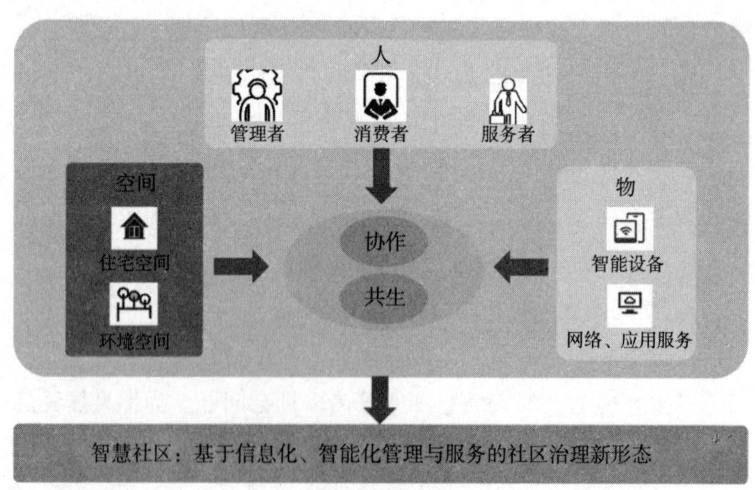

图 1　智慧社区互联生态

资料来源：龙湖集团。

的状态。空间指人和物生活、协作的实体容器，是人和物共生共长的物理保障，空间业态的多样性决定着生态系统的丰富性，空间的形态设计、创新程度等为人、物、空间三者紧密连接提供了基础。

（一）产业架构

智慧社区系统总体架构可以分为感知层、基础设施层、平台层、应用层四部分，全链路以安全和运维为保障（见图 2）。

1. 感知层

感知层由具有感知能力的物理设备与设施设备管理系统组成。物理设备主要包括各类传感器及智慧终端，用于感知和采集物理世界中发生的物理事件和数据并发生反馈，是实现智慧社区生态的最底层触点。设施设备管理系统是提高设备利用率、降低设备维护成本的重要保障。

2. 基础设施层

智慧社区的基础设施主要包括通讯层与云数据层。针对不同性能、通信速率、覆盖范围的智慧终端，通讯层提供高速的数据传输通道，满足数据的高并发低延时传输需求。云计算存储设施为智慧社区提供计算存储资源，提供数据高效存储与强大计算能力。

3. 平台层

平台层包含多个子功能平台，其可实现对社区基础对象信息数据、智能感知信息数据及其他业务信息数据等多维数据的汇聚、治理、存储、分析、智能建模及共享交换等，并面向社区治理、公共服务、物业管理、便民服务等应用场景提供应用能力支撑，旨在形成全面感知、全面联动、数据协同的新模式，提高社区治理和服务的效率。

4. 应用层

应用层是向智慧社区中“人”的进一步触达，是整个智慧社区系统建设成果的最终体现和体验。面向不同业务场景，应用层提供不同业务应用与智能运营中心，从而将流程、数据进行自动化处理，极大地提高了社区中的服务者、管理者在社区安全、社区管理和社区服务等方面的服务管理效率。客户端是应用层触达人的介质，政府、物业、居民等主要用户群体均可获益于智能高效的管理手段与绿色便捷的服务。

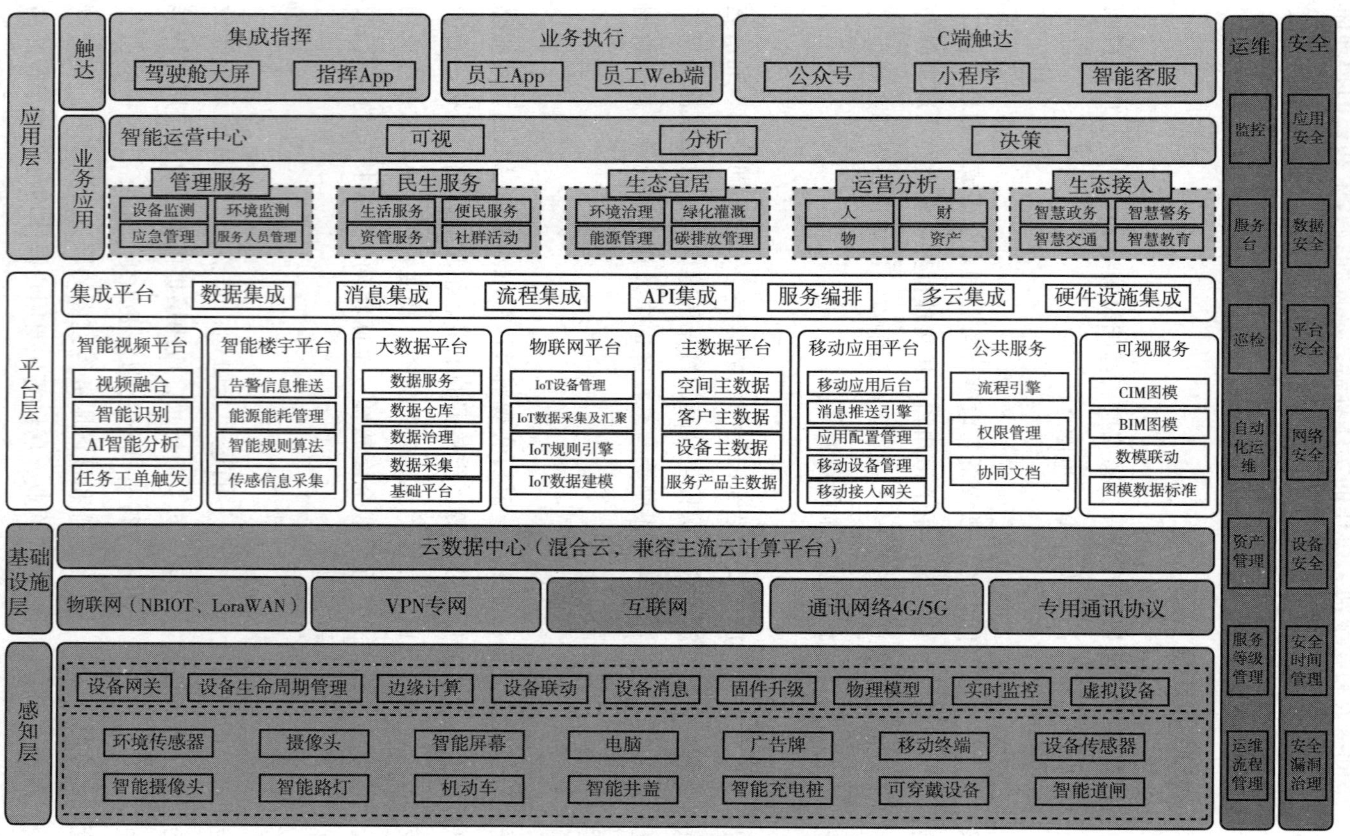

图 2　智慧社区系统架构

资料来源：龙湖集团。

5. 运维与安全

智慧社区中成百上千的互联设备的安全性、稳定性有赖安全保障体系和运维管理体系的建设，《中华人民共和国网络安全法》对数据安全性、合规性有着严格、细致的规定。运维管理体系的建设目的是保障整个系统的运维稳定、持续、有效，包括监控台、巡检、自动化运维管理、服务等级管理、运维流程管理等手段。

感知层、基础设施层收集并处理海量多维数据，其在平台层实现彼此“对话”，并最终在应用层实现全方位管理与应用，为社区环境、能耗、安全等提供点、线、面结合的智能解决方案，实现社区健康运行和可持续发展。

（二）智慧物理空间

空间及社区综合管理已成为现代物理空间智能化的重要内容。社区依附于一定的土地和空间，但随着社区生活服务和公共服务能力的提升，社区空间不再局限于居委会或者街道所划定的辖区，而演化成为以服务内容为中心展开，助力城市良性发展，适度且具有一定复杂性的空间尺度。

2020 年 4 月，我国首次将“数字孪生”列入新一代数字技术，与大数据、5G、AI、区块链等并列发展。空间管理领域的数字孪生指以建筑信息模型（BIM，Building Information Modeling）为基础，融入地理信息系统（GIS，Geographic Information System）、物联网系统，创造一个数字版的克隆体作为对实体对像的虚拟仿真，实体的任何变化都会反映到这个克隆体上，同时其也可以进行反向回馈，对实体采取进一步的行动和干预。数字孪生实现了现实物理系统向赛博空间数字化模型的反馈，除对实体世界的监测与反馈外，通过数字孪生的模拟运行，可提前发现潜在问题并找到更合适的策略方法。数字孪生技术能够推动社区全要素数字化、虚拟化、实时化和可视化，映射现实社区运行，赋能社区服务、生态宜居、智慧交通、智慧政务等社区治理核心功能，助力新基建，让社区管理像绣花一样精细①。

① 宋煜：《社区治理视角下的智慧社区的理论与实践研究》，《电子政务》2015 年第 6 期。

（三）智慧硬件及基础设施

1. 社区综合治理硬件

（1）社区智慧通行：智慧通行是智慧社区的重要组成部分。依托识别一体机、费显幕、道闸、对讲立柱和环境相机等物联网感知层硬件设备，可以实时采集通行状态并将数据上传到 PaaS 服务层。服务层利用其云边协同、事件驱动、计费引擎等中台能力，向上服务 SaaS 应用层，向下对接边缘层，实现付费支付、无人值守、车辆反寻和数据分析等功能，并提供产权车位、业主标签和外部临停等服务（见图 3）。

停车场是智慧通行的核心区域，车牌识别一体机、道闸和停车对讲立柱是停车场重要的硬件设备。车牌识别一体机由摄像头、地感线圈和点阵屏组成，具备车牌识别、费用显示、语音播报等功能。当车辆经过地感线圈时触发车牌识别系统，摄像头抓拍车牌位置图片识别车牌号，系统将算法识别结果上报云端，云端处理后将扣费信息（包含文字和语音）下发到一体机，一体机显示车牌号和扣费信息，同时进行语音播报。道闸的主要作用是限制机动车行驶出入口，放行符合要求的车辆，可以通过有线或者无线控制。有线控制时，控制器通过 RS485 或者 TCP/IP 接收来自云端的指令执行开、关操作。当需要本地临时或紧急开关时，可以通过无线遥控实现。停车对讲立柱可以实现本地与服务端远程双向对讲通话，部分可提供视频对讲功能。

（2）社区智慧服务：智慧服务是智慧社区的核心体现。物联网感知层终端设备智能门锁、智能对讲、智能门禁和 AI 摄像头等设备将采集的各类数据通过边缘层的视频网关、LoRa 网关、RTU 网关和蓝牙网关等设备上传到数据智能引擎云平台。云平台利用物联网云、AI 智能引擎、大数据平台和业务计算引擎等能力为 IBMS、RBA 和 AI 视频等业务平台赋能。业务平台服务于各类智能场景，提供安全监控、智能缴费、智慧照明和智能联动等社区智慧服务（见图 4）。

安防摄像头、人脸闸机和梯控是智慧社区安全的核心硬件。安防摄像头是以安全防范视频监控为目的的专用摄像头，该类摄像头可以同时采集从可见光到近红外光谱的图像并远程传输。人脸闸机将人脸识别系统以模块的形式嵌入闸机内部，当进出通道人员准备通过闸机时，摄像头运行算法实时检测人，

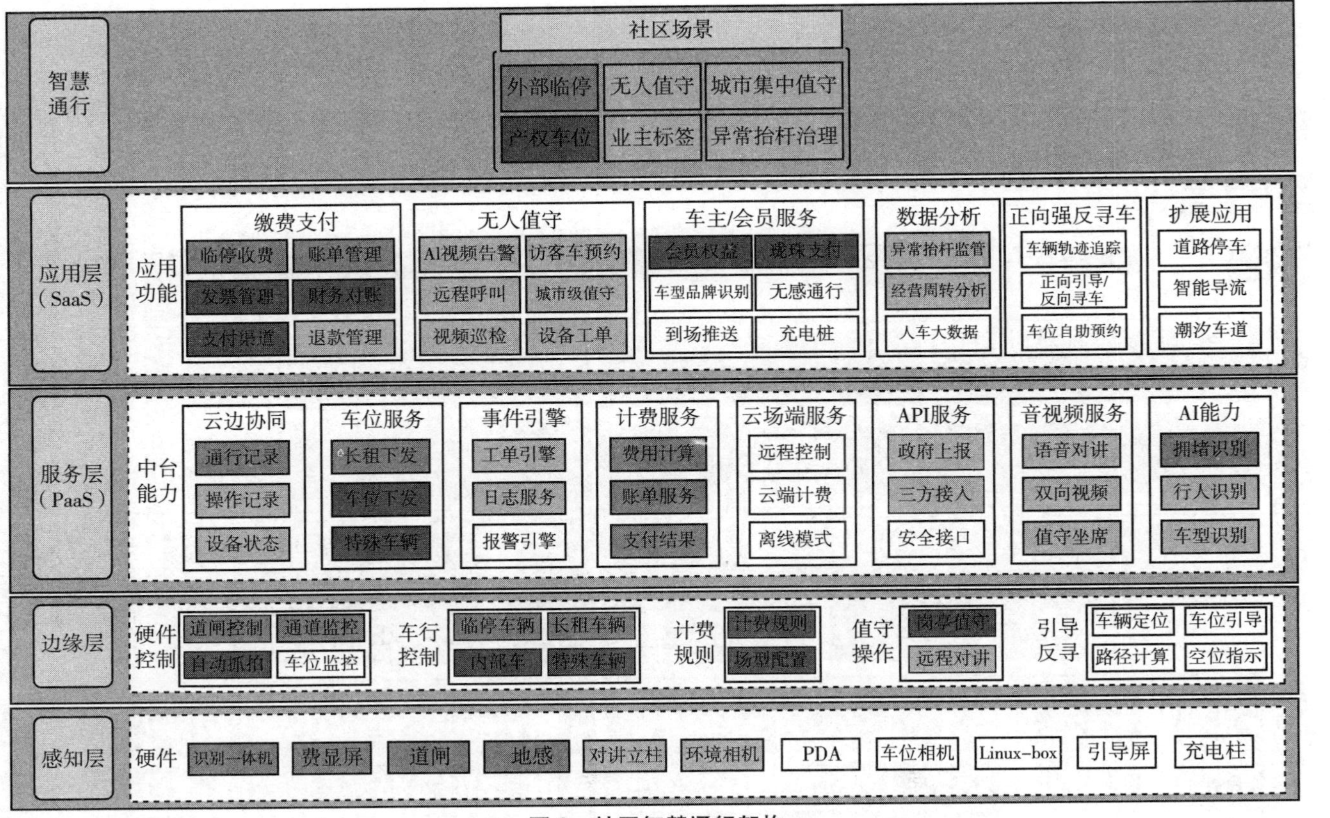

图3 社区智慧通行架构

资料来源：龙湖集团。

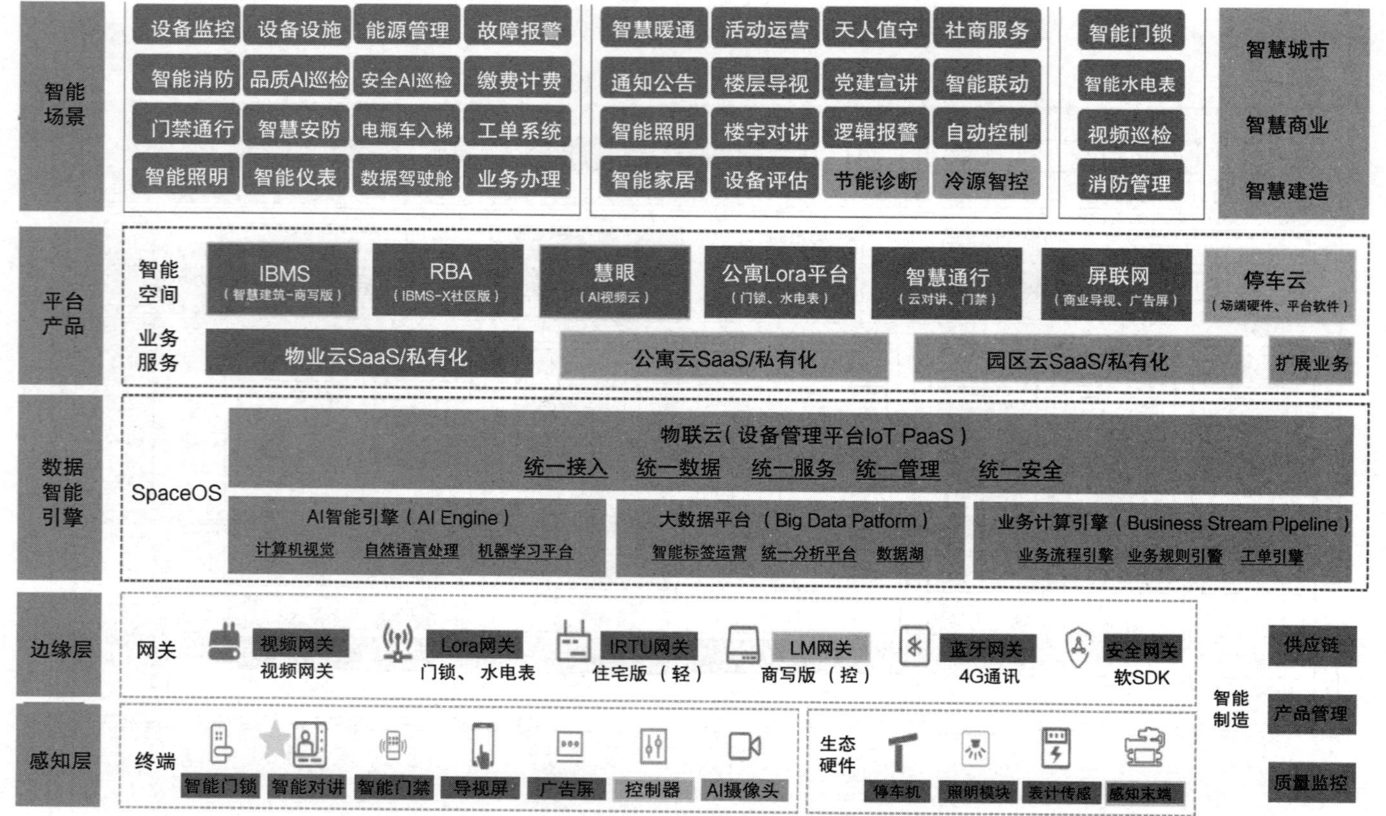

图4 社区智慧服务架构

资料来源：龙湖集团。

提取人脸特征，与数据库进行特征匹配，输出检测结果，控制闸机通行。梯控是在原有电梯系统的基础上增加新的电梯控制装置，电梯只有通过新增电梯控制装置认证后才会启动。梯控由电梯控制器、射频读卡器、电梯卡和电梯管理软件构成。电梯控制器和射频读卡器安装在电梯内，管理软件安装在中控室。在电梯内刷卡后，系统会对卡片的权限及预设的楼层进行判断，验真后放行通过，失败后不响应电梯操作。

（3）社区快递服务：智能快递柜是物流末端与智能设备相结合的产物。智能快递柜是一种物联网设备，它由智能快递柜硬件和物流平台管理系统组成。智能快递柜具备取件、寄件、远程监控和信息发布等功能，它将物流运输中的收件方、管理方和物流公司进行无缝对接，是一种重要的快递服务硬件产品。

（4）社区传媒：导视屏和广告屏是社区智慧宣传的重要设备。导视屏和广告屏是一种以 LCD 或 LCD 显示技术为支持的显示硬件，它的播放内容具有很强的定制性和灵活性，根据受众需求安排播放内容，使受众自主观看播放，以增强内容黏性，达到社区宣传的目的。

（5）社区防疫与管控：红外自动测温摄像头是社区防疫与管控的必要硬件，红外自动测温系统由红外光学成像系统和红外传感系统组成。红外光学成像系统通过物镜将人体红外光聚焦在红外传感系统的感光芯片上，感光芯片通过信号放大、转换等处理输出红外热像图。可支持对接当地健康码大数据平台、实现“证、码、脸、卡”四合一验证模式，构筑坚实数据屏障，提高身份核验和登记效率，全面完善溯源流程，提高涉疫人群排查率。

2. 社区前沿硬件

（1）智慧物流：无人配送物流车采用深度摄像头、激光雷达、超声波雷达和 GPS 定位系统等传感器，通过多场景的数据采集，不断优化、提升算法，进行更加准确的目标行为和轨迹预测，更好地实现自动驾驶及精准避障。无人物流配送车一般按照系统预设固定路线行驶，车辆前向碰撞预警是无人物流配送车自动驾驶算法中重要的组成部分，可以有效应对无人物流配送车的复杂交通行为。由于无人物流配送车的使用环境中会存在多个潜在的危险目标，对目标进行准确、有效的筛选，是无人物流配送车自动驾驶算法需解决的重要问题。

（2）节能减排：智慧照明是双碳减排的重要发展方向，该技术一般通过PLC电力载波或4G等方式通信，远程控制、管理照明设备。照明设备具备亮度自动控制、故障上报、远程防盗和远程抄表等功能，可以大幅节省电力和人力成本，提升公共照明管理水平。

（四）智慧生活的实践应用

1. 智慧家庭

智慧家庭是以居住单元为基础的，集系统、结构、服务、高效、舒适、安全于一体的自动化、智慧化体系，采用物联网技术、网络通信技术和综合布线技术，把生活中涉及的各个子系统整合起来，使生活更加舒适和安全。在此过程中对于由设备传感器收集的水、电、燃气、供冷供热、照明等数据进行分析，可及时发现能耗异常报警节点以及有较大能耗优化潜力的设备部件，实现家庭能耗策略最优化。

2. 智慧社区一站式服务

2022年，民政部等九部门印发的《关于深入推进智慧社区建设的意见》指出，各社区应集约建设智慧社区平台，在政府的号召和社区居民的强烈需求下，各大物业行业纷纷推出自己的App，将证明办理、物业缴费、物业公告、报事维修、门禁通行、停车通行、社区商城等常用功能一体化置于App中，让业主生活更便捷、高效。

与物业管理企业提供的常规性公共服务相比较，智慧社区一站式服务把包括房屋交割、费用收缴、收发公告、日常维修、人车通行、政务办理、社区商城等从线下转移到线上，从多地转移到指尖，大幅提升了物业服务便利化水平。

3. 社区智能商业

社区智能商业是社区商业体的一种新型消费模式，是指社区商业体整合线上线下资源，整合线下零售、物业、生活服务信息，以社区为基础，将服务整合到网上，推向社区居民。充分利用互联网技术，采用大数据模式，整合电子商务模式低成本资源服务与体验的特点，与传统模式相结合，实现居民足不出户的消费模式。在社区智能商业生态中，对于线上消费与服务场景，用户画像与推荐技术是研究消费者的重要技术手段与为用户提供个性化服务的保障，可以实现对用户下一次服务的深度个性化定制，以及对用户潜在需求进行服务与产品推荐的考量。

4. “一老一小”关怀服务

近年来，人口老龄化和少子化成为我国经济社会发展所面临的突出问题，预计“十四五”期间，我国老龄化率将达到20%，同期生育率持续走低，人口形势不容乐观。2021年政府工作报告提出，“十四五”期间要实施积极应对人口老龄化国家战略，以“一老一小”为重点完善人口服务体系，推动实现适度生育水平。与此对应，联动社区服务的居家养老托幼平台应运而生，智慧社区养老或托幼平台成为助力解决“一老一小”问题的有效途径。

在家庭内，智慧化设备和系统为老人及儿童搭起一张无形的安全网，同时解决生活中的不便，有效提升居家舒适度。目前，在科技创新推动下，适用于老人和儿童的各类智能设备层出不穷。智能床垫可以监测老人或孩子在床时间、大小便情况以及呼吸、心率等身体数据。智能手环等穿戴设备，可帮助感知其活动状态，如老人心率状况，儿童是否突发跌倒。环境状态监测器，如温湿度传感器、一氧化碳浓度传感器、烟雾传感器等可监测家庭中环境异常。电子锁、智能水电表、门窗感应器等设备可根据数据分析判断家中人员活动情况，对不符合常规的情况，如进入卫生间时间过长、用水用电减少等异常状况自动报警派单，社区服务人员可上门查看排除风险。社区老龄人群可自行或由家人代为将健康情况、治疗方案（如定期输液、透析等）及服药信息登记于社区终端，通过对该类数据的记录、整理和分析，可及时监测社区内老龄人群（或关怀人群）的健康情况及药品短缺情况，以便及时掌握后续待办计划，保证在特殊情况下（如疫情管控），社区特殊群体的健康能够被充分顾及和保障。

在社区内，对于儿童单人出行、危险嬉戏、摔倒等行为，基于AI视频图像识别技术的CV人体姿势模型可进行风险预警及自动报事，避免未成年人走失及事故的发生。通过CV行人跟踪模型，掌握目标对象行进路线。同时，基于与电梯等设备数据（如运行关开门数据等）联动综合研判，分析是否为幼童独自出行或危险嬉戏、无意走失等，第一时间进行干预。为了确保社区环境的整体整洁有序，在人流量及车流量较大的重点区位，通过CV目标检测算法并结合各区域人车流量数据，定位园区重点品控漏洞区域，及时发现杂物或垃圾并发送自动发送工单，防止意外的发生（见图5）。

图 5　基于 CV 技术的“一老一小”保障场景

资料来源：龙湖集团。

（五）智慧零碳/低碳园区

园区是建筑及环境的集成化环境区域。低碳园区，甚至是零碳园区的构建，应该以环境全生命周期的体系化思考，主要有以下方面。

1. 低碳的规划/设计

（1）低碳社区规划：社区开发理念是决定整个社区全生命周期能否实现智慧低碳的关键核心因素。高密度的建筑布局以减少建筑物散热；办公与住宅建筑共存混合，以缓解交通能耗；社区内多功能公共空间的设计（运动场、菜地、洗浴、娱乐中心等）使居民生活需求最大限度在社区内解决，减少出行能耗；自然生态的社区景观理念及海绵城市的设计方案，高效管理水资源，提升景观碳汇能力。这些设计不仅能从源头减少建筑使用的能源消耗，同生态形成良好互动，还能减少碳排放，提升社区碳汇能力。①

（2）被动式建筑设计理念：被动式建筑通过增强建筑围护结构的保温隔热和建筑遮阳、被动式节能门窗体系的设计、严谨的建筑冷热桥节点设计以及室内高效热回收新风系统等设计理念，节约 80% 以上的采暖制冷能耗，极大降低建筑使用期间的能源需求（见图 6）。

图 6　北京高碑店列车新城项目

（3）能源零碳/低碳化：传统能源采用化石燃料，碳排放量大，负面环境效应明显，智慧低碳社区对基础能源的转型需要逐步推进，采用智能微网、储能系统、多能互补系统等技术构建社区智慧低碳能源系统。

---

① 王淑佳、唐淑慧、孔伟：《国外低碳社区建设经验及对中国的启示——以英国贝丁顿社区为例》，《河北北方学院学报》（社会科学版）2014 年第 3 期。

光伏发电技术应用：通过分布式光伏和建筑光伏一体化的模式，高效利用可再生的太阳能，减少传统能源消耗；社区环境中也可以使用智能光伏组件产品，如光伏路灯、光伏座椅等替代传统路灯等社区小品，实现社区环境低碳能源使用。

储能技术应用：在调节项目用电安全性和经济性的同时，可解决在极端天气环境影响下无法供电的问题，降低电网的高峰压力。

源网荷储微电网技术应用：优化社区自身能源体系，同电源、电网、可控负荷端的聚合负荷协调优化，实现能源资源最大化利用互动，提高系统的资源利用率，提高电力系统的平衡及稳定性。

2. 运营低碳化

在社区运营中，要对建筑进行智慧低碳运营管理，架构智慧园区能源管控系统，对园区内能源体系进行统一监管和统一调配。考虑到居民生活的碳排放占到全国碳排放比重约 12%，可采用“数字化+碳金融”的方案，传播支持绿色、环保、可循环产品，购置节能照明、节水器具，开展光盘行动，减少使用一次性筷子、纸杯、塑料袋等制品并推广全生物降解塑料包装，普及垃圾分类回收，优先步行、骑车或乘坐公共交通工具出行等，制定社区低碳激励方案，引导社区群众的低碳行为。

四　智慧社区典型案例

案例一：AIOT 技术助力重庆首批三星智慧小区落成

重庆市在如何运用新技术提升社区治理和小区管理现代化方面做了大量探索，在促进公共服务和便民利民服务智能化管理和服务方面，为居民提供一个安全、舒适、便利的生活环境，在为社区赋“智”、为城市赋“能”方面积累了宝贵经验。其中，位于重庆市渝北区礼嘉街道的两江新宸·云顶社区通过 AIOT 技术成熟落地，成为重庆市首批获批三星智慧小区之一。

1. 智能通行

通过 AI 人脸识别，业主出入小区实现了无感通行；访客到访时，业主用智能 App 生成放行码，访客凭放行码即可顺利进入小区。同时，儿童专用速通门搭配 AI 人脸识别，门禁设备通过人脸识别到儿童离开社区后，平台会推送提醒到业主端 App，避免了儿童独自出行的风险。

2. 智能 App

手机下载 App，足不出户就能实现在线报事报修、在线缴费、服务预定、在线购物、体检预约、邻里圈交流、教育及政务信息查询等，极大方便了业主生活。手机 App 分为物业端和业主端，使业务操作移动化，使工作更便捷提效，使步骤流程标准化，有房屋装修、报事报修、车辆门禁管理、社商服务、车位办理、费用缴纳等功能。

3. 智能家居

业主可通过手机 App 端或遥控器智能控制室内家具家电，实时监控居住环境安全，为业主提供舒适便捷的生活环境。业主家中都装有红外传感器、燃气探测器等智能装置，监测陌生人进入或者燃气泄漏、火灾等危险隐患，智慧社区平台会将这些隐患的类型和确切定位生成工单，发送到物业人员手机端，物业人员可在第一时间接到报警，快速完成处置。

4. 健康生活

依据业主喜好，智能设置合适的生活环境，可根据业主实时状态（运动/看书学习/看电影等），智能调节窗帘和灯光以达到合适的光照强度，智能控制空调、新风系统、地暖等，使当前环境达到合适的温度。同时，社区的智慧跑道有助于组织各种全民健身活动，方便统计运动数据，在步道周边选取风景点设置抓拍相机，通过识别市民的某些特定表情，提供便捷的、个性化的体验流程，使居民在运动中享受更多乐趣。

该社区挂牌成为重庆市首个“三星级智慧小区”，入选 2021 中国国际智能产业博览会十大“智慧社区”精选案例。智慧社区建设，不仅将社区管理效能提升了 35%以上，同时为业主日常生活增强了便捷性和安全感，小区业主满意度连续多年保持在 92%以上。

案例二：老旧小区智能化改造，激发社区新活力

即墨潮海街道河南杨头社区是当地一个老旧小区，共有住户 3300 余名。由于建设年份较早，杨头社区长期存在居民对社区安全满意度较低、设施老化、电动车拥挤等问题，2019 年，即墨对该小区进行智能化改造，将其打造成为即墨的 417 个智慧社区之一。

1. 智慧安全

社区对老旧小区进行全面翻新，同时安装高清摄像头、搭载人脸识别的门禁等多个智慧设备。一方面，有效规避非本小区的外来人员随意进入，实现了全面留痕人员行踪，一旦发生安全事件，可快速高效找到人员行踪。另一方面，通过 AI 视频识别技术，如发生老年人意外摔倒情况，视频平台会快速自动捕捉，并通过工单通知物业秩序队员赶赴现场处置。

2. 智慧管理

多数老旧小区存在管理效率低下以及管理漏洞和盲区较多等问题，智慧社区可通过装载智能设备和系统将“人为管”改为“系统管”，把盲区和漏洞用系统补牢。例如，在电梯间安装电动车识别探头，若居民推电动车进入电梯，系统会发出声音“阻止”，以此主动发现潜在风险问题并及时排除隐患。

3. 老人关怀

针对老人智能手机使用不熟练，遇到突发状况无法实时联系到外界的情况，可视对讲户内机等智能设备可以实现一键报警，并作为对讲机与物业人员实时通话以告知当前情况。户主的智能水电表使用情况可实时分享给户主指定人员，重点关注老人生活状况，如有异常实时告警物业人员上门查看。为实现对独居老人的关怀，物业管理人员通过智能水电表实时监测用量数据，及时预警到物业服务人员，并将信息推送到老人家属以及所在街道工作人员手机端。另外，通过将居家布置的智能室内机与物业管理系统打通，室内机屏幕及时发布物业通知和老年大学课程等，其成为全时扶助老年人的智能帮手。

4. 智慧生活

多数老旧小区由于建设时间久远、设备老化，依靠人工运维，也缺少线上服务能力，给居民带来诸多不便。通过智慧社区改造，社区增加智能门禁、业主 App、视频 AI 识别等科技平台，为居民开展各项业务线上办、随时办、智能办，使社区智慧化程度大幅提升。

智慧化建设重构老旧社区空间。从居民角度，智能社区帮助老旧小区解决原本存在的安全隐患和社区治理问题，并便利居民生活出行；从社区运营角度，经过智慧改造的老旧小区有效降低物业运维管理人员成本 30% 以上，安全风险隐患降低了 25%，提升了服务满意度，可有效追溯公共安全事件，并降低消防隐患，提升社区应急响应率。

案例三：打造零碳智慧社区，助力双碳目标达成

春江郦城社区位于石狮中心主轴宝岛路，项目占地6.68万平方米，是当地的高端社区样板，传统智能化配置已无法满足社区的整体定位，特别是在国家提出“双碳”目标下，如何在社区端发力，也成为重要的课题。智慧社区进行了“双碳”探索。

1. 智慧照明

为了既保证照明需求又避免能源浪费，小区的路灯都安装有光线传感器，在不同季节或极端天气到来时自动开启。同时，地下停车场的照明系统也用智慧照明系统做了提档升级，通过物联网智能灯具内置的多普勒雷达感应器，结合动态、实时、精准响应空间人车活动，联动车场灯具集群调控，有效提升建筑智能化水平和用户科技体验，同时大幅节能并降低了运维成本。

2. 设施设备远程监控

传统模式下物业工程人员每天需要巡查小区的发电机房、水泵房、提排井、生化池等区域，每天行程至少1万步以上。使用RBA系统后，前端的传感器可以早期发现设备故障，工程人员的手机会在第一时间收到消息，免去每天巡查任务，工程运维人员减少了一半。同时，通过监测温度和土壤湿度与智能浇灌系统联动，按需自动浇灌植物，大幅降低了水电浪费。

3. 智能座椅

在“双碳”目标的驱动下，小区积极引入绿电资源。小区路灯采用自带光伏的智慧路灯，将白天吸收的太阳能转换成电能，实现路灯照明的自给自足；同时小区在室外休息区域安装智能座椅，除了提供休憩功能外，同时通过太阳能板将储备的光能转化成电能，提供手机充电、座椅加热等功能，将“绿电”的使用延伸到生活的各个角落。

4. 智能垃圾分类

生活垃圾分类是改善人居环境、促进城市精细化管理、保障绿色可持续发展的重要举措。小区安装智能回收箱，业主手机扫码注册，柜门打开，放入塑料瓶、纸张等，系统自动称重并根据投放的重量计入积分、兑换礼品或提取现金。帮助提高业主垃圾分类积极性，提升垃圾分类工作效率。

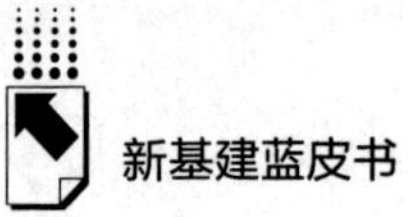

通过“双碳”社区建设，培育了社区低碳文化生活，更好地动员社区居民共同参与到低碳环保的行动中，通过科技助力，每年能够直接节约用电量303万千瓦时，节约用热量2.2万吉焦，节约燃气量5500标准立方米，直接减少碳排放8663吨，逐步构建新型低碳智慧社区。

专 题 篇

Special Topic

B.13
信息通信能源低碳化发展趋势分析报告

刘宝昌 李玉昇 韩冠军 邬 超 梁露露*

摘 要： 全球各国相继提出"碳达峰、碳中和"目标及战略，信息通信行业作为用电大户是低碳化发展路上不可忽略的行业之一。本文首先在对通信网络能耗现状分析的基础上，从能源设施、能源结构、能效管理三个维度总结信息通信行业能源低碳化发展趋势；其次，对几个发展方向下国内主流企业的创新案例进行梳理与分析；最后，对行业低碳化发展趋势进行展望，建立健全信息能源低碳化产业链发展体系，并从体系内容、评价指标和重点任务三

---

* 刘宝昌，中国移动通信集团设计院有限公司信息能源所所长，主要研究方向为信息通信电源新技术新产品研发、能源互联网在通信领域的应用等；李玉昇，中国移动通信集团设计院有限公司信息能源所副所长，主要研究方向为信息通信数字智能供电技术及创新产品研发与应用；韩冠军，中国移动通信有限公司集团总部计划建设部节能减排处（共建共享处）项目经理，负责数据中心、电源空调配套等领域的节能管理；邬超，中国移动通信集团设计院有限公司信息能源所助理咨询设计师，主要研究方向为信息通信电源新产品研发；梁露露，中国移动通信集团设计院有限公司信息能源所助理咨询设计师，主要研究方向为信息通信电源新产品研发。

个方面进行了分析。

关键词： 信息通信 能源 低碳发展

一 低碳发展背景

全球各国正积极采取措施应对气候变暖，信息通信行业正布局低碳化发展的有效路径。

（一）国家层面

人类正面临巨大的气候变化挑战，在第21届联合国气候变化大会上，缔约方共同讨论通过了《巴黎协定》，为各国采取具体行动应对挑战奠定了基调。此后，全球各国以及有关经济体相继以法规、政策承诺等方式发布碳中和目标。在欧洲地区，瑞典宣布在2045年实现碳中和，其他欧盟成员以及英国相继提出要在2050年实现碳中和；在美洲地区，美国、加拿大等国家提出要在2050年实现碳中和；在亚洲地区，日本、韩国等国也提出2050年实现碳中和。目前，已有约30个国家提出碳中和目标。这些国家、经济体正以实际行动推动实现碳中和，例如，欧盟提出《欧洲绿色新政》的行动计划、韩国推出《绿色新政》、日本发布《绿色增长战略》等。

在2020年9月第75届联合国大会一般性辩论上，我国首次明确提出2030年前实现碳达峰、2060年前实现碳中和的目标①。此后，国务院、各部委陆续推出相关政策，积极引导碳达峰、碳中和目标落地。在总体目标方面，国务院的引导政策方向主要包括加快低碳人才培养、推动减污降碳协同增效、加快构建绿色低碳交通体系等，主要内容围绕减少碳排放设立目标，以对高碳排放企业进行管控和鼓励节能、绿色、健康高质量发展为主。在细分行业目标方面，“双碳”行动方案陆续出台，“1+N”政策体系持续完善，国资委要求中央企

---

① 《习近平在第七十五届联合国大会一般性辩论上发表重要讲话》，《人民日报》2020年9月23日，第001版。

业2030年前碳达峰并实现碳排放稳中有降；同时，还要求“十四五”期间中央企业万元产值综合能耗下降15%，万元产值碳排放下降18%[①]；国家机关事务局明确有条件的地区2025年前实现公共机构碳达峰、全国公共机构碳减排总量要在2030年前尽早达峰[②]。

此外，国家持续对各部门、各行业推动“双碳”行动提出具体要求。2021年1月24日，中央政治局集体学习时要求协调处理发展和减排之间的关系；同年10月，国务院发布《2030年前碳达峰行动方案》，明确指示降碳的两大底线是能源安全和经济增长，强调“稳妥有序、循序渐进，确保安全降碳”[③]；同年12月，中央经济工作会议再次强调“正确认识和把握双碳，实现双碳不可能毕其功于一役”。

从引导“双碳”落地，到指导“双碳”发展，政策导向已经越来越清晰，“双碳”目标已成为长期国家战略，它不仅被定义为能源问题、环境问题，更是经济问题和长远发展问题。

（二）行业层面

在“碳达峰、碳中和”战略目标背景下，国家、地方、企业掀起了一场绿色变革，作为全社会用电大户，信息通信（Information and Communications Technology，ICT）行业打造低碳信息通信网络既是社会责任，也是自身诉求。

网络运行产生的碳排放主要来源是电力和油，而信息通信行业一直以来用电量巨大。2019年，通信网络总用电量约4400亿kWh，随着网络发展，预计到2025年，通信网络用电量增加至7500亿kWh，通信网络用电量占比将由目前的1.8%增长至2.7%，而电力消耗所产生的碳排放占比约95%，因此要实现全球碳中和目标，信息通信行业是其中非常重要的一环[④]。

信息通信行业正处于高速发展时期，行业应积极研究制定相关目标政策，

① 国务院国有资产监督管理委员会：《关于推进中央企业高质量发展做好碳达峰碳中和工作的指导意见》，2021年12月。

② 国管局、国家发展改革委、财政部、生态环境部：《深入开展公共机构绿色低碳引领行动促进碳达峰实施方案》，2021年11月。

③ 国务院：《2030年前碳达峰行动方案》，2021年10月。

④ 吴江：《“双碳”战略下信息基础设施绿色低碳转型发展思考》，《电信工程技术与标准化》2022年第32期。

推动信息通信行业绿色高速和可持续发展，为国家实现“双碳”目标贡献力量。

国内外信息通信行业正逐步明确“碳达峰、碳中和”的实现路径和目标。目前，国外主流运营商正积极部署网络碳中和战略，根据中国移动国际公司数据，国际电信联盟中，已有超过 29 个运营商提出碳中和相关目标。德国 Deutsche Telekom 运营商走在减碳前列，2017 年启动绿色网络战略，由董事会承接并专项管理，到 2019 年已实现减碳 60%，减碳量达 180 万吨。此外，英国 Vodafone、西班牙 Telefonica、法国 Orange 分别提出碳达峰、碳中和目标①。

国内主管部门及主要企业也积极采取相关行动和计划。2021 年 3 月，国务院发布《国务院关于加快建立健全绿色低碳循环发展经济体系的指导意见》，针对信息通信行业，提出要加快行业绿色转型，做好大中型数据中心、网络机房绿色建设和改造，建立绿色运营维护体系等要求。同年 12 月，国家发展改革委、中央网信办、工业和信息化部及国家能源局联合发布《贯彻落实碳达峰碳中和目标要求 推动数据中心和 5G 等新型基础设施绿色高质量发展实施方案》，强调数据中心、5G 是支撑未来经济社会发展的战略资源和公共基础设施，同时数据中心、5G 的高质量发展也关系新型基础设施节能降耗。另外，该文件在创新节能技术、优化节能模式、利用绿色能源等方面提出具体要求，并要求到 2025 年，数据中心和 5G 基本形成绿色集约的一体化运行格局，全面支撑各行业特别是传统高耗能行业的数字化转型升级，助力国家双碳战略。

为落实国家“碳达峰、碳中和”战略，中国移动发布《C^2 三能-中国移动碳达峰碳中和行动计划》，创新构建“三能六绿”发展模式。“三能”是行动主线，主要是指通过技术创新实现自身运营“节能”；推动能源消费电气化，提升清洁能源比例，实现自身用电“洁能”；发挥运营优势，实现助力降碳“赋能”。“六绿”，即绿色网络、绿色用能、绿色供应链、绿色办公、绿色赋能、绿色文化等 6 条实现路径。中国联通发布《“碳达峰、碳中和”十四五

① 中国移动国际公司：《低碳信息通信网络助力基础设施绿色发展》，《国际工程与劳务》2022 年第 5 期。

行动计划》，明确了中国联通“3+5+1+1”减碳行动方案，即建立三大碳管理体系，聚焦五大绿色发展方向，数字赋能行业应用助力千行百业节能降碳。中国电信发布《碳达峰、碳中和“1236”行动计划》，明确坚持一个绿色低碳发展战略，把握两个发力方向，践行三个基本策略，推进六大绿色行动，赋能经济社会绿色发展。

“双碳”战略是国家经过深思熟虑的、高瞻远瞩的重大战略决策，构建碳达峰、碳中和经济社会体系，实现绿色转型，打造清洁低碳、安全高效的能源系统，与各行各业息息相关。信息通信行业在国家经济体系中占据着举足轻重的地位，在全球低碳发展趋势和国家“双碳”战略需求下，高速发展的信息通信行业更是责无旁贷，通过构建低碳信息通信网络，赋能各行各业节能降碳，助力全球绿色低碳的可持续发展。

二　低碳节能技术发展现状与趋势分析

基于“碳达峰、碳中和”发展背景，信息通信行业打造低碳能源网络刻不容缓。

（一）通信网络能耗碳排放现状

随着5G技术的成熟和云计算需求增大，通信基站数量和数据中心数量将大幅增长，信息通信行业的耗电量将不断增大，碳排放量大幅增加。

1. 基站数量大幅增长

当前信息行业进入5G时代，5G信号频率比4G高2~3倍，信号衰退速度更快，因此，相比4G时代，同一区域内5G基站数量将会多2~3倍①。一般来说，在盲点区域会布局一定数量的微基站，以保证信息传输的稳定性，因此，5G基站总数相较4G基站增加更多。

另外，5G基站集成度更高、数据传输量更大，能耗是4G基站的3倍。《5G基站节能技术白皮书（2020）》数据显示，目前国内主流运营商使用的5G NR主流基站带宽是4G的数十倍，收发通道数是4G的4或8倍，发射功

① 苟坤：《5G基站节能技术及应用研究》，《电信快报》2021年第10期。

率则为 4G 的 2~3 倍[①]。

随着 5G 基站加快部署，5G 基站总量将更多，单基站能耗更高，5G 基站将是未来通信设备能耗的最大增长点。据《中国能源报》数据，2020 年，5G 基站的用电量低于 200 亿 kWh，预计到 2025 年，5G 基站的用电量将增加到 3500 亿 kWh 左右，5G 基站高能耗带来的高碳排放问题不容忽略，必须采用基站降耗新技术以及新材料等降低 5G 基站的碳排放量。

2. 数据中心能耗巨大

随着云计算的兴起，在全球范围内出现了数据中心的建设浪潮。根据前瞻产业研究院整理数据，2020 年全球公有云计算市场规模为 2253 亿美元，同年全球数据中心数量高达 42.2 万座，超大型数据中心数量为 597 座。根据中国数据中心绿色能源大会数据，数据量年复合增长 50%~80%，算力需求年增速达 30%~50%，要求机柜规模年增速超过 20%。

数据中心数量不断增加，其耗电量巨大，有较大的优化空间。根据中国 IDC 圈数据，2020 年数据中心的耗电量占国内总用电量的比例超过 2.3%，随着数据中心数量的增多，数据中心耗电量占国内总用电量比重将会逐年攀升。

电源使用效率（Power Usage Effectiveness，PUE）是衡量数据中心运行效率的指标，其越接近于 1，代表数据中心对于电能的利用越有效率[②]。根据中国信通院数据，2019 年国内数据中心平均 PUE 为 1.6，较 2012 年已有明显改善，但依然有 85%的受访企业数据中心的 PUE 值在 1.5~2.0，PUE 值仍存在较大提升空间。根据工信部《新型数据中心发展三年行动计划（2021—2023 年）》，到 2030 年底，新建大型及以上数据中心 PUE 需降低到 1.3 以下，严寒和寒冷地区力争降低到 1.25 以下。

对于 PUE 较高的数据中心，改造机房制冷设备、提升能源利用效率，是当前降低数据中心 PUE、达到减排要求的关键。为实现我国 2060 年碳中和目标，国家出台多项政策引导新型数据中心建设和节能减排的推进，大力支持用可再生能源与节能减排技术建设绿色云计算数据中心。2019 年，《关于加强绿

① 中国移动研究院：《5G 基站节能技术白皮书（2020）》，2020。

② 崔立勇：《数字经济推动下的数据中心：规模提上去，能耗降下来》，《中国经济导报》2021 年第 4 期。

色数据中心建设的指导意见》① 提出，淘汰高能耗老旧设备、提升水资源利用效率和清洁能源应用比例以及回收利用废旧电器电子产品等具体要求。

3. 信息通信行业占全球碳排放总量比重

根据国际能源署与法国 Great IT 联合发布的 *The Environmental Footpoint of the Digital World* 显示，2019 年全球碳排放总量 330 亿吨，2020 年全球碳排放总量 310 亿吨，同比减少 5.8%，各行业的碳排放占碳排放总量的比重基本稳定②。以 2019 年信息通信行业碳排放数据作为分析对象，2019 年信息通信行业碳排放量 14 亿吨（见图 1），占全球碳排放总量的 4.2%。在信息通信行业碳排放总量中，通信网络（Communication Network，CT）环节、数据中心和用户终端碳排放量分别为 3.1 亿吨、2.1 亿吨和 8.8 亿吨，占比分别为 22.1%、15.0% 和 62.9%。

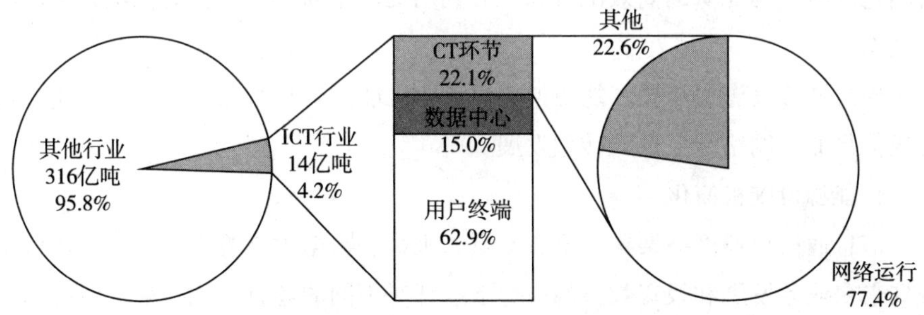

图 1　2019 年信息通信行业全球碳排放量

资料来源：国际能源署与法国 Great IT 联合整理。

通信网络环节的二氧化碳主要在通信设备运行/制造/运输/安装过程中产生，在通信网络碳排放量中，通信设备运行过程中产生的碳排放量最高，占整个通信网络环节碳排放总量的 77.4%，制造、运输、安装等产生的碳排放量占 22.6%，因此，网络运行的碳排放占全球碳排放总量的占比约为 1%。

信息通信行业能源消耗大，网络运行碳排放占比高，传统的网络结构已无

① 工业和信息化部、国家机关事务管理局、国家能源局：《关于加强绿色数据中心建设的指导意见》，2019。

② 国际能源署、法国 Great IT：*The Environmental Footpoint of the Digital World*，2020。

法应对全球低碳政策及能源消耗快速增长的双重挑战，必须尽快打造低碳信息通信网络。

（二）信息通信能源设施低碳化的发展趋势分析

信息通信行业的碳排放主要来源于电能消耗，为了降低通信网络的碳排放，推动全网络绿色低碳建设与运营，需要做好三方面工作：首先，从站点、机房、数据中心等主要场景着手，打造轻量、极简的通信设备网络架构，减少通信设备及配套设施的能源消耗；其次，打造绿色通信能源结构，推动光伏、风能等清洁能源在信息通信行业应用，提高绿电应用比例，推动用能低碳化发展；最后，推动信息通信行业能效管理智慧化发展，加速能量信息融合创新，引发“瓦特×比特”的融合聚变①，推动能源与网络智能协同，推动供电架构智能化发展，为能量的高效配置和充分利用提供全新手段，提高供电系统的运维效率。

通过能源设施极简化、能源架构绿色化、能效管理智慧化等手段，实现信息通信行业全网络绿色低碳转型发展。

1. 能源设施极简化

信息通信行业网络架构主要有站点、机房、数据中心等主要场景，在科学规划未来业务发展和投资效益的前提下，针对不同的场景，积极采取对应的轻量化措施，从而降低整个网络产生的碳排放。

对于站点场景，采取以柜替房、以杆替柜的方案，加强站点室外化。在站点端，通过应用一体化的设备，采用逻辑集成方案，实现极简建设，带来“三免、三省、三特性”的价值。“三免”指免市电改造、免电源改造、免电池更换，“三省”指省投资、省成本、省部署时间，“三特性”指按需投资、智能运维、盘活资源。在末端，应采用模块组合方案，通过应用自然散热的电源单元实现灵活部署，同时配合高效无线单元，带来按需配置、极简安装、高效节能的价值。

针对机房场景，采取多柜融合的方案，将机房集成化，将传统的多类型设备分柜部署更改为多类型设备融合共柜集成部署。例如，将智能多输入多输出

① 杨杰：《加速能量信息融合创新，开启 5G 纵深发展新局》，2022。

电源与智能锂电共柜安装，开发具有高密一体化集成、多制式输入输出、匹配ICT演进发展等特点的供电一体化设备；将制冷单元和通信设备共柜安装，研究开发制冷和通信深度融合的设备，并充分利用自然能源，使其具有精准制冷、高效节能的特点。另外，安装组件还应设置为柔性可调，以满足不同类型尺寸设备共柜安装需求。

对于数据中心场景，采取供配电一体化逻辑集成的方案，打造一系列装配化设备。传统数据中心供电系统采用不同类型的供配电设备进行几何叠加部署，带来占用空间大、工程量大、系统割裂、运行效率不高等问题。新型逻辑集成式供配电系统将各环节的供配电设备标准化设计，一体化逻辑集成，具有高密节地、快速安装、高效运行、智能运维等价值。

站点场景、机房场景、数据中心等主要场景的发展趋势是采取建站极简化、机房集成化、数据中心装配化等应对措施，实现信息通信行业全网络的“低碳建设”，打造轻量化网络架构，降低信息通信行业的网络碳排放。

2. 能源结构绿色化

信息通信行业供电系统的电能主要由电网提供，电网电能来源仍主要为火力发电，其碳排放高，如果仅依靠电网为信息通信行业进行供电，短时间内很难实现信息通信行业的碳中和。因此，必须提高信息通信行业内能源架构的绿电比例，以实现信息通信行业低碳甚至零碳运行。

在新能源资源丰富的通信站点、数据中心引入绿色新能源，提高通信供电系统的绿电比例，架构多能源协同的通信供电。在该架构下，供电中的新能源发电系统优先为通信负载供电，不足时由公网补充，由储能设备进行调峰、平滑负荷。这种供电架构不仅可提高通信供电系统中的绿电比例，而且可提高供电的可靠性。

在当前各类绿电中，光伏、风能发电行业发展迅速，首先可取全场景叠光方案。在风能资源丰富场景中引入风力发电，通过全场景叠光、大范围风能利用，实现全网络低碳运营。对于信息通信行业特殊的三大场景，将信息技术、电力电子技术与光伏/风力发电技术相融合，研发出智能光伏/风力发电系统，在杆站、站点、机房、数据中心园区等通信全场景实现叠光/风。引入多输入多输出电源将清洁能源与市电融合，通过智能调度系统最大化利用清洁能源。

针对当前能源架构化石能源比例高的问题，采取多能源协同的通信供电架构方案，在风光资源丰富地区引入风能、光能，同时可研究适用于信息通信行业的氢能等清洁能源，实现信息通信行业全网络的“低碳运营”，打造绿色化的信息通信能源架构，降低运行碳排放。

3. 能效管理智慧化

通信站点主要依靠传统动环系统进行供电系统管理，但这种管理仅仅对站点供电设施只监不控，仍有 80%以上的通信站点的运维是依靠人工上站巡检、解决定位问题和处理故障。这种管理方式运维效率低下，站点维护费用高。随着 5G 时代的到来，5G 站点建设数量翻番，单站平均功耗大幅增加，若仍采用传统动环系统，运维效率低下的问题将更加凸显。

因此，需要对当前的供电架构进行智能化处理，提高供电系统的运行和运维效率，实现能效管理智慧化。首先，为了实现供电架构智能化，引入智能化监控系统，将各站点的实时运行数据监控上传，实现供电架构的整体运行情况可视化；其次，结合人工智能（Artificial Intelligence，AI）、物联网和云计算等新一代信息技术，利用上传的运行数据对站点的供电架构实现自我分析、自我控制，建设从平台到系统、从系统到设备的智慧化供电运营体系，实现对供电架构的协同化管理、智能巡检运维，从运营消耗上确保实现低碳化供电架构。

总之，通过引入智慧能源平台，实现通信设备用电状态和能效状态可视、可管、可控、可优，避免设备低效用电，降低人工维护工作量，实现能效管理智慧化，从而实现信息通信行业全网络的“低碳”运维。

三　低碳节能技术应用案例

在通信网络、数据中心能源设施低碳化的发展趋势下，国内相关运营商自2018 年起针对降低能耗、减少通信网络基础设施碳排放开展了持续的技术研究及产品开发，开展信息通信能源设施绿色低碳改造，积极使用高效能源、清洁能源，推广节能降碳技术，推进信息通信行业碳达峰、碳中和。

（一）能源设施极简化案例

在网络架构轻量化上，国内运营商积极探索极简建造方案，在站点和机房场景推出相关数字供电产品，在全国范围内部署落地极简建站等方案。

“以柜替房”方案是国内主流运营商推出的一体化能源柜、一体化节能柜、数字能源机柜等多场景逻辑集成方案（见图2）。

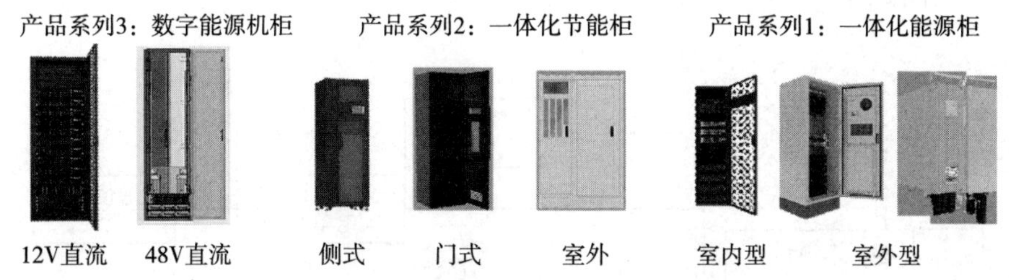

图2　多场景逻辑集成方案总览

资料来源：中国移动通信集团。

通信站点、机房场景中，传统电源设备需独立安装，传统方案建设周期长、投资高、占地大。一体化能源柜方案将多输入多输出新型电源与信息通信设备集成于一柜之内，室内型能源柜适用于C-RAN基站、D-RAN基站以及边缘计算等全场景应用。与传统方案相比，一体化能源柜方案建站，周期缩短约90%，投资降低约30%，占地减少约60%，能效提升8%~17%，可助力5G快速建设与高效运营；室外型能源柜适用于网络末端供电场景安装，可实现全室外化建站，具有高密高效特点，同时还支持极简叠光、57V恒压输出、智能分级下电、智能运维等功能，省地、免租、去空调化，可助力5G网络快速部署、极简低碳。

制冷需求场景的传统方案是采用房间级制冷，在机房中布置柜式空调以满足设备散热需求，这种“先冷环境，后冷设备”的方式，室内温度难以降低到空调设定温度，造成空调长期持续运转、用电量大，能耗主要用于送风及环境空气冷却环节，冷量利用率不高。一体化节能柜方案将电源设备与制冷设备集成于一柜内，该方案采用“直冷设备”的方式，适用于C-RAN基站、汇聚机房等多类型设备高密、集中部署场景，通过高效气流组织设计、封闭精确制冷、自然冷源利用等手段提升散热效率，其空间利用率提升30%~60%，空调能耗降低10%~50%。

（二）能源结构绿色化案例

国内相关设计单位积极探索智能叠光的绿色化能源结构方案，特别是针对海岛站点等供电无法保障的偏远站点，已有相关的光油储融合离网发电系统方案（见图 3）。

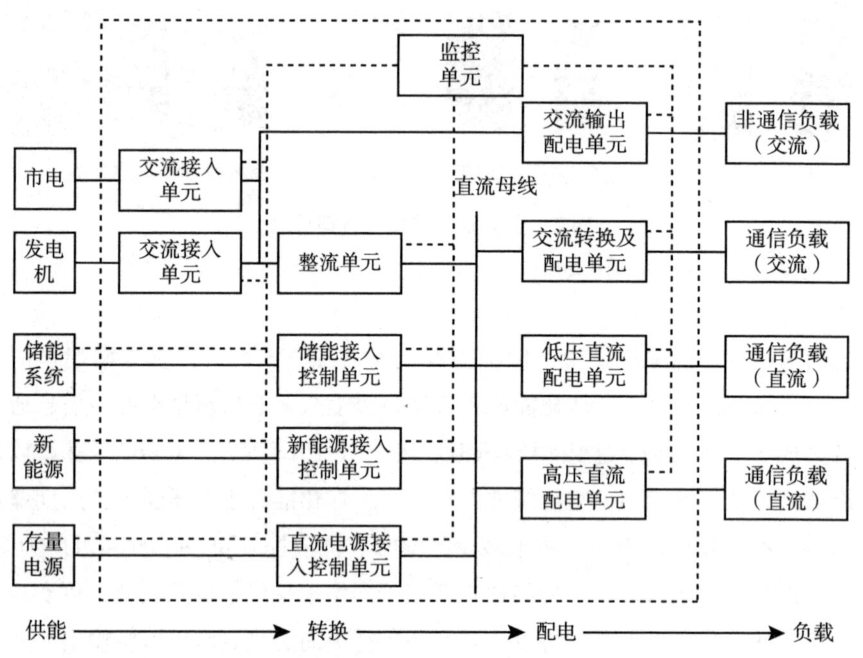

图 3　光油储融合离网发电系统方案示意

资料来源：中国移动通信集团。

光油储融合离网发电系统将太阳能作为主用电源，在晴朗天气下满足用电需求，在雨季等光照不足的情况下，将固定油机作为应急电源，同时采用智能用电管理，具备多能源协同调度管理功能，降低无业务时段电能损耗，实现通信站点的离网运行。

该方案下的某海岛案例运行约 4 个月的数据显示，光伏板已累计输出电量 4650. 9 kWh，按最新碳排放因子 0. 5810 千克二氧化碳/kWh 计算，相当于减少碳排放 2702. 2 千克，日均发电量为 41. 5 kWh，相当于日减少碳排放 24. 1 千克；固定油机累计运行时长仅为 17.3 小时，累计发电量为 215.8 kWh；站点离网绿电发电量占比高达 95.6%。该方案可在 1.2 年收回成本，经济效益良好。

（三）能效管理智慧化案例

针对新能源管理人工维护成本高等问题，国内相关运营商积极开展能效管理智慧化方案研究，创新性地将能量瓦特流和信息比特流融合，提出智慧网管平台等能效管理智慧化方案。

具体来说该平台具有以下主要特性。

（1）远程上下电特性。平台通过电压模式、时间模式及容量模式的上下电设置，实现对智能配电单元每一个分路的控制，有效避免人工下站，减少人力产生的碳排放。

（2）能效管理特性。通过网络级、站点级、部件级能效看护、异常能效告警和能效的专家优化建议，实现能效的精准管理，异常智能识别，确保低能耗。

（3）智能削峰特性。通过科学调度，避免负载宕机，提高负载可用度。当电源系统的输出功率不足以支撑负载供电时，由锂电池自动补充供电，实现交流输入免改造，减少市电改造投资。

（4）错峰用电特性（适用于电网峰谷电价差大的地区）。科学调度市电、电池使用，降低电费，有效节约成本。

（5）储能智能锁特性。通过智能储能锁管理，实现锂电智能防盗。

（6）远程电池测试特性。通过远程批量测试和测试结果自动分析，实时掌控电池性能，缩短测试时间，测试成本下降约 85%。

（7）储能健康状态（State of Health，SOH）管理特性。平台可自动检测 SOH、电阻、电压和温度，智能评估电池健康度。

智慧网管平台将大数据分析和 AI 技术融入基站能源管理，有效实现对基站供电设备的远程监、管、控，对基站能源数据的查、统、分。其优异的智慧能源管控能力及智慧运维能力，可提供可靠的基站动力保障、高效的能效管理及全方位的自动化维护，降低人工成本和能量损耗，助力信息通信行业运维低碳化。

四 信息能源产业发展趋势与展望

最后，对信息通信行业低碳化发展趋势进行展望，即建立健全信息能源低碳化产业链发展体系，并从体系内容、评价指标、重点任务几个方面进行分析。

（一）信息能源低碳化产业链体系内容

围绕信息通信行业能源“发—转—储—用”全环节，构建信息能源低碳化产业链发展体系。

1. 信息能源低碳化理论体系

建立能量信息化处理的分析架构与方法，对能量流进行离散化数字化处理，制定能量和信息双向转换的度量方法和模型框架，解决在能量信息约束条件下资源的优化配置问题，健全信息能源低碳化的理论体系，以实现信息通信技术（比特）与能源技术（瓦特）进行深度融合和协同。

2. 信息能源低碳化技术体系

围绕信息通信行业能源“发—转—储—用”全环节，开展先进技术研究，如清洁能源与传统能源结合的多能源供给结构、直流微电网供电技术、多能源动态互补和智能调度技术、新型储能技术、智慧能源业务协同技术（AI、大数据）等，构建全环节的低碳技术体系，提升能源利用、转换及存储效率，支撑可持续信息通信网络和双碳目标的实现。

3. 信息能源低碳化产品体系

基于信息能源技术体系布局，研发和部署数字能量计算装置并以此构建面向能源互联网的新型能量基础设施，实现对能源转换、存储和控制的数字化、网络化、智能化，实现产品高密集成、高效运行、智慧运维，推动整个信息通信行业实现绿色低碳可持续发展。

（二）信息能源低碳化产业链评价指标

为建立信息能源低碳化生态，有必要以产业链方式运作，集合上中下游各方优势，提出引领指标，牵引相关领域厂家将通信能源新技术与5G、AI、大数据、物联网等数字化技术进行融合，围绕低碳网络、低碳机房、低碳数据中心等建设目标联合创新，实现“发—转—储—用”全链路的智能协同，助力信息通信领域“双碳”目标达成。

对于信息能源产业链，结合领域特征，本着科学性、系统性及定量和定性相结合原则，可从产业融合、产业生态、技术创新和低碳发展四个方面①制定信息能源低碳化产业链总体发展评价指标体系（见表1）。

表1　信息能源低碳化产业链总体发展评价指标

一级指标	二级指标	一级指标	二级指标
产业融合	专利	技术创新	核心元器件国产化率
	标准		数字化程度
	资源整合		智能化水平
产业生态	研发投入	低碳发展	能效水平
	人才培养		清洁能源应用比例
	产业规模		
	示范项目		

（三）信息能源低碳化产业链重点任务

完整的信息能源低碳化产业链应明确其重点任务，确保我国在数字新基建中取得成功。

1. 评估产业发展现状

统筹梳理产业链关键环节，明确基础材料供应，核心器件设计、生产，产品模块化设计、应用等各环节的国内外优势企业，分析国内面临的产业问题并明确问题所属的情况（仅国外有、国内有但技术不成熟、国内技术成熟但生态不成熟、国内有弯道超车机会等），绘制产业链概览图、技术路线图、主要产品图、区域分布图，列举产业集群清单、政策清单（中央及地方）、产业链问题清单、重点企业清单、重大项目清单等。根据产业链评价指标体系，获取产业发展相关数据，输出评估报告。

① 贺正楚、曹德、潘红玉等：《全产业链发展状况的评价指标体系构建》，《统计与决策》2020年第18期。

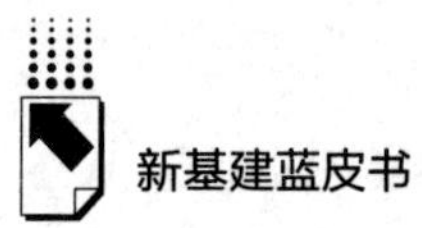

2. 开展关键技术攻关，解决“卡脖子”问题

通过自研、联合研发等多种方式，加大研发投入，组织开展核心功率半导体器件技术攻关，解决产业链上游功率半导体的设计与制造“卡脖子”问题。带动产业打造全球首创/独创功率器件技术，实现专利突破和引领，牵引产业链实现首创/独创技术的有效转化使用。

3. 开展面向信息通信行业的低碳能源产品及应用系列标准编制

围绕当前双碳主题，坚持信息通信能源的“发—转—储—用”端到端产业链路径，健全绿色用能、低碳转换、综合储能、智慧配电、精准用电技术应用架构和标准规范建设，同时推动绿色低碳标准“走出去”，塑造多元主体广泛参与的共建共享共赢产业生态。

4. 组建国家工程中心、高校联合实验室，打造创新产业联盟

聚合信息能源领域相关高校、科研机构及上下游企业开展深度交流，形成跨企业、跨行业、跨领域间的合作，实现资源共享、优势互补、共定标准、共建方案、共促创新。定期开展产业峰会，促进交流、充分调动产业活力，建立信息能源领域生态，助力新能源领域低碳化发展，助力国家双碳战略成功落地。

5. 建立信息能源测试与评价实验室，发布信息能源设施碳排放评价与认证等标准①

实现低碳认证标准化、透明化，为产品提供客观、可信的碳评价体系，提高低碳企业的市场竞争力，助力信息能源行业的绿色低碳发展及双碳背景下的产业升级。

参考文献

高鹏：《碳中和目标下“零碳”网络与“零碳”数据中心的构建方法探讨》，《电信工程技术与标准化》2022 年第 1 期。

① 刘雯雯、胡振华:《市场自治与低碳认证情形下企业低碳生产行为研究》,《运筹与管理》2022年第4期。

B.14

新基建赋能县域经济高质量发展：逻辑、路径与实践

刘柏志　韩柯子　张 凯*

摘　要： 县域经济发展事关我国现代化建设全局，多重因素叠加造成县域发展不均衡、产业基础薄弱、受虹吸影响显著等问题。以数字化、智能化为导向的新型基础设施建设能够带动县域生产方式革新，弥补县域经济短板，培育县域经济新动能，提升县域治理效能。在全面贯彻新发展理念、构建新发展格局中，县域经济发展需要以新型基础设施建设为抓手，以县城为核心加快补短板，创新数字化助推乡村振兴模式，优化县域产业体系，以智慧县域提升政务服务能力，持续推进县域治理现代化。

关键词： 新基建　县域经济　数智化

县域是我国政治经济地理版图的重要组成，县域经济是国民经济发展的战略基石。近年来，我国高度重视县域经济发展，习近平总书记多次指出，县域经济处在承上启下的关键环节，是发展经济、保障民生、维护稳定的重要基础①。在立足新发展阶段、贯彻新发展理念、构建新发展格局的战略全局中，

* 刘柏志，中国政法大学城市发展与治理研究院副院长，主要研究方向为政府改革与社会治理；韩柯子，博士，中国政法大学教师，主要研究方向为城乡发展与规划；张凯，中国政法大学城市发展与治理研究院科研部主任，主要研究方向为产业经济与城市发展。

① 许宝健：《习近平关于县域重要论述的鲜明特征》，《人民论坛·学术前沿》2022 年第 13 期。

以5G、人工智能、大数据、工业互联网、区块链、物联网等为支撑的新型基础设施能够显著优化和提升传统基础设施的效能，推进一、二、三产融合发展，改善和提升县域全要素生产力，推动县域经济新旧动能转换，助力县域经济实现高质量发展。

一　深刻把握新基建对县域经济的重要性

（一）县域是我国构建现代化经济体系的战略支撑

建设现代化经济体系是中国特色社会主义进入新时代，党中央基于经济发展阶段以及复杂国际环境下的重大战略部署，是中国式现代化的重要基础，是较长时期内我国经济社会发展的重要方向。县域作为国民经济和社会发展的基础单元，2020年人口为89076万人，占全国总人口的63.1%①，是深挖内需、扩大有效投资的重要场域，能够在构建现代化经济体系中发挥其天然的基础性、根本性作用。

从经济发展的视角看，全国县域GDP 2020年达到39.2万亿元，占全国GDP比重达38%以上②。在生产环节，县域是我国经济活动的重要载体，尤其是农业生产的主战场，是绝大部分初级产品的主要供给地，肩负保障国家粮食安全、产业安全的重任。在投资环节，县城市政公用设施投资2020年完成额为3884亿元，占全社会比重仅为0.7%，县城公共供水普及率96.66%、燃气普及率89.07%、排水管道密度9.6km/km^2，与城市市区的98.99%、97.89%和11.11%相比，总体上仍存在较明显差距③。在消费环节，从总量上县域集中了全国一半以上的购买力，从人均来看，县城居民人均消费支出为设区市的2/3左右，增长空间较大。

从县域城镇化的视角来看，2021年我国常住人口城镇化率为64.72%④，户籍人口城镇化率远远落后于常住人口城镇化率。《“十四五”新型城镇化实

① 赛迪顾问县域经济研究中心：《2022中国县域经济百强研究》。

② 赛迪顾问县域经济研究中心：《2022中国县域经济百强研究》。

③ 《中国城乡建设统计年鉴2020》，中国统计出版社，2021，第4~5、72~73页。

④ 国家统计局：《中华人民共和国2021年国民经济和社会发展统计公报》2022年2月28日。

施方案》提出“到2025年，全国常住人口城镇化率稳步提高，户籍人口城镇化率明显提高，户籍人口城镇化率与常住人口城镇化率差距明显缩小”。从常住人口城镇化率来看，以城镇化率达80%估算，未来将有2亿左右乡村人口进入城镇；从户籍人口城镇化率角度看，城镇化尚处于中期，未来还有4亿多乡村人口将成为市民。因此，基于庞大的城镇化需求潜力，发展县域经济，通过城镇化激活庞大的内需市场，为双循环经济体系的构建提供不可或缺的内在依托和回旋空间。

（二）数字新基建时代县域经济发展面临的新挑战

培育壮大县域经济具有重大战略意义，随着现代技术的不断进步，区域经济空间分化和发展动能迭代的趋势更为明显，加剧了长期以来我国县域经济存在的发展不均衡、产业基础薄弱、受虹吸影响较大的问题。

1. 县域经济发展不均衡

传统县域经济具有典型的资源要素驱动性特征，发展更多依赖于区位条件、矿产、土地、物产等资源，资源本身分布的不均衡导致县域发展的先天性失衡。从2020年县域GDP统计来看，昆山市、江阴市等县域GDP超过4000亿元，张家港市、晋江市、慈溪市等30余个县域GDP超过1000亿元。同时，1500个县域的GDP低于300亿元，甚至还有70多个低于10亿元。赛迪顾问县域经济研究中心发布的《2022中国县域经济百强研究》显示，2021年我国前100强县以占全国不到2.0%的土地、7.0%的人口，创造了全国9.94%的GDP。同时，县域经济发展区域不平衡的状况仍然存在，百强县中，东部地区占65%，中部地区占22%，西部地区占10%，东北地区仅有3%，省份中江苏、浙江、山东分别占25%、18%和13%，呈现极度不均衡的态势①。

2. 县域经济产业基础薄弱

经过改革开放40多年的发展，大多数县域基于自身的地理位置、资源禀赋、历史积淀和风土人情形成了富有特色的县域产业体系，成为国民经济体系的重要组成部分。但也要看到，在全球产业重塑的变革进程中，除部分县

① 赛迪顾问县域经济研究中心：《2022中国县域经济百强研究》。

域能够参与到全国乃至全球产业体系分工中，大多数县域存在工业增长乏力和农业产业化产出不足的现实，县域企业体量普遍较小、产品技术含量和附加值普遍不高、同质化严重，以劳动密集型和中低层次技术为主，产品及服务以服务本地及周边为主，未能形成高附加值的县域特色产业链条，依靠企业自下而上的技术改造和产业升级难度较大，不足以支持县域经济可持续发展。

3. 县域经济受大中城市虹吸影响显著

县域经济是整合县、乡镇、村全域资源为一体的开放性区域经济，是相对丰富的潜在劳动力的供给地，同时具有较强的消费意愿和消费能力。随着交通基础设施的改善，在城市化和都市圈发展过程中，县域拉近了与大中城市的时空距离，在带来发展机遇的同时，多数县域受中心城市虹吸效应的影响加剧，县域中的劳动力、资金等资源持续被大中城市吸引而离开当地。第七次全国人口普查数据显示，县域有 3.76 亿人户分离，精壮适龄劳动人口大量外流，持续扩大县域人力资源的结构性短缺。近年来，各大电商平台加快下沉，汽车、数码家电、休闲娱乐消费等产业的发展，将县域消费能力进一步虹吸，形成“抽水机”效应，造成县域积累率不足，产业发展、基础设施建设和公共服务供给所需资本不足，可持续增长和消费能力持续提升面临较大制约。

（三）新基建能够为县域经济高质量发展提供新动能

新型基础设施是主要以数字技术为依托的基础设施，是在新一轮科技革命驱动产业变革的基础上，区别于以传统交通、水利、电力、房地产等为特征的传统基础设施，以数字化、智能化为导向支撑，呈现集约高效、绿色智能、安全可靠等特征。国家发展改革委将新基建的范围概括为信息基础设施、融合基础设施和创新基础设施，包括通信网络基础设施、新技术基础设施、算力基础设施、智能交通基础设施、智慧能源基础设施、重大科技基础设施、科教基础设施、产业技术创新基础设施等。

当前我国以交通、钢铁、房地产、电力、地下管廊等为代表的传统基础设施建设存在重复建设、结构失衡、效率不高等问题，严重制约着县域经济活动的开展。新基建与传统基础设施并不矛盾，新基建也不是相互独立的基础设施，而是在传统基础设施基础上，通过数字化和智能化技术的嫁接，实现传统基础设施的优化升级，从而更好地满足数字智能时代的需求。

新型基础设施建设不同于传统基础设施对较多土地的依赖，5G、轨道交通等以科技硬件支撑的新基建与软件系统、大数据、区块链、人工智能等软性新基建相结合，有助于培育经济新动能，为县域经济发展提供新技术、增加新投资、培育新场景、拉动新消费，是未来厚实县域产业基础、孕育科创要素、畅通经济内循环、实现稳就业与稳投资的重要抓手。

二　新基建推动县域经济高质量发展的内在逻辑

基础设施建设是拉动宏观经济和区域经济发展的有力工具，传统基础设施建设边际效用越来越低，已经不能适应县域经济社会高质量发展的需求。新基建将不同的产业及其上下游链接在一起，融合创新形成新的产业体系，形成产业聚集效能，使各产业实现跨界融合、业态创新与模式创新，从而衍生出更多的新技术、新理念、新业态、新消费和新模式。

1. 新技术带动县域生产方式革新

在传统的产业分工体系中，县域大多承担基础的原料供给和生产制造环节，新基建与传统基建融合发展较早的县域，已经初步具备在产业链的关键领域拥有控制能力甚至新技术、新特色产业集群的孵化培育能力。新基建中蕴含的信息技术、人工智能、物联网、大数据等渗透到产业的生产、流通、消费各个环节，对生产生活方式的影响是全方位、多层次的，能有效推动现代工业、现代服务业与现代农业的融合。在县域与城市形成差异化分工的格局中，新基建能够与县域经济产业体系相结合，通过新技术、新应用延长、拓宽、挖深产业链，推动技术研发与大中城市共创、生产制造与行业共进、产业体系与上下游共享，有利于提高产业链内部分工和专业化程度，吸引创新要素在县域集聚，提高县域产业参与全国乃至全球分工协作的能力，促进产业朝数字化、高端化方向发展，推动县域生产方式革新，改善中长期产业竞争力。

2. 新理念指导县域产业实现绿色低碳转型，提升县域宜居宜业程度

实现“3060”的“碳达峰、碳中和”目标已成为重大国家战略，县域是

我国保持生态环境容量的主战场，传统以低生产要素和破坏牺牲生态环境的发展方式已难以为继，生态环境优先的理念是县域经济发展的内在起点。一方面，新基建能够提升县域环境治理水平，提升县域城乡人居环境品质，推进传统产业清洁生产和循环化改造，增强城乡居民生活的便捷度和舒适度；另一方面，县域更靠近生态空间，在“双碳”目标的推进过程中，新基建能够提高县域环境和能耗监测、资源能源利用效能评估、生态价值转换等方面的能力，更有利于基于生态环境发展低能耗、高溢出、高附加值以及绿色低碳的新兴产业，在助推后发县域地区跨越式发展中发挥着引领性和先导性作用。

3. 新业态弥补县域经济发展短板

新型基础设施建设通过引导和带动上下游产业链的需求，实现各类生产要素的集聚和重新组合，形成一业带百业的倍扩效应，涌现了许多新型业态，可有效弥补县域区位条件不佳、交通基础设施不足、产业基础薄弱的短板。如信息技术的发展推动短视频、直播的兴起，突破时空界限，使生产和消费双方直接对接，降低产业链流通成本，提升县域产业集聚程度，推动乡村创业就业，解决乡村空心化问题。区块链天然的不可篡改的去中心化特征，可以从溯源的角度为智慧农业、食品供应链、农业保险与农产品交易等提供技术支撑。新基建具有外溢性和网络效应，在新业态蓬勃发展中，通过本土就业创新，拓宽了县域乡村振兴的路径，吸引部分务工人员返乡就业创业，为有效解决留守儿童、留守老人、留守妇女等问题，实现乡村振兴，弥补县域发展短板提供了新的解决思路。

4. 新消费引领和培育县域经济新方向

数字技术的发展打开县域消费突破口，城市生活方式越来越多被复制到县城，共享单车、无人零售、MiniKTV、书店咖啡厅、知名连锁餐厅、网红茶饮店等业态在县城密集布局，县域人民对品质化、个性化、多样化美好生活的需要日益广泛。新基建提供“绿色”“科技”“智能”等新型消费产品，新基建中的数字基础设施能够突破原有消费的时空限制，迅速触达国内外消费资源，带动更多如医疗养老、家政服务、健康管理、沉浸式体验等一些特定的消费需求，形成满足高中低不同收入群体的新型消费形态，吸纳新增就业，培育县域本土商业形态，避免被大中城市虹吸，形成差异性的县域竞争力，为疫情防控常态化背景下县域经济实现换道超车提供新契机。

5. 新模式推动数字化治理，提升县域治理效能

县域治理是国家治理的基石，事关群众切身利益，事关基层社会稳定。在社会数字化转型的大背景下，新基建通过云、大数据、物联网等先进技术下沉到县域，构筑县域数字化基础设施，建设高效协同的数字化治理平台，联通县域产业、政府和社会信息，形成县域治理的数字化新模式。数字化治理通过增强数字基础设施、数据资源、网络安全基础支撑，培植壮大数字经济，提升数字政府治理和信息惠民服务水平，推动公共数据和社会数据融合应用，协同推动经济社会各领域数字化转型发展，推动县域治理体系和治理能力现代化效能提升。

三　新基建赋能县域经济高质量发展的主要着力点

新型基础设施建设具有强外部性、效用外溢性、公共产品属性、受益范围广、规模经济等特点，应适度超前建设，应走在经济社会发展需要的前面。《中华人民共和国国民经济和社会发展第十四个五年规划和2035年远景目标纲要》提出：系统布局新型基础设施，加快第五代移动通信、工业互联网、大数据中心等建设。2022年5月，中共中央办公厅、国务院办公厅印发《关于推进以县城为重要载体的城镇化建设的意见》要求推进以县城为重要载体的城镇化建设，目标到2025年建设成一批具有良好区位优势和产业基础、资源环境承载能力较强、集聚人口经济条件较好的新型县城，这为新基建赋能县域经济高质量发展指明了着力点。

1. 以县城为核心加快县域基础设施补短板

投资作为与出口和消费并驾齐驱的“三驾马车”之一，在全球经贸重构的不确定下成为经济发展重要支撑，新型基础设施投资具有乘数效应，它通过产业关联和流动传导，能带来数倍于投资额的国民收入和社会需求，将会显著促进区域经济增长。新型基础设施建设是城市化发展的载体，也是城市化发展的现实需求，随着《“十四五”新型城镇化实施方案》的推进，城镇落户门槛的不断降低，城市化进程也将进一步加快，农村地区劳动力将加速流向城市，而县城“离土不离乡”的特征是就地城镇化的最佳载体，县城基础设施的建设也应与之相匹配。5G、大数据、云计算、人工智能、新能源充电桩等新技

术、新设施的运用，加快推进县域交通、水利、能源、市政等传统基础设施数字化、网络化、智能化建设与改造，既能提升农村与县城、县城与大中城市的交通便利度，又能改善县域的数字化水平，补齐县域基础设施和公共服务短板，拉平县域与大中城市的数字化时空鸿沟，充分激发县域经济的发展潜力。同时，新基建能够提升和优化传统基建的投资效率，从县域人民群众的现实需求入手，进一步提高县域物流设施、市政公用设施、防洪排洪设施、文化体育设施及社会福利设施，从而形成强大的投资综合溢出效应，有力推动县域发展不平衡不充分问题的解决，拉动县域经济增长和提升人民群众的幸福感、获得感。

2. 以 EOD 模式为导向构建县域绿色发展体系

在“双碳”目标下，县域经济发展必须全面贯彻绿色发展理念，坚定不移走生态优先、绿色低碳的发展道路，需要在新型基础设施建设的赋能下实现高效率可持续发展。发挥广大县域地区青山绿水生态美的优势，以 EOD 模式为导向，创新“青山绿水变金山银山”路径和机制，探索构建产业生态化和生态产业化的融合创新路径，重塑乡村的生态本底和绿色空间格局，因地制宜促进县域基于生态的工业链、农业链和旅游链的融合，形成更具核心竞争力的地方特色产业体系，持续为县域经济发展注入强劲动力。同时，用系统思维科学规划县域空间布局，县域建设要与生态要素相融合，将绿色低碳发展贯穿生态城镇规划、绿色建筑设计、城市建设工程、产业选择及城镇绿色低碳生活全过程，缓解发展与自然环境的矛盾，实现县域的可持续发展。坚持绿色低碳循环发展，推广绿色低碳的生产生活方式和建设运营模式，推进资源节约和循环利用，推进本地可再生能源利用。

3. 以数字化转型为动能优化县域产业体系

以数字经济为代表的新基建的广泛应用对于县域传统产业进行全领域、全链条的改造具有显著的倍增效应。县域应以物联网、5G、人工智能等新技术以及分享经济、平台经济等新经济业态为传统产业赋能，将制造优势与数字化、网络化、智能化优势叠加，进一步降低企业产业链和市场链成本，提升企业生产效率，进而提高全要素生产率。推动县域产业数字化转型，围绕中小企业“不会转、不敢转、没资金、没人才、没技术”的数字化需求，以创新型“新基建”为支撑，以政府购买服务的市场化方式，打造产业生态运营平台，导入创新产业要素，加快公共数字化赋能，构建产业数字化新生态，创造县域产业体系动力源。

4. 以直播带货新电商助推县域乡村振兴

以互联网、物联网、大数据、云计算、区块链、人工智能技术为关键基础，新基建串联起农业生产的产前、产中、产后，催生了火热的电商直播，成为农产品销售的重要渠道，为农产品从田间地头走向千家万户铺设了一条“快车道”。直播带货和短视频直接促进了消费者与生产者的面对面互动，生产、种植、采摘、包装等各个环节通过视频直播实现全透明，消除消费者对于产品质量的担忧，有效提升销售量，有助于促进乡村产业兴旺、人才振兴和文化振兴。县域应做好顶层设计，大力支持农产品直播新电商，完善农村信息基础设施为农产品直播新电商打牢基础，多方协同壮大农产品直播新电商力量。通过新电商的创新发展推动现代农业打破区域界线，生产要素向现代农业产业园区集聚，实现第一产业专业化、一体化、标准化、合作化发展。通过现代农业产业基地+特色农业休闲旅游方式，构建农旅双链城乡融合发展的乡村田园综合体，为县域乡村振兴增添助力。

5. 以智慧县域建设提升县域政务服务能力

利用信息技术推动县域政府数字化转型，优化资源配置，着重将县域产业发展与城市功能相融合，探索构建互联互通的未来县域发展新范式。加快数字政府建设，促进县域政务服务标准化、规范化、便利化，进一步优化服务流程，优化提升县域营商环境。因地制宜建设智慧县域，构建县域数据资源体系，完善县城信息模型平台和县域数字化运行管理服务平台。精准做好就业、创业、养老、托育、福利等社会服务需求分析，探索推进“智慧乡村”“未来社区”“智慧医疗”“智慧政务”等智慧场景建设，推进智能设施向乡村延伸覆盖，消除城乡“数据鸿沟”，促进县域城乡融合发展。

四　新基建推动县域经济高质量发展的创新实践

随着新基建的深入推进，越来越多的县域受益于新基建调结构、促创新和补短板的作用，涌现出一批具有代表性的创新实践。

（一）从“浦江制造”到“浦江智造”，数字化改革赋能浦江县域产业升级

处于群山环抱之间的金华市浦江县，近年来通过数字新基建改革撬动制造业转型升级，运用系统观念和系统方法，牢牢把握新时代县域经济的发展方向，推动企业生产由传统型向数智型转变，致力打造智能制造与传统产业转型升级样板。2021 年，全县规上工业增加值同比增长 17. 1%，其中数字经济核心制造业增加值增速超 22. 1%①。

浦江县构建完善制造业数字化升级政策体系，先后出台《浦江县智能制造试点示范实施方案》《浦江县数字经济发展“十四五”规划》《浦江县制造业数字化转型试点示范实施方案》等相关政策，强化分行业数字化改造政策扶持，从装备提升、自主创新、数字经济发展、绿色制造等多个维度制定软硬件迭代升级专项政策支持，推进数字工厂、智能工厂、未来工厂建设。

分类实施“轻量化智改+样本化推广”，调动市场主体的积极性，精准推进各类企业数智化升级。具体而言，对改造意愿较小、改造能力较弱的大量中小企业，由政府支持进行统一的轻度数字化改造，提升传统生产方式的安全性和效率，奠定逐步推进数智化改造的基础；对改造意愿较强、有改造能力的企业实施“一企一策”，加大支持力度，实施定制化改造，充分释放数智化的生产力；对于代表性的数字化先行企业，充分发挥其智能制造示范引领作用，以点带面，提炼形成数智化升级的经验模式，实现“企业—政府—产业—产业链—产业生态”的多层次协同共进数智化格局。

（二）镇平县直播电商引领县域特色经济高质量发展

2021 年《直播电商区域发展指数研究报告》公布了全国直播电商百强县，河南省南阳市镇平县是河南省唯一上榜县区。2022 年，北京大学联合阿里研究院举办《县域数字乡村指数报告》，镇平县列全国第 31 位，河南省第 1

---

① 《从“四面环山”到“八面来风”浦江赶超发展谋突围》，《金华日报》2022 年 7 月 4 日。

位[①]。当下，镇平县搭乘数字新基建的快车，以直播电商为契机整合主导产业、特色产业，加快县域经济转型发展。

近年来，镇平县把直播电商作为县域振兴的有力抓手，县长、乡镇长和驻村第一书记多次带头走入直播间推荐镇平土特产，形成干部直播带货新风尚。与特色产业发展相结合，拉长产业链条，发扬玉雕之乡的优势，与短视频、直播平台在镇平设立直播基地（中心）线上交易平台，实现多屏全网营销。同时，深度挖掘县域内特色产品产业，打造“艾草淘宝村”“红薯淘宝村”“玉器淘宝镇”等特色集群，释放出促进县域经济发展、实现本土就业、促进一二三产融合的综合效应。截至2021年底，镇平县各类网店、电商企业3万余家，年交易额突破300亿元，其中跨境电商1000余家，年交易额近30亿元[②]。

镇平县委、县政府从顶层设计上重视直播电商的发展，围绕“网红、产品、企业、协会、政府”优化角色分工，制定推广电商“百千万”工作，出台奖励补贴政策，加强企业和商户现场管理、质量管理，打造镇平县电商整体品牌。引导物流企业集中布局，整合快递、物流电商大数据及配送资源，为电商产业发展提供平台保障。搭建县、乡、村三级服务网络，构建县域电商生态链，推进县域“工业品下乡”和“农产品进城”双向流通，为县域经济高质量发展提供更加充沛的动能。

（三）“新基建+产业育城”推动城乡融合发展

县域经济作为城乡融合的切入点、工业经济和农业经济的交会处，是推进城乡经济社会融合的纽带，如何以县域为单元精准推进乡村振兴是新时代的重要课题。产业育城运营平台作为创新型“新基建”的核心支撑，建设成为县域和城市中小企业产业数字化驱动赋能中枢，承载着产业数字化转型应用场、新经济新业态活力场等重要功能，能够有效发挥县域在推进乡村振兴中的支点作用，实现以城带乡、以乡促城。

近年来许多互联网公司利用自身的新基建技术特质纷纷助力县域经济及

① 《县域数字乡村指数报告发布　镇平县在全国第31位》，澎湃新闻，2022年6月8日。

② 《镇平县电商产业引领特色经济发展》，中宏网，2022年7月26日。

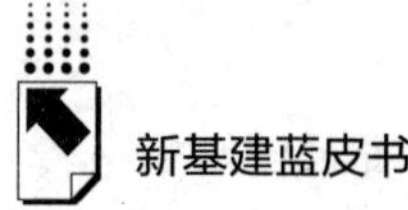

乡村振兴，泛华公司是推动新基建赋能县域经济的典型代表。泛华公司通过打造绿色生态基底，将推进新基建与县域经济发展、乡村振兴相结合，创新集成“EOD+产业育城”的县域经济创新发展模式，提出“融合破题、要素贯通、平台赋能、协同创新”四大创新路径，系统整合顶层设计、投资运营、产业运营、数字运营、建设服务全过程服务体系，贯通中心城市、县域经济、特色乡镇、美丽乡村城乡融合发展四层结构，创新运用新基建的地方实践，构建产业生态化和生态产业化的乡村新产业体系，探索三产融合发展的创新路径，积极帮助地方打造农业品牌，为乡村振兴和县域经济高质量发展持续赋能。

五　新基建赋能县域经济发展的展望

总体来看，新基建能够发挥乘数效用，带动县域新增有效投资，促进县域传统基建数字化转型，推动一二三产业融合发展，实现县域经济新旧动能转换。但客观来看，当前新基建赋能县域经济发展存在部分技术门槛引致的信息不对称约束、县级政府财力不足、县域人才资源缺乏及县域治理体制机制不顺畅等方面的风险，需要科学谋划、系统推进新基建赋能县域经济发展。

（一）以需求为导向，不同县域合理布局新基建

新基建作为现代经济的重要推动力之一，各地县域要结合自身经济社会发展情况，规避传统基建投资中存在的大干快上、重复建设、供需错配、效率低下等问题，审慎考虑县域人口增长预期和地方财政收支实际，统筹县域城乡发展规划、基础设施和产业布局，强化新基建项目的需求分析与科学测算，有序推进县域经济向城市经济转型，引导人口集聚、要素集聚、产业集聚，加快新型基础设施建设补短板，统筹推进通信网络基础设施、算力基础设施、融合与创新基础设施等建设，提升县域数字经济基础设施保障水平，增强城镇辐射带动作用，加快城乡协调发展。

（二）以多元投融资为方向，丰富新基建资金保障

统筹经济社会发展和疫情防控给县级财政带来的较大压力，新基建项

目的融资模式亟须进一步优化创新，改变过度依赖政府信用及财政投资的局面，畅通新基建投融资渠道。在政府性资金层面，量力而行严控政府性负债，积极争取中央预算内投资，推广发行地方政府债券，与国家政策性银行对接积极争取政策性贷款，打通资产资本化融资渠道，引导金融机构以信贷方式积极参与新基建。在社会资本层面，优化风险管理机制，科学设计包装新基建项目，引入市场的驱动力，不断拓宽融资渠道，注重发挥社会资本的作用，增强县域对社会资本的吸引力，依托市场竞争不断实现技术升级和进步。

（三）以特色产业为基础，提高新基建赋能融合力

我国县域之间的情况千差万别，经济类型不一致、资源贫富不均，为加快县域经济发展方式转变，相关部门应贯彻落实具有指向性和针对性的政策，因地制宜，把重点放在新基建对传统基础设施的改造升级上，推动县域产业结构数字化转型升级。立足发展特色产业，充分利用信息类、融合类、创新类的基础设施项目融合发展，推动特色产业的生产、流通、分配各个环节实现数智化赋能，实现向集群要效率、向规模要效益，实现大城市周边县域、专业功能县域、农产品主产区县域、生态功能区县域、人口流失县域都找到适合自身发展的方向和侧重领域。

（四）以全域数字化为抓手，持续推进县域治理现代化

数字化正以不可逆转的趋势影响和改变着人类社会，以深入建设新型基础设施为契机，响应数字化时代发展的趋势，构建全域数字县域体系，是塑造县域核心竞争力的关键之举，也是实现县域治理现代化的题中之义。县域应将数字化转型作为全域经济社会发展的先导性、基础性工程，推进数字产业化、产业数字化、治理数字化、数据价值化，倒逼县域社会管理体制、治理结构、公共服务、产业布局更加优化。创新数字应用场景，培育良性协同生态。吸引技术人才回流，为返乡就业、创业技术人才提供更多支持。运用物联网、人工智能、大数据等技术，优化县域治理体制，推进县域治理现代化。顺应数据要素市场化改革趋势，探索县域数据价值实现路径，构建县域数字资产价值实现体系，为县域经济高质量发展供给新助力。

参考文献

王元亮：《新发展格局下我国县域产业高质量发展研究》，《中国西部》2022 年第 2 期。

邵琳洁：《数字经济推动县域经济高质量发展的实现路径》，《中国集体经济》2022 年第 13 期。

刘凤芹、苏丛丛：《"新基建"助力中国经济高质量发展理论分析与实证研究》，《山东社会科学》2021 年第 5 期。

许召元：《以制造业高质量发展为核心加快发展现代产业体系》，《智慧中国》2020 年第 12 期。

董雪兵：《县域共同富裕的难点审视与路径选择》，《国家治理》2022 年第 10 期。。

B.15
实践未来社区，打造共同富裕现代化城市基本单元

王 玥　王奕阳　王庆东*

摘　要： 社区是城市治理基本单元，是满足人民对美好生活向往的社会基底。长久以来国内外均涌现了各种关于社区建设的思潮和实践，其中浙江省提出“一心三化九场景”未来社区建设目标。本文对未来社区建设背景和国内外实践进行分析，聚焦浙江省的理论实践，剖析杭腾未来社区落地的举措，说明如何在空间营造、可持续社区服务运营、数字科技场景赋能三方面高水平打造共富城市基本单元。

关键词： 未来社区　共同富裕　治理单元　杭腾未来社区

一　未来社区概念综述

（一）未来社区建设背景

城市是一个有机的生命体，而社区则是城市中的一个个细胞，是承载人民美好生活的最基本生活单元。“社区”一词最早由19世纪德国社会学家滕尼斯提出，“因为共享共同价值观或文化的人群，居住于同一区域，以及从而衍生的互动影响，而聚集在一起的社会单位”。

---

* 王玥，龙湖集团龙智造解决方案专家，主要研究方向为智慧城市数字孪生；王奕阳，龙湖集团龙智造产品经理，主要研究方向为智慧城市数字孪生；王庆东，龙湖集团龙智造，产品经理，数字设计方向。

在互联网信息时代，随着城市化进程加快，社区营造面临邻里互不相识、缺乏归属感和安全感、群众参与度低等诸多难点。当下单一功能的社区建设一方面加剧了城市病，另一方面导致了人与人之间关系的疏离冷漠。

社区是城市最基本的生活单元，而长久以来，不平衡建设、缺失服务主体、社会参与不足等问题制约着社区和城市的可持续发展，随着新一轮科技革命和产业变革的深入，社区功能亟待转型，需要从满足居民单一居住的空间逐步演化成更具人文关怀、绿色低碳、智慧共享的生活交往空间。在此背景下，“未来社区”的概念应运而生，并成为智慧城市构建的重要元素之一。未来社区最初的使命便是构建一种新型的社区关系和邻里文化，运用更智慧的数字科技手段，营造更好的物理空间、更方便的社区服务，以满足人民群众对美好生活的向往。

（二）国内外实践案例

虽然未来社区的概念在国内是首次提出，但是关于城市生活和社区营造的议题从未停止，“未来社区”与诸多社区营造一脉相承，国内外均涌现了各种关于社区建设的思潮和实践。新加坡大巴窑地区的更新计划、美国的 BLOCK 模式街区开发、上海 15 分钟生活圈的打造以及在全国范围内落地的社区微更新等实践都是在未来社区议题下对居民生活的思考和探索。

1. 新加坡大巴窑“邻里中心”——未来社区的雏形

新加坡“邻里中心”（Neighborhood Center）源于新加坡政府 1965 年推行并长期实施的“组屋”（HDB flats）计划、新加坡“邻里中心”可以说是“未来社区”最早的探索雏形。

大巴窑规划采用 TOD（Transit-Oriented-Development）模式开发，邻里中心结合了快速路和地铁站的出入口，镇中心围绕新加坡首个空调巴士换乘站和大巴窑地铁站建设，距离居民区仅 5 分钟就可通过巴士站、地铁直达中心区域。

“邻里中心”的规划坚持以本区居民日常生活为中心理念，全部设施满足了人们在住所附近生活、文化交流的需要，集基本服务、商业服务以及公益服务等多种服务于一体，通过打造“社区商业服务运营综合体”来构建居民社区生活的完整体系。

2. 美国波特兰再造活力城市（BLOCK）①——可持续街区的启示

美国著名的城市规划理论家简·雅各布斯在《美国大城市的死与生》中写道："街道、人行道，以及主要公共空间是城市最重要的器官。"所谓"BLOCK街区"，在功能上不仅要满足日常通行的功能，同时还要作为人们休闲、交流和娱乐的场所。

受益于 BLOCK 街区设计模式的美国西岸波特兰，多次被评为美国最宜居的城市，60 米的方格网是波特兰最经典的街区尺度，这意味着人们可以在一分钟内走完一个街区，以及车行的速度也不会太快；同时波特兰还按照"20分钟社区"的概念进行土地混合开发，创建密集的自行车交通网络，将居民的日常生活和休憩生活配套都控制在 20 分钟步行、自行车和公交出行范围以内，这些日常行为包含上班、上学、购物、就医、休闲、健身等。

3. 上海15分钟社区生活圈——人民城市的打造

2016 年 5 月，上海规划和国土资源管理局发布的全国首个《15 分钟社区生活圈规划导则》提出，要构建"15 分钟步行可达，宜居、宜业、宜游的城镇社区生活圈网络"。核心在于以人为本——以人的活动和需求为核心，在半径 15 分钟之内，规划出物质空间的设施环境圈以及感知服务的邻里社交圈。

围绕着"上海 2035 总体规划"提出的"15 分钟社区生活圈"目标，从 2016 年至今，上海通过在全市选取 15 个试点来探索社区生活圈的建设，将回应多元需求的社区服务综合体以更多元的面貌放置于社区中，并计划在"十四五"时期将此类综合性的社区功能空间遍布全市的街道和城镇。

"15 分钟社区生活圈"（见图 1）体现了上海这座超大城市在城市治理和规划上，从计划导向向需求导向的转变，原来传统的"居住小区"更多以人口规模和数量进行公共服务设施的计划分配，而现在更多是自下而上对不同社区不同年龄人口的需求进行响应，满足社区内居民不同的活动需求。

（三）浙江省未来社区的理论与实践

中国特色社会主义进入新时代，我国社会主要矛盾已经转化为人民日益增

---

① BLOCK：B-Business（商业）、L-Lie fallow（休闲）、O-Open（开放）、C-Crowd（人群），K-Kind（亲和）。

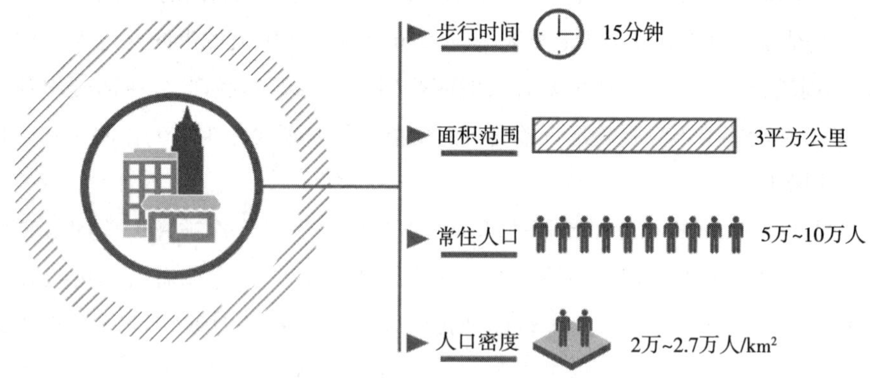

图 1　15 分钟社区生活圈示意

资料来源：《15 分钟社区生活圈规划导则》，2016。

长的美好生活需要和不平衡不充分的发展之间的矛盾。习近平总书记明确指出，城市治理要像“绣花一样”，在科学化、精细化、智能化上下功夫。

2019 年，浙江围绕“两个高水平”和“四大建设”的要求，提出“未来社区建设是高质量发展建设共同富裕示范区的引领性工程、战略性工程、标志性工程，被赋予共同富裕现代化基本单元、数字社会城市基本功能单元的新使命”。截至 2022 年 5 月，浙江省级未来社区创建项目总数达到 467 个。未来社区的建设积极呼应了国家新型城镇化和高质量发展等中央政策，极有可能成为推广到全国开展实施的导向政策。

整个未来社区建设的目标，可以分为三个阶段：首先是试点启动阶段，首批 24 个省级试点，要努力“干一个，成一个”，打造成为全省未来社区的标杆示范；其次是增点扩面阶段，到 2021 年底培育省级试点 100 个左右，形成一批“可复制可推广”的经验做法；最后是全面推广阶段，2022 年开始全面复制推广，改善大民生、拉动大投资、发展大产业、驱动大创新的红利持续释放。

回溯未来社区的发展历程（见图 2），经历了从试点向全域推广的发展路径。目前浙江省内增加了全域未来社区的规划数量，更强调对一个片区进行整体统筹，系统性地协调社区内各个功能要素，满足居民更加多元化的需求。

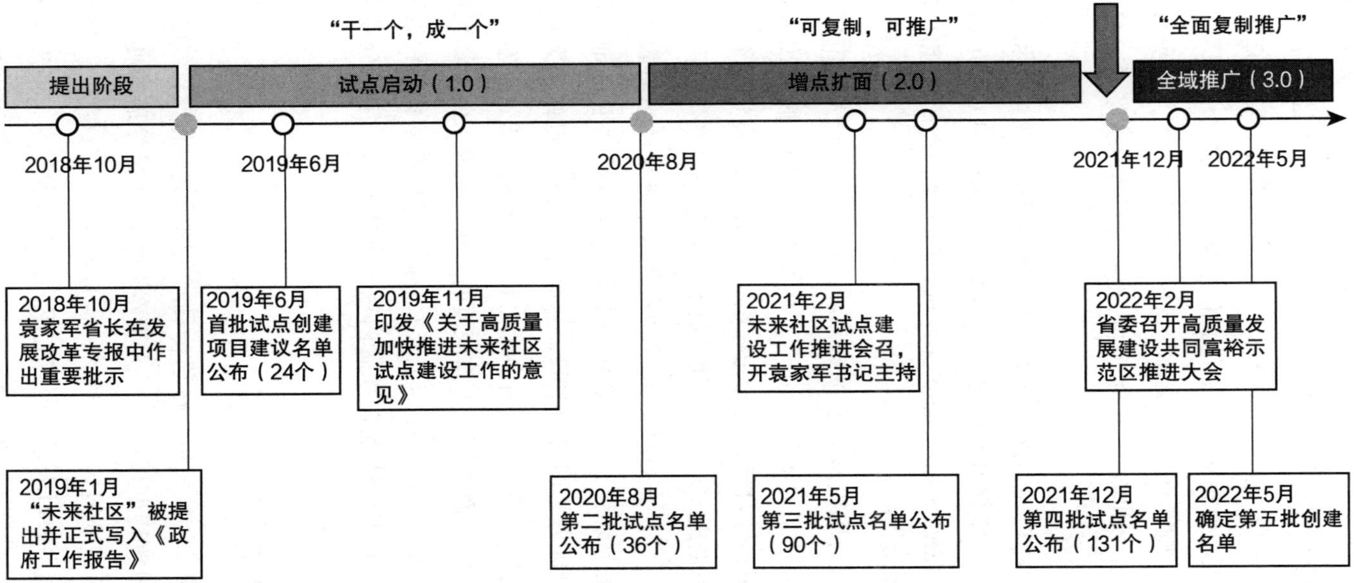

图 2　助力共同富裕现代化建设，未来社区进入 3.0 全域推广阶段

来源：龙湖集团龙智数科。

《浙江省未来社区建设试点工作方案》对未来社区的内涵做了明确的阐释，提出了“139”顶层设计，按照“一心三化九场景”的要求建设未来社区，并成为共同富裕城市基本单元。“一个中心”：以人民美好生活向往为中心；“三个维度”：以人本化、生态化、数字化为价值坐标；“九个场景”：构建未来邻里、教育、健康、创业、建筑、交通、低碳、服务和治理九大美好场景。未来社区注重文化建设，突出需求导向，并因地制宜设置九大场景，分项细化，落实33项评价指标体系。

未来社区九大场景与具体指标的提出主要参考了国内外的优秀案例和评价指标体系，例如，由联合国环境署和佳粹环境共同研究编制的SUC《可持续城市与社区标准》、英国BREEAM Communities评价指标体系、美国LEED-ND绿色邻里住区开发评估体系等。

九大场景和具体指标都与居民最关心的痛点相对应。如基于大城市停车难、出行不便的问题，在未来交通场景提出“共享停车”机制，腾挪出大量周边可利用的公共停车资源；针对年轻父母托育难、入幼难和教育资源不平衡等难题，在未来教育场景中提出“3岁以下幼儿托育全覆盖”“搭建社区居民‘人人为师’的共享学习平台”，在社区层面推动教育公平和全龄全时教育共享；对于当前养老设施与服务缺失，医疗资源分配不均导致的“看病难”问题，未来健康场景配置了社区养老用房的空间，并推行居民电子健康档案和名医名院对接机制，依托智慧医疗满足社区内多元化健康服务的需求；针对当前住宅社区重地产轻人文、千城一面、邻里关系淡漠的现状，在未来邻里场景中以邻里文化营造为切入点，在社区内分布邻里公共空间，并用数字化平台运营统一积分概念，依托于统一的积分体系在社区内用服务赚积分、用积分兑服务，用善意驱动邻里互助体系建设等。

（四）未来社区整体解决方案

经历了过去几十年波澜壮阔的城市化进程，目前我国的城市化率已经超过了60%，意味着我国将从粗放型发展向“以人为本”的高质量发展转变，而未来社区刚好是践行向高质量发展转变的举措，促进城市社区向智慧、绿色、共享的新型社区转型，虽然各地对未来社区都有不同的定义和类型，但建设未来社区背后的根本目的是一致的，它的本质还是一项民生工程，即通过社区营造来满足人民群众对美好生活的向往，解决居民在日常生活中的诸多痛点，包括在最新的未来社区验收办法中，也增加了满意度的评分指标，其核心还是强调以人民群众的满意度作为最后的验收标准。

在未来社区第一阶段的试点过程中，主要面临三方面的共性痛点：首先是运营场景缺少统筹，不可持续；其次是数字化工具与运营脱离，忽略民生需求；最后严格按照指标，场景难以落地。因此在当前未来社区建设背景下，不应只是围绕着九大场景 33 项指标开展，而应当建立在场景之上，实现对人的真正关怀和暖心服务，真正做到未来社区的可持续运营。

因此，随着未来社区建设的不断升级完善，建设者需要探索更优的建设与可持续运营方案，而原来的传统开发商则应向全维度的城市服务运营商角色转变，需要以服务的姿态沉下心去做社区运营。重点可以从以下三个方面开展未来社区的实践：第一，深度卷积空间设计方案，打造软硬件一体的场景数字化解决方案，并在设计方案初期就考虑将物联感知设备深度融合进空间中，让建筑更智慧；第二，重点打造以“数字化+创新运营”为导向的社区全生命周期运营模式，充分融合运营场景，打造“空间数据网格”①“智慧运营平台”②“社区服务平台”③ 三大数字化产品，以其为底座支撑未来社区九大场景的实现；第三，全业态服务，整合全链条生态资源，构建可持续运营体系，打造永续经营、服务于居民，令其真正满意的未来社区（见图 3）。

二　杭腾未来社区案例分析

（一）社区简介

随着未来社区建设进程的不断深化与推进，每个未来社区都将迎来交付时

---

① 空间数据网格：以时空数据为框架，集成多源动态信息，虚拟再现城市动态的多维数据融合系统，是数字孪生的基础设施。

② 智慧运营平台：底层为多维运营平台，赋能运营方高效管理；上层为全场景数据可视化治理驾驶舱，赋能管理者精细治理。

③ 社区服务平台：面向业主端的统一服务 App，以会员积分体系为基础，串联线上线下空间、人、服务的统一平台。

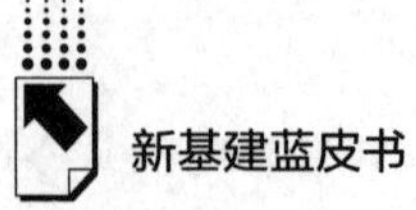

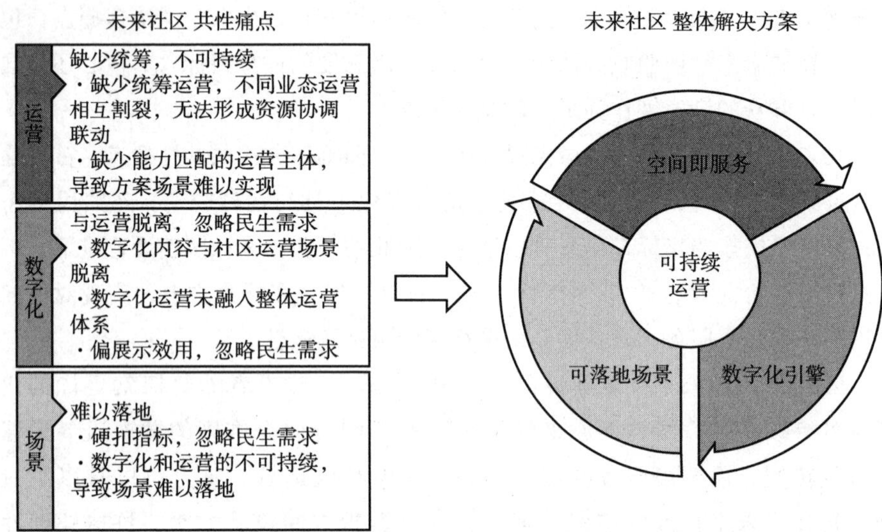

图3　整体解决方案消除未来社区痛点示意

资料来源：龙湖集团龙智数科。

代最根本的问题——解决民生问题。未来社区一定是以终为始的探索，关注核心从场景的建设演进成场景与服务可持续交融。只有运营好的场景，才是真场景，只有服务好的场景，才是真服务。因此，未来社区服务时代呼之欲出。

杭腾未来社区作为标杆示范型项目，围绕杭州城西高质量发展展开了全新实践，打造美好善住、智创驱动、万物互容的未来社区样板。

杭腾未来社区旨在打造面向智慧城市的全域未来社区，以多元化开发的社区为核心，不单单是按照场景教条式的答卷，更考虑周边资源的共享融合、示范效应的可复制推广、运营场景及数字化的可持续落地。通过以交通为导向的TOD（Transit-Oriented Development）模式形成对西站的功能互补，建立人、产业、商业与站点枢纽的紧密联系；以公园为介质的POD（Park-Oriented Development）模式主动利用自然资源以及城市灰空间，让生态走进城市生活；联合天元公学打造校舍融合、以教育为导向EOD（Education-Oriented Development）模式；联动周边浙江大学校友企业总部经济园、国家级超重力实验室、浙江省人才大厦共同建立以创新驱动活力为导向的IOD（Innovation-Oriented Development）模式（见图4）。通过功能复合、链接紧密的杭腾未来社区，全面移除传统城市空间中的“边界阻隔”，打造杭州首个高铁站城一体融合、产城人自然高效互联的新型城市空间。

图 4　杭腾未来社区营造理念

资料来源：龙湖集团龙智数科。

社区规划单元用地面积约 1 平方公里，实施单元总建筑面积约 90 万平方米（见图 5），以人本化、生态化、数字化为价值导向，以未来邻里、教育、健康、创业、建筑、交通、低碳、服务和治理九大场景创新为引领，落地新型城市功能单元。

（二）建设路径

未来社区作为城市更新的基本单元形态，需要从建筑物理空间设计、交付后服务运营、数字化场景赋能三方面协同打造。功能复合、业态丰富、设计集约的物理空间，加成有温度、可持续、资金平衡的运营管理服务，叠加科技创新、降本提效、触达居民的数字化平台链，共同解决空间集约利用不足、公共设施服务水平相对滞后、社区生态环境质量不高、社区邻里关系淡薄等社会现实问题，满足老旧小区改造、交通出行改善、生活智慧化、文化养老设施充足的民意需求。

在面向未来的空间营造中，需要强化以人为核心的城市现代化设计，结合本地的城市功能及天然禀赋，将总体设计与原本区域的生活习惯、产业规划相

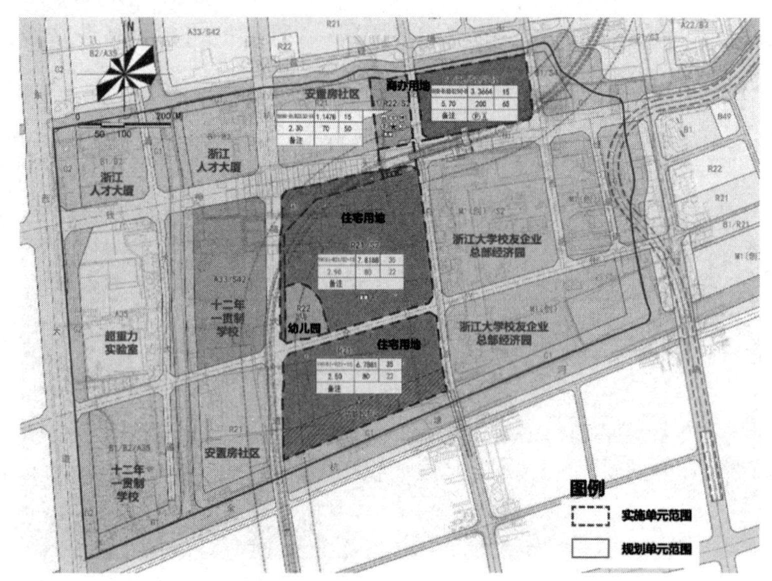

图 5　杭腾未来社区范围概览

结合，与板块内原有建筑相呼应，在尊重本地原有生活习惯的基础上，进一步强化文化气息，重新构筑新的生活集群。

在可持续社区服务运营中，社区运营者需要在基础社区服务和多样增值服务的基础上，叠加社区积分式服务生态，实现“大物业”多运营主体协同的精细化城市服务。

在数字科技场景赋能上，社区围绕 One Model-One ID-One Data 的数字化系统设计理念，以 One Model 实现从规划设计、虚拟建造、实体智造、智慧运营全过程一模到底的图模全要素管理；以 One ID 作为唯一身份标识贯穿空间、人、事件全生命周期，实现数模联动、可视化交互、数据全过程流转与集成；基于数据标准搭建 One Data 社区空间体系大数据平台，打通多个垂直领域系统，通过 IOT 数据探针采集、数据安全管理、算法引擎数据分析最大化发挥数据价值，作为唯一数据源支撑三端数据服务。

综上，杭腾未来社区依据整体控规建筑高度、区域现状及当地禀赋进行空间设计，将建筑群落与整体区域的空间形态相协调。突出地块内交通、教育、服务、创业等特色场景，汇聚 TOD 商业综合体天街、200 米超塔办公、滨水商业街、服务型人才公寓、精奢住区等多元业态，联合周边产学研生态资源，形成“人城创产景”深度融合的未来社区建设格局。通过杭腾未来社区数智服务平台实现精细化运营管理，以三端数据服务为落地载体，实现政府、居民、商户、企业、物业全触达。杭腾未来社区包括交通、创业、教育、服务/邻里四大特色场景。

1. 未来交通场景

（1）物理空间营造

在交通场景打造上，需要考虑居民生活出行便利，充分利用周边资源禀赋，注重地上地下空间的集约开发联动，地下综合管廊与周边市政设施的衔接。从位置上看，杭腾未来社区紧邻地铁 3 号线龙舟站，东北侧直行 800 米为杭州西站枢纽（在建），未来机场快线、3、12、34 号线 4 条线路将在杭州西站交会。便利的交通资源以及规划中的路网蓝图，为杭腾未来社区的交通场景以及 TOD 生活理念的嵌入带来想象空间，一个立体的交通构架已经浮现。

通过一系列先进理念的渗透，杭腾社区与交通资源实现了立体且有机的结合，构建了“5 分钟进地铁站、5 分钟到高铁站、5 分钟上快速路、5 分钟到商场、5 分钟到学校”的出行圈。社区内部街道路网“小街区、密路网”的街道空间形态，营造了慢行交通生活圈，使得公交站点家门口 10 分钟步行到达。此外，构建缝合城市路网的空中慢行连廊系统，合理规划快街、慢街、步道、无风雨连廊的地面人车分离系统和连通地铁站、产业园区、住宅、学校的地下通道连接系统，这些多维立体交通设计（见图 6）将生活化的人行需求与高效率的车辆通行进行了有效区隔，并营造了“下雨不打伞，过路不等灯”的全新体验。考虑到学生上下学接送问题，地下设置机动车接送岛社会公共停车库，实现地下机动车接送，缓解杭腾大道上下学时间道路通行压力，并通过空中连廊环状布置，打通幼儿园与十二年一贯制学校接送通道，解决两孩时代接送烦恼。

（2）智慧服务运营

杭腾社区在智能共享停车、智能物流服务、新能源供能保障与接口预留等方面建立未来交通数字化系统保障。

社区路网全支路通顺可达，错时错空共享停车、全域停车资源在线共享，城市停车周转率提高，打造便捷停车新体验。充分利用商业、住宅社区、学校、浙大校企经济园等空间功能特性带来的差异化人车流时间峰值，工作日工

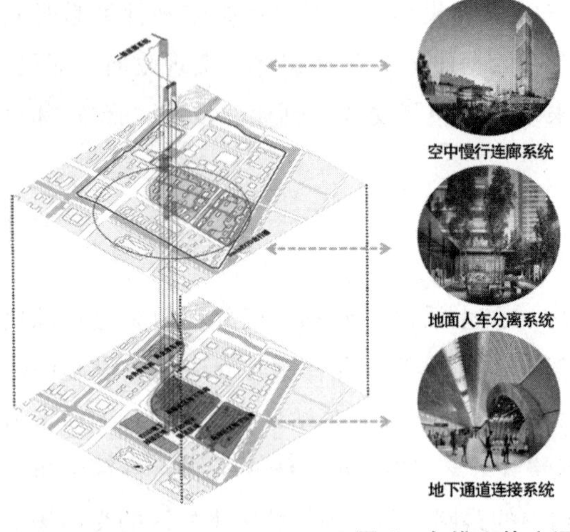

图 6　多维立体交通设计

资料来源：龙湖集团龙智数科。

作时段是产业办公业态空间停车需求高峰期，用户可以通过未来社区移动端小程序查询周边车位空闲情况，将车停在商业或住宅区的共享停车位上。在下班时段或周末商业客流量大的停车需求高峰时，可以将车辆引流向天元公学、浙江人才大厦等产业办公区的共享停车区。运营方通过可视化的车位在线平台进行车位状态管理。用户可通过人会员积分进行智能缴费及积分抵扣。

在疫情防控常态化以及大城市治理背景下，除了供水供电外，食品也是生命线工程。杭腾联合杭州市无人机物流配送公司及相应监管单位，统一规划航路，在地面高效物流配送的基础上规划空中无人机新型配送系统，建立短距低空快运的“空中生命线”，推行云城内商场跨区域配货，联合浙江大学医学院附属第一医院、浙江大学等资源共同构建云城空中生命线工程，提升城市应急响应效率。

2. 未来创业场景

（1）物理空间营造

在创业场景打造上，需要给双创青年提供职住平衡的优质居住场所及便捷可达的工作环境。根据实际需求，空间设计可合理利用架空层等配套空间，配建弹性共享、复合优质、特色多元的社区双创空间。除此之外，设置服务式人才公寓为创新青年人才提供高品质公寓，践行职住平衡。

杭腾设置6万平方米超塔商业办公空间，可满足差异化办公需求。在商业天街的下沉广场打造城市路演剧场，为创业者提供创新创业大赛、创新者大会、新品发布会、路演、大咖讲座等活力学习社交空间。在整个规划单元内联合浙江大学总部经济园，设立城市未来产创中心，引入产业孵化服务方，打造高性价比的办公空间。在商业天街旁设置服务型人才公寓，空间设计上坚持与租户共研，打造极致标准化户型产品，围绕租户生活轨迹，在入户门、办公、休闲、睡眠等8个户内模块积木式拼接出105个标准户型，打造满足不同租户需求的生活场景。此外，强调共享空间的打造，打破传统公寓格局，开展灵活的活动空间设计等，促进创业人群社群联结，实现“生活+工作+创业”的多重功能。

（2）智慧服务运营

在创业服务上，围绕创新创业全产业链，布局“产学研用金”“才政介美云”产业生态，打造一个创新创业的生态系统，把产业、学术界、科研、成果转化、金融、人才、政策、中介、环境、服务等方面因素融合提升。以社区全周期双创服务平台为核心，搭建“1+X个服务平台”，针对不同成长阶段的企业和创业者提供政企服务、融资服务、企业培训、资源链接等多方面支持，为入驻企业提供全方位要素的“店小二”式服务。

在人才公寓服务上，通过线下贴心服务及线上数字化赋能为创新青年人才提供高品质公寓。以社区和青年文化为核心，强调年轻人的声音，倡导“去孤岛化”的租住生态，以“GOYOO星球”开启全新社群生活。运营方实现服务优质、管理高效和科技智能的高人效、高满意度的智能化运营体系优势。

搭建物联驱动的智慧公寓服务平台（见图7），实现设施设备运行状况自动反馈，生成告警工单及巡检工单，实时监测设施设备运行状况，防患于未然。创新线上全方位生活服务，在手机端提供对客服务平台，可以轻松完成带看、签约、退房、续租等全周期工作。支持线上VR虚拟看房，选到满意的房源后，配合人才优惠政策，支持一键签约、拎包入住。在入住后，依靠人脸识别门禁、访客通行、智能门锁、智能电表等设备，保障住户安全。租户可以发布或参加各种活动，体验创业、心理咨询等指导课程，预约各类增值服务，营造多维度的社交体验，实现杭州青年“低成本创业，高品质生活”的美好向往。

（以社区）**全周期双创服务平台**为核心，搭建**“1+X个服务平台”**，针对不同成长阶段的企业和创业者提供政企服务、融资服务、企业培训、资源链接等多方面支持，为入驻企业提供全方位要素的“店小二”式服务。

图 7　全周期双创服务平台

3. 未来教育场景

（1）物理空间营造

打造教育场景核心需要解决“一老一幼”教育全覆盖。在新建或旧改空间营造上，倡导灵活配置3岁以下婴幼儿照护服务托育机构和社区照护驿站；举办公建民营、单位办托、幼托一体等方式的托育机构；配置各种功能复合型社区配套空间。

杭腾未来社区在全域一公里范围内，打造全龄全时教育共享的EOD（Education-Oriented Development）校社融合教育综合体。通过落位面向0~3岁婴幼儿的照护设施、落位面向学龄前儿童的早教中心、建设面向3~18岁的十五年一贯制学校、落位满足多龄段需求尤其乐活老年人的幸福学堂、落位面向全龄人群的共享书房，以及商场内的网红书店，实现高端科技和教育资源互联互通、0~60岁教育空间和资源全覆盖、人人享受知识变现的成就感（见图8）。

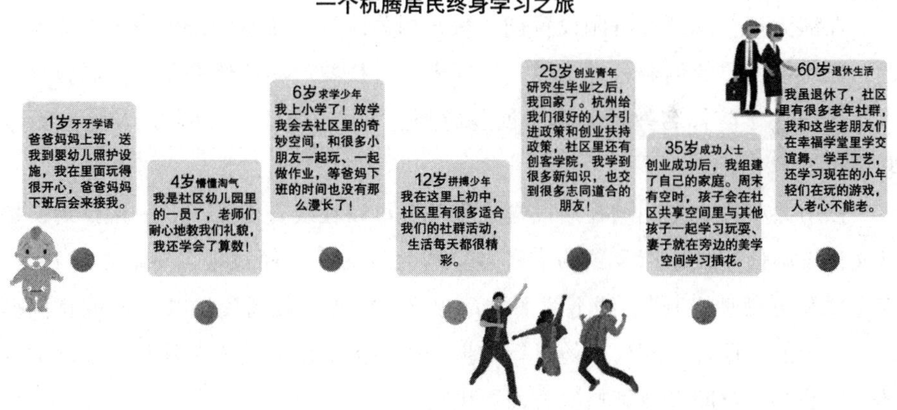

图8　杭腾居民终身学习之旅

（2）智慧服务运营

从物理空间设置到后期活动运营，将全域教育空间及教育活动统筹起来，满足全龄人群全时教育需求。

杭腾联合天元公学落地校舍融合、校城一体。全域社区可以为学校提供更多维度的教育平台，例如浙大校企总部可以给高中生提供创业路演指导、个人发展规划等，超重力实验室的博士院士们也可以给K12基础教育的学生做一些科普型授课。同时，特色校园活动进社区，服务周边居民，例如天元公学的流动少年宫草坪音乐节邀请全域社区参加、少年宫对外举办“科技体育、文化艺术、社会实践、职业体验类”等活动、书画院棋艺部各类特色社群活动开放课程等。通过活动运营的方式将社区的教育配套空间充分利用起来，并且实现高用户黏性的运营。

在婴幼儿照护设施及早教中心运营上，引入专业运营机构，可延伸至多元化、个性化、定制化的日托服务，扩大优质教育资源覆盖面，做好与社区外教育资源衔接。实现托育点监控全覆盖，基于摄像头及视频 AI 的识别与分析能力，线上提供智能照看、云端分享、风险预警的服务。

在幸福学堂开展六艺兴趣课堂，划分美学空间、音乐空间、棋艺空间、匠人空间，开展绘画培训、书法培训、花艺培训、乐队排练、棋艺培训、围棋大赛、手作培训、陶艺培训等活动，为青少年及老年人提供陶冶情操、培养兴趣爱好的土壤。

在浙大校企总部经济园设置创业教育相关课程，紧密围绕创业者的痛点问题，提供最优质的创业管理指导，发挥未来科技城产学研优势基因，联合浙江大学 EMBA 学院知名教授，携手创业导师、著名企业家、投资人及行业专家联袂授课。

以上共享教育空间均在居民端小程序上可以在线查看忙闲、一键预约，提升文化设施使用效率以及预约丰富多彩的教育活动。通过报名赚取学习积分，建立“积分激励机制”，线上线下教育融合，打造“创新资源共享”的正向循环。积累的数据在治理驾驶舱进行数据分析，为辅助运营方调整日后活动举办类型以及共享空间开放策略等方面提供支撑。

4. 未来服务/邻里场景

（1）物理空间营造

在邻里空间营造上，杭腾未来社区注重文化价值与惠民共享空间设置。利用属地环境的“一轴一环”，围绕规划单元打造“四生公园”，充分融合社区特色文化主题及文化设施。在西边毗邻超重力实验室一侧，打造“生长公园”沿河科创走廊，链接创智岛屿，展现科技文化；在社区南边沿余杭塘河打造“生机公园”运动长廊，展现仓前及余杭塘河历史文脉与风貌的在地文化；在西边毗邻浙大校企总部经济园一侧，打造景观“生态公园”，体现人与自然的互动，联动杭州西站景观带，展现湿地文化；最后在北边毗邻商业及铂金岛一侧，打造活力休闲的“生活公园”，充分融入商业氛围，将夜经济浓缩于水畔，充满现代生活烟火气，展现城市文化。“四生公园”串联起来形成 3.2 公里沿河环形跑道，并通过景观绿植差异化种植呈现四季杭州。

提升 5 分钟生活圈服务配套，建立多形式邻里服务与交往空间，鼓励多主体参与建设的共享生活体系。住宅区配置各类邻里公园、烟火商业街、滨水商业街，设置社区礼堂、全息互动展示馆。商办区配置集中商业综合体、邻里文化活动中心、便民农贸市场、体育中心、滨水集市。在设计理念上，商业综合体设计中通过业态落位打造多主题社交空间、多层次共享空间、多业态体验空间。结合社区形态、地铁口优势、自然与历史文化风貌，围绕“浓稠度、密接性、尺度感”三个设计原则，打造具备独特风情的烟火商业街。结合景观互融，空间形成退台，综合白天到夜间长时间运营的业态，形成较好的滨水商业气氛和夜经济氛围。利用架空层公共文化服务设施和社区配套商业空间，设置派对 House、共享邻里茶室、邻里健身房、邻里童趣空间等场景。社区邻里共享空间尺度适宜，全天候对所有社区居民开放。

（2）智慧服务运营

杭腾社区全面考量未来社区交付后的可持续运营问题，把服务与运营渗透在城市和社区的每一处空间中，打造真正实现可持续发展的全新未来社区。

杭腾建立线上线下联动的珑珠社区积分体系。无论是住宅业主、商业会员、冠寓住户还是产学研工作者，都有统一的积分账户体系。用户可以通过缴纳物业费、线下商业消费、参加社区活动、线上课程学习等方式换取积分。积分池是流动的，可充分激发居民参与社区共建，积分可换取外卖、电商购物、机票火车票、优惠卡券等线上服务，或线下商业和社区底商消费抵扣、物业费缴纳抵扣、搬家保洁维修等到家服务预定抵扣等，形成了线上线下高黏性流动积分运营体系的闭环（见图 9）。积分制的运营逻辑可实现居民参与度和满意度提升，最终收获社区精神认同和归属感。

在智慧商业服务方面，云城天街继续发挥线上线下消费融合、增强场景化消费体验以及品牌生态优势资源，以独特的“故事脚本”，打造“转念即达的欢乐入口”。赋能商圈营造，引入首店、内容店、网红店。发挥超强的 IP 合作能力，在引入、共创、原创等多个层面展开积极探索，以不断精进的精细化运

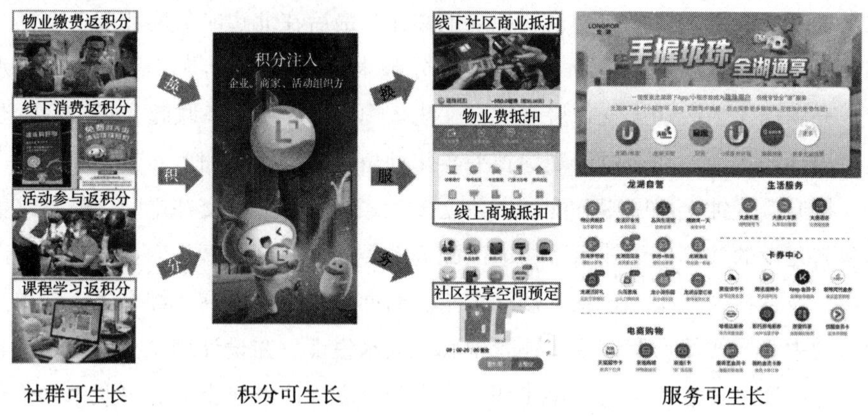

图9　大会员积分体系建立社区服务网格

营为不同时代的消费者带来源源不断的惊喜体验。商场着力于构建人与空间的连接，以效率化、叠品化、智能化、IP 化等运营法则，赋予了购物中心空间更多的服务内涵。

在数字科技的加持下，商业形成了一套完整、系统化的科技体系，通过“流量在线”提升商业运营管理、营销活动和在线销售，将线下的客户流量实现在线化，进一步协助业务创新，提高客户满意度；通过“商户在线”提供租户服务、租户经营赋能和增值服务；通过“资产在线”协助资产管理决策；通过 IBMS（Intelligent Building Management System）智慧楼宇管理系统，集成楼宇设备自动化、消防系统、安防系统等，实现建筑优化控制和管理。此外，通过小程序、O2O（Online To Offline）的珑珠优选可以更好地触达消费者群体，使得消费者可以实时查看品牌店铺位置，海量商品一键选购，支持商业门店取货，珑珠积分抵扣兑付，实现“0 元购物”。

在全域运营服务上，传统物业以住宅为主要服务模块，已满足不了未来社区复杂业态（商业物业、办公物业、社区公共空间等）的城市治理要求，且聚焦“红线内”与红线外的城市治理相互割裂，无法形成“跨红线”的资源协调联动，全域范围内存在多个运营主体（出发点不同、诉求不统一）与多个政府主管部门相互交织、多头对接，优质高效的空间运营难以达成。因此，需要建立多运营主体协同的“大物业”管理模式，共同组建未来社区管理有限公司，解决多头管理难以形成合力问题，盘活公共空间资源及服务生产力，弥补部分服务能力不足问题，降低无效散点式数字化建设投入，提升智慧运营管理水平。

杭腾未来社区在应急、安全、设施设备管理等传统的物业服务以及各类丰富多彩惠及民生的增值服务为全域范围内居民提供温暖的服务。基于业主的真实需求，推出“焕代大师”“珑龙点睛”“愚公搬家”“田螺美家”等多样的增值服务，覆盖装修、搬家、保洁等生活的方方面面，在空间里叠加更多优质的服务。同时，通过“平台+管家”的数字化工具更好地将管家与居民联系起来，基于业务与设备更高效的运营管理，构建系统性的科技支撑体系，将“人—空间—服务”打通，形成端到端的服务闭环。智慧化的物业服务提供了全新的生活体验，包括无接触的通行体验、视频云的无死角监控、设施设备的实时监测、移动端上的快捷报事一键呼叫与更为多元的线上服务。

围绕社区全生活链服务需求，从提升住户体验的角度，社区全面思考服务的易用性、易达性、易识别性、安全性等，处处体现以人为本和人性关怀的理念，形成可持续的智慧化服务社区生态圈。

5. 其他未来场景

未来治理场景配建四方共建会议室和街道综合管理用房。在四方共建会议室中部署 IOC 智能运营中心，实现一网通管、管理留痕、多方协同，旨在实实在在为城市管理者解决管理对象多、治理角色多和处理事件多的难题。IOC 智能运营中心主要分为孪生场景及三大功能模块。在孪生场景打造上，基于空间数据网格构建和多源异构数据集成，孪生不同尺度的城市空间，大到城市分区、小到设备点位，对象化地做到数模联动，将数据与空间真正结合起来。在场景之上，加载城市感知、实时协同和应急决策三大功能模块。城市感知，结合 IOT 将感知到的各类数据（如空间数据、产业数据等）加以分析处理，用可视化图表呈现出来，管理者可以纵览管理空间，掌握实时数据。应急决策，通过事件总览、留痕、分派、上报、联动工单打造闭环的事件管理流程，并且通过应急预案及演练，更好地落实应急模式下的管理场景，例如防疫管理、防洪防涝等。实时协同，提供基于视频会议的协同工作场景，实现多源信号接入、多端信号共享、信号源同屏调度、对端设备双向控制等相关功能，实现异地管理，多方联动效率更高、效果更好。

未来低碳场景下，杭腾住宅建筑满足绿色建筑三星标准，TOD 综合体满足绿色建筑一星标准。此外，引入更多日常运营中的节能减排理念，用科技重塑绿色低碳生活。打造“AIOT 低碳和能源管理平台”，与智慧服务平台连接，包含智慧楼宇管理系统、能耗监控系统、智慧照明系统，进行“全生命周期的低碳管理”。

未来健康场景配建体育中心、社区卫生服务中心、养老服务用房、残疾人康复站、学校体育馆、围绕“四生公园”的 3.2 公里环河跑道，引入高品质运营商资源。将服务线上化，提供场馆线上预约、电子健康档案管理、养老志愿者服务预约等。

未来建筑场景，基于数据标准建设底层 CIM 平台，实现多源异构的数据跨系统跨类型的交互和集成。将 BIM 应用到项目的全生命周期，在设计阶段采用 BIM 正向设计结合解析引擎出图出数，并利用虚拟现实技术的方案决策进行多职能前置点评。施工阶段通过高效的跨职能协同平台及智慧工地，将各职能建造数据集成。运维阶段通过建造期流转来的模型建设唯一的空间数据源，匹配多场景服务数据、居民数据，实现人—空间—服务串联，更好地辅助智慧运营。

三　未来社区展望

“未来”和“社区”这两个词引发了我们对未来生活的深度讨论。未来，不仅是一个时间概念，更代表着重塑，意味着蝶变，背后是我们对美好生活的无限向往和想象。伴随越来越多的未来社区从建设交付阶段进入运营阶段，将有更多的社区管理者开始基于自身禀赋和周边资源，从可持续发展的角度去思考社区的整体发展策略。未来，跳出传统房地产开发思维，通过多方主体的协作共赢，基于城市原有肌理去延伸发展，呼应周边生态，真正推动未来社区蝶变，从而打造有归属感、舒适感和未来感的新型城市功能单元将是“未来社区”的进一步延伸。

B.16

我国发展新基建 REITs 的意义及应用前景

杨 扬*

摘 要： 自 2001 年起，不动产投资信托基金（REITs）逐步受到我国关注。2020 年 4 月 30 日，我国正式启动基础设施 REITs 试点工作，率先从基础设施领域切入，成功推出了我国首批公募 REITs 试点项目。为了促进我国新基建 REITs 试点项目顺利落地、有效助力实现国家战略规划、促进新基建行业形成可持续发展模式，本文采用数据统计、政策分析、案例分析等研究方法，对国内新基建 REITs 在前期探索中面临的挑战进行了剖析阐述。同时，基于我国基础设施 REITs 产品的内在逻辑，结合国内新基建行业发展现状及国际新基建 REITs 市场经验，本文对 REITs 在我国数据中心、通信铁塔、5G 及固定宽带网络等资产领域的应用前景进行了展望。

关键词： 不动产投资信托基金 基础设施 新基建

不动产投资信托基金（Real Estate Investment Trusts，REITs）是指通过证券化方式将具有持续、稳定收益的不动产资产或权益，转化为流动性较强的上市证券的一种标准化金融产品。REITs 自 20 世纪 60 年代起源于美国，历经约 60 年发展后，当前已成长为遍布全球 44 个国家或地区、总市值超过 2.3 万亿

* 杨扬，中联基金研究部负责人，主要研究方向为不动产证券化、基础设施 REITs。

美元的一个蓬勃发展的市场①。其中，以通信铁塔、数据中心、工业厂房、仓储物流、清洁能源等基础设施项目为主的 REITs 产品总规模至少在 3000 亿美元以上②。

我国相关部门及行业主体在借鉴国际市场经验的基础上，结合中国国情，经过长期探索，于 2020 年 4 月 30 日开创性地启动了“基础设施 REITs”试点工作，并成功于 2021 年 6 月 21 日实现首批 9 单试点项目发行上市。基础设施 REITs 对我国基础设施行业盘活存量资产、构建良性投资循环具有重要意义，在新基建领域如何更好地运用这一创新工具、助力行业持续健康发展，需要相关各方深入探讨、协同推进。

一　我国不动产投资信托基金（REITs）的发展现状

广义而言，REITs 并不特指某一种金融工具，而是一系列具有不同表现形式、不同功能定位的“工具包”组合。例如在发展高度成熟的美国 REITs 市场，既有标准化程度较高、运作公开透明的公募 REITs 产品，也有机制灵活多样、可以满足不同阶段项目盘活需求的私募 REITs 产品。我国从 2001 年 REITs 引入亚洲市场起，逐步开始对这类产品进行探索实践。以 2020 年 4 月 30 日基础设施 REITs 试点通知颁布作为分界点，REITs 在我国的发展大体涉及两个阶段。

第一阶段，在境内主要开展以“资产支持专项计划”（Asset-Backed Security，ABS）作为产品载体，以商业不动产、租赁住房、部分传统基础设施等作为融资标的的“类 REITs”探索实践。这种“类 REITs”产品，与国际通行的公募 REITs 具有一定相似性，但仍属于非公开发行的标准化产品，且具有较强的固定收益特征。截至 2022 年 6 月末，国内类 REITs 产品累计发行 111 单、累计发行规模 2297 亿元。与此同时，部分境内发行人（如越秀地产、北京华联、重庆砂之船、招商蛇口等）也成功探索了以境内不动产在中国香港、新加坡等境外市场发行公募 REITs 产品。

---

① 全球 REITs 市场数据来自 Nareit、EPRA 等海外 REITs 行业协会组织统计。

② 该数字取值于 Bloomberg 口径下 warehourse/industry 行业市值加总。

在国内 REITs 前期实践探索持续开展的同时，相关政策研究也不断深化演进。从 2010 年以前主要聚焦于商业不动产领域，到 2010 年起关注如何利用 REITs 工具支持租赁住房行业发展，再到 2018 年 6 月国家发展改革委、中国证监会联合召开首次基础设施 REITs 座谈会，相关部门的研究视野逐步从商业不动产向基础设施领域深入。

2020 年 4 月 30 日，基础设施 REITs 试点通知发布，标志着我国正式进入公募 REITs 产品探索实践的发展阶段。经过一年时间的紧密筹备与严格审核，我国首批 9 单基础设施 REITs 项目于 2021 年 6 月 21 日成功挂牌上市，资产类型涉及高速公路、产业园区、仓储物流、污水处理、固废处理。在深入总结首批试点工作经验的基础上，国家发展改革委于 2021 年 7 月 2 日发布《关于进一步做好基础设施领域不动产投资信托基金（REITs）试点工作的通知》（发改投资〔2021〕958 号），将保障性租赁住房、清洁能源、文旅、水利等资产类型纳入试点范围。截至 2022 年 6 月末，我国已发行基础设施 REITs 共 13 单（总发行规模突破 500 亿元），另有 5 单处于询价、证监会审核等不同阶段。在首批 9 单项目涉及的资产类型基础上，进一步扩充了保障性租赁住房、清洁能源等创新资产类型。

二　我国发展新基建 REITs 的重要意义

（一）有效促进存量资产盘活，推动实现国家战略规划

有效盘活存量资产，形成存量资产和新增投资的良性循环，对于提升基础设施运营管理水平、拓宽社会投资渠道、合理扩大有效投资以及降低政府债务风险、降低企业负债水平等具有重要意义。《关于进一步盘活存量资产扩大有效投资的意见》（国办发〔2022〕19 号），明确要求“推动基础设施领域不动产投资信托基金（REITs）健康发展”。

在新基建领域，“十四五”规划提出，“加快建设新型基础设施。围绕强化数字转型、智能升级、融合创新支撑，布局建设信息基础设施、融合基础设施、创新基础设施等新型基础设施”。“十四五”期间，我国在 5G 通信、千兆光纤网络、一体化大数据中心体系、超级计算中心、物联网、工业互联网、传

统基础设施数字化改造等方面均需加大投资力度。根据各地已出台的新基建建设规划及相关机构预测，“十四五”期间我国新基建投资规模有望达到 10 万亿~15 万亿元。与此同时，经过多年发展，我国在新基建领域的存量资产也已初具规模：截至 2021 年底，我国数据中心机架总数超过 520 万架①，通信铁塔站址数量超过 200 万个②，5G 基站数量超过 140 万个③，保守估算累计投资规模已超过万亿元人民币。

发行新基建 REITs 能够实现项目前期投资加速回收，促进存量资产的有效盘活。通过将回收资金循环投资于新的项目建设，可以在权益资本相对有限的情形下助力新增项目投资，构建良性投资循环。目前已发行的 13 单基础设施 REITs 产品，合计发行规模超过 500 亿元，累计可用于新增投资的净回收资金约 202 亿元，可用于带动新项目总投资规模近 3000 亿元，资产盘活的良好示范效应已初步显现。

（二）充分调动社会资本积极性，更好发挥市场配置资源的基础性作用

2021 年 9 月 22 日国务院常务会议指出，在新型基础设施建设方面，要“鼓励多元投入、推进开放合作。支持民营和境外资本参与新型基础设施投资运营”。新基建项目普遍具有前期投资规模大、投资回收周期长等特点，与发展已相对成熟的传统基础设施相比，在技术迭代升级、市场定价体系等方面还面临更大的不确定性。因此，为了充分调动社会资本参与新基建项目投资的积极性，一方面需要为其打通“资本退出渠道”，有效提升社会资本的投资回收效率；同时，需要更好发挥市场定价功能，为社会资本参与新基建项目投资提供更加明确的价格参照体系。

基础设施 REITs 作为基础设施领域的资本退出渠道，有助于新基建行业构建“募投管退”的资本运作闭环，进而鼓励各种类型、不同阶段的社会资本积极参与该领域投资。借鉴国内股权投资行业的发展历程，可以看出，风险投资基金（Venture Capital，VC）和私募股权投资（Private Equity，PE）的爆发

① 中国信息通信研究院：《数据中心白皮书（2022 年）》，2022。

② https：//ir. china-tower. com/.

③ 唐维红主编《中国移动互联网发展报告（2022）》，社会科学文献出版社，2022。

式增长始于 2009 年，正是创业板的推出为 VC/PE 领域打通了重要的退出渠道。类似的逻辑，随着基础设施 REITs 这一“终极”退去渠道打通，类 REITs、Pre-REITs 等前期存量盘活工具也将得到更好地运用，为新基建领域的前期投资提供充沛的资金来源。此外，部分新基建资产类型存在市场交易不活跃、资产价值难以客观公允认定的情形。基础设施 REITs 作为新基建行业对接公开资本市场的金融工具，能够为行业提供资产定价的“锚”，进一步提升新基建资产的市场流动性及估值透明度，提高资源配置效率。

（三）助力形成可持续发展模式，缓解地方政府及新基建企业债务风险

无论是政府方还是社会资本方，在新基建行业发展过程中经常面临一个“三角矛盾”：自有权益资本难以持续扩充、对外杠杆负债受到严格限制、新项目投资需求不断加大。以对外借债为主的传统融资方式，在投资需求不断增加、负债率高的现实情况下难以为继，地方政府与社会资本急需一种新的投融资模式，实现资本负债结构的可持续健康发展。

基础设施 REITs 作为一种权益性金融产品，通过资产产权或项目公司股权交易过户的方式，实现项目权益从原始权益人向 REITs 基金的转移。在这个过程中，不仅从法律层面可实现基础设施项目与原始权益人之间的“破产隔离”，在符合相关财务会计要求的基础上，还能够实现原始权益人自身资本结构优化、降低资产负债率，这对于缓释地方政府及新基建企业债务风险、促进全行业良性可持续发展具有重要作用。

三　我国在新基建 REITs 领域的前期探索

随着基础设施 REITs 试点工作正式启动，2020 年 10 月，各地上报了第一批试点项目，其中新基建行业包括两个数据中心类项目。此外，2022 年 3 月 15 日，福建省数字福建云计算运营有限公司拟以数字福建云计算中心（商务云）作为底层标的资产，申请发行基础设施 REITs。

为了更好地了解新基建行业在基础设施 REITs 试点过程中面临的现状及问题，促进新基建领域早日实现试点项目落地，相关部门及行业机构多次组织相

关座谈调研活动，如 2019 年 9~10 月，在国务院参事室的大力支持下，徐宪平同志带领新基建课题组深入粤港澳大湾区、长三角地区和北京经开区实地调研，围绕新基建的内涵、特征，与 40 多家政府部门、60 多家重点企业面对面座谈交流①；2022 年 4 月 15 日，新型基础设施 REITs 研讨会在京召开②。政策制定部门、产权交易机构、新基建有关企业以及金融机构代表参加了会议。会上，代表和专家对适合发行 REITs 的新基建资产类型和潜在市场规模，新基建项目发行 REITs 的主要问题和障碍，更好地推动新基建项目发行 REITs 的政策建议等相关内容进行了讨论。

基于前期试点项目的推动进展以及各类调研座谈中了解的情况，当前我国新基建领域（特别是集中在数据中心方面）在参与基础设施 REITs 试点的过程中主要面临以下具体问题。

第一，投资管理手续不完善，部分转让限制解除难度大。基础设施 REITs 对于底层资产的合法合规性要求较为严格，基础设施项目的权属证明文件、主要投资建设过程文件、各项资质证照文件原则上均应当齐备。我国数据中心行业在历史发展过程中，节能审查（能评）、环境影响备案（环评）等与项目持续稳定运行密切相关的合规性手续时常存在不完善的情形，对 2017 年以前的早期项目而言这种现象更加普遍。在国家实施“双碳”战略、一线城市及周边地区用能指标持续趋紧的背景下，对于能评、环评这些过往缺失的手续进行补办存在一定难度，尤其是对于 PUE 值③相对较高的老旧项目而言。

此外，数据中心项目在实施基础设施 REITs 时，除需经项目公司股东及外部债权人同意外，一般还会涉及土地、行业主管、地方政府（或管委会）等方面的转让限制。根据国家发展改革委 958 号文相关要求，对于基础设施项目转让过程中涉及的各项转让限制，均需取得有关主体出具的无异议函或其他形式的许可文件。实践中，受到主管部门对 REITs 的认识程度、地方政府对数据中心项目的支持力度等因素的综合影响，部分转让限制的解除难度较大。

---

① 徐宪平主编《新基建：数字时代的新结构性力量》，人民出版社，2020。

② https：//mp. weixin. qq. com/s/OoHOus2Kgs7qQtPPP4dhVw.

③ PUE（Power Usage Effectiveness）= 数据中心总能耗/IT 设备能耗，其中数据中心总能耗包括 IT 设备能耗和制冷、配电等系统的能耗，其值大于 1，越接近 1 表明非 IT 设备耗能越少，即能效水平越好。

第二，电能使用效率 PUE 值与国家战略导向存在一定差距。对于数据中心等相对能耗较高的新基建资产而言，监管部门对 PUE 值这一衡量电能使用效率的核心指标较为关注。在我国明确发布“3060”双碳目标后，对数据中心能耗指标的管控更加严格。北京市《关于印发进一步加强数据中心项目节能审查若干规定的通知》（京发改规〔2021〕4 号），明确要求“新建、扩建的数据中心，年能源消费量小于 1 万吨标准煤（电力按等价值计算）的项目 PUE 值不应高于 1.3”，超过标准限定值（PUE 值 1.4）的数据中心，将面临执行差别电价的风险。工信部等 6 部门也于 2022 年 6 月发布《工业能效提升行动计划》，明确规定到 2025 年，新建大型、超大型数据中心 PUE 值须优于 1.3。

就我国数据中心行业的总体现状而言，很多存量项目的 PUE 值与 1.3 的行业指导水平存在一定差距。在不对节能升级改造做出妥善安排的情形下，发行基础设施 REITs 可能难以发挥良好的社会示范效应；同时，项目未来的持续经营稳定性也会受到监管部门及市场投资人的担忧。对此，数据中心企业需要从节能升级改造的现时经济影响、发行基础设施 REITs 的综合效用、业务发展模式的长期规划等方面综合权衡考虑。

第三，一级市场定价与 REITs 资本市场表现存在阶段性偏离。《关于做好基础设施领域不动产投资信托基金（REITs）试点项目申报工作的通知》（发改办投资〔2020〕586 号）明确要求，试点项目“预计未来 3 年净现金流分派率（预计年度可分配现金流/目标不动产评估净值）原则上不低于 4%”。从已上市 REITs 的二级市场表现来看，截至 2022 年 6 月 30 日，各只产权类 REITs 以二级市场股价计算的实际分派率为 3%~3.5%。

与之相比，从市场上可观察到的一些数据中心交易案例以及部分评估机构的专业建议来看，核心一线城市的数据中心项目对应的资本化率（Cap rate，以预测首年的净收入/交易对价计算）约在 7.5%，一线周边城市及其他核心二线城市数据中心资产对应的资本化率可能更高。假设数据中心项目在 REITs 市场的估值定价水平与当前其他产权类 REITs 相当，那么这类资产的估值水平就会与 REITs 市场定价存在一个较大的“价差”——从分派率的维度看可能在 300 个基点甚至更高。从市场角度看，对于这个较大的一二级价差如何在发行人与 REITs 投资者之间妥善安排，就成为决定项目能否顺利实施的一个重要因素。

四　关于新基建 REITs 应用前景的分析框架

在分析 REITs 产品对一个基础设施行业的适用性、可能的发展空间及面临的主要问题时，一方面要基于中国证监会、国家发展改革委等相关部门制定的政策规则来看，另一方面也要与特定行业的历史沿革及自身特点进行有机结合。总体而言，可以从“基础资产”和“发行人主体”两个维度进行分析。

（一）基础资产层面

1. 合法合规性

合法合规性是实施基础设施 REITs 需要满足的核心基础条件。作为处于发展初期的公开资本市场产品，基础设施 REITs 对合法合规性的要求在某些方面可能高于新基建行业过往实践的一般做法。此外，REITs 不仅需要基础设施项目从“结果性”角度看合法合规，也需要在投资建设过程中符合相关审批程序。对于缺失的法律合规文件，需要通过补办、相关政府部门出具证明材料等方式予以妥善处理。

2. 项目转让限制

根据基础设施 REITs 的相关政策要求，基础设施项目在转让过程中涉及的各类转让限制（无论是资产层面还是项目公司股权层面）均需取得相应的许可文件或无异议函。实践中涉及的转让限制主要包括两个层面：一是与特定项目相关的转让限制，如项目股东方、外部债权人、地方政府或管委会等；二是行业层面或国家政策层面的统一限制，如行业转让限制、国资产权审批、上市公司分拆上市审批等。

3. 运营管理模式

运营管理模式主要影响到基础设施项目的市场化程度和运营稳定性。一方面，基础设施 REITs 是一个市场化权益性的金融产品，应当以市场化租金或使用者付费作为主要收益来源，政府还贷项目、涉及大比例政府补贴的项目或政府补贴锁定项目回报水平的项目，均与 REITs 的市场化原则存在冲突。另一方面，现金流集中度、运营年限等因素是影响运营稳定性的重要方面，对于现金流来源方高度集中、项目运营年限较短等情形需重点关注，深入分析对资产运营稳定性是否构成重大影响。

4. 经济效益水平

对经济效益水平的观察，需要从三个维度展开：一是发行人将基础设施项目转让与 REITs 带来的账面盈亏情况，也就是资产评估值（或预期发行价格）与发行人报表中对应资产账面价值的关系，这决定了实施 REITs 对发行人而言在财务报表层面是否“有利可图”。二是发行人自身的净回收资金情况，也就是预计全部发行募集资金在扣除原始权益人战略配售、偿还外部负债后，可归属于发行人自由使用的金额，这决定了实施 REITs 对发行人而言的资产盘活效果。三是对 REITs 投资人而言的净现金分派率或内部收益率（IRR）水平，现阶段至少需满足监管提出的“预计未来 3 年净现金分派率不低于 4%”的最低要求，长期来看需结合市场投资人相对稳定的收益诉求来判断拟发行的项目在定价方面是否具备足够的吸引力。

（二）发行人主体层面

1. 存量资产规模

发行人在特定行业领域是否具有较大的存量资产规模，对于实施 REITs 的可行性具有重要影响。首先，较大的存量资产规模往往是发行人实施 REITs 的根本动因；其次，较大的存量资产规模也能够对 REITs 以扩募等方式实现持续外延式成长提供有力支撑，有效增强投资者信心；最后，较大的存量资产规模一定程度上也意味着发行人在相关领域具备相对丰富的运营管理经验。

2. 新增投资预期

“盘活存量”是为了更好地促进新增投资。因此，发行人在特定行业领域是否具有较为活跃的新增投资预期，是否能够充分利用发行 REITs 的回收资金促进新业务的开展，也是关系实施 REITs 必要性的重要考虑因素。基础设施 REITs 试点规则也明确要求，90%（含）以上的净回收资金应当用于在建项目或前期工作成熟的新项目。

3. 资本结构压力

REITs 作为一种权益性金融产品，很重要的一个功能就是通过资产权属转移、清偿存量债务、降低发行人的资产负债率，优化其资本结构。过高的资产负债率固然会危及发行人的持续稳定运行，进而可能影响到 REITs 所持有资产的良好运营管理，但适度的资本结构压力在一定程度上可能有助于增强发行人实施 REITs 的动力。

在上述一般性的分析框架下，新基建 REITs 在底层资产“科技属性”与一般基础设施属性深度融合的基础上，具有更加鲜明的创新特征①：从资产价值构成来看，新基建是传统不动产与智能设施设备的有机组合；从资产载体形态来看，新基建正在从传统的有形不动产逐步向无形资产延展；从资产组合特征来看，新基建正在从典型的大体量集中式分布向分散化网状分布转变；从资产价值生命周期来看，新基建面临持续技术迭代的经营常态。新基建资产的这些创新特性，在发展新基建 REITs 的过程中也需要深入考虑。

五　典型资产类别的应用前景分析

（一）数据中心

1. 数据中心是比较典型的 REITs 资产类型

数据中心资产具备较为明确的法律权属关系与可转让性，以市场化出租取得的收入作为主要收益来源，具备典型的 REITs 资产特征。在国外新基建 REITs 市场上，数据中心已经占据了非常重要的地位。截至 2022 年 6 月末，全球新基建 REITs 市值 3340 亿美元②，其中数据中心 REITs 市值达 1000 亿美元，占全球新基建 REITs 市值的比重约 30%。在互联网行业持续发展和新冠肺炎疫情的叠加影响下，数据中心资产作为新基建行业的重要基础设施之一，预期会持续保持稳定上升的需求态势。

2. 我国数据中心行业的持续健康发展需要 REITs 的助力与引领

REITs 作为一种高度市场化的、典型的产融结合工具，在与数据中心行业的结合过程中必然面临一些矛盾和冲突，也相应会为整个行业的持续健康发展提供助力和引领。如前所述，国内数据中心行业过往在投资管理手续方面存在一些瑕疵，PUE 值方面如何更好地符合国家政策导向也需要高度关注。

---

①　徐宪平主编《新基建：数字时代的新结构性力量》，人民出版社，2020。

②　资料来源：Bloomberg。

此外，从 REITs 的视角来看，国内数据中心行业至少还有两个方面值得深入思考：一是当前行业普遍存在的“生产资料不统一”现象（国内很多项目的持续经营建立在对土地及房屋的租赁关系上。与之相比，国外 IDC 行业中购买土地使用权的行为更加普遍），这种模式的稳定性是否能够获得 REITs 投资者的认可。二是从数据中心租户结构角度来看，国内很多项目的现金流集中度可能较高，未来随着行业持续发展，租户结构是否能够逐步多样化、市场化租金定价空间是否能够进一步打开，也是影响 REITs 投资者对新基建项目估值定价的重要因素。

3. “东数西算”为数据中心 REITs 的发展提供了重大契机

从资产存量结构来看，我国数据中心大部分集中在北、上、广、深等核心一线城市及周边区域，部署在西部地区的数据中心项目较少。随着东部地区逐渐受到土地供应、能耗指标等方面的限制，国内数据中心产业布局不均衡、不协调的问题日益凸显，新基建企业在实施 REITs 时也将面临“新投资项目在哪里”的问题。随着“东数西算”国家工程全面启动，八大枢纽节点、十大数据中心集群陆续建设，新基建企业可以更加充分利用 REITs 工具盘活存量、带动新增投资。

（二）通信铁塔

1. 通信铁塔在我国新基建 REITs 领域具备较大发展潜力

自 2014~2015 年我国通信铁塔行业进行重组整合后，主要资产持有方为中国铁塔股份有限公司（以下简称“中国铁塔”）。从基础设施 REITs 的逻辑框架来看，我国通信铁塔行业具备以下特点及优势。

一是存量资产规模大。根据公开披露数据，截至 2021 年末，中国铁塔持有运营的塔类站址数超过 203 万个，累计投资规模接近 3200 亿元人民币，是全球规模最大的通信铁塔服务提供商。相比之下，截至 2021 年末全球铁塔公司规模排名第 2、3 位的美国铁塔公司 AMT 和印度铁塔公司 Indus Tower，持有运营的塔类站址数量分别为 21 万个、18 万个，仅相当于中国铁塔的约 10%。

二是新增投资预期强。得益于国内 5G 基站规模化建设的带动作用，中国铁塔累计承建的 5G 站址数量从 2019 年的 26.5 万个，快速增加至 2021 年的

122.6万个。与此同时，从我国现有4G、5G基站的数量对比来看，5G对通信铁塔的带动作用仍有很大空间。根据工信部的数据统计，截至2021年末，我国4G基站总数达到590万个，5G基站数量仅为4G基站的20%左右。

三是经营模式长期稳定。从收入端看，全球通信铁塔行业的主要租户均为各大电信运营商。根据近几年公开数据，中国移动、中国电信、中国联通三家运营商为中国铁塔公司持续贡献了90%以上的业务收入，且通过签订5~15年的长期服务协议，塔类租赁业务形成了极强的稳定性。从成本端看，通信铁塔投入运营后，维护成本很低，其中土地租赁周期通常为3~5年时间，虽然个别站址会出现政府拆迁等偶发情形，但从整体存量来看在土地租用方面的保障性较强。

四是盈利成长空间较大。中国铁塔公司2021年“总资产回报率”（Return on Asset，ROA）约为2.2%，但从税后净利润的构成来看，铁塔资产的摊销折旧在经营成本方面占比很大，若按照息税折旧摊销前利润（EBITDA）/总资产来测算的话，资本回报水平将达到接近20%。此外，通信铁塔的盈利水平仍有进一步提升空间：一方面，截至2021年中国铁塔所持有的塔类站址的站均租户数量为1.70户，尽管相比于海外市场而言我国电信运营商较为集中，但通信铁塔的共享率仍有进一步提升空间；另一方面，随着“通信塔”向“数字塔”的转变，与林业、水利、农业、环保等重点行业的合作将为通信铁塔带来更加多元化的收入。

2. 资本市场的估值定价水平对通信铁塔REITs的发展具有重要影响

全球通信铁塔行业通常采用EV/EBITDA这一指标来体现估值水平的高低。从美国三大铁塔公司（AMT、CCI、SBAC）的长期数据来看，EV/EBITDA整体保持在20倍以上，而中国铁塔公司这一指标在4~5倍，与美国铁塔行业的资本市场表现差距很大。

我国基础设施REITs尚处于试点阶段，资本市场定价水平仍需要时间检验。就目前的市场水平来看，各只上市REITs的EV/EBITDA指标处于20~50倍（其中特许权/收费类的项目在20倍上下，产权/租金类的项目在50倍上下）。相比于中国铁塔当前在股票市场的定价水平而言，如果通信铁塔这类重资产在我国REITs市场能够获得投资人的更大青睐，那么以这些资产发行基础设施REITs，不仅使重资产本身获得更好的估值定价、更有力支持上市公司的新增项目投资，还能够促进上市公司更加聚焦于轻资产运营管理业务，有利于股票市场估值定价水平的提升。

（三）5G 及固定宽带网络

1. 5G 及固定宽带网络是全球新基建 REITs 中的“新秀”资产

在 5G 及固定宽带网络方面，目前美国有两只 REITs 值得行业关注：一只是三大铁塔公司之一的“冠城国际”（Crown Castle International Corp.，CCI），除持有约 4 万座信号塔类资产外，还持有超过 8 万英里光纤网络（fiber），用于支持小型基地台（small base）以及整体光纤解决方案。CCI 公司 2021 年年报显示，基于光纤网络产生的收入约为 19 亿美元，占公司全部收入的 30%。小型基地台及光纤网络作为 5G 技术的必备组成部分，随着全球 5G 建设浪潮的兴起，越发受到市场的高度重视。CCI 公司充分利用 REITs，助力自身资本运作，率先开展了对小型基地台及光纤网络的大规模收购，成为美国最大的小型基地台运营商。

美国另一只与之相关的 REITs 是 Uniti Group Inc.（UNIT），其持有大约 12.8 万英里的光纤网络。UNIT 公司最大的特点在于，其原本隶属于美国十大电信运营商之一的 Windstream 公司，2015 年 4 月经分拆上市成为一只独立的 REITs。在 2019~2021 年的经营活动中，UNIT 公司平均约 65%的运营收入仍来自 Windstream 公司支付的租赁使用费。

2. 电信运营商的未来运营模式需深入探讨

总体而言，原本由电信运营商持有的通信基站、光纤网络等资产被独立出来发行 REITs 的行为尚不算普遍，但 CCI 与 UNIT 公司的案例具有很强的启发意义。一方面，类似于通信铁塔资产从电信运营商手中剥离至独立的铁塔运营公司，CCI 与 UNIT 公司的案例验证了与 5G 业务相关的核心设施设备，同样可以改变原有的运营模式，由 REITs 向电信运营商提供租赁服务。另一方面，自 2015 年 UNIT 公司上市之后，市场上并未看到诸如 AT&T、Verizon 这样的全球领先电信运营商相继采取类似的资本运作，其中部分原因虽与当地监管政策的变化有关，但这些头部运营商强健的财务报表以及良好的业绩表现，可能也导致其暂时并没有足够的“动力”实施 REITs 战略。

REITs 产品的应用前景不仅与底层资产有关，也受到相关发行人或行业整体的发展阶段、业务结构等因素的重要影响。与5G相关的业务及项目建设活动在我国仍处于快速发展阶段，电信运营商未来是否将一直沿用现有运营模式，REITs是否能够对电信运营商的业务发展提供必要支持，有待于全行业的持续深入观察与探讨。

六 更好利用REITs工具支持我国新基建行业发展的建议

（一）充分调研摸底，把握我国新基建REITs内在发展规律

我国当前仍处于基础设施REITs试点阶段，监管部门、产业主体、专业机构、市场投资者对很多问题的看法与认识仍需要持续的探讨摸索。新基建行业相对于传统基础设施领域，本就具有更强的创新性，应当对适合发行REITs的区域、主体和资产开展更加充分和系统的调研摸底工作，明确现阶段的发展重点以及未来的发展规划，逐步把握我国开展新基建REITs工作的内在规律。

（二）紧抓典型项目，以试点突破带动行业发展模式优化升级

尽管短期内新基建REITs领域面临的问题可能难以系统性解决，但以典型项目为抓手，尽快实现试点项目的突破，对于带动行业发展模式优化升级仍然具有重要意义。一方面，通过试点项目的全流程操作，能够真正充分地暴露出各类新基建资产与REITs结合时面临的重难点问题，为相关行业部门系统性制定解决方案提供实践案例；同时，试点项目能够有效促进行业相关方对REITs产品的认识与理解，产生良好的社会示范效应，真正带动新基建企业从落地实践的角度思考REITs对自身业务发展的意义。

（三）贴合中国国情，创新解决我国新基建REITs实际问题

美国最早的新基建REITs诞生于1994年，至今已有近30年的发展历史，一定程度上能够为我国新基建REITs的成长提供有价值的借鉴。但另外，我国的基础设施REITs赖以生根发芽的市场环境与国外REITs市场不尽相同，新基建行业所面临的发展阶段及重难点问题更是不能简单照搬国际经验（某些方

面甚至无经验可寻）。在深刻把握 REITs 核心本质的前提下，只有贴合中国国情、始终秉持创新和实事求是的原则，才能真正推动我国新基建 REITs 行业的长期健康发展。

参考文献

徐宪平主编《新基建：数字时代的新结构性力量》，人民出版社，2020。

韩志峰、张峥等：《REITs：中国道路》，人民出版社，2021。

中国信息通信研究院：《数据中心白皮书（2022 年）》，2022。

唐维红主编《中国移动互联网发展报告（2022）》，社会科学文献出版社，2022。

B.17

新基建发展的条件要素与牵引机制分析

周新苗　叶胜超　孙　皓　叶宁献　李　轩　柯雨欣*

摘　要： 本文基于新基建发展的现实要求，对新基建发展的条件要素与牵引机制进行分析。新基建发展的条件要素应该包括企业、应用、技术、政策、安全等，新基建发展的内在牵引机制将从市场主导和政府引导相结合等五个维度形成推动新基建发展的驱动合力，推动形成以现代融合型应用场景为目标的新基建应用生态和可持续发展模式，实现新基建应用场景和产业融合闭环。通过创新资金支持方式、强化要素资源保障等途径促进新基建的高质量发展。

关键词： 新基建　融合型应用场景　高质量发展

作为推进高质量发展的重要抓手，加快新型基础设施建设是党中央、国务院做出的重大决策部署。2018 年底，中央经济工作会议首次提出新型基础设施建设的概念。2020 年 10 月，十九届五中全会通过的《中共中央关于制定国民经济和社会发展第十四个五年规划和二〇三五年远景目标的建议》中明确提出“系统布局新型基础设施，加快第五代移动通信、工业互联网、大数据

* 周新苗，教授，博士生导师，宁波大学商学院副院长，主要研究方向为数量经济、金融安全；叶胜超，宁波大学商学院在读博士，主要研究方向为产业链安全、渔业经济；孙皓，博士，北京邮电大学经济管理学院副教授，主要研究方向为宏观经济与国情分析；叶宁献，北京百度网讯科技有限公司高级工程师，智慧交通资深解决方案架构师，主要研究方向为智慧高速、车路协同、智能网联、智慧城市；李轩，博士研究生，中国社会科学院技术创新与战略管理研究中心，主要研究方向为行政管理；柯雨欣，悉尼大学文学和社会科学学院硕士研究生，主要研究方向为经济学。

中心等建设”。2021 年 3 月，在《中华人民共和国国民经济和社会发展第十四个五年规划和 2035 年远景目标纲要》中提出要“统筹推进传统基础设施和新型基础设施建设”以及“推进既促消费惠民生又调结构增后劲的新型基础设施、新型城镇化、交通水利等重大工程建设”。新基建不仅能在短期内助力稳投资、扩内需和增就业；从长远发展来看，更是提升全要素生产率、实现经济高质量发展的重要支撑。加快新基建发展，抓住产业数字化、数字产业化赋予的机遇，已经成为社会各界的共识与行动。

一　新基建发展的现实要求

一是促进经济高质量转型发展。数字经济新时代，新一代信息技术加速突破应用，世界正在进入以信息产业为主导的经济发展时期，数字化、网络化、智能化融合发展，互联网、大数据、人工智能同实体经济深度融合，成为推动经济转型与增长的结构性力量。在全球疫情严峻、外部环境复杂多变的情况下，推动新型基础设施建设投资，兼具对冲经济下行压力、带动经济增长的现实作用①。面向未来，推动新型基础设施建设具有满足我国不断释放的内需潜力、激发国内大循环活力、增强经济发展内生动力的长久之功，是我国保持战略定力，在危机中育新机、于变局中开新局的重要抓手。

二是促进经济国际竞争力重构。全球新一轮科技革命和产业变革迫切要求信息基础设施提速升级。以 5G 网络为核心的新型基础设施成为国际竞争的战略焦点。从全球范围看，大国竞相争夺信息领域基础设施建设高地，积极参与前沿技术、领域标准、建设规则等方面的博弈与竞争，着力构建助力新一轮科技革命与产业变革的基础设施。美国、欧盟、日本等国家高度重视信息基础设施建设，从战略规划、项目投资、科技研发等方面加大对信息基础设施的支持力度，抢占未来发展的战略先机。可以说，以 5G、大数据、物联网等为代表的新型基础设施建设已经成为当前国际竞争的重要因素。

三是促进信息技术优势发挥。我国高度重视信息基础设施建设，目前已建

① 李芃达：《各地政府工作报告明确发力重点“新基建”成经济增长重要引擎》，《经济日报》2022 年 2 月 16 日，第 001 版。

成全球最大的光纤宽带和4G网络，快速普及5G网络。同时，通信网络、数据中心与云计算技术支撑我国移动互联网产业快速发展，形成全球最大移动互联网消费市场，人工智能活跃企业占世界总量的1/5以上，发明专利紧追美国位居世界第2，整体在全球处于领跑地位。中国已建成全球规模最大、技术领先的网络基础设施，所有地级市全面建成光网城市，千兆用户数突破5000万户，SG基站数达到170万个，SG移动电话用户数超过4.2亿户，工业互联网应用已覆盖45个国民经济大类，工业互联网高质量外网覆盖全国300多个城市①。

四是促进城市建设品质提升。加快布局新基建、拓展新基建应用产业是提升城市建设品质的重要内容。建设新型网络、数据智能、生态系统、科创平台、智慧应用等可信安全的基础设施，在逐步加强网络基础稳固、数据智能融合、产业生态完善、平台创新活跃、应用智慧丰富、安全可信可控的过程中，厚植于数字经济根基发力，建成具有国际领先水平的新型基础设施，可以有效支撑城市经济平稳增长和高质量发展、提高城市生活的便捷性和舒适性，增强居民的幸福感。

二 新基建发展的条件要素

新型基础设施是面向数字经济，以新发展理念为引领，以技术创新为驱动，以信息网络为基础，提供数字转型、智能升级、融合创新等服务的基础设施体系。新基建发展的主要条件要素包括如下方面。

一是顺应数字经济发展的现代化企业。企业在推动新基建中发挥主体作用。硬件供应、软件服务、数据平台、智能应用等新基建各个环节将会集聚大量企业，特别是一些生态主导型头部企业，将成为加快新基建的重要力量。依托企业，围绕卫星互联网、智能网联汽车、智慧物流、智慧医疗等新基建各环节，加快扩大产业集群规模、优化产业生态，将有力推动新基建发展。特别是中央企业在新基建的优质资源聚集、核心技术创新中应发挥更加重要的作用②。

① 贾平凡:《新基建助力中国稳经济》,《人民日报》(海外版)2022年7月11日。

② 胡舒扬:《主导新基建是中央企业的使命任务》,《中国军转民》2022年第4期。

二是多维协同的应用空间。现代化城市生产生活的多维度自然融合，为新基建应用提供了多样的场景需求和广阔的应用空间。在生产端，现代化的产业园区，能够提供工业互联网、智能制造、个性化定制等多样的智慧车间样板，打造无人工厂，为企业智能化提供示范引领。在生活端，现代化的生活设施为推动智慧金融、智慧医疗、智慧社区、智慧物流等提供发展空间。在管理端，现代化的城市管理功能，为智慧政务、智慧交通提供了良好的发展条件。现代化城市的融合功能，为新基建供需双方有效衔接，加速新技术、新业态、新模式创新发展创造了有利条件。

三是新一代前沿性信息技术。从政府到企业，从专家到平台，形成了完善的从新一代信息技术研发到成果转化的创新体系，形成了较强的技术创新能力，不仅能够实现局部区域技术引领，也可以实现对周边地区的技术辐射效应。集成电路、5G 通信、新型显示、卫星通信等领域较强的技术储备，是新基建加快发展的必要条件。充分利用新一代信息技术外溢的附加优势，可以增厚、增高新基建产业维度，塑造产业生命周期无限延展的多维空间，形成具有竞争力的新基建产业链生态系统。

四是良好的政策环境。新基建的落地实践，需要一整套制度框架的引领与规范。根据新基建发展的独特性，创新政策工具，发挥政策的有效性和前瞻性。在人才引进、要素保障、科技支撑等领域，政策条件更加完备、透明、公开，可以为企业推进新基建发展创造良好的环境。同时，加大行政许可、特许牌照、土地规划、要素价格等各个方面创新政策支持力度，形成新基建发展的政策叠加效应，可以促进新基建为不同产业、场景、生产要素之间，构建全新的连接方式，催生新产业、新模式、新市场的创立，加快新基建的快速、高质量发展。

五是完善的网络空间安全治理生态体系。新基建的发展需要充分认识新型基础设施带来的网络安全复杂性，要在虚拟世界中构建现实社会中的安全映射机制。以“强化安全意识，统一治理思想”为基础，从安全基础设施、安全管理体系、安全技术支撑体系、安全运营体系和安全应用体系等角度系统构筑网络空间安全生态治理体系。

三　新基建发展的牵引机制

新基建的发展应以打造现代化融合型应用场景为引领，以现实世界数字化、虚拟世界孪生化为双轮驱动，以加速推进新基建应用场景示范、培育一批新基建基础优势产业、统筹推进信息化基础设施建设为主线，其内在牵引机制将从五个维度形成合力，引导新基建的资源优化配置和合理利用。

（一）市场主导和政府引导相结合

新型基础设施的核心是推进生产力跨越式进步，最终需要通过产业产出见效益，而缺乏产业真实需求基础和应用场景的建设是低效建设。新型基础设施具有较强的情景属性和产业定制化特征，需要坚持以产业、需求、市场为主导，逐步拓展垂直领域应用场景。此外，产业决策存在天然的局限性，包括本位主义、保守主义和竞争局限等，且竞争因素和保密因素必然带来重复建设、标准不统一的现实隐患。由政府牵头统筹、行业协会跟进、市场企业创新的机制尤为必要。新基建监管也应秉持开放性态度，继承和创新包容审慎监管①。因此，需要坚持政府引导与市场主体相统一，不断完善投资体制机制、强化政策要素供给②。市场为主、政府在先，充分激发市场主体活力，政府强化公共基础设施建设和公共服务保障能力，推动形成多元化参与政企协同的新型基础设施建设机制。

（二）共性基础和特性优势相结合

一方面，要把握新型基础设施与传统基础设施的共性和特性。两者都是无差别、广泛服务于生产生活方方面面的基础设施，具有统筹投资、长期投资和普适覆盖的特点。传统基建上面跑的是人流、物流，新型基础设施上面跑的是信息流，传统与新型基础设施的融合，将在物理基础上，进一步生成数据、智能、判断，从而为两者都赋予增值，为全社会生产力提升创造条件。根据新基建区别于传统基建的特征，应积极实践适合于新型基础设施的项目供给方式③。

另一方面，要把握不同的新型基础设施的共性和特性。新型基础设施是以

① 葛孟超：《适应新基建特点　创新政策支持工具》，《人民日报》2022 年 6 月 6 日。

② 李明、龙小燕：《政府与市场关系视角下我国新基建投融资路径选择》，《地方财政研究》2021 年第 12 期。

③ 王雨辰：《“新基建”视域下的基础设施供给方式研究》，《经济体制改革》2021 年第 5 期。

数据信息作为处理对象的信息化、智能化基础设施，以相互依赖的可个性化组合、拆分的模块化方式，组合在一起发挥作用。特性在于分别负责信息的收集、传输、计算、存储、分析、判断、应用等职能不同，软硬件不能混用。彼此之间互为依存，没有信息的收集和传递，就没有后续的存储和分析、智能的培养与训练，以及升级与迭代。传统基建与新基建通过不同的组合与配置，满足多样化的场景需求。

（三）协同推进与重点突破相结合

协同是融合的基础，包含底层协同、应用协同、政策协同和区域协同四个层面。首先，底层协同是技术标准的统一，包括接口、标识和技术规范；其次是标准统一后的应用协同，例如场景融合、开源平台等；最后，政策协同和区域协同是战略层面的协同，包括各地战略规划协调、行业条块有效整合，避免重复投资建设和标准混乱。

新基建需要重点构建具有市场需求、基础产业潜力大、拥有示范引领能力和巨量市场的应用场景，整体推进为城市政务民生等各个方面带来普遍提升改善的场景内容。各级政府部门需要深度挖掘具体细分市场和垂直领域的强劲动力，构建新的产业组合方式，创造新的商业模式，促进政府在数字化时代塑造新的治理模式，全面打造安全基础设施、安全应用等安全生态体系，提升安全服务能力。

（四）长期愿景与短期任务相结合

在短期层面，新型基础设施以信息基础设施智能化提升为主，融合改造生产生活中的各个方面，其目标体系包括：推动产业结构调整与升级，推动经济高质量发展；带动工业复苏，推动经济在疫情防控常态化背景下，走出多重经济周期叠加的下行区域；刺激消费升级，扩大需求，为消费者带来全新的科技体验和生活便利；带动社会投资，传统与新型基础设施融合，发挥投资对经济增长的乘数效应。在长期层面，新基建的发展应该以形成新场景、新模式、新业态为重要特征，以具有现代化应用引领、有效投资持续扩大、创新活力得到充分激发为内在动力。新基建长期愿景和短期任务的逐步实现，将持续促进经济增长和新旧动能转换，逐步实现经济包容性发展①。

（五）统筹布局与差异发展相结合

不同区域的新型基础设施建设参与经济生产的方式存在较大的差异性，因而不同类型的投入作用于经济生产的方式也有着明显的不同。不同区域新基建与经济高质量发展之间的关联性也会存在差异。② 要积极促进内部的生态孵化、标准统一和资源整合，在整体推进重点突破的过程中做到产业链、供应链、价值链的有效协同，实现投资回报最大化。因此，在新型基础设施建设布局时可参考如下原则：对于经济整体发展条件好且较为均衡、信息化基础扎实的区域，可进行覆盖性新基建网络设施建设；对于经济欠发达地区，应全面提升设计、生产、设备、质检、物料等各个环节的信息化水平和智能化基础，夯实相互连接、设备上云的基础工作，为扩大数据作为生产元素的比重和连入工业互联网创造初始条件；对于经济发展不均衡地区，优先进行不同场景之间商贸供应类关系的连接，强化服务以数字贸易、沉浸体验、电子支付、智能物流、供应融资为内容的新型连接系统，促进数字化市场的全面建设。

四　结论与建议

基于新基建发展的现实要求，本文从企业、应用、技术、政策、安全等角度分析新基建发展的条件要素，进而从市场主导和政府引导相结合、共性基础和特性优势相结合、协同推进与重点突破相结合、长期愿景与短期任务相结合、统筹布局与差异发展相结合等五个维度对新基建发展的内在牵引机制进行分析。通过五个维度的作用形成推动新基建发展的驱动合力，以现代融合型应用场景为远景目标，以“大平台”创“大连接”，以“大融合”促“大闭环”，形成高度融合的应用生态以及集聚效应最大化的可持续发展模式，形成

① 刘凤芹、苏丛丛：《“新基建”助力中国经济高质量发展理论分析与实证研究》，《山东社会科学》2021 年第 5 期。

② 李海刚：《数字新基建，空间溢出与经济高质量发展》，《经济问题探索》2022 年第 6 期，第 12 页。

新基建应用场景和产业融合闭环，推动战略产业孵化、信息化提升、空间组团布局、龙头企业引进等相互促进，实现生产生活均衡发展，利用技术造福民生。新基建快速高质量发展应重点加强以下几方面工作。

1. 创新资金支持方式

落实国家对于“新基建”企业的各项鼓励支持政策，支持企业智能化改造，减少企业成本。在坚持市场主导前提下，以财政、金融监管部门为主体，鼓励开发性政策性金融机构加大信贷优惠力度，积极争取利用不动产信托基金，优先支持新基建发展；以政府为主导，发挥财政资金、基金引导作用，支持社会资本和运营企业等各类市场主体参与的新型基础设施投资基金。成立新型基础设施应用专项基金，鼓励和支持企业牵头参与智慧物流、智慧社区等应用场景建设。

2. 强化要素资源保障

减轻企业负担，保障各类智慧场景加快构建。为5G建设用电申请、电力增容、直供电改造办理“直通车”，加大电价监督力度；健全公共资源开放责任制和规范公共资源开放使用流程，落实公共建筑、室外场地向5G基站强制免费开放要求，明确住宅小区5G建设的市场化限价；为培育、引入的新型数字化产业规划专属用地，提高地块新基建水平和完善程度；利用成熟的数字基础设施，探索构建突破地域、空间、距离限制的无界虚拟产业园区，利用制度、政策和产业链的纽带，扩大招商补链的行业范围。

3. 加快专业人才培养

打造新基建人才的培养交流平台，吸引国内顶尖高校、科研院所与重点企业合作；大力引进规划建设、投资运营等方面的行业管理人才以及具备新基建领域研发能力的技术领军人才；培养兼具专业理论与行业知识的实战型人才，鼓励在校学生在参与新基建相关项目中掌握先进技术，为新基建发展培养后备力量。

4. 优化营商发展环境

持续深化“放管服”改革，提升政务服务的规范性、便利性、精准性，营造产业发展的软硬环境。积极发展中介组织、行业协会、服务机构，创新服务产品，提高产业服务质量。建立健全行政审批监管长效机制，加快形成权界清晰、分工合理、权责一致、运转高效、法治保障的地方政府机构职能体系。各相关部门合力推进重要领域和关键环节改革，优化营商环境。

B.18

新基建的法治化保障：风险防控与监管

宗婷婷　曹诚喜*

摘　要：　相比于传统基础设施，新型基础设施具有不确定性程度高、竞争性程度强、对数据安全的保障力度要求高等特点。构建新基建产业发展的法治化保障体系，实现该领域风险防控与监管的规范化、常态化和高效化，是营造良好产业发展环境、助力实现更高水平发展的根本举措。强化新基建的法治化保障，既要遵循市场监管的一般法治理念，落实公正监管、智慧监管和高效监管三类监管要求，也要根据新基建自身特点丰富监管方式，着重要求强化数据安全保护和知识产权保护。

关键词：　新基建　市场监管　数据安全　知识产权

相比传统基础设施，新基建具有五大特征，具体包括以数字技术为核心，以新兴领域为主体，以科技创新为动力，以虚拟产品为主要形态和以平台为主要载体等方面。[①] 结合新基建的上述特性及其当前在我国所处发展阶段，总体来看，新基建仍存有以下风险。一是新基建的不确定性程度高。“数字技术作为快速演进中的前沿技术，具有高度的不确定性，包括技术的不确定性、市场的不确定性、组织的不确定性。”[②] 在传统基建中，政府发挥主导作用，加之

---

* 宗婷婷，中国政法大学法律硕士学院副教授，主要研究方向为行政法、监察法；曹诚喜，中国政法大学法律硕士学院硕士研究生，中国政法大学党规研究中心科研助理，主要研究方向为宪法学、行政法学、党内法规。

① 李晓华：《面向智慧社会的“新基建”及其政策取向》，《改革》2020 年第 5 期。

② 李晓华、吕铁：《战略性新兴产业的特征与政策导向研究》，《宏观经济研究》2010 年第 9 期。

产业技术上的成熟，有关风险能够有效被提前甄别、把控和预防。而新基建以民营企业为主，以科技创新为引领，更加依靠市场规律进行调节，客观上加剧了新基建运营与决策的复杂性与不确定性。二是新基建的竞争性程度强。“新型基础设施中的数字平台的形成是市场竞争的结果，企业可以利用技术突破带来的商业模式变革机遇建立平台，并实现平台规模的迅速扩大。”① 市场经济本质上是竞争性经济，这种竞争性是技术创新和市场活力的保证，但也同时会影响产业本身乃至市场发展的稳定性，而新基建产业突出的创新性、数字性特征无疑会加剧这种竞争性状态。三是新基建对数据安全的保障力度要求高。“目前，我国尚未形成统一的工业互联网大数据管理、服务和安全体系，工业互联网大数据资源存在孤立、分散、封闭等问题，数据价值未能得到充分有效利用，数据主权和数据安全面临重大威胁。”② 新基建是数字经济的基础设施，数据的虚拟性、可塑性特点，加之当前我国数据保护技术仍不够成熟等原因，使得数据安全问题成为新基建发展过程中面临的又一风险。

加强对上述新基建各类风险的防控与监管，法治化手段是根本举措。在这一新兴领域的市场监管过程中，既要践行市场监管的一般法治理念，如公正监管、智慧监管、高效监管等，也要根据新基建的要求丰富监管方式，强化数据安全保护和知识产权保护。具体来说，构建新基建法治化保障体系，加强新基建风险防控与监管，有必要在以下几方面加以充分展开。

一　公正监管

“实施公正监管保障公平竞争，是构建既有活力又有张力的统一开放、竞争有序的市场秩序的应有之义，是新时代市场监管的基本遵循，必须体现在市场监管的全过程和各个方面。”③ 公正监管是市场监管领域中监管机关及其工作人员执法行为的基本准则，是各类市场监管规则有效发挥预设功能的前提条

① 李晓华：《面向智慧社会的“新基建”及其政策取向》，《改革》2020 年第 5 期。

② 刘艳红、黄雪涛、石博涵：《中国“新基建”：概念、现状与问题》，《北京工业大学学报（社会科学版）》2020 年第 6 期。

③ 宋玉池：《探析市场监管源起、基本特征及价值取向》，《中国市场监管研究》2019 年第 10 期。

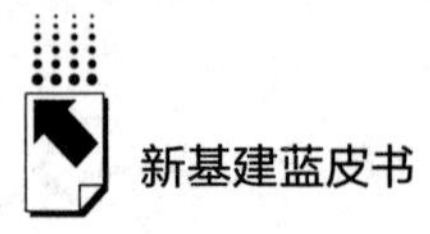

件，也是充分保护监管对象合法权益的重要体现。实现公正监管，要着重把握以下两个方面要求。

（一）提升“双随机、一公开”监管的公正性

为有效解决市场监管领域存在的选择执法、执法扰民、过度监管与人情监管等重点、难点问题，2015 年 7 月，国务院办公厅印发《关于推广随机抽查规范事中事后监管的通知》，并要求在全国范围内全面推行。经过各地区、各部门的实践探索，“双随机、一公开”监管已然成为市场监管领域中一类重要的新型监管举措。这突出体现在随机抽查事项清单和检查对象名录库、执法检查人员名录库不断健全，抽查情况及查处结果依托全国企业信用信息公示系统得以统一归集公示。然而，“双随机、一公开”监管模式在实践中仍存在“一单两库”信息更新不及时、随机抽查工作机制不健全、抽查程序不规范、检查标准不明确等突出问题，从而有损于该监管模式的权威性、公正性。因而，在提升公正监管效能的要求下，要进一步加强清单制度的落地实施，除部分特殊行业或重点领域外，要实现该监管方式在日常涉企检查中的全面适用，要提升抽查范围、行业、比例、频次和被抽查概率确定的合理性，要设置公示时限规定以确保抽查情况和查处结果及时向社会公开，从而最大限度发挥“双随机、一公开”在规范监管行为、提高监管效率、减轻企业负担等方面的积极作用。

具体到新基建领域，要落实“双随机、一公开”监管制度，提升其在实践运行过程中的公正性与透明度，既能有效避免给企业增加过多的行政检查负担以至于增加不必要成本，影响科技投入水平和创新活力，也能够为企业设置相对明确的检查预期，促使企业在运行管理上有规可循，进而提升企业合法合规运营的自觉性与主动性。

（二）依法规范市场监管执法行为

依法监管是公正监管的内在要素，这是因为监管执法行为的合法性、合理性会直接对各类市场主体的切身利益产生重大影响。总结法治政府建设过程中取得的重大成就，结合市场监管实践中形成的成熟经验，依法规范市场监管执法行为，要求在以下方面加以坚持并完善：一是在权力配置上，要实施市场监

管部门权责清单制度，明确市场监管权限范围，确保权责一致、履职到位；二是在执法程序上，要严格落实执法公示、执法全过程记录制度和告知制度，通过程序的规范性来保证执法行为及结果的公正性；三是在执法裁量上，要全面实施行政裁量权基准制度，进一步细化、量化行政执法行为的裁量范围、种类、幅度等事项并向社会公开，从而严格限定和合理规范各类行使行政裁量权的执法行为；四是在执法人员方面，要不断加强普法工作和法治教育，提升监管人员政治素质和职业技能，确保其依法监管、专业执法。除此之外，行政决策是行政权力运行的起点。因而，规范市场监管执法行为，提升法治政府建设水平，关键在于有效规范决策行为特别是重大行政决策行为。在市场监管中，行政决策行为应坚持底线思维，立足当下、把握长远，致力于规避行政决策中的潜在风险，避免不良决策给社会造成损失。这就要求必须严格落实重大执法决定法制审核制度，从严规范行政决策做出程序，最大限度减轻、避免不当决策给企业主体造成的负面影响。

具体到新基建领域，依法规范市场监管执法行为，其基本要求是避免因违规执法、不当执法等行为侵犯相关企业的合理利益，从而阻碍企业自身的发展进程；进一步的要求在于通过市场监管部门及其工作人员的执法行为，有力打击不法行为，营造良好的市场秩序，为企业发展提供更好的发展环境、拓展出更大的发展空间，从而为新基建产业实现更好发展保驾护航。

二　智慧监管

“智慧监管，就是要利用新一代信息技术，通过互联化、物联化、感知化、智能化手段，收集、整合、分析监管业务关键信息，让监管全链条各个功能协调运作，让监管资源的分配更加合理和充分，让监管工作能够对需求做出智能响应，也要让社会公众感受到更加便捷和高效的政务服务。”[①] 2021 年 12 月，国务院印发《“十四五”市场监管现代化规划》，提出加快推进智慧监管，并明确列举包括加强重点食品安全追溯、全国市场主体服务平台建设等在内的八项智慧监管信息化工程，充分显示出加强市场监管信息资源共享开放和协同

① 黄果：《智慧监管关键路径的几点思考》，《中国食品药品监管》2018 年第 4 期。

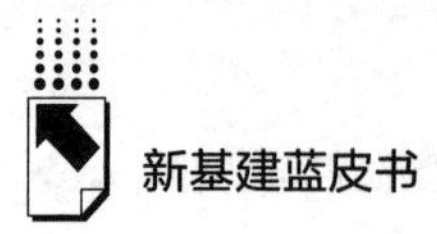

应用的重要性、迫切性。而智慧监管发挥作用的基本方式是通过对海量数据的采集、整理和融合，借助电子政务网络工具形成数字化监管系统，从而实现市场监管的精准化、高效化和智能化。换言之，智慧监管的核心是“互联网+监管”。

“互联网+监管”是以数据归集、分析中心建设为基础，以实现数据资源的开发共享为前提，以加强数据信息整合和应用、提升政务服务水平为目标，是提升市场监管效能的创新型举措。首先，“互联网+监管”模式强调互联网等信息技术与市场监管的有机融合。有别于传统的分地区、分层级、分部门的相对固化模式，“互联网+监管”要求打通部门间、层级间的信息壁垒，实现全过程、不间断监管。其次，“互联网+监管”以数据归集为基础，以高效监管为目标，这就要求一方面必须提升数据归集、整合的科学性，确保数据信息安全、有效、统一；另一方面也要提升监管事项的透明化程度，确保监管事项清单质量，在监管事项与数据信息之间建立起稳定、可追溯的对接关系。再次，“互联网+监管”建立在信息基础设施平台之上，要进一步加强电子政务服务平台建设，科学划分监管对象板块，针对性地设置相匹配的监管模式，提升监管的精准性；与此同时，要加强不同地区、不同部门在平台建设上的协调性，推进部门间监管业务协同开展。最后，要以数据安全为底线，不断健全信息安全等级保护制度，对关键性的基础设施、信息资源和信息系统要加大保护力度，对潜在的数据安全风险要建立起严密的预防管控系统。

具体到新基建领域，“互联网+监管”这一监管模式建立在数据的归集、转移、使用和整合的基础之上，契合新基建作为数字经济的基础设施这一特性。推行“互联网+监管”模式，既是创新市场监管方式、实现精准监管的需要，也是有效防止出现数字安全问题和网络经济垄断问题的重要举措。因而，提高对数据的获取和处理能力，是提升市场监管水平和公共治理效能的重要举措，也为进一步促进新基建产业发展贡献强大的技术力量。

三　高效监管

提升市场监管效能，促使市场监管更加高效化、精准化是市场监管手段配置的基本要求。这既是高效便民的服务型政府建设的应有之义，也契合新业态、新技术等新兴市场监管的实践需要。而在新型监管手段中，需要重点关注信用监管和包容审慎监管两类方式。

（一）信用监管

所谓信用监管，是指“行政监管或法律、法规授权的具有公共管理职能的组织对相对人的公共信用信息进行记录、归集、使用，并按照一定指标体系开展评价、评级、分类，分别采取激励或惩戒等措施，实现政府规制目的的行为”①，解析这一概念可知，信用监管的核心可简要概括为“一基础、三监管”。

首先，以“公共信用信息”为基础。信用信息构成了信用监管制度设计及其工作机制建构的逻辑出发点和落脚点。换言之，信息监管离不开信息，它始终围绕信息的产生、归集、整合、应用、共享和评价来展开。其次，“三监管”即信用监管的三项具体要求，一是从主体角度出发，要实现“全方位监管”，信用监管跳出依靠单一政府行政力量的监管模式，将行业协会、商会、企业以及第三方专业机构均纳入监管主体范围之内，从而构建多元主体参与共治的监管格局；二是从行为角度出发，实现“全过程监管”，信用监管革新了以往过度强调事前管控的审批机制，而是以市场主体生命周期为整体，构建起贯通事前、事中、事后各阶段的动态监管体系；三是从技术角度出发，要实现“精准化监管”，信用监管借助于信用分级分类监管和“互联网+”智能监管等方式，实现传统的粗放式监管向精准化监管的转变，有效提升监管实效，有针对性地满足市场监管实际需求。然而，从信用监管法治化角度考察，信用监管无论从监管立法到实际执行、从监管制度到工作机制、从信息收集到共享应用、从主体参与到权益保护等方面均有不尽完善之处，仍需着力加以改善，以期服务于市场监管体系的科学构建，助力于我国社会主义市场经济持续健康发展。具体来说，首先，要加强信息保护和信用监管立法。信用信息在信用监管制度及相关工作机制中处于基础性地位。加强信用信息的保护和应用，要着力解决好三个重点问题：一是要打造“全国信用信息一张网”；二是要规范信息的归集、共享、应用、评估和公开等行为；三是要全面捋顺信用信息归集和应

---

① 袁文瀚：《信用监管的行政法解读》，《行政法学研究》2019 年第 1 期。

用程序。

其次，要加强全方位监管，即在信用监管领域建立起由多元主体参与的社会协同共治制度。一是在外部层面，要形成行政监管部门与行业组织、第三方服务机构和各类企业主体协同共治格局。这要求必须运用制度性手段，拓宽各类社会主体参与信用监管规则制定与执行的渠道，发挥不同主体的独特优势与功能，弥补市场监管部门在专业性、技术性等方面的短板。二是在内部层面，要健全从立法到执行、从审批到监管过程中各行政主体间的协作机制。这要求加强行政监管主体内部的合作互信，打破地区、部门和领域的信息壁垒，着力消除部门间因沟通不畅带来的重复执法、多头执法或缺位执法现象。

再次，要形成全过程监管，即在信用监管领域建立起贯穿事前、事中、事后各监管环节的全程监管制度。在事前监管阶段，要确立三项制度：一是市场信用承诺制度，即要建立起以信用承诺审批为主、传统行政审批为辅的“审批双轨制”；二是信用报告标准制度，即要建立起全国统一的信用报告标准，规范行政监管部门、行业组织和第三方机构信用报告的制作及使用行为；三是行政审批清单制度，即要制定、公开并及时完善行政审批事项目录，逐步减少行政许可审批事项范围，提升行政审批中介服务能力，改善行政审批流程以提升审批效率。在事中监管阶段，要确立两项制度：一是信用评价标准制度，即要建立起统一、完善的信用评价标准体系，并探索出具体的、可操作的评价指标体系；二是要建立起信用风险预警制度。要强化大数据、人工智能等技术支撑，根据不同监管对象和监管要求的差异性分别建立风险等级不同的预警制度，并匹配相对应的监管执法手段。在事后监管阶段，也应确立两项制度：一是联合激励惩戒制度，即要健全守信联合激励与违法联合惩戒机制，实现跨地区、跨领域、跨部门的联合监管；二是惩罚性赔偿制度，即要根据分级分类监管的基本要求，将严重危害群众生命与财产安全、严重扰乱市场经济秩序的行为，纳入惩罚性赔偿范围，以提升信用监管的威慑性和权威性。

最后，要打造精准化监管，即在信用监管领域推行精细化监管手段，实现监管资源投入与监管实际需求相匹配。这要求必须建立起信用分级分类监管制度。分级分类监管的基础在于不同企业主体在风险和信用这两方面存在差异性，风险等级越高，越需要加大监管力度和增加抽检频率，信用记录越差，越要集中投入监管资源。分级分类监管制度的规范化表现为“信用”和“风险”

两者的划分标准上，因而，在分级分类监管制度中，应当明确划分并规划哪些级别、包括哪些对象、如何根据不同级别的对象设置差异化的监管手段等。

具体到新基建领域，当前信用监管在信息保护和安全上尚未形成统一的制度规则，现有制度规范之间仍存在缺位、越位、重叠或冲突问题。随着社会信用体系的不断健全，在新基建产业领域不断优化营商环境，要求必须充分发挥以信用为基础的新型监管机制的突出功能，有力推动政府职能改革和回应市场利益诉求的进程，进一步发挥市场监管方式服务于新基建产业发展的功能，实现信用监管的法治化、制度化和常态化。

（二）包容审慎监管

“包容审慎监管是对审慎监管原则的发展，是以包容性监管来弥补传统的审慎监管的不足，是包容监管和审慎监管的平衡和对立统一。”① 换言之，包容审慎监管涵括两个要求：在主观上要求树立“包容创新”理念，以更加开放、包容的态度鼓励包括新基建在内的新业态经济发展，突破固定的传统行业边界，为市场发展添加更多创新因素和创造活力；在客观上落实“审慎监管”要求，无论是制定或出台监管政策，还是具体的监管执法行为，都应当做到全面、慎重和周密。概括言之，包容审慎监管要求协调处理好市场与政府、发展与安全这两对关系，既要发挥市场在资源配置中的决定性作用，也要发挥政府的重要调控作用，既要营造宽松有序的市场环境，也要坚持安全和法律底线。鉴于包容审慎监管制度作为一种新型市场监管模式，可有针对性地解决实践运行中的难题，有必要着力提升包容审慎监管模式的制度化建设，以更好地服务于市场经济发展和政府职能转变的客观需要。

首先，就包容审慎监管制度而言，仍未形成系统性的监管模式。包容审慎监管作为一种自上而下推行的监管模式，各地区、各部门通过制定具体政策、细化监管措施等方式加以贯彻落实，但总的来说，目前在不同程度上仍然存在着监管标准不明确、监管措施不全面、监管认识不清晰和监管执法不到位等问题，因而有必要进一步加以规范化、标准化。其次，就包容审慎监管主体而

① 刘太刚：《从审慎监管到包容审慎监管的学理探析——基于需求溢出理论视角下的风险治理与监管》，《理论探索》2019 年第 2 期。

言，仍未形成协同性的监管模式。包容审慎监管的重要功能之一是促进政府职能转变，加快建设服务型、便民型政府。这要求必须摒弃政府部门是唯一市场监管主体的固化思维，要大力促进政府监管部门与社会力量的合作公信，构建起政府、行业组织、第三方机构、媒体以及社会公众的多元主体协同监管格局。最后，就包容审慎监管构成而言，仍未形成均衡性的监管模式。包容审慎监管包括“包容创新”和“审慎监管”两大部分，包容审慎监管预期功能能否实现、在多大程度上实现取决于上述两者的关系能否得到正确处理。总的来说，一是应当明确包容审慎监管的重心是“包容”，要以“试验性监管制度”作为主要内容。“试验性监管”，又称“实验性规制”，是指“临时性、变动性、容错性和受控性的政府规制模式”①。这要求不同地区、领域、层级的相关部门根据法定职权、程序针对特定产品或服务制定出符合实际监管需求的配套性政策、措施。二是“审慎”应是包容审慎监管的“底线”，这意味着必须牢牢守住安全底线、严格落实法律要求，避免因过度的包容创新导致监管失位或漠视监管政策，最终制约产业的创新发展，造成不良社会效果。

具体到新基建领域，包容审慎监管及其制度化，立足于保护创新、鼓励创新原则基础之上，要求根据新基建领域内各类型产业自身的性质与特点，分类制定出科学完备的监管规则和标准，并在执行过程中坚持处罚和教育相结合的方式，根据主体违法行为的性质及后果进行分类型、分级别处理，实现“包容创新”和“审慎监管”的协调统一，从而契合新基建作为一类新兴产业的发展与监管需要。

四　数据安全保护

相比于传统基建，新基建是随着新一代信息技术的发展而形成的，数字技术是其核心要素，而数据的获取和处理能力则是该产业做出精准判断、预测和决策的前提性要件。换言之，大数据是贯穿新基建发展历程中的关键性资源。维基百科将大数据定义为：大数据，或称巨量数据、海量数据、大资料，指的是所涉及的数据量规模巨大以至于无法通过人工在合理时间内达到截取、管

① 张效羽：《试验性规制视角下“网约车”政府规制创新》，《电子政务》2018 年第 4 期。

理、处理、并整理成为人类所能解读程度的信息。在此基础上，有学者将其特征概括为“4V+1C”：一是 Volume，即海量的数据规模，二是 Velocity，即处理速度快，三是 Variety，即多样化的数据类型，四是 Value，即巨大的数据价值，五是 Complexity，即分析处理的复杂性加大。① 大数据所具有的上述特性赋予了其巨大的经济价值和社会效益，数据价值的开发也成为包括政府部门在内的各类社会主体的共同追求。可见，实现对数据价值的深层次挖掘是包括新基建产业在内的新兴业态的核心竞争力。然而，在数据开发的过程中，数据安全问题成为一项亟待解决的重点问题。

值得明确的是，数据本身是有助于解决数据安全问题的。在大数据时代这一大背景下，由于数据具有信息传输与存储渠道日益多元、信息数量庞大且价值密度较低等特点，在客观上使得不法行为人针对特定数据的侵害行为所造成的不良影响被限制在一定范围内，从而有助于维护数据信息的相对安全。但不可否认的是，数据及其应用行为是一把双刃剑，数据的虚拟化、远程化等特点意味着其极易诱发数据安全风险。具体来说，一方面对于数据本身而言，80%的数据属于非结构化数据的特性，极易引发数据存储安全性的担忧。② 另一方面对于数据的应用行为，大数据来源的广泛性、传播的开放性以及数据安全破坏行为的隐蔽性，使得数据破坏行为在实践中呈现为不同的样态，并造成数据安全管理者监控成本高昂、打击效果有限的不良状态。③ 进一步来说，数据安全无法得到保证，所影响的不仅仅是数据价值的开发问题，还会形成一系列连带效应，如知识产权保护、公民个人隐私保护、商业不正当竞争及其他危害经济社会健康发展的各类问题。由此，从法治的角度出发，针对数据安全与保护问题进行制度化构建，是包括新基建在内的数字科技型产业的共同要求。尤其是在新基建作为我国开展经济生产、居民生活、公共服务和社会治理等诸多领域所必需的基础设施背景下，新基建所囊括的设备设施、算法代码、软件系统等要素均要求从制度规范的角度出发来确立数据安全保护原则及相应的具体规则。

首先，在原则方面，一是要确立数据保护原则。这要求必须在法律上明确

① 王倩、朱宏峰、刘天华：《大数据安全的现状与发展》，《计算机与网络》2013 年第 16 期。

② 胡坤、刘镝、刘明辉：《大数据的安全理解及应对策略研究》，《电信科学》2014 年第 2 期。

③ 王倩、朱宏峰、刘天华：《大数据安全的现状与发展》，《计算机与网络》2013 年第 16 期。

数据这一客观事物的法律性质与地位，使其作为一种独立的权利客体得到法律的确认和保护。从法律层面来确立数据保护的基本原则，是构建数据安全与保护制度体系的基础，也是在实践中有关部门开展数据保护执法和数据权利人有效维权的制度依据。从内容上来说，数据保护原则包括数据的权属关系和流通关系，前者要求确认数据所有权人、使用权人等不同主体的法律地位及所享有的权属内容与边界，后者要求促进和保护数据流通与利用，破除数据获取与存储的不正当壁垒，以保证数据价值的充分实现。二是要确立数据安全原则。这要求为了有效避免不法行为人获取、利用、破坏或者泄露受保护数据的情形，有必要从法律制度设计和具体操作机制着手，保障数据在生成、归集、整合、存储和使用过程中的安全。从内容上来说，数据安全原则包括三方面的含义：其一是要确保数据内容上的真实与完整。既要求处于存储状态中的静态数据不被非法浏览、修改或利用，也要求在传输过程中的动态数据不因入侵而发生毁损或缺失。其二是要确保数据使用上的安全与保密。这要求企业数据作为一类具有经济价值的、经过改造加工后的无形物，应当具有保密性，原则上仅为特定的个人或群体使用，而并不一律向社会公众无条件开放。其三是要确保数据系统的可及与便利。这要求作为承载数据信息的系统平台，必须在板块设置和功能开发上能够为使用者所获悉、利用，从而服务于数据价值呈现的需要。①

其次，在具体规则上，应着重保护数据权利人的数据财产权。如前所述，数据在当前新基建产业发展中具有自身独立的价值，能够满足生产和生活的特定需要，具有可控性、价值性和独立性等特征。加强对数据财产这一新型财产形态的保护，要求必须明确并切实保护权利人所享有的占有、使用、收益和处分的民事权能。而在权利救济上，针对各类侵犯数据安全的行为，鉴于数据本身的虚拟性特征，执法机关有必要建立与其特性相适应的监管系统，指导企业构建起更为严密、完备的数据保护方案，有效减少企业数据被不当侵犯的风险。另外，对于各类恶意有损数据安全与保护的违法行为，包括司法机关在内的有关国家机关应当从严快速打击，将相关风险与不利后果尽可能控制在最小

① 齐爱民、盘佳：《数据权、数据主权的确立与大数据保护的基本原则》，《苏州大学学报（哲学社会科学版）》2015 年第 1 期。

范围内，最大限度保护新基建相关企业的合法利益，为新基建产业发展壮大提供良好的法治环境。

五　知识产权保护

相比于传统基建，新基建以技术创新为驱动，并以此为基础形成各类知识产权以构成新基建产业的核心资产。因此，知识产权保护制度成为市场主体尤其是高新技术企业自主创新的制度保障。正如有学者提出的，“在能够赋予企业创新力量的众多制度安排中，知识产权保护制度是重要且基础的内容，是创新的‘晴雨表’，也是司法体制改革的‘试验田’”①。对于企业而言，知识产权保护制度有利于促进企业研发投入，激发企业从事研发活动的积极性；对于社会而言，则有利于为公正、合理、高效解决争议提供制度依据，实现知识产权案件社会效果和法律效果的统一；对于市场本身发展而言，也有助于为高新技术企业营造良好的市场法治环境，有效提升市场主体合法权益保护的实际效果。鉴于此，知识产权保护尤其是从司法角度加以保护的力度明显提升。继 2008 年 6 月国务院印发《国家知识产权保护战略纲要》以来，我国陆续修订和出台了商标法、专利法、技术合同法等法律法规，国务院、最高人民法院也多次印发与知识产权保护相关的配套性文件，为我国知识产权保护走向专业化、规范化、制度化提供发展规划和制度依据。

然而，总体来看，我国知识产权保护实践仍存有不少问题。一方面，在制度规范上，我国知识产权保护制度采用双轨制，即行政保护与司法保护并行，强调通过发挥两类保护模式的独特优势，加强两者的协调统一与有机衔接，从而提升知识产权保护的实际效果。但由于两类保护方式在联动机制上的欠缺，实践中知识产权保护仍存有不少漏洞，保护效果也难以令人满意。另一方面，在司法实践中，知识产权案件审理周期长、同案不同判、举证难、赔偿低和地方保护主义等问题仍然存在。这些现象对各类市场主体尤其是包括新基建企业在内的高新技术企业的创新积极性来说，无疑是一个巨大的打击。有学者曾明

---

① 郭彦彦、王兵、吴福象：《知识产权司法保护与企业关键技术创新——基于知识产权法院设立的经验证据》，《山西财经大学学报》2022 年第 7 期。

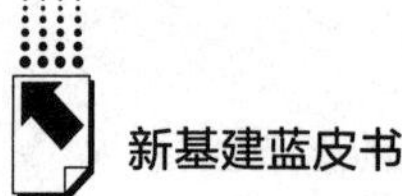

确指出，“由于知识产权侵权频繁等原因，中国企业的专利创新活动始终存在着‘量高质低’、关键技术‘空心化’等问题”①。因而，提升知识产权保护水平，对于有效激发新基建企业在重点领域、关键技术研发创新的潜力，帮助我国企业结构实现优化、产业实现转型具有重要意义。

有鉴于知识产权保护的重要作用及当前我国知识产权保护效果上的缺憾，应当从立法、执法和司法多方面进一步强化知识产权保护工作。具体来说，可以从以下几个方面加以构建：一是在法律制度体系上，要结合新基建产业自身特点和需求，完善知识产权从生成、运用、诉讼到执行全过程的保护制度，尤其是针对实践中存在的痛点、难点问题，要加快完善实施细则以提升相关规则的明确性与可操作性。二是在行政执法过程中，要依据相关法律法规加大对知识产权侵权行为的查处力度。根据知识产权侵权行为的不同性质及其造成的后果，进行有针对性的打击，有助于在社会层面构建良好稳定的知识产权法治环境。三是在司法实践中，要进一步统一知识产权案件裁判标准，确立疑难复杂案件的审理思路，推行智慧庭审等方式以降低企业维权成本，加大生效判决的执行力度以维护司法公信力，从而为促进企业自主创新优化司法环境。四是要持续推进知识产权司法审判与行政执法的联动机制，探索构建新基建企业知识产权司法救济一体化路径，发挥司法审判与行政执法两类方式在加强知识产权保护方面的最大合力，以形成全方位、多层次、立体性的保护体制机制。

① 黎文靖、郑曼妮：《实质性创新还是策略性创新——宏观产业政策对微观企业创新的影响》，《经济研究》2016 年第 4 期。

B.19
新基建条件下网络安全态势与治理策略

杨元花　刘 洋*

摘　要： 新基建实施带来新场景新业态的同时，也带来新的网络安全挑战。新基建条件下，如何防范网络安全威胁，降低网络安全损害至关重要。本文从准确把握制度建设与网络安全、技术革新与网络安全、经济理论与网络安全三对关系出发，围绕网络安全等级保护制度、数字信任技术路径、建设数据要素市场三个核心内容展开分析，从制度建设、技术革新、经济理论三方面提出网络安全治理策略。

关键词： 新基建　网络安全　数字信任　数据要素市场

一　新基建内涵简介

2018年12月，中央经济工作会议首次提出新型基础设施建设的概念，提出“加快5G商用步伐，加强人工智能、工业互联网、物联网等新型基础设施建设”。2020年3月4日，中央政治局常务委员会会议强调加快5G网络、数据中心等新型基础设施建设。对新基建内涵有四种解读，包括“七大领域说”“三个方面说”“新技术驱动说”“新要素说”①。

本文采用“三个方面说”对新基建的理解。“三个方面说”由国家发展和改革委员会解读，指出新型基础设施是以新发展理念为引领，以技术创新为驱

---

* 杨元花，湖南警察学院副教授，主要研究方向为公共安全政策、社会综合治理；刘洋，北京市长济律师事务所律师，主要研究方向为网络法、网络刑法、网络安全与合规。

① 刘艳红、黄雪涛、石博涵：《中国“新基建”：概念、现状与问题》，《北京工业大学学报》（社会科学版）2020年第6期。

动，以信息网络为基础，面向高质量发展需要，提供数字转型、智能升级、融合创新等服务的基础设施体系，包括信息基础设施、融合基础设施、创新基础设施三个方面。其中，信息基础设施包括以5G、物联网、工业互联网、卫星互联网为代表的通信网络基础设施，以人工智能、云计算、区块链等为代表的新技术基础设施，以数据中心、智能计算中心为代表的算力基础设施等；融合基础设施包括智能交通基础设施、智慧能源基础设施等；创新基础设施则包括重大科技基础设施、科教基础设施、产业技术创新基础设施等内容。当然，“三个方面说”伴随着技术革命和产业变革，新型基础设施的内涵、外延也不是一成不变的①。

二　网络安全内涵简介

虽然学界、产业界对“新基建”内涵的认识各有侧重，但共识是新基建乃数字化和智能化技术的融合，通过技术驱动数据，将产业作为技术赋能的对象，将海量数据应用融入智能化应用场景。网络安全（Cyber Security）是一个综合概念，不同时间不同学者对网络安全有不同理解。网络安全有时被称为信息安全、网络信息安全、信息网络安全等，有时也叫网络威胁、网络攻击、网络空间安全。通常是指网络系统的硬件、软件及其系统中的数据受到保护，不因偶然的或者恶意的原因而遭受到破坏、更改、泄露，系统连续可靠正常地运行，网络服务不中断。网络安全包括物理安全、结构安全、系统安全、应用安

---

① 《发改委首次明确“新基建”范围》，《中国总会计师》2020年第4期。另外，“新技术驱动说”由学者站在历史发展的角度指出，伴随工业革命产生的基础设施，在人类发展历史进程中，都是由“新基建”走向“传统基建”。现在人们广泛提及的“新基建”实际上是新一代信息技术、新科技、新产业应用下的基础设施建设，以数字化、网络化、智能化等为重要生产要素。“新基建”是新一轮科技和工业革命的信息技术、智能技术、新能源技术等产生和应用的结果。“新要素说”认为“新基建”的概念和内涵，从理论上说其实是在基础设施的概念和内涵基础上添加新的“要素”所发展起来的。新型基础设施应该是新型工业化的基础设施，不仅包括新一代智能信息基础设施，还应包括与绿色化相关的各类基础设施；不仅包括“七大领域”，还应包括支撑不断深化拓展的新一轮科技和产业革命的各种基础设施。参见黄群慧《从高质量发展看新型基础设施建设》，《学习时报》2020年3月18日。

全等①。

本文认为，网络安全概念是综合概念，网络安全是一种总体安全、系统安全，既要从技术层面理解，也应从社会治理角度理解。本文采取一般意义上的概念，认为网络安全是指网络系统处于稳定可靠运行的状态，包括网络系统中的设施、硬件、软件以及相关信息受到保护的状态，以及网络系统中数据处于完整、保密、可用状态。网络安全既包括网络设施的安全，也包括网络内容的安全；既包括硬件和软件的安全，也包括相关信息的安全；既包括网络运行的安全，也包括网络信息数据的安全②。

三　新基建条件下网络安全新态势

新基建带来场景新业态的同时，也带来新的网络安全挑战。维护新基建条件下的网络安全是促进产业数字化转型、数字经济健康发展的基础。面对新的网络安全态势，网络安全工作需与新基建实施同步规划和落实。新基建网络安全面临的风险主要包括：设施安全风险、网络运行安全风险和数据安全风险。

设施安全风险主要包括 5G 基站与物联网等设施安全风险、工业互联网安全风险、云数据安全风险。在万物互联的情况下，数据流动传播呈现更广泛的弥散性，如果依然按照常规数据保护措施，面对新情况时将力不从心，其原因在于，链接无处不在，流向和路径的复杂化给网络安全带来不确定性风险，预测难度陡增，风险难以预估。在 5G 加持下，打造物联网、工业互联网、智能家居、智慧城市、智能交通等应用场景，数据传输快速、畅通，万物互联成为现实。在这种情况下，一旦终端设备出现错误或停摆，发生网络攻击或入侵，将危害到社会安全和国家安全③。同时，工业数字化正在成为趋势，工业体系也逐渐走向开放，生产和管理的界限逐渐被打破，工业安全随之从 IT 防护扩展到 IT+OT 防护。在新基建条件下，网络大融合不断深化，交通、能源、制造等行业信息基础设施建设稳步发展，也给网络安全风险带来新情况。以云数

---

① 张万民、王振友主编《计算机导论》，北京理工大学出版社，2016。

② 王世伟：《论信息安全、网络安全、网络空间安全》，《中国图书馆学报》2015 年第 2 期。

③ 孙会峰：《“新基建”视野下网络安全新趋势》，《中国信息安全》2020 年第 5 期。

据领域为例，云数据中心事实上正在消弭网络的物理边界，作为新基建中数据存储、计算和处理职能的承载者，数据的采集、应用不再受限于网络的物理边界，面临新的安全防护要求，亟须全面布局、升级安全体系。

网络运行安全风险主要包括人工智能风险、未经授权的访问或攻击、入侵。人工智能算法成为新的双刃剑，随着人工智能算法广泛应用推广，人工智能安全问题成为网络安全热点话题，频频见诸媒体报道的数据投毒影响智能汽车安全、数据深度伪造等事件，都让人工智能安全引起关注。人工智能安全主要表现在两方面，其一是训练数据被污染、算法模型被窃取攻击、开源学习架构带来的安全风险；其二是过度采集用户数据、数据资源被滥用、数据分析歧视带来的数据安全风险①。除了人工智能安全外，网络攻击或入侵等传统网络安全情况也在新阶段呈现新特点，主要表现为：以窃取敏感数据、破坏关键信息基础设施为目的的网络攻击复杂性持续上升；大量数据和设备暴露在网上，被入侵的风险逐渐增大；数据泄露事件规模更大，涉及各行各业，影响深远；供应链攻击持续高发，软件系统规模、程序逻辑和生产方式等越发复杂多元，极大增加了供应链的被攻击面，供应链攻击将变得更加普遍。一个突出的问题引人担忧，研究表明，供应链攻击因其难发现、难溯源、不可避免，已成为各国面临的最重要安全威胁之一②。

数据安全风险包括隐私保护问题、数据泄露、数据滥用和出境安全。新基建条件下，海量数据涌现，大数据技术深度应用，带来巨大便利，但也给数据安全埋下巨大隐患，最为突出的表现是，在数据采集、应用领域，爬虫滥用、内鬼泄露、网络攻击、非法交易情况频发，而现在的数据泄露速度更快，传播范围更广；企业为了商业利益，采取不对称的技术手段破坏信息网络生态力量均衡，将用户数据置于危险之中；数据安全问题还是最直接影响网络用户体验、感受的网络安全问题，伴随数据安全问题而来的是“薅羊毛”、金融欺诈、网络诈骗等次生灾害，数据安全外部环境恶化，网络生态乱象丛生，让网络用户网络安全感大为降低。同时，对国家治理而言，数据主权问题正成为一

---

① 陈慧慧、夏文：《“数字新基建”安全态势分析与技术应对》，《信息安全与通信保密》2020年第7期。

② 姜伟：《2021年网络安全形势分析与2022年展望》，《网络传播杂志》2021年第1期。

个新的安全问题①。一些核心数据、重要数据成为国家的基础性战略资源，具有超越个体利益的价值。通过对其进行分析研判，可分析国家政治、经济、军事情报，一旦泄露会给国家安全、经济安全和金融安全造成影响。国内的重要数据因商业竞争等原因被不当利用，企业盲目扩张，或受资本控制，擅自将重要数据、核心数据出境，产生威胁国家主权、国家安全的严重问题。对重要数据、核心数据的研判、评估，成为新课题。

四　新基建条件下网络安全治理策略

策略为实践提供指引。建立合理运行的网络安全治理策略，能不断降低新基建实施中的制度成本，有效防控网络安全风险。落实新基建条件下网络安全，需政府和各部门从国家政策、法律规范、技术保障和市场规则培养等方面设置防线，从底层建设入手，提供基础保障。我国《网络安全法》确立了网络安全治理的总体要求，为网络信任体系、安全监控体系、应急处理、灾难备份、技术开发和产业发展提供基础保障。新基建条件下，应针对网络安全新态势，制定管长远、有效率的治理策略，围绕突出重点，服务数字经济和网络社会治理需求，维护网络设施、信息系统、重要数据和网络社会的安全与平衡。

（一）把握制度建设与网络安全的关系：围绕网络安全等级保护展开

制度是根本，也是保障。网络安全治理的根本制度，是网络安全等级保护制度。我国《网络安全法》第 21 条规定，国家实行网络安全等级保护制度，明确要求网络运营者应当按照网络安全等级保护制度的要求，履行安全保护义务，保障网络免受干扰、破坏或者未经授权的访问，防止网络数据泄露或者被窃取、篡改。第 31 条规定，国家对关键信息基础设施在网络安全等级保护制度基础上实行重点保护。

我国的网络安全等级保护制度包括一般制度和关键信息基础设施安全保护制度。在实践和理论摸索中，我国已经将网络安全等级保护作为维护国家网络

① 许可：《数据安全法：定位、立场与制度构造》，《经贸法律评论》2019 年第 3 期。

安全的基本制度、基本方法予以确立，网络安全等级保护制度的建立事关国家安全、社会稳定、国家利益，成为各界共识。开展网络安全等级保护工作的目的是保护国家关键信息基础设施安全、维护国家安全①。新基建涉及诸多产业链，与关键基础设施具有高度重合性，其网络安全至关重要，应在建设中纳入网络完全等级保护制度体系。

从发展角度看，网络安全等级保护制度内涵不是一成不变的，它随着网络安全形势不断做出调整变化。1994 年，国家规定对计算机信息系统实行安全等级保护。2007 年，公安部、国家密码管理局、原国务院信息化工作办公室印发《信息安全等级保护管理办法》。2017 年，我国将网络安全等级保护制度纳入法律。从历史轨迹可以看出，我国网络安全等级保护制度经历了从计算机信息系统安全等级保护、信息安全等级保护、网络安全等级保护的升级换代。

新基建为数字经济快速发展和技术进步带来新契机，也给网络安全带来新变化。为应对网络安全新态势，也需要网络安全等级保护制度从 1.0 时代升级到 2.0 时代，为创新发展提供保障。在 5G 网络、云计算、物联网、移动互联网、工业控制系统、大数据等相关新技术新应用深化普及之时，网络安全制度也必须对此做出回应、更新。

其一，需完善《网络安全法》对关键基础设施相关规定。作为网络安全领域的基本法律，《网络安全法》具有原则性强、指导性强的特点。但在实践中也存在规则不够具体、对实施指引不足等法律滞后性问题。在新基建条件下，与关键基础设施密切的网站、大数据中心、云计算平台、物联网、公众服务平台等依据其自身性质、规格做出相应评估，尤其对新出现的情况、新发现的问题做出制度上的反应，将其纳入网络安全等级保护监管之下。

其二，需强化对等级保护制度不力的监管。新基建条件下，许多设施建设属于网络基础设施。目前，我国网络安全等级保护制度实施的具体依据依然是 2007 年出台的《信息安全等级保护管理办法》，该办法从法律层次上说属于规范性文件，不具有法律效力，适用范围仅限于政府部门内部，无法延伸至广泛的社会单位，导致在实践中公安机关、密码管理部门的监管力度不大的情况发

① 郭启全：《〈网络安全等级保护条例（征求意见稿）〉解读》，《中国信息安全》2018 年第 8 期。

生。监管部门也无法依据该办法对落实等级保护制度不力的单位进行行政处罚，使其监管力度、效力大打折扣。新基建条件下，应对新出现的情况作区分对待，做深入研究，形成更符合实践需要的网络安全监管体系，并逐渐予以制度化。经过实践总结提炼后，为各地区、各部门开展新基建网络设施建设提供政策建议，实时调整监管策略、出台监管规定、制定新的标准。

因此，为保障5G运营商、大数据中心、物联网运营者、工控系统运营企业等新一代信息基础设施管理者、运营者利益，监管其行为边界，网络安全等级保护制度内涵亟须更新调整，以应对新基建网络安全新态势。2018年9月，公安部会同中央网络安全和信息化委员会办公室、国家保密局、国家密码管理局联合起草了《网络安全等级保护条例（征求意见稿）》。2019年5月，国家标准《信息安全技术　信息系统安全等级保护基本要求》升级为《信息安全技术　网络安全等级保护基本要求》。2021年7月，《关键信息基础设施安全保护条例》正式出台。以上规定、标准的推出，为信息基础设施保护工作夯实了制度基础。等级保护的对象也从信息系统调整为基础信息网络、信息系统（含采用移动互联技术的系统）、云计算平台系统、大数据应用平台、物联网和工业控制系统，内涵更为丰富，符合数字经济时代实际。下一步，应进一步落实《关键信息基础设施安全保护条例》，尽快出台操作性、指导性更强的《网络安全等级保护条例》，为新基建网络基础设施建设和网络安全保驾护航①。

新基建实施应参照新的网络安全等级标准，对高等级三级以上即标记强制访问级、结构化保护级以及最高五级实时监控，结合信息技术形势发展，将风险评估、安全监测、通报预警、案事件调查、数据防护、灾难备份、应急处置、自主可控、供应链安全、效果评价、综合考核等重点措施纳入等级保护制度实施。根据新基建实施进程，不断完善国家关键信息基础设施清单，加强国家关键数据资源管理，加快推进关键信息基础设施安全标准体系建设，搭建国家网络安全信息共享平台和应急指挥平台，重点针对新基建、新技术、新应用提出标准化要求，共同支撑各行业各领域关键信息基础设施安全保障。

---

① 郭启全：《〈网络安全等级保护条例（征求意见稿）〉解读》，《中国信息安全》2018年第8期。

（二）把握技术革新与网络安全的关系：围绕数字信任技术路径展开

网络安全领域是顶尖技术的竞赛场，主动权由拥有最先进技术、最擅长应用先进技术于实战的主体所掌握。网络安全从数字空间延伸至物理空间。以物联网安全为例，随着5G网络深度应用实施，物联网泛在、互联特性得到充分体现，数量巨大的物联网终端同时集聚，“信令风暴”问题成为网络安全隐患，一旦发生，可引发网络拥塞、系统崩溃。而且，不同行业、部门对物联网设备安全需求不同，因此带来设备认证和身份管理上的问题，比如成本增加、信任不足导致传输障碍。如果要做到在海量业务需求之下的低成本、高效率、海量部署，就必须采取轻量级的安全算法、简单高效的安全协议①。网络安全问题不仅要以技术对抗安全隐患，也要将算法安全纳入评估。

著名信息与电子工程学专家、中国工程院院士沈昌祥多次指出，当前大部分网络安全系统由防火墙、入侵监测、病毒查杀组成，称为“网络安全老三样”。“老三样”存在较大问题，在封堵查杀方面难以应对利用逻辑缺陷的攻击，自身存在隐患，对未知恶意攻击难以应付，采取找漏洞、打补丁的传统思路不利于整体安全②。在此情况下，“数字信任”技术是变被动防守为主动防御的关键。美国学者曾提出，采用持续的强安全验证方式层级验证信任放行，确保用户始终处于安全（验证）可信可控方位，可实现类似现实世界中基于刷脸通行的鉴权方式，构建从现实世界向虚拟世界的信任过渡，实现线上线下网络无缝对接的“数字信任”③。

第一个解决方案是应用可信计算3.0技术，构筑安全计算环境、安全区域边界、安全通信网络的纵深防御体系，筑牢“新基建”网络安全防线。沈昌

---

① 陈慧慧、夏文：《“数字新基建”安全态势分析与技术应对》，《信息安全与通信保密》2020年第7期。

② 《沈昌祥院士：主动免疫可信计算让黑客进不去、拿不走、赖不掉》，《南方都市报》2022年7月10日。

③ 〔美〕埃文·吉尔曼、道格·巴斯：《零信任网络：在不可信网络中构建安全系统》，奇安信身份安全实验室译，人民邮电出版社，2019，第27~30页。

祥、田楠提出的可信计算 3.0 技术①，采用云计算可信安全架构、大数据处理环境可信安全架构，搭建设计主动防御总体安全框架，构建主动免疫、安全可信的主动防御体系。其中，云计算可信安全架构包括安全管理中心支撑下的可信计算环境、可信边界、可信通信网络三重防护架构。大数据处理环境可信安全架构在构建大数据应用业务信息系统安全方面，要加强数据采集、数据汇聚、计算环境的整体防护，建设多重防护、多级互联体系结构，确保大数据处理环境安全可信；加强处理流程控制，防止内部攻击，提高计算节点自我免疫能力；建立高价值数据安全机制，制定安全可信访问控制策略，梳理数据处理控制流程，建立安全可信的数据处理新模式；加强技术平台支持下的安全管理，基于安全策略，与业务处理、监控及日常管理制度有机结合。

在该方案中，主动免疫可信计算采用运算和防护并存方式，以防利用逻辑缺陷进行攻击的新计算模式，以密码基因产生抗体实施身份识别、状态度量、保密存储等主动免疫机制，及时识别“自己”和“非己”成分，从而破坏与排斥进入机体的有害物质，相当于为新型基础设施培育了免疫能力。新基建以网络数据为核心，应该做到安全可信，这意味着网络全程可测、可控，不被外部干扰，消除安全隐患，确保计算结果与预期一致。这要求工程建设必须与主动免疫安全保障建设同步进行，做到同步规划、同步设计、同步实施、同步运维，以确保 5G 网络、数据中心等新基建数据存储可信、操作行为可信、体系结构可信、资源配置可信和策略管理可信。

第二个解决方案是应用“零信任”技术路径，现实世界通往虚拟世界达到无缝衔接，由技术解决信任过渡问题，线上线下“数字信任”贯通。数字经济的发展基于数据的流动和利用，数据的流动和利用驱动数字社会进步，“数字信任”与数据流动性密切关联。在网络环境“安全服务云化、数据加密链化、服务提供共生化”大趋势下，数字信任至关重要。人类社会的信任问题，经历过点对点、利维坦式的国家信任的过程，后来又发展到契约信任，在万物互联时代，数字信任将传统社会中对经验、法律、伦理道德和国家机器的信任，转化为以代码加密和算法程序的信任。“零信任”本质是技术信任，它

① 沈昌祥、田楠：《按“等保 2.0”用主动免疫可信计算　筑牢“新基建”网络安全防线》，《信息安全与通信保密》2020 年第 10 期。

不信任任何人，而是信任技术，通过技术验证实现比人更可靠的信任。在“零信任”技术下，不存在特权用户，也不再有流量、系统、区域限制，为避免制造基于账号、身份、存储等分离而割裂数字权利寄存关系，将信任授权赋予到信任主体自身。无论其 IP 地址或角色如何转变（比如其所在访问主体切换），通过强安全验证方式层级验证信任放行，持续地确保用户处于安全（验证）可信可控范围，从而最终实现类似现实世界里基于刷脸通行的鉴权方式，构建从现实世界向虚拟世界的信任过渡，线上线下无缝衔接的“数字信任”。

数字信任采用可信用户、可信设备和可信应用的访问三要素验证，可以达成五个方面能力实现，即可信识别能力、持续信任评估能力、无边界应用访问控制能力、无边界网络访问控制能力、安全可视化能力。这种方案对访问主体的访问行为进行持续信任评估和动态授权，以达到无边界的最小权限访问控制，由此保证数据的“安全流动”。隐私计算，帮助零信任的技术实现，包括可信硬件和安全多方计算。其中，安全多方计算进一步按使用场景来划分，第一类，混淆运算，包括差分隐私、联邦学习等，解决数据的“可用不可见”问题。第二类，利用区块链技术，保障数据不被篡改，确保操作可追溯可记录。并且对以区块加密的数据直接利用，确保真实性的同时进行了价值应用。第三类，多种隐私计算混同。特别是在金融、医疗等高价值元数据的洼地，这些领域包含海量高价值数据，数据多维、分散，盈利主体需要获取行业内多维度数据，才能准确刻画高价值人群画像，将数据价值转化为商业价值。

因而，技术革新乃是网络安全的基础，为应对网络安全新形势，必须进一步突出技术思维和立体防控思维。在新基建条件下，新技术、新应用带来主动防御、动态防御、整体防护和精准防护，可实现网络安全从被动到主动的转化，在设施建设中的设备部件、网络结构、工作流程等各个环节中嵌入信息安全技术，筑牢全流程的网络安全防线。

（三）把握经济理论与网络安全的关系：围绕建设数据要素市场展开

从经济学角度思考网络安全问题，正在受到关注。经济活动与网络信息技术标准、网络安全伦理规范、网络安全制度建设之间具有正相关关系。其理论基础可以追溯到信息生态理论和网络经济学、法经济学理论。

在20世纪下半叶，生态学理论和分析方法开始与社会学、经济学结合，面对扑面而来的信息社会，美国学者在生态学基础上提出了信息生态论的概念。该理论强调人、信息、技术和政策相互关系、相互作用，构成信息生态系统。我国学者张彩云和李倩茹①早就提出从生态理论看待信息超载、信息垄断、信息侵犯、信息污染等信息社会问题，并从信息的生产和消费、储存和传递、民主和法制、污染和净化、信息生态的综合治理等方面论述如何实现信息生态平衡。卢金荣和田志伟②分析了电子商务知识生态系统耦合机制，指出在电子商务生态系统中，所产生的信息流、知识流与电子商务运营的法制环境和经济环境具有相互制约、相互促进的关系。贾文莉③分析信息系统各类要素之间的关系，认为信息系统内部要素之间存在经济关系。因为存在这种经济关系，信息才能在价值规律的调控下完成其自身最高效益最高路径的传输与转化，形成供需连接的信息市场。通过市场有偿转让，经济链关系不断延伸、交叉，不断地在供求曲面上进行系统化平衡。从信息生态论看网络安全领域，网络安全问题不是一个纯粹的技术问题，而是处于信息生态系统的一种现象。信息（数据）的流通具有系统的意义，不同要素产生耦合机制，鉴于此，数据治理需要对网络安全的国家、社会、组织、个体等诸多层面相互作用、互相影响有系统的认识。

网络安全技术专家倾向于从密码技术和信息系统设计方面对网络安全给出答案，但经济学家则利用经济学理论和工具，分析网络社会的经济和制度问题，思考经济措施的选择适用对信息安全的影响，探寻采取恰当经济措施规避和减少网络安全问题。张帆④从经济学角度探讨了投资激励、信息激励对网络安全产生影响，市场运转和政府介入相互作用之下，可以帮助决策者对网络安全供给做出最优化分析，从而做出有针对性的建议和治理决策。英国学者罗斯·安德森认为，网络安全问题的经济起因乃是网络安全的不当激励和外部性。安迪等人从拍卖理论出发，提出了优化网络安全漏洞市场的工作方法。2018年12月，欧洲网络与信息安全局发布了《漏洞披露经济学》报告，将经

① 张彩云、李倩茹：《信息生态的几个问题》，《经济论坛》2001年第6期。

② 卢金荣、田志伟：《电子商务知识生态系统耦合机制分析及模型构建研究》，《青岛科技大学学报》（社会科学版）2019年第1期。

③ 贾文莉：《基于信息系统要素互生长生态的演化》，《科技风》2019年第8期。

④ 张帆：《网络安全漏洞治理的经济学研究》，国防科技大学博士学位论文，2019。

济学理论应用到信息安全治理领域，分析了漏洞披露行为主体、流程类型、市场与性质，从个人、组织、结构和规范等不同层面分析了对漏洞披露行为的激励作用，提出了漏洞披露生态环境建设。

经济学理论在网络安全治理方面还有诸多价值。网络安全是总体安全，是系统安全。我国政策和法律均明确了这一点。经济学理论中"公地悲剧"、公共产品理论都有助于从总体安全、系统安全角度理解网络安全。美国生态加勒特·哈丁教授 1986 年在《科学》杂志上曾发表题为"公有地的悲剧"（*The Tragedy of the Commons*）的论文①，提出"公地悲剧"案例，即在公有的草地上放羊，放牧人为了更多的收益，会选择增加放养的羊群数量。"公地悲剧"主要指有限的社会资源在整体无序的社会中必然会因为不受限制的取用而遭到过度剥削，进而导致社会资源的枯竭。简单而言，"公地悲剧"理论中，每一个个体都无节制地增加对公共产品的索取，耗费有限的社会资源，这种行为最终会导致体系的崩溃。网络环境与"公地"类似，个体作为理性人，都想尽可能利用社会资源（网络），但个体不愿意过多对网络安全进行投入。实践中，大多数网络安全事件实际上并不能仅仅归因于黑客攻击，而事实上乃组织（自私的个体）对网络安全的投入较少，缺乏足够的资源投入所致。网络安全本质上是公共产品，人人都想获得，但并不愿意更多付出。依据公共产品理论，对于公共产品的供给方式主要有政府供给、私人供给、自愿供给、联合供给。只有通过多种手段刺激对公共产品的投入，才能解决弥补网络安全投资激励不足的问题。

法经济学理论有助于为网络安全治理尤其是数据治理提供多元化视角，为数据确权、数据要素市场、数据基础制度建设提供分析框架和指导。数据安全问题之发生，除技术原因之外，还与社会经济的制度分配深度关联。数据安全问题频发，从经济学理论看，主要原因有三：其一，数据财产价值未得到法律确认；其二，数据权利未得到确认导致数据流通性不足，黑市畅行，行业内数据泄露道德风险低；其三，数据流通性不足，导致数据垄断现象严重，数据垄断则催生数据滥用。为充分保障数据权利主体利益，有必要建立一套适合数字

---

① 陈新岗：《"公地悲剧"与"反公地悲剧"理论在中国的应用研究》，《山东社会科学》2005 年第 3 期。

经济社会数据权利法律关系。5G 技术、数据中心存储、云计算技术等环境让数据处于一种看似重要却无保护激励的悖论之下。确权是解决数据安全问题的基础，而确权的基础是将数据作为一种资产或财产性利益予以确认。20 世纪 70 年代，美国学者提出数据财产化的理论①，劳伦斯·莱斯格教授在《代码和网络中的其他法律》一书中较为系统地提出了数据财产化理论。认为应该赋予数据以财产权，强化数据本身的经济驱动功能，打破传统法律思维之下单纯依据隐私或信息绝对化而限制数据收集、流通的僵化格局。他认为“财产权所界定的是，凡是想要取得某些东西的人，就必须在取得之前先进行协商”。龙卫球认为应引入数据经营权、数据资产权等财产权化配置，因为财产权形式具有市场公平配置的双重意义。美国著名法学家波斯纳建议“信息主体对他们的信息拥有产权，并允许他们就这些产权进行交易”②。如何解决数据权利的确认问题，如何刺激市场主体避免数据保护“公地悲剧”，需要对数据权利进行确认。我国《民法典》对数据的财产属性进行了宣示性规定，中央提出建立数据要素市场、建立数据基础制度，为数据资源财产确权提供了政策依据。稀缺资源配置的经济学逻辑，为达成商业利用和数据安全的平衡提供了契机。

五　结论

从制度建设角度看，我国强调网络安全制度建设与新基建实施同步。新基建条件下，我国的网络安全法律制度建设须从法律法规，规章制度，国家标准、行业标准三个方面开展，形成网络安全基础法律体系，在规范网络行为、保障网络安全等方面发挥作用。

从技术革新角度看，我国开展可信技术攻关应用，取得了突破成绩。可信计算是世界网络安全的主流技术，我国自 1992 年立项以来已经形成自主创新安全可信体系，跨入主动免疫可信计算 3.0 新时代。新基建条件下，构筑网络安全主动免疫保障体系，使用主动免疫可信计算、计算部件+防护部件体系结

① 转引自龙卫球《数据新型财产权构建及其体系研究》，《政法论坛》2017 年第 4 期。

② 〔美〕阿丽塔·L. 艾伦、理查德·C. 托克音顿：《美国隐私法：学说、判例与立法》，冯建妹等译，中国民主法制出版社，2019。

构、“可信计算环境+可信边界+可信网络”三重主动防御框架等方式，实现网络安全全程管控。

从经济实践看，中央提出“加快培育数据要素市场”。构建数据流通交易平台，促进数据要素合法、高效地流通，加快培育数字要素市场，有利于推动数据要素配置实现效益最大化，还切实加强数据产权、数据安全、隐私保护。新基建条件下，政府和各部门须从国家政策、法律规范、技术保障和市场培育等方面设置合理运行的规则，维护国家安全、网络运行安全和网络信息安全目标。

因此，应对网络安全挑战，要准确把握制度建设与网络安全、技术革新与网络安全、经济理论与网络安全三对关系，强调围绕网络安全等级保护制度、数字信任技术路径、建设数据要素市场三个核心内容展开。这符合我国制度建设、技术革新、经济实践实际，随着国家新基建政策、数据要素市场政策的提出和实施，我国网络安全治理体系必将注入新的内涵，我国网络安全保障能力必将得到新的提升。

参考文献

Coase, R. H. , The Problem of Social Cost ［J］. *Journal of Law and Economics*. 1960 (3).

Kang, J. , Cyberspace Privacy: A Primer and Proposal ［J］. *Human Rights*, 1999, 26 (1).

贾云翔：《大数据研究综述》，《经济师》2018 年第 12 期。

刘德良：《网络时代的民商法理论与实践》，人民法院出版社，2008。

连玉明主编《数权法 1.0：数权的理论基础》，社会科学文献出版社，2018。

〔英〕洛克：《政府论》（下篇），叶启芳、瞿菊农译，商务印书馆，2013。

〔美〕路易斯·D. 布兰代斯等：《隐私权》，宦盛奎译，北京大学出版社，2014。

刘金瑞：《个人信息与权力配置——个人信息自决权的反思和出路》，法律出版社，2017。

齐爱民：《信息法原论——信息法的产生与体系化》，武汉大学出版社，2010。

孙会峰：《“新基建”视野下网络安全新趋势》，《中国信息安全》2020 年第 5 期。

王利明：《论互联网立法的重点问题》，《法律科学》（西北政法大学学报）2016 年第 5 期。

案例篇

Cases

B.20
场景营城的成都探索

阎 星 郭雪飞 任跃文 张筱竹 赵 嫚*

摘 要： 在国家战略要求和四川省委、省政府大力支持下，成都市数字化场景建设不仅早已实施行动规划，更是提前布局及早发力，在诸多领域的场景建设中取得成果，形成示范。作为“公园城市”和“智慧蓉城”的交界点，新基建和数字应用为成都市提供了技术支撑、发展平台和实践空间，在探索中不断形成场景示范和优秀项目，市域数字场景发展和智慧城市建设水平跻身全国前列。

关键词： 智慧蓉城 公园城市 智慧城市 数实融合 协同治理

* 阎星，博士，成都市社会科学院副院长、研究员，主要研究方向为城市经济、区域发展；郭雪飞，博士，成都市社会科学院成都研究院副院长、副研究员，主要研究方向为城市发展、区域经济；任跃文，博士，成都市社会科学院经济研究所助理研究员，主要研究方向为城市经济、产业经济；张筱竹，博士，成都市社会科学院同城化研究所助理研究员，主要研究方向为城市人口经济；赵嫚，博士，成都市社会科学院成都研究院科研人员，主要研究方向为产业经济。

场景创新、模式创新推进新型基础设施建设，是经济社会高质量发展的重要战略路径。成都市作为智慧城市试点示范城市，在“十四五”期间明确提出要构建完善超大城市智慧治理体系，打造韧性、绿色、宜人、安全的新型智慧城市发展样板。当前，成都坚持“增绿惠民、营城聚人、筑景成势”，在城市生活、智能生产、绿色生态、公共治理等方面构建智慧场景体系，以打造“公园城市”为目标引领新一轮的城市全面革新。为加强试点效用，打造智慧示范先行点，成都正着力推动四大智慧场景建设。

一　成都市数字化场景发展现状

（一）发展背景

2018 年，习近平总书记在成都调查考察时指出，“要突出公园城市特点，把生态价值考虑进去”。2020 年，习近平总书记提出支持成都建设践行新发展理念的公园城市示范区。此后，国务院、四川省各级政府部门印发相关工作指导意见和行动方案，逐渐明确建设方向和重点。

新型基础设施建设和数字化技术作为连接公园城市建设和智慧蓉城的硬件基础与关键节点，在构建智慧治理体系、现代化市政基础设施和应急安全保障等方面发挥突出作用。《成都市“十四五”新型智慧城市建设规划》指出，未来 5 年，建设智慧蓉城是成都市全面推进新型智慧城市建设的重要决策，以此为契机，成都开启了全面建设践行新发展理念的公园城市示范区的新征程。

相较于全国范围内如火如荼开展智慧化建设和数字化建设的大中型城市，成都智慧蓉城的建设不同点在于更关注天地空一体化感知和城市数据大脑。以促进数字经济在各大产业应用落地为抓手，通过各类新型基础设施互联，推动构建集智慧宜居生活、智慧生产服务、智慧环境生态、智慧公共治理于一体的“一网统管”智慧城市，增进全社会人民群众的获得感、幸福感、安全感。

（二）发展基础

1. 新型基础设施建设逐步完善

一是数据采集设施方面，当前城市大脑功能完备，已建成全市统一的政务云平台，通过接入视频、物联感知设备点位，汇聚多方面社会数据资源。截至2022年6月，成都市统一政务云平台承载市、县两级1500个非涉密应用。工业数据采集高于全国平均水平，生产设备数字化和标识解析服务应用水平居全国前列。二是数据传输设施方面，成都市是全国范围内首个5G双千兆全面商用的城市，通过5G基站建设实现四环路内信号连续覆盖。互联网骨干直联点和国际直达数据专用通道带宽不断扩容升级，光纤宽带网络、4G网络覆盖城乡。截至2022年6月，成都市5G基站建设超4万个，具备窄带物联网（NB-IoT）服务能力基站近7000个①。三是数据存算设施方面，布局打造一批以云计算中心、人工智能大数据中心为代表的超算数据中心基地。成都超算中心一期、成都智算中心投运，其中成都超算中心算力水平在全球领先。

2. 三大产业数实融合不断强化

一是农业生产、销售、物流、信息服务全面升级。通过建设农业现代化示范区、数字乡村试点、智能仓储物流产业园、"5G+智慧农机"等智慧农业示范应用项目，依托现代化农业管理信息平台推动农业信息服务系统进一步完善。二是制造业研发设计、生产制造、经营管理、市场服务等方面积极推进数字化转型。成都市多家企业获批国家级工业设计中心称号，全市制造生产设备数字化率超过50%，积极推动外资企业、优秀民营企业等共同协作加强数字化工业试点建设。三是数字技术赋能生产性、生活性服务业，在物流、交通、金融、医疗、文旅等方面建设数字综合体，创新打造新型智慧业态和数字化试点。

3. 产业链条双向延伸覆盖广泛

成都市拥有强大的、年轻化的用户群体，以及不同行业、不同领域和不同类型的企业供应商和合作单位，通过双向紧密结合，成都市新型基础设施建设实现数字生态和数字化场景快速良性发展。成都市"智慧蓉城"建设凝聚了多种行业专业知识和数字生态系统合作伙伴，依据对全城数字化、智慧化的整体构想，引入具有丰富技术经验和雄厚资金的供应商，推动数字场景应用落地。多元化的参与者为成都市数字化场景建设提供了充足的可扩展性和灵活性。

---

① 《智慧蓉城　打造公园城市"最强大脑"》，成都市人民政府网站，2022年4月20日，http://www.chengdu.gov.cn/chengdu/home/2022-04/20/content_d351e40774ae4c7aa204b37a95fe7bde.shtml。

4. 数字创新能力基础持续夯实

成都市拥有丰富的创新资源和创新载体，依托国家、省级重点实验室和市级产学研联合实验室、工程技术研究中心、各大领军企业等，推动建设中国西部（成都）科学城，形成“一核四区”科技创新空间布局，打造大规模的高品质科创空间。从创新成果看，成都市专利技术水平全国领先，为成都数字化建设提供了充足的发展活力。

5. 数字经济顶层战略有序推进

高水平构建数字经济体系不仅是落实国家发展战略的重要举措，也是成渝地区双城经济圈极核定位的现实路径，有利于满足成都市数字化、现代化治理的自身需求。2022 年 4 月，成都市发改委印发《成都市“十四五”数字经济发展规划》，以提升数字技术、数据要素、数字基建三大数字经济新要素的供给能力为基础，打造丰富的数字应用场景，围绕核心产业、新兴产业和未来数字经济产业发展，加快构建规范有序、开放协同的数字经济发展生态。成都市数字经济体系的构建为市域传统产业转型升级、新产业新业态新模式催生赋能，有路径、有预期、有远景的数字经济规划将为成都数字化场景构建提供坚实的顶层设计保障。

二　成都市数字化场景营造案例

成都市坚持“场景营城”发展理念，重点关注传统基础设施智能化、网络化、现代化，在城市和农村全面发展智能生产场景，促进产业转型和融合发展。成都市委、市政府出台的《关于以场景营城助推美丽宜居公园城市建设的实施意见》中明确提出，要大力发展 5G、大数据、云计算、区块链等数字产业，加快推动数字经济和实体经济融合发展，以数字化转型场景建设引导产业集聚。当前，成都在四大生活场景实施智慧化建设，推动产业链条提质升级，不断孕育强大的城市发展动能。

（一）智慧宜居生活

成都市聚焦民生领域，在四环路内重点建设集聚医疗、消费、文旅等融合场景的智慧公共服务体系，不断纳入更为广泛的数字技术提供者、服务供应商和社会参与主体，全面促进经济生活数字化转型。同时，形成以示范园区为产业核心向周边地区辐射的发展格局，推动全面打造宜居宜业智慧蓉城。

1. “AI+5G”智慧医疗

建设5G医疗专网，依托大数据、人工智能、3D打印、边缘计算、云端存储等技术，以省级医院为中心，各保健院、社区医院等作为细分场景，满足医疗行业客户业务、连接、计算、安全等需求，实现院前急救、实时会诊、远程手术、无线监护、药物调配等环节应用，极大改善了医疗资源使用效能，提升了应急救治的响应速度。面临疫情防控、公共突发事件、重大险情事故等急难问题，可以实现紧急报警、全员调度、统筹协调等指挥功能，为公共卫生环境提供卓越保障。

新型数字技术的发展和新型基础设施建设应用为成都市医疗行业带来巨大变革，极大降低医疗行业服务成本，提高公共服务效率。数字技术赋能医疗设施也为各大医院标准化发展提供可能，其智能、精准的特点在市场推广过程中获得认可，具有较强的示范作用。

2. 智慧健康社区

高品质社区生活场景是成都智慧应用在民生领域推广的重要尝试之一，通过应用新型数字技术使居民生活环境、服务、商品升级，加上政务、艺术、活动中心、办公、教育等公共服务和商业资源，打造“社会生活服务综合体”和“15分钟城市商业生活圈”。该场景最大的优势在于聚焦群众“最后一公里”的各类生活服务需求，以“商业+服务”的社区商业模式吸收各类市场主体，提升资源配置和闲置资源利用效率，为居民提供全面多元、智慧、便捷的高质量生活服务，极大提升区域经济效益和社会效益。

城市生活同样需要各类理念模块，以“运动”“健康”为主线的运动公园和运动社区成为成都市社区融合应用场景发展的示范。通过在社区中建设足球场、跑步等运动场地，不断开发空置绿地使用功能，以“跨城联网、在线交互”的特色功能，构建打造全新的社区运动赛事和健康朋友圈，为居民提供集聚健康、友善、文化的生活方式。

3. 智慧文创消费

以历史底蕴、人文生活、文旅景区等场景为空间载体，运用云计算、大数据、物联网、移动互联网、人工智能、VR/AR等新一代信息技术，探索研发

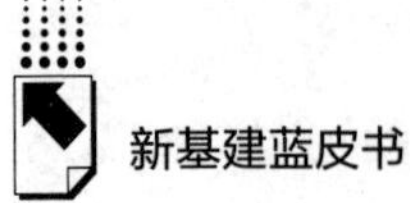

文旅行业领域关键共性技术，通过转变“游客”身份为“用户”身份，激发消费潜力和市场动能，通过数据化运营管理平台实现商业经营、用户运营、业态管理、宣传推广相互连接，构建体验丰富、数据互通的文旅新消费场景。

文创场景带来的消费体验是具有文化气息和民俗风情的特色示范场景，以“时代缩影”“新旧文化碰撞”“生态环境改善”“历史沉浸体验”等为主题的文创消费场景，一方面可以有效促进文化资源保护和利用，吸引投资建设新型基础设施和应用场景；另一方面可以吸引更多商家入驻消费圈，实现产业链条辐射延伸。文创场景分布于成都市核心商业区，有效提高了附近居民的生活质量，对于乡村建设、城市周边发展具有强烈带动作用和示范效应，能够为加快城市化进程提供有效参考和借鉴。

4. 智慧农产电商

成都市在农产品加工、农产品销售、农产品物流、农业信息服务等关键环节推动农业数实结合工作，推广以数字化为主的农副产品网上交易平台、农业智慧供应链体系和智慧物流建设，逐步构成上下互通、共建共享的农业电子商务数据资源体系。从营销角度看，5G 带来的乡间直播为农特产品增值、农村人群职业转型提供了充足空间，“直播+电商”的营销模式有力促进当地就业，激活本土创新创业活力。

（二）智慧生产服务

成都市立足园区主体，整合市场、资金、技术、人才资源，通过云计算、物联网、大数据、人工智能、移动互联网等新一代信息技术，重点推进城市基础设施信息化、运营管理精细化、功能服务便利化、组织保障规范化和产业发展数字化，创新园区管理模式，推动生产服务产业功能区高质量发展。

1. 智慧农业园区

成都西南大邑县的“无人机+智慧农业”数字化场景试点，以农业互联网、物联网为基础，通过集遥感技术、固定观测和移动监测等于一体的农业资源环境监测体系，结合智能化、集约化、规模化的农业生产装备，以及数字农业服务平台提供的数据分析模块，共同构建数字化的智慧农业现代化示范园区，为农户提供现代化的农场管理模式，具备实时农情检测、全面管理服务、配套金融服务和广阔销售渠道等功能。

智慧农业生产基于农业云平台和农业专题应用体系建设，辅以社会化综合服务体系和村级惠农服务中心，对于整体能更为周密细致的把控。成都市智慧农业实现了以本土数据提供支持和分析，推动三农资源优化配置，对于耕地生产中农作物空间布局、面积变化、产量长势预测等工作高效精准开展具有促进作用，让农民生产生活更加便捷轻松。新基建赋予农业园区独有识别能力，能够对农产品质量进行追踪溯源，从种植收获、加工包装、市场销售等各环节进行信息收集管理和质量控制。现代化农业所具有的旅游市场潜力和广告收益不可低估，智慧农业成为数据流通和资源整合的典型实践案例。

2. 智慧工业工厂

成都市智慧工业试点以城市核心为起点，向城市周边辐射，既包括传统工业园区数字化改造，也包括各类基于工业工厂设立的平台创新应用实验室。从工业生产的研发设计、生产制造、经营管理、市场服务四个环节来看，成都市工业生产数字化的试点案例已经全面覆盖。

（1）研发设计。包括技术研究、技术应用、园区建设等工业研发设计场景，围绕传统企业数字化转型目标，引进工业互联网人才与技术，应用物联网、互联网、大数据、AI 等技术，打造针对某一研究领域的基础平台和创新应用，发展工业设计中心、数字化仿真系统构建、研发技术和研发工具创新等。

（2）生产制造。借助物联网、感知技术、智能控制等智慧生产技术和数字化智能化应用，实现工艺流程实时监测、决策制定、自动化生产，以及数据的自动获取采集和挖掘分析，从而对生产过程实时掌控。通过构建智慧生产制造场景，推动数字化生产设备更新、智慧应用平台创立、智慧工厂车间培育、柔性生产发展，推动工业企业向数字化、自动化转型发展。

（3）经营管理。以在线监测云平台为核心，以设备智能管理和服务平台为载体，借助云端设备相关数据分析问题、排障优化，从而提高产能，完成全生产周期的质量把控，降低能耗。经营管理的核心要素是通过平台、App 等移动端应用将生产事务自动推送至工作人员并形成自动分配，从而降低服务成本，提升能源能耗优化程度，推动企业提质增效。

（4）市场服务。通过高标准建设创新创业园、智慧软件园、“芯谷”、高品质科创空间等智慧园区，将集聚数实融合的数字化产品和服务面向市场和大众推广，通过头部企业带动中小企业形成同行业共发展的消费圈，吸引科创人群构建产业社区，依托产业资源共享平台、政务服务平台、公共技术服务中心、智慧公园等完成“人城产”工业生活一体化示范区建设。

3. 智慧市域交通

依托成都市丰富的工程、科研、人才和市场资源，结合独特的地貌地理环境，利用新型基础设施和新型数字技术，打造集聚现代化轨道交通、自动驾驶、车路协同示范场景等智慧交通示范项目。

智慧轨道交通以“轨道交通”为主题，针对轨道交通技术创新、产品工艺研发和成果转化发展技术创新、装备研制产品认证和相关科技服务，并依此打造轨道交通全产业链和应用场景示范区。示范区内已落地丰富的创新项目，包括城市轨道交通信号智能监测、数字轨道交通技术研究、地质灾害和基础设施监测预警系统、轨道交通+机器人智能体系等解决方案和应用场景，带动轨道交通产业链协同发展，以优质人才、科学管理、配套设施等构建完整的园区生活示范区。

车路协同智能驾驶和自动驾驶依托较为完备的无人驾驶基础设施和场景设置，将道路设为“实验室”，由路面感知系统、云端控制中心、车载驾驶系统和决策中心共同完成无人驾驶，实现“车、人、路、网”多方协同。智能驾驶最关键的问题是交通安全，成都市自动驾驶示范园区通过不断模拟获取数据，将数据处理后同步共享给其他车辆，提高安全系数，减少二次伤害。

4. 智慧物流网络

智慧物流作为产业链中生产制造的下游，承担了集约整合数据资源和科学调度货物、承运商等零散物流资源的重要职责，新型数字技术带来的物流行业深刻变革将为物流行业整体综合服务，以及企业、平台、用户三方协同起到重要促进作用。成都市智慧物流关注平台建设，通过订单派送、物流竞价、配送优化等手段，解决传统物流在市场竞争和效率之间的瓶颈问题，促进人工智能与交通物流深度融合，提升物流行业自动化、智能化服务水平，侧面推动产业数字化转型发展。

（三）智慧公园城市

成都市已整体形成了公园城市治理体系，智慧化公园城市建设重点在于绿色环境保护和空间格局治理等工作，从而推动城市治理现代化。通过新型数字技术打造现代化产业生态圈协作场景，打通城市数据各场景共享融通，充分发挥成都市“人城产”建设理念，对于实现“企业智慧生产、人才智慧生活、技术场景研发优化”的联动发展的智慧公园城市目标具有极大促进作用。

1. 智慧景区生态

成都市智慧文旅建设主要包括传统景区数字化升级、农业旅游空间数字化改造。

成都市传统景区的数字化升级主要目标是实现景观设施优化、促进夜间经济市场繁荣发展。景区通过应用 AR、VR 技术，围绕场景 IP，开发夜赏夜游活动，打造主题公园特色品牌，构建特色游乐项目和演艺秀场，培育主题特色文娱活动和休闲餐饮街区。景区数字化升级最重要的环节是增强了消费者的体验感和交互感，利用新型基础设施突破沉浸观演项目技术要求，成为对外宣传借鉴的典型示范。

智慧农业旅游空间数字化改造是将地方农业价值和生态价值紧密结合，通过智慧农业领域技术对园区内农作物的种植过程进行全程监控，同时应用物联网信息化管理技术打造农业旅游品牌 IP，融合旅游观光、科普教育、农事体验等多种功能，实现田园变公园。

2. 智慧低碳园区

成都市智慧低碳园区包括智慧能源综合管理和餐厨垃圾“无废处置”等应用场景。前者以数字化智能配电为基础，结合云平台、大数据、物联网、移动互联网等现代信息技术，对园区内能源消耗、气体排放等指标进行全面感知监控，从而优化能源管理计划，提高清洁能源占比。后者则是应用自动化技术，结合生物加工技术处置废弃资源，通过智能工业化模式实现垃圾处理零排放和循环利用，推动绿色、低碳、环保重要示范场景构建。

3. 智慧环境监控

成都市经开区大气智能监管场景应用了自主研发的智能化大气监测管治系统、空气监测站、移动空气检测设备和智能巡检车等，实现大气环境智能化、一体化监测防治。智慧环境监控需要配合智能大屏共同使用，将收集到的数据

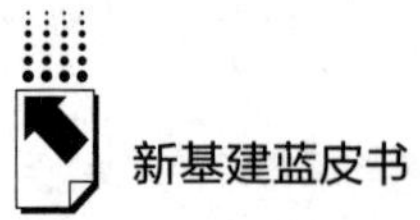

及时处理呈现，完成实时监测、及时响应、全面推送的一体化功能。同时，智慧环境监控将生活群众纳入感知端，配备专门的应用程序，帮助居民及时举报异常行为，拓宽环境防治沟通渠道，提高居民对环境保护的参与度。

（四）智慧公共治理

1. 智慧风险防控

成都市智慧风险防控包括消防、燃气、水务等可能存在安全风险领域的预警和应急处理机制，通过动态监测预警平台和安全风险信息智能化识别处理，实现智慧安防和预测维护。成都市智慧风险防控依托先进的物联网、移动互联网、边缘计算和人工智能等相关技术，借助5G无线组网和远程监控设备对多元信息融合计算，对工作人员进行精准识别，并对所有集聚信息进行可视化处理，建立起多元参与、数据共享、信息互通的险情管理新模式，最终完成由静态识别向动态识别的转变，以人工智能守护城市安全。

2. 智慧政务服务

成都市智慧政务服务场景是城市精细化管理的重要载体，高新区“一网+三平台+N场景+三终端”的场景建设内容成功解决了城市治理的痛点难点，依据坚实的数据支撑推动社会经济运行、重大项目管理、疫情防控和环境保护等城市功能。“一网”即城市治理一张网，横向贯通政府各部门，纵向延伸到城市基层各个角落，形成“区、街道/产业功能区、社区”三级联动的治理模式。“三平台”是AI人工智能平台、数据总线平台和物联网平台，为大数据汇聚、处理和应用提供运行空间。“N场景”即围绕城市管理、产业发展、民生服务等内容，不断扩大政务服务范围，提高政府行政效能和决策水平。“三终端”即大屏端、移动端和PC端，各级政府部门人员可随时调取业务数据，提高政务服务水平。

成都市“天府蓉易办”则是面对社会群体的全市统一服务入口和能力平台，为市民、企业和政务服务审批部门提供“全程网办、全城通办智能审批、电子证照、不见面审批”等优质政务服务功能，保障信息安全、高效、统一，协助提升政府服务能力和水平，为成都市经济发展和人民生活水平提高做出了巨大贡献。

三　典型经验做法

（一）加强规划设计

成都市在“智慧蓉城”建设和数字化场景应用落地方面长期坚持“先策划后规划、无规划不设计”的原则，将数字化场景设计和城市规划紧密结合，在城市各功能区插入数字化场景和智慧元素，着力打造“云、网、端、数”四位一体的政务云平台，支撑“互联网+城市”行动落地。同时，成都市通过公开征集发布的措施，制订数字化场景机会清单和场景项目策划专题会，面向政府部门、企业、群众公开征集场景建设需求，直接将投资和市场进行对接，为企业、居民提供透明、优质的未来生产生活愿景。

（二）突出示范推广

在场景建设和试点验证方面，成都市注重数字化场景创新应用和企业培育，鼓励龙头企业、平台型企业在应用规范和接口标准市场化应用等方面实施攻关。此外，还通过建设城市未来场景实验室、“揭榜挂帅”遴选城市未来发展需求项目、实景实测和市场验证等方式，制定年度场景建设规划并评选优秀示范应用和示范园区，打造成都市数字化场景品牌，在市域内外形成推广和宣传效应。

（三）促进资源整合

成都市数字化场景遍布各大地理区域和各重要产业，因此在数字化场景建设中更加注重土地、资金、数据等公共资源的优化配置。健全完善的体制机制为各负责主体的工作进行明确分工，为“智慧蓉城”的建设提供政策支持和技术支撑。同时，成都市集中政务、社会资源力量助力研制智慧城市相关标准，以各集聚区功能为依据探索搭配不同的政策意见和指导方针。通过资源整合和创新激励，让不同领域的企业构建相对稳定的产业链条和发展联合体，作为数字化场景示范项目的骨干和中心链条，培育上下游融通发展的新数字生态。

（四）规范安全监管

在监管环境方面，率先开展数字人民币试点，获批金融科技创新监管试点，实施包容普惠创新行动计划、全国首推柔性执法“三张清单”，形成事前、事中、事后全链条监管体系。在技术运用方面，初步构建起以溯源和存证为代表的区块链技术、以安全多方计算为代表的隐私计算技术、以差分隐私算法为代表的隐私保护技术的技术融合体系，形成“数据可用不可见、用途可控可计量”的数据流通机制。在产业支撑方面，成都网络信息安全产业规模位居全国前3，聚集中国网安、亚信安全、卫士通等企业和中电科10所、29所等机构共200余家生态企业。

（五）强化支持保障

在统筹协调方面，成都市场景营城已作为新经济发展工作领导小组的重要日程，通过统筹协调和督促指导，推动数字化场景的重点工作与重大项目和重要环节。在研究创新方面，与多家科研院所、机构合作，组建场景营城专家团队，提升场景建设营运水平。在企业支持方面，通过创新实施采购方式，主动降低市场主体创新风险，提升容错纠错空间，鼓励企业在数字化场景探索中出资出力，推行柔性监管、智慧监管，以试点形式加强风险防控。

四　成都市数字化场景发展趋势

2022年6月，成都市印发《成都市“十四五”新型智慧城市建设规划》（以下简称《规划》），指出成都市当前在智慧城市和数字化场景发展进程中面临前所未有的新机遇和重要使命，必须要借助数字技术和智慧力量推动城市治理革新和经济数字化转型，加速数字产业化、产业数字化，从而满足社会发展创造的更多需求。同时，《规划》明确了“十四五”期间城市数字基础设施优化建强、打造多线协同管理平台和运行中心、推动数据共享创造智慧应用、促进数字经济和实体经济融合发展四项重点任务，数字化场景建设在政策、研究、实践等各个方面都将迎来巨大的发展机会和提升空间。

（一）夯实城市数字基础设施

成都市数字化场景创新建设离不开数字基础设施的优化建强，未来发展主要依托智能感知基础设施、网络传输基础设施、存算融合基础设施等领域的突破，推动城市数据资源汇聚共享，提升“数治”质量，完善并推动包含企业信用、产品质量、食品药品安全、交通运储、公共设施和生态环境等领域在内的公共数据开放平台，促进教育、医疗、就业、旅游、生活等信息数据资源向公众开放。

（二）建设智慧蓉城运行中枢

成都市智慧蓉城运行中枢的最终目标是实现“一云汇数据、一屏观全域、一网管全城、一体防风险”，以“市级统筹指挥—区县实践运行—镇街联勤联动”三级管理模式构建管理体系和管理平台，将“城市大脑”和各大领域智慧应用场景紧密结合，不断提升城市精细化管理水平。

智慧蓉城运行中枢是信息和资源的重要交互渠道，是实现城市动态感知、风险监测和实时调度的功能支撑。成都市智慧蓉城运行中枢的建设关键在于实现数据多元汇聚和跨层级调度，真正做到协同治理创新。提升感知结果的分析精度，形成全域运行风险画像，并辅以科学研判分析，将成为“政务+社会”的工作轨迹和处置效率提升的关键点。

（三）打造重点领域应用场景

成都市探索建设“智慧蓉城”，需要将数字概念融合在市民生活和政府治理中，营造“数字政府+数字社会”多元应用场景将成为应用场景驱动的关键组合。“数字政府”智慧治理场景即提供智能化政务服务体系，以“一网统管”为基础推动社会经济监管、风险防控、基层治理、灾害天气等重点领域综合管理平台建设，实现数字化、智慧化调度和运行管理。“数字社会”侧重于便民生活场景，在教育、医疗、居住、体育、旅游、养老、救助七大领域提升智能化水平，创造一批集成协作、企民共享的优质场景。

成都市还将经济管理智慧化和社会信用体系智慧化作为发展重点，联合市场监管、财政资金、公共信用积分等手段实现“静态信用评价+动态风险监测”，推广惠民便企的信用产品和服务。此外，空间、产业、交通、能源“四大结构”也将以数字技术的支撑，向高效、便捷、立体、安全、共享的智慧模式优化转型。

（四）助力数字经济蓬勃发展

数字经济是推动数字场景建设的重要基础，同时数字场景建设作为促进数字经济发展的重要推动力，二者互促互进。从成都市智慧城市发展进程和产业培育环境来看，数字经济飞速建设，未来在数字经济领域也已早早布局。成都市生产要素不再单一依托传统技术，而是向新型“软性”要素转变。通过数据要素市场培育、数字产业化发展、产业数字化转型等领域着手发力，不断加速数字技术创新，完善数字经济创新生态，打造数字经济发展新引擎。目前，成都市工业互联网网络、平台、安全齐头并进，5G 基站和工业互联网标识解析能力也位于全国前列，未来有更多机会发展优势产业，打造独具成都特色的产业生态圈和创新生态链，将为成都抢占新赛道、培育新优势、实现高质量发展带来新机遇。

参考文献

徐宪平主编《新基建：数字时代的新结构性力量》，人民出版社，2020。

叶宁、韩冬：《智慧赋能，让城市更健康更安全更宜居》，《人民政协报》2022 年 8 月 8 日。

姜剑、杨艳洪、张龙渊：《智慧“大脑”探索蓉城治理新路》，《中国建设报》2022 年 7 月 12 日。

B.21

紧盯封关运作“一号工程”，打造自贸港特色应用场景

——以海南省为例

赵霄伟　沈　丽　尹泽明　夏兰娣*

摘　要： 全岛封关运作是海南自由贸易港建设“一号工程”，这既为推进新型基础设施建设提供方向指引，也为打造自贸港特色场景应用提供实践样本。本文紧紧围绕封关运作条件下“五个自由便利一个有序流动”的应用场景，梳理总结数字贸易、智慧金融、数据交易、智慧监管、数字政府等典型案例，指出它们在海南全面深化改革开放和中国特色自贸港建设中发挥关键性、指导性、示范性作用，具有重大的战略意义和全局意义。

关键词： 海南自贸港　数字贸易　智慧金融　智慧监管　数字政府

“十四五”时期是新型基础设施大建设大发展大演进的关键期。系统布局海南新型基础设施是落实海南“一本三基四梁八柱”[①] 战略的必然选择，也是

---

* 赵霄伟，国家信息中心综合部副处长、副研究员，中国国际经济交流中心博士后，现挂职海南省发改委高技术处副处长，海南省经济研究中心副主任，主要研究方向为区域发展战略；沈丽，贵州省信息中心产业服务处处长，现挂职海南省大数据局数据运营处处长，主要研究方向为数字经济；尹泽明，中国联通（海南）创新研究院院长助理，高级工程师，现挂职海南发改委高技术处四级调研员，主要研究方向为数字经济；夏兰娣，海南省大数据管理局政务服务处副处长，主要研究方向为数字政府。

① “一本三基四梁八柱”是指：坚持以习近平总书记关于海南工作的系列重要讲话和指示批示为根本遵循，以《中共中央、国务院关于支持海南全面深化改革开放的指导意见》《海南自由贸易港建设总体方案》《中华人民共和国海南自由贸易港法》为制度基石，以全面深化改革开放试验区、国家生态文明试验区、国际旅游消费中心、国家重大战略服务保障区为目标定位，以政策环境、法治环境、营商环境、生态环境、经济发展体系、社会治理体系、风险防控体系、组织领导体系为稳固支撑。

海南自贸港高质量发展的重要举措，更是全岛封关运作开展压力测试的坚实保障。随着《海南自由贸易港建设总体方案》《智慧海南总体方案（2020—2025年）》《海南省加快5G网络建设政策措施的通知》《海南省政府数字化转型总体方案（2022—2025）》等政策性文件出台，海南新型基础设施建设有序有力推进，数字化发展水平加速提升。

2022年是海南全岛封关运作的关键之年。封关运作作为海南自贸港建设“一号工程”，既为推进新型基础设施建设提出方向指引，也为打造自贸港特色场景应用提供实践样本。锚定“2023年底前具备硬件条件、2024年底前完成封关各项准备、2025年适时启动全岛封关运作”总体目标，抓实抓好全岛封关运作“一号工程”，以“五个自由便利一个有序流动”① 为关键切口，系统梳理总结数字贸易、智慧金融、数据交易、智慧监管、数字政府等重点领域的经验与做法，既是对推进海南自贸港建设的阶段性成果总结，也为全国新型基础设施建设提供“海南方案”，具有重要战略和全局意义。

一　数字贸易场景：以海南国际贸易“单一窗口”平台为例

（一）总体架构

《海南自由贸易港建设总体方案》明确提出，实行便捷高效的海关监管，建设高标准国际贸易“单一窗口”。《智慧海南总体方案（2020—2025年）》明确提出，加快国际贸易“单一窗口”（3.0版）建设，推动国际贸易全业务覆盖，实现口岸、物流、货权、监管等信息全流程采集、信息互换、监管互认、执法互助。

海南国际贸易“单一窗口”是贸易和投资自由便利的制度集成创新成果，是服务于进出口企业贸易和投资往来、打造既“管得住”又“放得开”、“成本低”且“效率高”、具有全球竞争力的智能化和集成化的公共信息平台。按

① 根据《海南自由贸易港建设总体方案》的界定，“五个自由便利一个有序流动”是指贸易自由便利、投资自由便利、跨境资金流动自由便利、人员进出自由便利、运输来往自由便利、数据安全有序流动。

照“国家标准版+海南特色”的建设思路，国家标准版16项功能应用落地，17项本地特色应用[①]上线推广（见图1），径予放行、加工增值申报、跨境电商、区内免税消费等服务功能逐步完善，企业仓储和供应链信息服务、港口信息服务、综合物流服务、合规咨询服务和金融保险服务等功能模块不断丰富，数字运营管理、统计信息服务、企业综合信用管理和预警风控管理稳步推进。

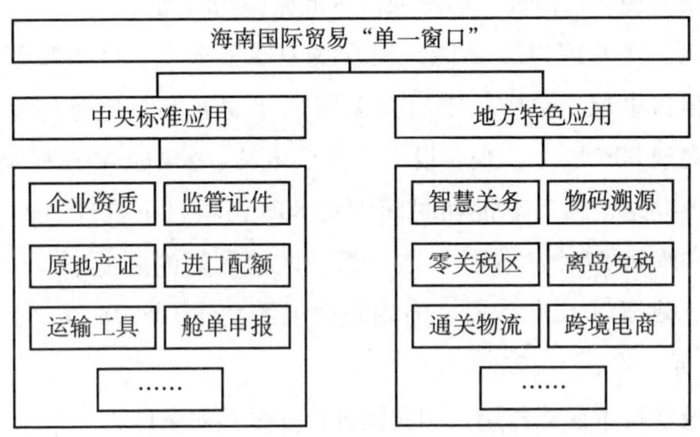

图1　海南国际贸易“单一窗口”总体构架示意

（二）发挥好“单一窗口”服务功能，持续提升贸易投资自由便利化水平

1. 保障“零关税”[②]精准落地，促进贸易自由化便利

自2020年12月以来，海南国际贸易“单一窗口”先后完成“零关税”原辅料、“零关税”交通工具及游艇、“零关税”自用生产设备、离岛免税商品溯源管理等功能的应用开发。交通工具及游艇“零关税”政策首单落地是由海南尼米斯实业有限公司申报的进口帆船，在海口海关所属三亚海关通关完成，申报的蓝高46型双体帆船，减免税款190万元。自用生产设备“零关税”政策首单落地是由海南一龄医疗产业发展有限公司申报的进口低温理疗箱，在

① 《中国（海南）国际贸易“单一窗口”加快应用推广》，海南省人民政府网站，2021年6月13日。

② “零关税”是海南自贸港重要制度设计，目前自用生产设备负面清单、交通工具及游艇正面清单、原辅料正面清单已公布，岛内居民消费进境商品正面清单尚未公布。

海口海关所属文昌海关通关完成，减免税款 83 万元。截至 2022 年 7 月，海关共监管零关税货物 111.6 亿元，减税 20.5 亿元。海南自贸港交通工具及游艇“零关税”政策项下享惠企业 105 家，惠及进口货值 38.12 亿元，免税 9.22 亿元；具有自用生产设备“零关税”进口资格单位共计 175 家，享惠企业 49 家，进口总货值 19 亿元，减免税款 3.5 亿元①。

2. 推动投资便利化措施，缩短项目审批流程和时间

不断优化“单一窗口”功能，提升线上线下融合，推动跨部门联合服务水平，完善覆盖事前、事中、事后全流程“单窗通办”服务体系。项目从立项到开工可提速 80%以上，企业设立、发票申领、公积金和社保登记、印章制刻等业务 1 天办结，项目审批和时间缩短 80%，项目审批环节由 70 个减至 4 个，审批时间缩短 57 个工作日。在一系列政策利好的刺激下，市场主体不断向海南集聚。截至 2022 年 5 月，海南新增市场主体 108.78 万户，实际利用外资 35.2 亿美元，增长 16.2%②。

3. 强化数字技术赋能作用，切实提升口岸公共服务能力

在海南成为全国航空物流试点地区后，海南国际贸易“单一窗口”上线空港口岸物流服务系统，通过“空港口岸作业电子化”“智慧关务”等功能模块进一步提高货物通关效率，提升空港口岸公共服务和保障能力。其中，“空港口岸作业电子化”功能全面覆盖跨境航空物流日常工作中进出口货物的交货申报、交提货预约、收运核查、安检申报、交货确认、电子提货等核心业务，在减少托运书、安检申报单、海关查验单、货物放行单、电子运单等 10 余种空港口岸通关业务纸质单证的同时，可实现航空物流进出港全流程单证电子化流转。“智慧关务”功能结合人工智能技术，实现智能识别制单与数据逻辑校验，企业只需上传合同、发票、箱单、提运单等原始凭证，系统即可自动生成报关所需的各类单证，并自动提交至国际贸易“单一窗口”申报。根据海南省商务厅统计，截至 2022 年 5 月，海南口岸进口通关时间 35.15 小时，相比全国同期减少 21.28 小时；出口通关时间为 0.57 小时，相比全国同期减少 0.74 小时。

---

① 《海南自贸港“零关税”进口货值逾百亿元，减免税款超 20 亿元》，中新网，2022 年 8 月 23 日。

② 中共海南省委自由贸易港工作委员会办公室：《海南自由贸易港建设白皮书（2022）》，海南日报网，2022 年 7 月 29 日。

二　智慧金融场景：以海南省智慧金融综合服务平台为例

（一）总体架构

海南省智慧金融综合服务平台是落实《海南自由贸易港建设总体方案》有关金融信息化工作要求的重要载体，是《智慧海南总体方案（2020—2025年）》34项重大工程项目之一①，也是《海南省政府数字化转型总体方案（2022—2025）》的重要内容②。它是集金融服务与监管为一体的金融信息化基础设施，其总体架构分为技术层、数仓层、画像层、功能层、服务层等五个方面（见图2）。

（1）技术层是数字技术支撑的平台底座，主要包括区块链、人工智能、大数据、云计算等数字技术。

（2）数仓层主要包括企业数据库、物流数据库、单证数据库、合约数据库等数据要素汇聚区，为企业提供精准画像的高价值数据。

（3）画像层是围绕中小企业的实际经营，构建政府、产业、金融服务机构、资本市场平台及企业等服务业态，开设机构评估、关联评估、行业评估等业务。

（4）功能层主要根据评估等级，对金融机构进行资质认证、信用评级、政策监管。

（5）服务层主要是提供智慧融资、智慧跨境贸易金融、智慧监管、智慧政策等业务应用功能模块。

截至2022年上半年，该平台已接入包含税务、社保、公积金、企业水电

① 《智慧海南总体方案（2020—2025年）》明确提出，智慧金融综合服务平台作为智慧海南34个重大工程项目之一，重点建设集智慧融资、智慧跨境贸易、智慧监管、智慧政务数据等四个方面于一体的金融信息化基础设施平台，打通互联网、政务、企业数据，减少政府、金融机构、企业之间的信息不对称，服务自由贸易港金融机构产品创新，助力自由贸易港金融创新监管。

② 《海南省政府数字化转型总体方案（2022—2025）》明确提出打造安全开放的智慧金融综合服务系统。

气、不动产、机动车等在内，来自20多个政府部门超过80类核心政务数据，提供产品贴心、体验舒心、服务公心、隐私安心、监管放心等“五心”的特色服务①。

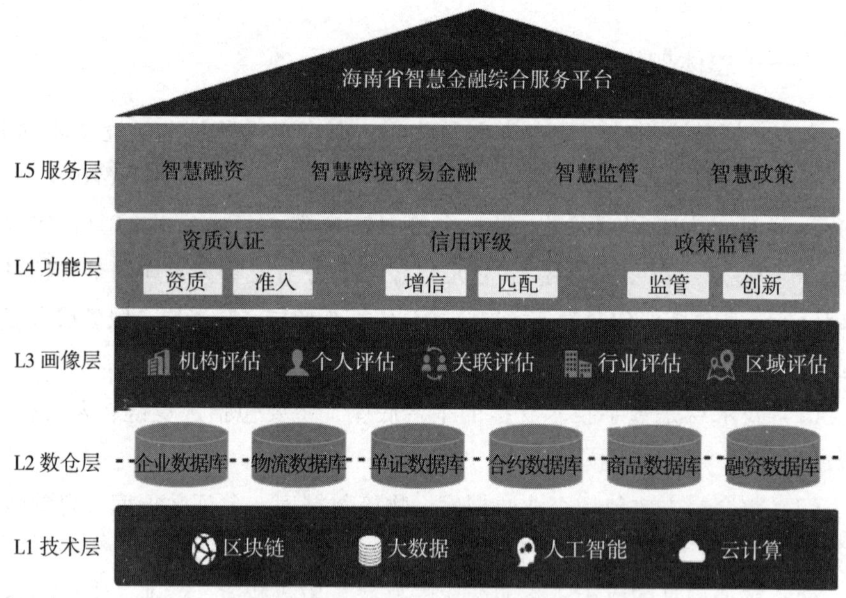

图2　海南省智慧金融综合服务平台总体架构示意

（二）发挥好金融服务功能，助力跨境资金流动自由便利

一是面向封关运作应用场景，运用数字化手段防范金融风险。以人工智能、区块链等数字技术为依托，加强智慧金融综合服务平台与省内其他信息平台之间资源整合，积极构建了安全高效、合作共赢的金融服务新生态。同时，通过强化数字化风控能力，加强业务创新的合规性，提升各类风险监测预警智能化水平，进一步筑牢风险防控能力，全力保障全岛封关运作后金融服务与风险防范工作的高效运转。

二是打通银行金融产品和市场主体需求通道“最后一公里”。目前，智慧金融综合服务平台初步建成金融产品超市，打通银行金融产品和市场主体需求

① 根据海南省地方金融监督管理局提供有关资料改写而成。

通道，建立供需机制，解决市场主体对银行信贷产品不了解、申请渠道不畅通等难题，且通过多家银行机构同类产品的比较，让市场主体自主选择适合自己的产品，提升性价比，切实解决中小企业融资难、融资贵问题。截至 2022 年 6 月底，平台已累计入驻各类金融机构 94 家，上架金融产品 119 款，注册企业数量 2173 家，中小微企业在平台上提出融资申请金额 13.6 亿元，实现放款 2.33 亿元。

三是有力保障平台系统信息安全。作为海南省密码局指定的首批 10 个商用密码应用示范项目之一，严格按照省密码应用安全管理规范设计方案，借助海南省大数据管理局密码保障服务平台的能力支撑，充分利用云平台安全保障能力，建立完善的安全管理制度、搭建成熟的安全组织体系、采取可靠的安全技术方案，大大提升防范网络信息安全风险的密码保障能力，全方位保障了数据的完整性和机密性①。

三　数据交易场景：以数据产品超市为例

（一）总体架构

2020 年 4 月，国务院办公厅印发《中共中央国务院关于构建更加完善的要素市场化配置体制机制的意见》，首次将数据列为与土地、劳动力、资本等平行的要素，并且提出了要加快培育数据要素市场的具体工作要求。同年 5 月，国务院办公厅印发了《公共数据资源开发利用试点方案》，提出了将海南省作为全国 8 个试点省份之一。6 月，《海南自由贸易港建设总体方案》明确提出，在确保数据流动安全可控的前提下，扩大数据领域开放，创新安全制度设计，实现数据充分汇聚，培育发展数字经济。7 月，《智慧海南总体方案（2020—2025 年）》明确提出，探索建立数据跨境交易、跨境传输安全管理试点。2021 年 9 月，海南省大数据推进领导小组办公室印发的《海南省公共数据产品开发利用暂行管理办法》为海南省数据要素市场的建立提供政策依据。

2021 年 12 月，海南省数据产品超市正式上线，以“理念先进、功能齐

① 根据海南省地方金融监督管理局和海南省大数据管理局提供有关资料改写而成。

备、配套完善、管理高效、运营良好”为业务目标，依托“前店后厂”的模式，基于海南省大数据管理局“七个一”① 能力底座，构建数据开发、流通交易、服务管理、安全管理、监督管理等环节一体化的数据产品开发交易服务平台，初步实现数据安全有序流通与价值变现，打通了数据从生成共享到开发生产再到流通交易的各环节堵点痛点，形成数据安全有序流动机制。

（二）加快数据要素市场培育，助力数据安全有序流动

1. 打造数据要素“一个基础设施”，破除公共数据开发利用缺乏安全合规保障的难题

海南省数据产品超市打造全栈式数据要素基础设施，探索数据“资源化、资产化、资本化”的实现路径，提供一个安全合规的基础设施和规则环境。一是数据产品超市基于海南省已建成的“七个一”大数据能力支撑底座，通过建设集数据“归集共享、开发生产、流通交易、安全保障”于一体的全栈式开发服务平台，具备数据供给、开发平台、交易场所和安全保障四大能力，打造海南省数据要素市场培育全栈式基础设施。二是实行“前店后厂”的生产与服务模式，与省内外多家企业利用开发平台的联邦学习、隐私计算、同态加密等安全技术，采用“数据可用不可见”的方式进行数据产品开发、数据清洗加工、数据模型计算等多种合作方式，探索数据要素市场培育路径。三是通过出台《海南省公共数据产品开发利用暂行管理办法》《海南省数据产品超市管理实施细则》《海南省数据产品超市数据资源开发利用授权流通暂行管理规则》《海南省数据产品超市收入监督管理办法（试行）》配套规则，探索制定数据要素全生命周期的规则制度体系，以实现数据开发利用合规、有序、安全。

2. 汇集数据要素“千亿数据资源”，破除开发利用公共数据资源匮乏的难题

全国 80 多个数据交易所普遍面临没有数据可以交易的困境，海南省数据产品超市依托省大数据管理局归集的海量数据资源，已接入超千亿量级的政务数据和近十亿量级的社会数据，为自贸港数据要素市场培育注入强大动力。一

① “七个一”是指海南省统一的一张政务网、一朵政务云、一个数据中心、一个业务中台、一条区块链、一个共享交换平台、一个开放平台。

是在政务数据方面，数据产品超市对接上架了经济管理、社会事业、社会治理、公共基础服务、非营利组织及科研机构等五大领域、95 个分领域、千个定制化业务场景，累计 1000 亿+的数据量。二是在社会数据方面，对接上架了社会消费服务、社会生产服务两大领域、14 个分领域、近千个定制化业务场景，累计 10 亿+量级的数据量。

3. 共建数据要素“八方产业生态”，破除公共数据资源开发利用参与主体量少的难题

一是产业生态方面，数据产品超市引进大数据企业入驻，引入数据产品商、数据开发商、数据采购商、数据运营商、第三方服务商、科研智库、园区政府、监督管理方八方资源，推动数据“资源化、资产化、资本化”转变，打造以基础数据为资源要素的开放性价值链体系，构建多层次数据要素生态体系。二是大数据企业方面，数据产品超市吸引阿里云、中国银联、华控清交、招商银行、建设银行、科大讯飞等近 400 家大数据服务商相继入驻，共同培育海南数据要素市场和建设数据生态体系。三是大数据人才方面，吸引大数据人才，打造数据挖掘服务外包基地，数据产品超市与 100 余家数据服务商建立了合作意向，与数据服务商旗下 1800 多名数据治理人员形成大数据人才洼地，共同进行数据深度融合治理。

4. 创新数据要素“交易服务模式”，破除公共数据资源开发利用交易模式不清的难题

以数据产品超市为抓手的自贸港数据要素市场交易服务模式已初具规模。一是形成了一批数据产品，赋能政用、商用、民用，以产品汇集带动数据要素市场产业、人才、资金汇集，数据产品超市陆续上架了涵盖数据集、数据 API、数据报告、算法模型、数据服务等 700 多个数据产品，广泛服务于数字政府决策管理、社会综合治理等政府职能以及金融、汽车、餐饮、电信、能源、教育、体育和娱乐等社会各业。二是数据产品交易取得突破，数据要素市场初具规模，数据产品超市 2021 年 12 月 28 日正式上线运营，营业收入从上线初的 235 万元，到 2022 年 9 月底已突破 5000 万元，在数据报告、数据服务、数据集、数据 API、算法模型领域达成 120 多笔数据产品交易，有效释放了数据资源价值。

四 智慧监管场景：以海南社会管理信息化平台为例

（一）总体架构

2020年6月，《海南自由贸易港建设总体方案》明确提出，高标准建设开放口岸和“二线口岸”基础设施、监管设施，加大信息化系统建设和科技装备投入力度，实施智能精准监管，依托全岛“人流、物流、资金流”信息管理系统、社会管理监管系统、口岸监管系统“三道防线”，形成海南社会管理信息化平台。同年7月，《智慧海南总体方案（2020—2025年）》明确提出，将海南社会管理信息化平台纳入智慧海南重大工程项目清单，作为现代化治理和智慧监管建设重大工程项目。

海南社会管理信息化平台充分利用新一代信息技术汇聚各类社会治理资源，构建起从态势感知到大数据研判再到联勤联动高效应急处置的全链条综合防控体系，其总体构架省、市（县）两级社会管理信息化平台，分平台主要包括综治平台、公安分平台、应急管理消防分平台、环岛立体管控分平台、口岸监管分平台；业务系统包括人流、物流、资金流进出岛信息管理系统等①。

海南社会管理信息化平台主要功能集中在三个方面：一是对“人流、物流、资金流”的智慧监管。在人流方面，依托人脸识别等智能化手段，将人脸数据与人员系统存储的数据进行比对，主动识别、掌控进出岛人员基本情况。在物流方面，建立货物、承运人、货主、车主等方面的信息关联，对货物进行全维度监管。在资金流方面，依托资金流信息监测平台，实现对进出岛“每一笔资金”全天候、实时性地精准监测。二是提升社会治理和综合服务精细化程度。汇聚党政军警民等各个领域的信息资源，实现各系统资源共享、协同应用，为相关部门履行社会管理和服务职能提供有力支撑。三是统一指挥调度功能。建设社管平台指挥中心，与省、市（县）各级联勤联动单位和一线可视化指挥调度点位实现互联互通，建立了自上而下的预警指挥、联动处置体系②。

---

① 《海南社会管理信息化平台构建全链条综合防控体系》，海南省政府网站，2022年4月28日。

② 结合当前新形势，海南省社管平台总体规划正在修编中，总体架构随之也会做出相关调整。

（二）发挥好平台智慧监管作用，提升风险防控能力

目前，海南社会信息化管理平台从无到有、从建设阶段转入实战阶段，整体架构初步建立，系统集成了监测预警、科学研判、快速响应等功能，形成海上、岸线、岛内三道防控圈，在实战演练中持续提升平台感知能力，在打造精细智能社会治理样板区、全面提升风险防控能力和社会治理智慧化水平方面起到支撑作用①。尤其，在封关运作压力测试下，综合运用遥感卫星、雷达、北斗、星网等多种技术手段，实现船舶感知能力由近岸防控圈扩展到九段线，全省首次拥有了全域感知能力。

以遥感卫星监测船舶轨迹为例，首批四颗卫星于 2022 年 2 月在文昌发射升空，每颗卫星一次成像可以覆盖宽度 110 公里、长度 2000 公里范围海域，四颗卫星每天可以获取 40G 左右的遥感数据和近百万条 AIS 数据。由于海面的船只在不同时刻位置会发生变化，运用卫星星座资源，通过图像比对与图像匹配、运动检测等方式剔除运动较快的物体和静止物体，再进行舰船目标的识别检测，可以有效地降低海浪、云等对船只识别干扰，降低虚景率，提升船只的识别能力。也就是说，利用卫星遥感影响协助分析、回溯可疑船只轨迹并迅速锁定目标海域，为初步实现多感知手段综合监测提供有力支撑②。

以近海雷达监测网为例，目前已实现环岛 50 个雷达站点组网，系统以雷达、光电、AIS、GPS 等作为主要传感器，通过先进的雷达杂波自适应算法，基于 X 波段雷达的极小目标探测技术，实现对海上极小目标的探测，可覆盖环岛近海 20~30 海里海域，实现近海可视范围内大、中、小所有船只的实时探测和跟踪，形成对海面目标及态势的全天候、全天时、全自动实时跟踪、探测、处理与分析，并通过多维智能融合感知、雷达大规模组网、海上时空大数据分析、行为模型算法、船舶视频识别和智能预警技术等实现对海上目标的身份和行为的精准识别，为海洋渔业执法、海上安全生产、海洋环境监测、海事救助、海关缉私、海洋预报减灾、海域海岛监控、海上安防等涉海多领域提供信息服务支撑③。

---

① 《海南建立社会管理信息化平台，用好大数据，防控添助手》，《人民日报》2020 年 3 月 25 日。

② 根据三亚中科遥感研究所提供相关资料改写而成。

③ 根据海兰信提供相关资料改写而成。

以700MHz频段5G网络基础设施为例，发挥700MHz网络覆盖能力强、建网成本低、同特殊专网协同能力强、终端耗电低等特点，构建“700MHz+2.6GHz+4.9GHz”协同组网优势，打造“天空地海”一体化全覆盖的通信网络，构建无间隙、无死角、无盲区的闭合防控圈，通过700MHz频段可以满足近海40公里范围内的5G正常业务需求，较好满足航道、近海船只、中低空无人机等覆盖需求，更好支持智慧海南建设的有关重大工程项目。目前，通过近海海域的应用试点测试，初步验证了在50公里的边缘区域依然可提供2Mbps的上行业务能力①。

五　数字政府场景：以“海易办”平台为例

（一）总体架构

“海易办”平台是《智慧海南总体方案（2020—2025年）》《海南省政府数字化转型总体方案（2022—2025）》的重要内容，是自贸港政务服务及公共服务总入口，也是面向公众和企业打造的高效便捷、线上线下协同一体化平台，联通国家一体化在线政务服务平台，支撑全省政府服务“一网通办”，其总体架构总共分为五个层次（见图3）。

一是共性资源能力层。充分运用海南省电子政务云、电子政务外网以及海南省密码云平台和云上的基础服务能力以及政务中台、数据中台、共享交换平台、大数据公共服务平台、金椰分信用平台、短信平台以及区块链平台等共性能力，形成面向公众个人和法人的服务能力。

二是基础服务能力层。整体包括服务开发、服务开放以及服务运营三个层面的能力。其中，服务开发能力主要是提供外部应用按照本平台标准规范进行建设所需要平台本身提供的技术工具类服务；服务开放能力主要是针对已有应用服务的接入和管理的服务工具；服务运营能力主要是为各外部应用在运营层面提供的基础服务能力。

三是应用服务能力层。按照接入类型分为外部政务服务接入、通用服务接

① 根据中国移动通信集团海南有限公司提供有关资料改写而成。

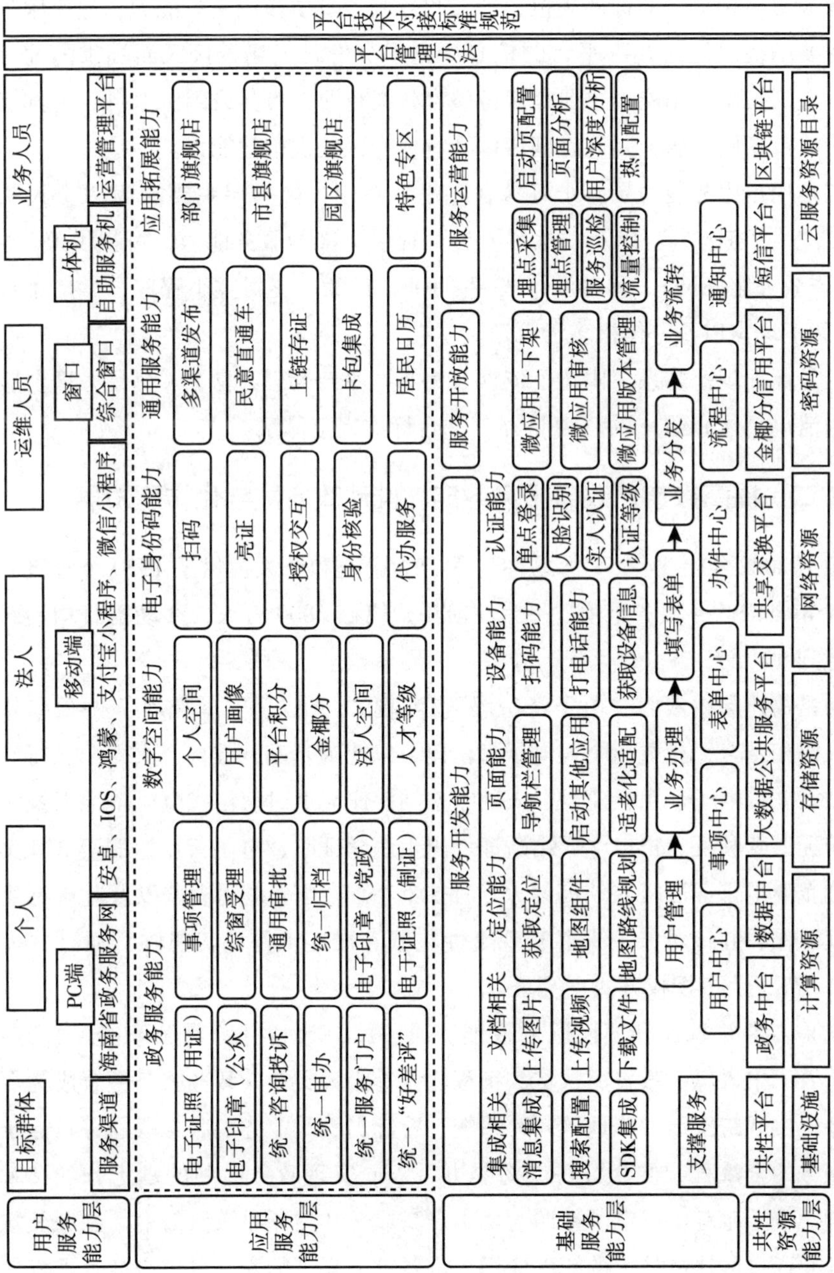

用户服务能力层
目标群体 | 个人 | 法人 | 运维人员 | 业务人员
PC端 | 移动端 | 窗口 | 一体机
服务渠道 | 海南省政务服务网 | 安卓、IOS、鸿蒙、支付宝小程序、微信小程序 | 综合窗口 | 自助服务机 | 运营管理平台

应用服务能力层
政务服务能力：电子证照（用证）、电子印章（公众）、统一咨询投诉、统一申办、统一服务门户、统一“好差评”、事项管理、综窗受理、通用审批、统一归档、电子印章（党政）、电于证照（制证）
数字空间能力：个人空间、用户画像、平台积分、金椰分、法人空间、人才等级
电子身份码能力：扫码、亮证、授权交互、身份核验、代办服务
通用服务能力：多渠道发布、民意直通车、上链存证、卡包集成、居民日历
应用拓展能力：部门旗舰店、市县旗舰店、园区旗舰店、特色专区

基础服务能力层
服务开发能力 | 服务开放能力 | 服务运营能力
集成相关：消息集成、搜索配置、SDK集成
文档相关：上传图片、上传视频、下载文件
定位能力：获取定位、地图组件、地图路线规划
页面能力：导航栏管理、启动其他应用、适老化适配
设备能力：扫码能力、打电话能力、获取设备信息
认证能力：单点登录、人脸识别、实人认证、认证等级
微应用上下架、微应用审核、微应用版本管理
埋点采集、埋点管理、服务巡检、流量控制
启动页配置、页面分析、用户深度分析、热门配置
支撑服务：用户管理 → 业务办理 → 填写表单 → 业务分发 → 业务流转
用户中心、事项中心、表单中心、办件中心、流程中心、通知中心

共性资源能力层
共性平台 | 政务中台 | 数据中台 | 大数据公共服务平台 | 共享交换平台 | 金椰分信用平台 | 短信平台 | 区块链平台
基础设施 | 计算资源 | 存储资源 | 网络资源 | 密码资源 | 云服务资源目录

平台管理办法
平台技术对接标准规范

图 3 “海易办”的整体架构示意

入以及为旗舰店建设提供专门应用能力。其中，外部政务服务能力主要是依托国家政务一体化平台的标准规范，针对政务服务事项提供服务能力；通用服务能力主要围绕“海易办”平台的核心“电子身份码”场景接入而提供的配套服务；专门拓展应用能力主要是规范整合各类行业、市县或园区服务，为部门旗舰店、市县旗舰店、园区旗舰店以及特色专区提供构建能力。

四是用户服务能力层。“海易办”平台在用户能力层主要能为“个人”、“法人”、“业务人员”以及“运维人员”提供标准的服务能力，可提供 PC 端（海南省政务服务网）、移动端（安卓、IOS、鸿蒙、支付宝小程序、微信小程序）、线下综窗以及一体机多种渠道。

五是标准规范体系。构建了依据《海易办平台管理办法》《海易办平台服务能力清单总体介绍》的“海易办”平台标准规范体系。

（二）提高数字化政务服务效能，推动政府数字化转型发展

截至 2022 年上半年，“海易办”平台为企业和个人提供了 1330 个省级和 7079 个市县级政务服务事项，平台注册用户突破 3000 万人，移动端日均活跃用户达到 60 万人。

一是构建起权威的“电子身份码”。实现“一人一码”，将个人身份信息同个人码相结合，打造出个人电子身份码，以此为基础，挂接个人驾照、行驶证、结婚证等电子证照，建设个人数字空间底座。通过海南省电子证照系统完成身份证、驾驶证、户口本、结婚证、出生医学证明、电子营业执照等 270 类个人和企业电子证照接入“海易办”平台，完成 30 个主题模型以及基础标签的开发工作，并针对特定人群实现个性化服务推送工作，实现群众通过“海易办”App，手机授权方式“亮证”。

二是多措并举提升便民服务效能。通过“一码通办”将公积金、社保、公安交管、出入境、教育、扶贫、工程建设等十大类个人政务服务整合成为专题服务，实现跨层级、跨地域、跨系统、跨部门、跨业务的服务联通，贯穿于各种服务的全流程，群众可在“海易办” App 实现政务事项的掌上预约、掌上办理、掌上跟踪。以电子证照为例，已完成 270 类证照数据归集、制证及掌上亮证。通过区块链技术的深度应用，具备掌上亮证的安全可信交换、授权使用规范、使用范围可查可追溯的能力。在医疗卫生方面，“海易办” App 已与

三医联动平台、居民健康系统、智慧医院服务平台和基层医疗卫生系统互通，在全省6家医院试行应用，目前已实现在线建档、在线挂号、门诊缴费、报告查询、电子病历等个人健康服务功能和跨院查看患者病历功能，通过患者授权，医生可以在电脑端调阅患者过往病历、检测结果等信息，提升患者便利性和诊疗的准确性。在人才服务应用方面，推进职称信息“一码通行”，对专业技术人才管理采取“一人一码”管理方式，实现专业技术人才职称信息统一归集与部门共享。依托“海易办”平台打造自贸港人才专属“人才码”，即人才电子身份码。协同各行业主管单位，共建“人才码”服务生态，从人才的认定到优惠补贴的领取，再到各类线下交互场景的使用，均可以通过一部手机来完成，提升自贸港人才吸引力，更好地服务自贸港人才。

三是提升离岛免税购物集成及岛内日用品免税管理能力。在“消费一码通”的基础上，拓展应用范围，已经形成覆盖免税消费、跨境购、航空购票、便民生活、旅游消费、会展购票等多领域的消费生活版块并集成发放优惠券功能。通过在“海易办”平台推广消费一码通优惠券活动，累计发行优惠券总数超1493万张，有效促进提升离岛免税销量。

六　未来展望

今后5年，横跨封关运作是海南自由贸易港建设最为关键期，也是新型基础设施建设深度赋能自贸港高质量发展的最佳实践期，对全面深化改革开放全局至关重要。推进新型基础设施建设是一项艰巨和富有挑战的系统工程，绝不是轻轻松松就能完成的，要着眼于具有世界影响力的中国特色的自由贸易港建设所需，着眼于智慧海南建设总体目标和封关运作所需，着眼于全省一盘棋、全岛同城化所需，充分发挥海南相对独立地理单元的优势，坚持问题导向和目标导向，强化“中央统筹、部门支持、省抓落实”机制，以系统完备、高效实用、智能绿色、安全可靠为导向，聚焦中央战略意图、重大改革事项、重大应用场景谋划等方面，加快自贸港新型基础设施建设，推动自贸港高质量发展。

一是聚焦中央战略意图，率先在封关运作压力测试方面取得重大突破。紧盯全岛2025年封关压力测试，以封关运作任务清单、项目清单、压力测试清单“三张清单”为准绳，启动推动一系列封关运作准备的信息化建设项目，发挥好数字技术在人流、物流、资金流等重点领域中的运用，在面向“一线放开、二线管住”的服务监管要求中起到关键性作用，建立健全各类平台融通机制，切实提升平台实战化能力，为海南自由贸易港高质量发展提供强劲动力。

二是聚焦重大改革事项，率先在数据中心、数据交易等方面取得重大进展。紧紧围绕《海南自由贸易港建设总体方案》提出的“五自由一便利”，牢牢把握好《智慧海南总体方案（2020—2025 年）》提出 7 项先行先试改革举措，率先在 5G 全省低频广覆盖和异网漫游、国际数据中心试点、国家新型互联网交换中心试点、数据跨境交易、跨境传输安全管理试点等重点领域实现重大突破，探索新型基础设施建设的新路径、新经验、新做法，为全国新型基础设施建设提供“海南方案”。

三是聚焦重大应用场景谋划，率先在数字化应用场景取得重大成效。坚持“项目为王”的理念，以应用场景为牵引，充分发挥智慧海南补助资金的杠杆作用，引导社会资本参与新型基础设施建设，重点在封关运作、南繁育种、深海科考、航天卫星、智慧医疗、智慧教育等重点领域打造一批具有示范引领作用的应用场景，引入数字经济相关产业链，加快智慧海南建设，赋能自贸港高质量发展。

参考文献

沈晓明：《解放思想　开拓创新　团结奋斗　攻坚克难，加快建设具有世界影响力的中国特色自由贸易港——在中国共产党海南省第八次代表大会上的报告》，海南省人民政府网，2022 年 4 月 26 日。

沈晓明：《锚定“一本三基四梁八柱”战略框架，加快建设中国特色自由贸易港》，《求是》2022 年第 11 期。

国务院新闻办公室：《〈海南自由贸易港建设总体方案〉有关情况介绍》，人民网，2020 年 6 月 8 日。

B.22
新基建发展现状及场景应用
——以常州市为例

蒋宝琴　沈　莉　陈雪涛　康朝志　沈　爽*

摘　要： 近年来，常州市认真贯彻中央和江苏省决策部署，全面发力新型基础设施建设，谋划实施了一批重点推进项目，引领带动经济转型升级，为常州市经济社会高质量发展提供了有力支撑。本文重点围绕常州市推动新型基础设施建设、推动新基建与应用场景深度融合、探索新基建建设运营管理模式三个方面进行详细论述，是数字经济发展赋能的生动实践。

关键词： 新基建　场景应用　创新发展模式　常州市

加快新型基础设施建设是应对当前复杂严峻经济形势的重要举措，既有利于带动国民经济各行业的生产基础设施向数字化、网络化、智能化方向转型，也有助于推动形成以国内大循环为主体、国内国际双循环相互促进的新发展格局。常州市坚持以"信息基础设施、融合基础设施、创新基础设施"为建设主线，构建"核心信息网、基础能源网、融合交通网、创新其他基础设施"的新基建发展格局，打造具有常州特色的新型基础设施建设模式，为常州经济社会高质量发展注入新动能。

* 蒋宝琴，常州市委网信办副主任，主要研究方向为无线通信技术信息工程、信息化转型升级与应用、网络空间安全；沈莉，常州市发改委副主任，主要研究方向为宏观经济、财政与金融；陈雪涛，常州市委网信办信息化发展处负责人，主要研究方向为信息系统分析与集成，软件科学；康朝志，常州市工信局工业信息安全处处长，主要研究方向为5G+工业互联网；沈爽，常州市委网信办信息化发展处科员，主要研究方向为通信工程。

一　加快新型基础设施建设，夯实数字经济发展基础

（一）5G 移动通信和千兆网协同发展

1. 持续发力网络设施，初步建成信息高速

一是全面完善基础网络体系。在固定宽带建设上，常州市获评全国首批“千兆城市”，实现了主城区以及金坛、溧阳城区的连续覆盖，千兆宽带用户数已达 61.87 万户。全面推进“宽带常州”建设，现有宽带用户数达 519.44 万户，城域网接入带宽突破 10T，城市和农村光缆覆盖率均达到 100%，城区主要公共服务区域 Wi-Fi 覆盖率达 100%，初步建成“高速、移动、泛在”的基础网络体系。

二是主城区 5G 信号连片覆盖。在 5G 基站建设上，常州市是全国首批 50 个开通 5G 的商用城市之一。截至 2022 年 7 月，常州市累计建设 5G 基站 12703 个，实现主城区 5G 信号连片覆盖，发达乡镇热点覆盖，重点交通枢纽、地铁、企事业单位、医院、商业综合体、高校等区域 5G 深度覆盖，主要旅游景区 5G 信号连续覆盖，市域 5G 网络覆盖率达 99%。5G 终端连接用户快速增长，达 272 万户，每万人拥有 5G 基站达 23.7 个，10G-PON 端口数 8.96 万个。

三是全面助力数字化转型升级。5G 应用融合速度全面加速，助力企业“智改数转”取得实效。截至 2021 年，共培育“5G+”融合应用项目 60 个，总投资 6.8 亿元。“5G+工业互联网”项目连续两年获得工信部“绽放杯”全国赛殊荣。

2. 强化规划、目标导向、高效推进融合应用

一是加强顶层设计。自 2019 年被列为全国第一批 5G 商用城市以来，常州市始终坚持“规划先行、适度超前、共建共享”的原则，加快 5G 网络建设步伐和商用推进进度，积极推动 5G 移动通信和千兆光网协同发展，相继出台了《关于加快推进第五代移动通信网络建设发展的若干政策措施》《常州市 5G 网络空间布局规划（2020—2025）》《常州市制造业智能化改造和数字化转型行动计划》《常州市“十四五”新型基础设施建设规划》等文件，明确了推进

5G 等新型信息基础设施建设的发展目标。

二是加快推进步伐。以通过国家“千兆城市”评估为目标导向，支持基础电信运营商利用 5G 切片等技术，开展园区级的边缘云和边缘计算平台部署、业务应用，支持引导企业利用虚拟专网或独立专网方式开展内外网络改造。

三是推动融合应用。凭借良好的制造业基础，常州在推动 5G 与智能制造领域融合方面持续用力，有效引导运营商与传统工业领域先行者开展合作，积极探索 5G 在工业领域的创新型应用。

3. 智能感知、智造协同、融合应用成效初步显现

一是“5G+个性定制化减速机生产应用项目”。探索 5G+工业互联网的融合创新，建设 5G 大规模定制工厂，推动企业业务深度优化和高度集成化，实现了“136”目标，即打造“1”个 5G+工业互联网融合应用示范标杆，构建“3”个能力平台，打造“6”类 5G 云边协同应用，帮助企业大幅提高了生产效率和能源利用率，有效降低了运营成本。伴随技术的深度推广与应用，大大降低了企业生产安全事故的发生概率和设备故障率，能更好地保障企业生产安全。

二是“5G+智慧钢厂”。该项目主要包括转炉生产过程 AI 视觉监测、炼钢工序数字孪生、钢水氢含量监测、炉前小型智能快速分析、转炉预热 AI 视觉监测预警、行车远程控制、安全帽 AI 智能检测、人员车辆进出厂一体化管控、配电室环境监控等系统。项目对钢厂管理的各模块进行了流程再造和改善，建立了“管理模式+信息化支撑”的高效管理体系，以数据标准化为基础、以信息共享为平台，聚焦生产管控流程一体化，整合贯通各级业务系统，大大减少数据与流程流转时间，显著提升了生产管理水平，实现了生产管理、质量管理、人员管理、安全效益等多个方面的提升。

三是探索建设“5G+AI”平台。围绕质检领域的痛点，推出国产自主可控的工业视觉算法，构建了弹性算力平台。依托 5G 技术的低延时特性，实时感知车间相关产品的生产参数，并在工业大脑的支持下，对生产流程进行有效校准，帮助企业实现生产效率的最大化。目前平台已经部署了 27 个核心工业 AI 模型，建立了“数据上云、模型下发、算力输送”的运行模式，帮助企业充分挖掘工业生产全流程数据价值。

4. 工业互联、节点运营、试点应用成效显著

常州市积极参与区域工业互联网协同建设，加强专用通信网络、运算节点、感知设备建设。截至2022年，常州市拥有标识解析二级节点5个，包含行业节点2个以及综合节点3个，推动节点运营商申领标识注册服务许可证，累计接入企业3884家，累计标识注册量35.21亿，累计标识解析量15.95亿。制定《常州市工业信息安全服务商管理办法（试行）》（常工信信发〔2022〕34号），推动企业“安全上云”。除此之外，截至2022年7月，“5G+工业互联网”注册企业52家。中天钢铁采用5G+物联网技术，建成厂区一体化进出管控信息系统平台项目，优特钢制造项目入选工信部“5G+工业互联网”集成创新应用类项目。精研科技的“5G+智慧工厂”、京东云计算有限公司的“京东云5G+AI超级虚拟工厂”等一系列项目获评工信部“绽放杯”奖项。

（二）算力基础设施建设有序推进

1. 聚焦重点企业和重点项目，全面布局数据中心集群建设

常州市集聚了大数据中心相关企业近30家，引进百度创新中心、常州国际数据中心、常州医疗健康云和京东云等重点企业及项目，建设规划中国移动、中国电信、京东云、航天云网数据中心11个，机柜1.5万个。常州医疗健康云数据存储量达2PB，汇聚江苏省卫健委超300亿条监管数据。

2. 坚持绿色化、集约化、协同化建设路径

常州市深化与知名企业以及运营商的战略合作，推动大数据产业进入了加速发展期，产业集聚效应逐步显现，为网络强市、数字经济、智慧城市等城市信息化发展战略布局提供了基础硬件和算力支撑。

一是推动建设绿色数据中心。鼓励基础电信企业、增值互联网数据中心（DC）运营企业、互联网公司等建设第三方绿色云数据中心，形成“数网”体系。推动天宁工业大数据应用示范区和钟楼常州大数据产业园等园区建设，打造一批具有区域影响力的大数据产业园区载体。加快建设集大数据中心、政务云、区块链等于一体的公共数据中心，打造资源协同共享、管理安全高效、运维成本可控的数据底层平台，形成“数纽”体系。推动现有数据中心节能和绿色化改造，推广整机柜、模块化、智能化管理等先进技术的应用，促进小规模、低效能的数据中心向集约高效、绿色低碳方向发展。

二是建设高水平行业数据中心。鼓励具有综合实力的数据中心提供面向社会的集约化服务，打造高性能计算应用示范平台，满足智能医疗、检验检测、装备制造、电子信息等支柱产业发展和科技研发方面高性能计算需求。大力发展工业数据中心，助力制造业转型升级。开展国家健康医疗大数据中心和智慧健康服务平台建设，促进新一代信息技术、新医药及生物技术、健康养老等相关产业融合发展。

三是科学合理调度算力资源。鼓励电信运营企业降低互联网接入带宽等通信成本，加快国际互联网专业数据通道建设和互联网骨干直连点以及国际出口带宽的扩容工作，主动与长三角、江苏省内主要城市之间建立起高速数据传输网络，协同开展区域级算力资源调度。完善大数据中心等基础设施建设，充分满足海量存储服务需求。推动数据中心云化，以云服务的方式提供算力资源，加快云资源对算力的调度，为海量数据的存储分析和智能计算提供网络支撑，为人工智能、区块链等应用场景深入发展提供技术支持。

3. 需求牵引、差异发展，算力基础设施赋能行业应用水平加速推进

一是建成国家健康医疗大数据（东部）中心。常州市是国家级健康医疗大数据中心（见图 1）及产业园建设的首批试点城市，为深入推进试点城市建设，常州市创新设立了“运管分离”新模式，引进国家健康医疗大数据（东部）中心，建成国内首个健康医疗专有云平台，面向全省“政、医、企、民”提供规模化云服务，有效撬动了江苏省健康医疗数字化与数据服务市场，承接了江苏省卫健委以及常州市卫生信息中心的大量临床医疗数据，每年节省胶片费用超 20 亿元。引导东部中心积极探索推进健康医疗大数据的融合、共享和应用，构建在全国有影响力的健康医疗大数据产业生态圈。

二是布局建设常州大数据产业园。依托钟楼经开区建设常州大数据产业园，不断深化数字产业和制造业融合发展，逐步形成“一园两平台三云四中心”特色发展格局，即 2020 年获批省级大数据产业园，打造国家智能制造系统集成体验验证中心以及国家健康医疗云（东部）中心 2 个国家级平台，构建“卫生健康云”“常州工业云”“常州政务云” 3 朵云，打造数字创新中心、数字存储与安全中心、数字内容中心、数字融合应用中心 4 个特色示范标杆，集聚了以数据采集、存储、治理、交换、研究、应用、安全等为核心

业务的大数据企业100多家，大数据核心业务收入占园区企业业务总收入1/4以上。

三是搭建市级政务信息化虚拟支撑平台。该项目配备云虚拟机1万多台，可提供缓存数据库、关系型数据库、大数据集群、负载均衡等高阶服务。在满足基础IT资源需求以外，建立了统一的PaaS平台，包括消息队列服务、分布式服务、分布式日志服务、分布式缓存服务、分布式数据访问服务、非结构化存储服务关系型数据库等。截至2022年6月，市政务云已入驻31个部门72个项目共计944台虚拟机，有效解决了常州市在政务数据中心整合、云资源管理、数据共享交换利用等方面的诸多问题。

图1　国家健康医疗大数据（东部）中心

（三）能源基础设施和充电桩超前布局

作为国家能源互联网试点示范城市，常州市瞄准关键技术，抢抓发展机遇，以高端高质高效、集聚集群集约为目标，聚焦核心零部件制造和关键技术研发等环节，深度布局高效储能和能源互联网，是国内最大的太阳能光伏生产基地。零能耗智慧建筑、绿色能源公建、一公里充电服务生态圈、“能量海绵”低碳区域能源协同管理平台、全域虚拟电厂、能源大数据中心等一批能源互联网示范项目已按下“快进键”。

1. 电网智能化改造与应用加快布局

以220kV漏湖智慧变电站为基础样本和技术起点，在智慧电网领域形成先行先试的“常州经验”。作为全国首批建设的七个智慧变电站之一，江苏220kV漏湖智慧变电站的电压等级在当时是最高的，同时也是江苏全省范围内唯一试点建设的智慧变电站。该智慧变电站全站配置具备远距离数据传输功能的数字化表计、高清摄像头以及智能互联传感器，用机器代替人员对设备运行进行巡视，实现了全站设备状态和站房环境信息的实时采集，方便管理操作人员有效感知设备状态、及时预警设备异常、智能管控人员行为、智能联动主辅设备等。

2. 能源应用基础设施建设大力推进

积极发展“互联网+”智慧能源，促进企业能源上云，推进互联网与能源生产、传输、存储、消费以及能源市场深度融合，建设“源—网—荷—储”协调发展、集成互补的能源互联网。推进“能源+大数据”“能源+区块链”“能源+分布式交易”等场景应用，推进星星充电智能运维平台、苏文电能综合能源管理开放平台等能源互联网平台建设。建立市级能源保障监测信息化平台，加强能源监测预警，提高能源安全保障能力和风险管控应对能力。支持万邦新能源及其联盟成员企业打造统一的智能充电服务平台，在常州市范围内加快提升充电桩设置密度，在加油站、公交站场、停车场等场所，搭建车桩相随、智能高效的充电基础设施网络（见图2）。星星充电已成为全国最大的充电桩运营企业。

3. 新能源汽车产业超前布局

常州市加速培育新动能，通过集聚一批龙头项目，动力电池等产业异军突起、领先领跑。目前，常州市动力电池年产值在国内排第1，占全国份额的1/3、全省份额的2/3。产业上游，宁德时代、中创新航、蜂巢能源等大型动力电池公司纷纷落户常州；新能源汽车产业链中游企业数量达到3440家；动力电池已建成产能达85.5GWh。产业下游，北汽新能源、比亚迪、理想、牛创新能源等整车制造企业，布局生产基地。比亚迪整车项目的落户带动了弗吉亚、泰瑞电子、大成精密机械等零部件配套商落户。

图 2　美丽充超级充电站

（四）创新基础设施建设成效凸显

常州市扎实推进苏南国家自主创新示范区和创新型城市建设。围绕前瞻产业布局，常州市精心布局创新基础设施建设，提升产业原始创新研发和应用基础研究能力，实现区域创新和产业高质量发展，打造区域创新策源地。

一是加强科研创新平台建设。聚焦集成电路、5G 通信、新一代人工智能、前沿新材料等先导产业，智能制造装备、生物医药和新型医疗器械、智慧能源等主导产业，打造多领域、有焦点、重应用的科技基础设施集群。加强重大科技项目申报工作，重点开展工业互联网融合、智能制造等领域的基础技术攻关与应用技术攻关。在常州科教城高标准建设“龙城实验室”，推进战略性、前瞻性、基础性重大科学问题和关键核心技术研究，积极承担国家重大科技战略任务。

二是加强产业创新协作平台建设。整合产业技术创新资源，打破共性技术环节壁垒，构建专业产业研究技术实验室，通过创新资源共用、成果共享、风险共担机制，实现中小企业良性参与，产业创新助力隐形冠军培育。比如建设国家空间信息综合应用创新服务平台、西太湖细胞治疗前沿技术研究院、江苏省产业技术研究院常州专业研究所和联合创新中心等，推进节能与新能源汽车动力总成、装备关键零部件创新中心试点，在石墨烯、碳纤维及复合材料、新能源汽车、能源与信息创新等领域争创国家级制造业创新中心，在空间信息、智慧能源等领域争创国家科创产业基地。

三是加强科研成果产业化平台建设。推动构建以科研院所牵头，高校和龙头企业协同参与的推进模式，建设基于新技术、新产品、新材料、新工艺的试验验证平台，打造5G、智能网联汽车等复杂场景的应用试验基地，加快推动技术融合应用，促进产业生态发展。依托常州科教城加快建设中国技术交易所成果转化与技术交易平台、全国高等学校科技成果转化和技术转移基地。定期组织科研成果与应用端、投资端对接，形成常态化机制，并且建立专门的支持基金与产业孵化基础设施。强化企业需求分享平台建设，使研发机构有更多途径了解产业端的应用需求，推动科研成果转化为工程技术的二次研发协同进行。

四是建设高层次科教基础设施。重点聚焦安全与装备技术研究、药材资源综合利用技术研究、区块链与5G技术融合及其应用技术研究、轨道交通轻量化结构设计与增材制造一体化成形技术研究、新型智能新能源汽车决策控制及应用关键技术研究、基于智能传感器的机器视觉检测及质量控制技术研究、氢燃料电动汽车及智能技术研究、医疗机器人技术研究、基于AI智能化人机交互及协作机器人关键技术和系统研究等领域，支持在常高校院所与企业合作共建科研平台。瞄准基础科学研究和应用科学研究需求，推动高校、科研院所等主体加快建设以科研装备、科研资源配置、人才培育为核心的科教基础设施体系。

二　创新数字化应用场景建设，跑出产业发展加速度

（一）工业互联网融合发展步伐不断加速

1. 抢抓发展机遇，全面推动工业互联网融合发展

常州市以行业平台为支撑、以企业“五星上云”为重点、以工业互联应用场景为依托、以“政企学研”相结合，在工业互联网领域的探索应用取得

明显成效。加强顶层谋划，推动工业互联网全面赋能产业发展，探索建立了“一横多纵”的工业和能源互联网平台体系，建设了智能制造装备长江智能院、航天云网等国家级平台，建成国家级跨行业跨领域工业互联网平台INDICS，促进“互联网+先进制造业”融合走深向实，不断提升企业数字化发展水平。

2. 加快推进工业互联网融合应用新生态

一是发布“政策矩阵”。常州市瞄准智造强市的目标定位，突出模式升级，注重技术推广应用，出台《关于加快推进两化融合管理体系（升级版）贯标工作的通知》《关于深入推进“企业上云”的通知》《关于开展制造业企业数字化转型辅导工作的通知》等一系列文件，鼓励企业通过工业互联网开展网络化协同、服务化延伸、个性化定制、智能化生产等应用。制定《重点工业互联网平台壮大发展专项行动方案》，制定重点工业互联网平台培育管理办法，通过实施专项行动，加快工业互联网平台接入、杠杆撬动金融支持、落实重大科创项目支持、强化科技领军人才保障、打造良好服务生态，推动重点平台与制造业融合发展。实施“千企上云”专项行动以及工业设备上云“领跑者”措施，积极推进重点工业设备数据向云端迁移。

二是坚持“外引内育”。引进企业共建区域级工业互联网平台，与版块深度合作。加大本土工业互联网平台培育力度，累计培育省级工业互联网平台16家。建设“长三角”基础制造业一体化工业互联网公共服务平台等特色产业集群工业互联网平台，汇聚工业互联网服务商超50家，帮助近1000家企业上云上平台，研发工业机理模型80余项。

三是强化要素保障。从2021年开始，每年安排工业互联网专项资金，成立以工业企业、服务商、院校、科研机构共同参与的常州工业互联网产业协会，建立服务资源池，积极开展交流与合作，营造工业互联网产业发展生态。建成3家数字化转型促进中心，高标准配备场地设施，提供平台、服务商与企业撮合需求的固定场所。

3. 创新工业互联网融合应用新场景

一是创新“生产力征信模型”。创新性推出“装备+互联网+金融”的业务模式，国内率先探索利用工业互联网，开发出针对中小微企业融资的普适性产品及服务，一方面为客户提供数字化的售后服务，另一方面将客户的生产数据作为信用评级的工具，服务企业客户融资，从而实现了“产业数字化”与“数字产业化”的彼此赋能。

二是创新建成超级虚拟工厂。全力推动设计、生产及营销的“三位一体”智造新模式建设，打造了“超级虚拟工厂”共享智造平台。通过技术手段将区域内工厂剩余产能在云端聚合并标签化，将产品核心工艺进行拆解，精准派发给相应工厂，有效解决了企业产能过剩及供需错配的问题，帮助传统企业提质、降本、增效，促进区域产业升级转型（见图 3）。目前，超级虚拟工厂已成功接入来自全市 18 个行业 600 余家制造业企业，连接设备数量已超 4.6 万台，为华南及华东区域内中小企业派发数百张订单，消化的产能价值超 3 亿元，是工业互联网从单点赋能到系统赋能的有力实践。

图 3　超级虚拟工厂

常州市统筹推进工业互联网和数字化转型工作，全力打造工业互联网和智能制造融合发展新格局成效显著。常州国家高新区、武进国家高新区先后获批省“互联网+先进制造业”基地，天宁区获评江苏省唯一工业互联网领域新型工业化示范基地，常州经开区、天宁开发区、溧阳中关村等省级园区正在积极创建智能制造示范区。在重点地区率先启动数字化转型促进中心试点工作。

（二）新能源产业全面蓬勃发展

1. 常州市抢抓“双碳”政策机遇，重点围绕“发储送用”等多环节全力推动构建新能源产业发展闭环

一是在发电领域，常州市具有完整的光伏产业链条，覆盖除多晶硅料以外的所有生产制造环节，产业规模位居全国前列。天合光能已连续刷新转换效率和输出功率世界纪录24次。

二是在储能领域，常州市深度布局动力电池全产业链，覆盖上中下游30个关键环节，形成“以溧阳金坛为两大核心、其他区域多点支撑”的产业发展格局。国家试验示范项目江苏金坛盐穴压缩空气储能电站正式并入国家电网投产，项目一期储能装机60兆瓦，远期规划建设规模1000兆瓦。作为大型绿色“充电宝”，该电站最大的创新点是在世界上首次采用非补燃技术，实现压缩空气储能零碳发电。

三是在输送电领域，建成全国首座220kV智慧变电站——滆湖变电站（见图4），大幅提升了变电站运维工作质效。上上电缆在全球绝缘线缆企业规模排名全球第7位。常州西电的变压器产品涵盖全类别交流、换流和特种变压器，占据国内特高压市场80%的市场份额。博瑞电力的继电保护、测控装置配套产品在国内市场占有率第1，工程换流阀等产品成功运用于我国多个特高压直流输电工程。

四是在能源互联网领域，覆盖能源互联网技术产品、模式创新、能流网络等全产业链。在2021世界工业与能源互联网暨国际工业装备博览会上揭牌成立常州高铁新城能源互联网示范区。天合光能从全球光伏龙头企业加速转向能源互联网领航企业，成为全球领先的光伏智慧能源整体解决方案提供商。

2. 创新探索技术研发与应用落地的双向结合

一是集聚了一批具有关键核心技术的头部企业。±800kV/5000A及±800kV/6250A工程换流阀，通过了全球权威机构荷兰KEMA的试验验证，可靠性高、结构紧凑、运维方便，综合技术水平国际领先。自主研发的40000kVA 110kV干式变压器，是世界上电压等级最高的干式变压器，具有绝缘裕度大、运行可靠性高、过负荷能力强、对环境友好等特点。

二是打造了一批具有未来竞争力的创新平台。围绕产品与部件的智能化发

图 4　220kV 智慧变电站——滆湖变电站

展、“智能化、数字化+智能透明电网”的技术发展、与“新基建”有关的特高压变压器及牵引变压器新技术发展、新能源发展需要风/光解决方案所需变压器产品集成技术发展以及“一次主导”变为“二次主导”带来智慧整合技术发展等方向进行破题发力。新建的特高压装配厂房和试验大厅，实现了高端变压器类产品系列的全覆盖，满足国内特高压骨架电网建设的需要。

三是实施了一批具有突出代表性的工程项目。国网常州供电公司联合市发改委等有关部门，成立了白鹤滩至江苏±800kV 特高压直流输电工程常州段推进工作小组，协调统筹途经辖市区的属地政策处理工作，把控整体项目施工进度，优化审批流程。深度融入“一带一路”国际合作，推动产品和工程走向 13 个共建“一带一路”国家，包括巴西美丽山换流阀工程、乌克兰 VASYA 光伏站项目、孟加拉 GPH 钢厂 SVC 工程项目等，进一步释放市场潜力。

（三）智能交通网络建设稳步推进

作为国家级轨道交通车辆产业基地，轨道交通是常州市十大先进制造产业集群之一。在车联网建设上，常州市协和电子的“77GHz 毫米波雷达”产品荣获2020年江苏省车联网“十大先进技术产品”荣誉。在智慧交通建设上，国家重点研发计划项目——“基于智能网联电动汽车的城市公共交通模式”的研发基地落户常州市天宁区。在轨道交通产业上，江苏常州装备制造（轨道交通装备）产业基地先后被评为科技部国家火炬计划“轨道交通特色产业基地”、工信部“国家五星级新型工业化产业示范基地”，成为江苏省首个以轨道交通装备为主题的国家级示范基地。常州市轨道交通产品主要包括轨道交通车辆牵引控制、制动、机电、内饰等在内的关键部件和系统，综合市场竞争力排名全国第一，其中齿轮箱市场占有率近100%、输变电系统占比95%、碳纤维车体占比90%、内饰占比85%。

1. 大力推进交通基础设施智慧化改造

常州市加快道路、桥梁、道路标识、信号灯等交通基础设施数字化改造进程，应用绿波带、交通诱导屏等智能管控方式，提升通行效率。建设交通公共数据专区，创新交通产业应用，提高交通运输效率和质量、提升交通运输服务水平和安全水平，建立协同管控的智能交通管理系统，建成“高效、安全、环保、舒适、文明”的智慧交通与运输体系。推动发展物联网实时操作系统、边缘智能设备管理等平台及物联网应用服务，突破5G网络切片、移动边缘计算等关键技术，推动物联网技术产品和服务在车联网领域的应用示范。

2. 谋划布局智能网联汽车产业

常州市高度重视车载终端、边缘计算、车路协同、信息安全等领域关键技术研究和新产品研发，推动实现车与人、路、云端的智能信息交换和共享。重点围绕环境感知、决策规划、协同控制等技术瓶颈，促进雷达传感器、车规级芯片、车载计算平台、车载操作系统等研发和产业化，优化和提升智能驱动、线控制动、线控转向等执行控制系统产品的技术水平。依托国家ITS中心智能驾驶及智能交通产业研究院，开展基于5G车联网和智能驾驶示范，进一步扩大车联网先导区建设范围和规模布局，在重点区域探索建设“全息路网”，开展车联网、车路协同和无人驾驶等技术创新试点，全力推进自动驾驶在城市出行、物流运输、环境监测、安全生产等商用车领域的率先应用。

3. 推进智能网联汽车道路测试和示范应用

为满足智能网联汽车道路测试和示范应用需求，常州市发布了《常州市智能网联汽车道路测试与示范应用管理实施细则（试行）》及《常州市智能网联汽车测试路段或区域管理办法（试行）》，完成了对首条智能网联汽车公共测试道路的认定工作，测试路段的测试条件可满足多种特定场景的测试需求，能为自动驾驶产品的研发、设备的联网协同能力、技术的迭代升级提供合法合规高效的测试环境。

4. 完成一批试点工程

一是完成新一代国家交通控制网江苏（常州）试点工程。该工程是交通运输部“十三五”智慧交通试点示范建设项目，以新一代国家交通控制网总体架构为蓝本，结合江苏省、常州市以及天宁区地方优势和特点，建设面向城市公共交通及复杂交通环境的安全辅助驾驶、车路协同、交通综合控制系统等技术应用的封闭测试区和开放、半开放测试区，面向城市公共交通及复杂交通环境的示范基地，并以此为基础开展新一代国家交通控制网关键技术研究，形成新一代国家交通控制网实体原型和应用示范基地，为下一步新一代国家交通控制网、智慧公路、智慧港口、智慧园区等项目建设实施奠定了坚实基础。

二是建设中科院常州国家空间信息综合应用创新平台，推进地理信息资源共建共享，促进测绘成果广泛应用，整合北斗全球卫星定位系统与常州5G通信，探索建设空地一体、终端协同的空间定位系统与交通信息系统。积极推动地面数据接收站、测控站、数据中心、定标场、真实性检验场等资产和相应机构与国家空间信息综合应用工程队伍整合，建成全球遥通导、空天地一体化空间信息智能应用服务基础设施，加强空天信息实时智能服务与本地化服务应用相结合，推进卫星导航、检测与物联网、移动互联网的广泛融合，有效提高了常州市空天信息产业的市场竞争合力。

（四）人工智能产业加速融合

常州作为人工智能集聚区，是全国最具影响力的机器人产业基地之一，涵盖核心零部件、单元产品制造和系统集成等大部分设计、生产及服务环节，形成了以机器人为主，人工智能并行的良好产业发展格局。常州机器人及智能装备产业园先后获批江苏省机器人特色产业基地、科技部机器人及智能装备创新型产业集群试点。

1. 以龙头企业为引领，不断建强产业链条

为打造强产业链条，常州市通过采取“引、育、聚”三管齐下的方式，

构建从“关键零部件”到“整机生产”再到“系统集成”的完整机器人产业链条，初步呈现产业集聚态势。大力开展机器人项目招商引资，为企业提供优质服务，出台《武进机器人产业链卓越发展实施方案（2021—2023年）》，推动机器人产业从无到有、从小到大，集聚了一批国内外机器人龙头企业。常州南鹏机械有限公司打破了国外垄断，其产品广泛应用于机器人技术、机械手臂、自动化生产线等各大领域。

2. 以关键技术突破为导向，加快人工智能科创平台建设

依托科教城、人工智能科创港、深兰人工智能芯片研究院与常州智能传感小镇，加快推动语音图像识别、生物特征识别、自然语言理解、机器学习、深度学习等关键技术研究，突破智能传感器、AI芯片、智能机器人、智能终端、智能元器件、智能网联等关键核心技术，研发具有自主知识产权的人工智能专用芯片、传感器、微型器件和人工智能操作系统、中间件、嵌入式软件。紧抓新一代信息化技术与制造业深度融合的发展机遇，建设常州人工智能科创港，构建“一核、两轴、五区”的城市空间规划，重点支持智能机器人、智能交通系统、智能医疗系统、智能制造成套装备和系统等人工智能产品研制及产业化，为处于加速期的智能制造产业化项目“筑巢引凤”。常州人工智能与仿生机器人研究中心围绕人工智能与虚拟现实、智能仿生服务机器人、工业机器人系统集成等方向，建立高度协作的智能仿生机器人创新服务体系。深兰科技入驻常州科教城，组建三大研究院和五大中心。在天宁智能驾驶产城融合示范区内设立了“交通部国家ITS中心智能驾驶研究院”。

3. 以产业发展为目标，推动人工智能在行业领域的融合应用

探索人工智能领域共性问题，推动人工智能与智能制造装备、轨道交通装备、智能电网装备、新材料等制造业的交叉融合。加强人工智能算法、模型发展在产业发展中的推广应用，以智能机器人、智能数控机床、无人机为重点，促进人工智能同工业制造的深度融合，加快培育人工智能产业集群。推进“人工智能+”“健康+”养老服务，探索开展智慧型养老社区建设，拓展线上养老服务，加快养老基础设施智慧升级。运用人工智能新一代信息技术，加强无人机、遥控船、机器人、高清视频等新型监测手段及卫星、雷达等遥感监测手段的应用，构建天空地一体化水利感知网，扩大江河湖泊水系、水利工程设施的监测范围和水利管理活动的动态感知。持续推进国家健康医疗大数据中心试点和长三角智慧健康示范基地建设，促进大数据、人工智能深化应用。

三　创新新型基础设施建设管理模式，构建区域高质量发展新格局

（一）坚持绿色低碳发展理念

1. 以绿色低碳政策为牵引

常州市出台《关于加快推动绿色低碳循环发展专项行动方案》（以下简称《方案》），明确了常州市绿色低碳循环发展的主要目标、重点任务、保障措施和责任分工，为实现“双碳”目标提供制度保障。《方案》明确到 2025 年，产业结构、能源结构、交通运输结构明显优化，绿色产业比重显著提升，能源结构更加低碳清洁，基础设施绿色化程度达到新水平。到 2035 年，绿色生产生活方式广泛形成，碳排放达峰后稳中有降，生态环境根本好转，美丽江苏常州样板建设目标基本实现。

2. 以绿色创新平台建设为推手

2020 年，工信部授牌设立“中欧（常州）绿色创新园”，重点在零碳技术、清洁能源、智慧城市等领域加强中欧合作，促成一批技术、项目落地，成为常州绿色低碳领域发展的名片。2022 年，武进绿建区在上海设立第一家专注于“碳中和”垂直领域的技术创新中心——双碳技术创新中心（离岸孵化器），重点关注和扶持各类在“低碳、环保、节能、减排、新能源、智慧城市、大数据、绿色建筑”等方面拥有技术优势的创新创业项目。计划还将创建绿岸荷兰创新中心，打造横跨中欧两地的双碳特色国际化科创平台。

3. 以绿色低碳改造升级为路径

常州市大力推进 IDC 机房绿色化改造，利用大数据、AI、物联网、自动控制等技术，对 IDC 机房进行能耗分析和预测、制定和实施节能策略，实现 IDC 机房智能制冷管理，有效减少电力成本投入。对溧阳天目湖国际数据中心进行绿色化改造，按照新一代云网运营体系架构，全面优化动环与能耗运营系统，将 AI 节能实施与动环、能耗运营系统优化有机融合，建立统一的数据中心 AI

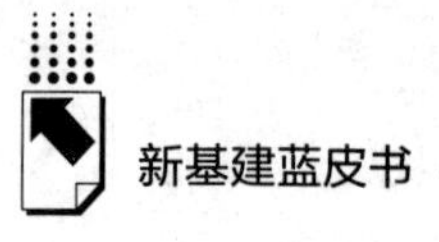

节能运营体系。在长三角（常州）钟楼云计算中心，创新机房节能手段，采取基站光伏储能、新型重力空调规模性换型、5G基站软硬件关断节能应用、低功耗设备选型换型等一系列措施，确保中心灵活用电、低碳运营。

（二）加强顶层设计和制度保障

1. 坚持规划引领

明确“新基建”发展的基本思路、发展目标、发展任务、发展重点和发展路径。常州市坚持信息基础设施的战略性公共设施地位，深入实施“互联网+”行动计划，制定完善《常州市信息基础设施建设管理办法》《关于加快推进第五代移动通信网络建设发展的若干政策措施》《常州市“十四五”新型基础设施建设发展规划》《关于在全市智能化改造和数字化转型中推进“十链突破、百企领航、千景应用”的实施方案》等政策文件，加速《关于建立完善基层“互联网+政务服务”体系的实施意见》《关于深化“互联网+先进制造业”发展工业互联网的实施意见》《关于支持重大科技创新平台建设助力产业高质量发展的若干政策》《关于加快常州市新建居民住宅小区电动汽车充电基础设施建设的通知》等文件落地实施，着力推动信息基础设施集约化建设、融合基础设施和创新基础设施建设，持续完善新型基础设施建设政策体系。

2. 加强组织领导

建立健全新型基础设施建设工作机制，明确各相关部门职责，细化工作任务，建立各辖市（区）、各部门分头负责相关领域的推进机制和统筹协调机制，加强上下游联动和跨部门协同，引导和鼓励基础运营企业、科技企业等社会资源共同参与新型基础设施建设，促进跨部门、跨领域、跨行业多要素资源协调。

3. 加强土地资源储备

结合城市总体规划和产业布局，提前做好土地储备，优先保障新型基础设施项目建设，为新型基础设施领域留足发展空间。对于特别重大的新型基础设施项目，由自然资源和规划部门帮助争取上级支持，优先保障用地需求。

4. 加大人才支持力度

强化“人才是第一资源”地位和作用，深化人才发展体制机制改革，大力实施“龙城英才计划”，聚焦数字产业关键领域，大力培育和引进数字经济发展急需的顶尖人才（团队）、领军型创业创新人才，以政策、资金、服务为支撑，加大技能人才、高端人才和年轻人才的引进力度，为各类人才在常创新创业提供更优环境，积极打造长三角人才集聚新高地。加快推动产教融合步伐，定向培养与产业发展配套的专业技术人才，全力建设支持新型基础设施建设发展的人才队伍。

（三）创新多样化投资建设模式

1. 发挥财政资金保障效能

充分利用相关专项资金扶持企业发展、人才引进和研发创新，发挥政府资金的杠杆作用，设立各类新型基础设施项目基金，加大对重点发展领域的投资力度。使用省级新能源汽车推广应用财政补助资金支持常州市充电基础设施建设，加快推动常州市新能源汽车推广应用。每年安排工业互联网专项资金，聚焦支持常州市工业互联网平台、工业互联网载体、工业互联网创新应用、工业互联网支撑等项目建设，持续支持办好世界工业与能源互联网暨国际工业装备博览会，全方位提升常州市工业互联网和能源互联网发展水平。在城市轨道交通建设方面，着力提升财政资金使用效益，探索更优城市公共交通财政补贴模式，优化财政支出补贴模式。在城际高速铁路建设方面，按照江苏省《关于进一步加快推进铁路发展的意见》中明确的出资原则和比例，按铁路主线里程分摊至沿线各辖市（区）政府负责，采取政府专项债券的方式进行筹资。

2. 加强金融服务支撑能力

鼓励金融机构创新产品及服务，加快构建政府引导、企业为主、市场运作的新型基础设施建设投融资模式。通过税收减免、投资补助、贷款贴息等多种手段及模式，大力支持新基建项目建设。打造“龙城金谷”，强化高端配套，引进更多优质公共服务资源，引进创业投资基金、股权投资基金等各类基金及相关基金管理机构，汇聚金融机构、地方金融企业、新兴金融机构及相关中介服务机构，聚力招引资本、技术、人才等高端要素，加速创新资本形成集聚，培育全周期基金产业集群。

3. 完善科技金融体系

加快构建适应创新链需求、涵盖创新全生命周期的科技金融服务体系，积极发展种子投资、天使投资、风险投资、产业投资基金等科技金融服务。支持符合条件的科技企业挂牌上市，发行公司债和直接债务融资工具。鼓励金融机构完善科技金融产品体系，做优做大“苏科贷”业务，拓展科技信用贷款、知识产权质押贷款等业务。支持科技金融专营机构面向科技型、初创型企业开展特色产品和金融服务创新。

（四）全面强化政企校互动合作

1. 营造互利共赢合作氛围

以“聚焦新基建　引领新智造”为主题，召开新基建发展推进大会，邀请新基建相关领域的专家、学者以及企业家共谋、共商、共促新基建与制造业融合发展。2020 年 7 月 8 日，常州市召开新基建发展推进大会，常州市人民政府分别与中国电信江苏公司、中国移动江苏公司、中国联通江苏公司、中国铁塔江苏公司签署推动 5G 网络建设与应用战略合作协议，现场签约 16 个新基建重大项目、20 个新基建领域产业类投资项目，全市新基建产业投资项目总投资超 1000 亿元。以“生态融合　智创未来”为主题举办华为云常州工业互联网创新发展论坛，助力推动“5G+工业互联网”场景的快速落地，打造更具整体竞争力的行业生态。举办世界工业与能源互联网暨国际工业装备博览会，邀请领域内的专家学者和业界精英齐聚常州交流成果、洽谈合作，打造工业与能源互联网“新引擎”。举办 2022“龙城英才计划”长三角邀请赛暨中欧绿色低碳产业创新创业大赛，聚焦双碳和数字化两大时代主题，广纳长三角双创资源，以人才为支撑共同助力“两湖”创新区建设。

2. 全力加强知识产权保护

深入推进国家知识产权示范城市建设，引导企业建立健全知识产权管理体系，推动高新技术企业、规模以上企业、上市企业知识产权贯标全覆盖。实施企业知识产权战略推进计划，培育一批知识产权优势企业、示范企业。以行业龙头企业为重点，以高校院所优势学科专业、重点研发创新平台为依托，建设高价值专利培育示范中心。健全知识产权服务体系，推动知识产权服务机构规模化、品牌化发展，鼓励市场化知识产权运营机构发展，完善知识产权质押融资公共服务平台建设。根据《2021 年度常州市知识产权发展与保护状况》白皮书，2021 年，常州市知识产权创造、运用、保护、管理服务能力不断提升，多项发展指标保持前列。

3. 团结凝聚高校智库力量

新型基础设施建设需要大量科研及技术技能型人才作支撑，常州信息职业技术学院携手常州市科教城、常州天正发展有限公司、复旦大学技术研发团队，共同组建常州市工业互联网研究院，聚焦传统产业转型和技术改造，为常州市工业企业两化融合管理体系提供贯标服务，有力推进信息化与工业化、信息技术与先进制造技术融合发展，促进科研成果转化，创新产学研创融合新模式，提升工业互联网专业群建设水平和社会服务能力，大力提高常州市工业互联网应用型人才培养质量。

参考文献

赵晓伟：《5G+工业互联网在钢铁行业中的应用探索——以中天钢铁集团 5G 数字工厂为例》，《科技视界》2021 年第 22 期。

蒋慧敏、陈新、孟蜜蜜、项宇龙：《常州新能源汽车充电桩建设及优化路径研究》，《时代汽车》2021 年第 16 期。

赵丽锦：《“十四五”时期常州制造业数字化转型：发展现状与未来策略》，《江苏商论》2022 年第 5 期。

陈建新、刘伯超、朱洪春：《数字经济背景下常州制造业数字化转型升级对策研究》，《商场现代化》2020 年第 19 期。

金焕：《筑牢人才根基　夯实培育体系——注重人才培养推动常州公交集团健康可持续发展》，《人民公交》2022 年第 6 期。

庄薇薇、滕翔宇：《双碳目标下常州新能源产业实现可持续发展的挑战与对策建议》，《中小企业管理与科技》2022 年第 2 期。

王恺：《低碳城市建设托起“常州蓝”》，《群众》2020 年第 10 期。

皮 书

智库成果出版与传播平台

皮书定义

皮书是对中国与世界发展状况和热点问题进行年度监测，以专业的角度、专家的视野和实证研究方法，针对某一领域或区域现状与发展态势展开分析和预测，具备前沿性、原创性、实证性、连续性、时效性等特点的公开出版物，由一系列权威研究报告组成。

皮书作者

皮书系列报告作者以国内外一流研究机构、知名高校等重点智库的研究人员为主，多为相关领域一流专家学者，他们的观点代表了当下学界对中国与世界的现实和未来最高水平的解读与分析。截至 2021 年底，皮书研创机构逾千家，报告作者累计超过 10 万人。

皮书荣誉

皮书作为中国社会科学院基础理论研究与应用对策研究融合发展的代表性成果，不仅是哲学社会科学工作者服务中国特色社会主义现代化建设的重要成果，更是助力中国特色新型智库建设、构建中国特色哲学社会科学“三大体系”的重要平台。皮书系列先后被列入“十二五”“十三五”“十四五”时期国家重点出版物出版专项规划项目；2013~2022 年，重点皮书列入中国社会科学院国家哲学社会科学创新工程项目。

中国社会发展数据库（下设 12 个专题子库）

紧扣人口、政治、外交、法律、教育、医疗卫生、资源环境等 12 个社会发展领域的前沿和热点，全面整合专业著作、智库报告、学术资讯、调研数据等类型资源，帮助用户追踪中国社会发展动态、研究社会发展战略与政策、了解社会热点问题、分析社会发展趋势。

中国经济发展数据库（下设 12 专题子库）

内容涵盖宏观经济、产业经济、工业经济、农业经济、财政金融、房地产经济、城市经济、商业贸易等12个重点经济领域，为把握经济运行态势、洞察经济发展规律、研判经济发展趋势、进行经济调控决策提供参考和依据。

中国行业发展数据库（下设 17 个专题子库）

以中国国民经济行业分类为依据，覆盖金融业、旅游业、交通运输业、能源矿产业、制造业等 100 多个行业，跟踪分析国民经济相关行业市场运行状况和政策导向，汇集行业发展前沿资讯，为投资、从业及各种经济决策提供理论支撑和实践指导。

中国区域发展数据库（下设 4 个专题子库）

对中国特定区域内的经济、社会、文化等领域现状与发展情况进行深度分析和预测，涉及省级行政区、城市群、城市、农村等不同维度，研究层级至县及县以下行政区，为学者研究地方经济社会宏观态势、经验模式、发展案例提供支撑，为地方政府决策提供参考。

中国文化传媒数据库（下设 18 个专题子库）

内容覆盖文化产业、新闻传播、电影娱乐、文学艺术、群众文化、图书情报等 18 个重点研究领域，聚焦文化传媒领域发展前沿、热点话题、行业实践，服务用户的教学科研、文化投资、企业规划等需要。

世界经济与国际关系数据库（下设 6 个专题子库）

整合世界经济、国际政治、世界文化与科技、全球性问题、国际组织与国际法、区域研究 6 大领域研究成果，对世界经济形势、国际形势进行连续性深度分析，对年度热点问题进行专题解读，为研判全球发展趋势提供事实和数据支持。

法律声明